U0937988

贵州水运简史

1949—2019

贵州省交通运输厅 ◎ 编

贵州大学出版社
Guizhou University Press

图书在版编目（CIP）数据

贵州水运简史 ： 1949—2019 / 贵州省交通运输厅编
. -- 贵阳 ： 贵州大学出版社， 2020.8
ISBN 978-7-5691-0353-3

Ⅰ. ①贵… Ⅱ. ①贵… Ⅲ. ①水路运输－交通运输史
－贵州－ 1949-2019 Ⅳ. ① F552.9

中国版本图书馆 CIP 数据核字（2020）第 160191 号

贵州水运简史（1949—2019）

编　　者：贵州省交通运输厅

出 版 人：闵　军
责任编辑：葛静萍　文桂芳
责任校对：肖　敏
装帧设计：陈　艺　方国进

出版发行：贵州大学出版社有限责任公司
地址：贵阳市花溪区贵州大学北校区出版大楼
邮编：550025　电话：0851-88291180
印　　刷：深圳市和谐印刷有限公司
开　　本：787 毫米 ×1092 毫米　1/16
印　　张：28.5
字　　数：540 千字
版　　次：2020 年 8 月第 1 版
印　　次：2020 年 8 月第 1 次印刷

书　　号：ISBN 978-7-5691-0353-3
定　　价：88.00 元

《贵州水运简史（1949—2019）》
编审委员会

主　　任：邵　勋

副 主 任：李　程　刘　扬　韩剑波　舒代贤　龙平江
　　　　　陈向东　吴　勇　章征宇　熊　文　康厚荣
　　　　　赵彩霞　许湘华　董　亮

主　　编：蔡光莲

副 主 编：李作良　张启建　李云峰
　　　　　吴　鹏　李　军　张明武

执行主编：韦世荣

编　　辑：王　诚　曾　维　罗　黔　李同西　鄂启科
　　　　　杨　波　周　刚　刘润刚　蔡云龙　刘元方

1958年“乌江一号”浅水拖轮试航成功

乌江航道女工合影

20 世纪 50 年代载汽车的老渡船

20 世纪 60 年代的乌江 100 吨级机动船

1962 年木质航运拖轮（图为召开航运机务会代表在船上合影）

20 世纪 70 年代赤水河纤夫

20 世纪 70 年代都柳江古州码头交通船

赤天化大件进口设备运输（摄于 1975 年）

土城古镇码头

1998 年赤水河化肥运输繁忙景象

西南水运中线通道工程完工后，北盘江呈现航运繁忙（2004年）

满载500吨煤炭船舶从北盘江启航驶向广西龙滩

麻江两河口渡改桥

2000吨级自卸货船在北盘江竣工下水

为思林水电站量身定做的大件运输船舶装载着净重达 145 吨的水轮机转轮，在 28 吨岸绞牵引下进入波高浪急的沙沱电站导流明渠出口段

赤水河上等待装货的船舶

▲

清水江三板溪柳川码头

乌江楠木渡码头

▼

通过 PPT 模式打造的贵州第一条旅游航道——湄江旅游航道，做出了贵州航运 + 旅游的新探索

繁忙的赤水河

构皮滩翻坝运输系统工程集装箱吊机

2017 年 1 月 5 日清晨，思南县乌江峡谷里的思林水电站，一艘货船在通过大坝 500 吨级升船机提升后，翻越大坝向前航行。至此，贵州省乌江航道已实现全线通航

▲

红水河高等级航道

乌江沙沱通航设施

交通部门自行开发的首座航电枢纽——都柳江从江航电枢纽工程并网发电

在乌江构皮滩库区水上救援演习海事艇集结场景

海事执法人员在天生桥库区巡航

赤水河鲢渔溪码头

乌江渡库区民营煤炭码头

◄ 贵州航运博物馆

构皮滩水电站通航工程设施

前 言

盛世修史。在中华人民共和国成立70周年，决战决胜全面建成小康社会之际，贵州省航务管理局按照贵州省交通运输厅党委的工作安排，在完成交通运输部《中国水运史（1949—2015）》《中国水运工程实录（1978—2015）》，以及“贵州水运史稿史料”编纂工作的基础上，结合贵州实际，组织编写了《贵州水运简史（1949—2019）》，这是贵州水运交通精神文明建设的又一项重要成果，对丰富贵州交通文化具有重要意义。

翻开史册，贵州水运历久弥新。其始于先秦，发展于20世纪50年代，变革于党的十八大后，有着2000多年的悠久历史，是贵州人民最早的交通方式。贵州境内河流众多，长度在100千米以上的有33条，出省水运重要通道有5条。其中，赤水河、乌江、清水江汇入长江，连接长三角；南北盘江—红水河、都柳江流入珠江，连接粤港澳大湾区。主要航道由西向北、东、南呈扇形分布，贯穿全省矿产资源密集区、黔中经济社会中心区和滇黔桂、武陵山、乌蒙山集中连片贫困地区。长期以来，贵州水运交通得到了国家发改委、交通运输部等国家部委的鼎力支持，在中共贵州省委、省人民政府的坚强领导和社会各界人士的关心下，紧扣时代的发展脉搏，抢抓机遇，奋发有为，得到了长足发展，为贵州经济社会发展做出了积极贡献。

70年的水运发展，70年的峥嵘岁月。这本《贵州水运简史（1949—2019）》，近50万字，虽名为“简史”，但“简”而“不简”，很好地浓缩了贵州水运70年的发展历程，70年可谓硕果累累。

70年来，在党的领导下，贵州水运在建设、改革、发展的各个历史时期，都留下艰苦奋斗、改造山河的动人故事。特别是改革开放以来，水运投资规模保持高位增长，建设步伐明显加快。1979年至2019年，累计完成水运固定资产投资180亿元。党的十八大之后，累计完成固定资产投资140亿元，是2012年前的3.5倍，先后建成了一批水运工程项目，开创了贵州水运建设发展史上多项第一：建成乌江（乌江渡—龚滩）

四级高等级航道、南北盘江—红水河四级高等级航道、清水江（锦屏—白市）四级高等级航道共近1000千米，改写了贵州无高等级航道的历史；建成乌江沙沱、思林水电站西部山区内河第一批500吨级升船机，实现断航13年后的乌江复航，该工程2016年被贵州省人民政府列为贵州省建成的“一批标志性重大基础设施工程”之一；建成都柳江从江、大融、郎洞、温寨四级航电枢纽工程，实现贵州航电一体化开发建设零的突破；创建了西部地区第一条国家级文明样板航道——赤水河文明样板航道；建成贵州第一条旅游航道——湄江旅游航运工程，做出了“航运＋旅游”产业的新探索；在习水土城建成全国第一个省级内河航运专题博物馆、贵州省第六批爱国主义教育基地，航运文化建设不断提升。船舶标准化、大型化深入推进，南北盘江—红水河一批1000吨以上的船舶建成投入使用，形成了“一条江就是一条经济带”的发展景象。

历史是一面镜子，也是一部浓墨重彩的集体记忆。不忘本来，方能面向未来。《贵州水运简史（1949—2019）》既是一部厚重的水运交通发展史，更是一部水运交通人艰苦奋斗的创业史。历史的芳华中，水运事业发展每取得一项成绩，每前进一个步伐，都凝聚着全省水运交通干部职工的心血和汗水，倾注着每一位干部职工不竭的热情和智慧，是一代又一代水运交通人谱写的壮丽华章。

当前，全省交通运输系统正在深入学习贯彻习近平新时代中国特色社会主义思想和习近平总书记关于交通强国的系列重要论述，让我们在担当交通强国贵州篇章的历史使命中，总结好历史，把握好机遇，积极作为，奋勇拼搏，全力构建现代综合交通运输体系，扎实推进水运高质量发展，谱写贵州水运发展新的篇章，这是编纂《贵州水运简史（1949—2019）》的重要意义之所在。

目　录

新中国成立初期水运的恢复和发展

（1949 年—1952 年）

1949 年 10 月 1 日，中华人民共和国开国大典在北京天安门举行，中共中央主席毛泽东庄严宣告："中华人民共和国中央人民政府成立了，中国人民从此站立起来了。"

1949 年 10 月初，中国人民解放军第二野战军（简称"二野"）五兵团遵照中共中央主席毛泽东、中国人民解放军总司令朱德的命令，加紧做好向大西南进军的准备。10 月上旬，二野五兵团党委负责人和西进支队（由冀、鲁、豫南下的地方干部，在完成对赣东北各地、市、县的接管任务后组成支队随军西进，简称"西进支队"）负责人在湖南湘潭召开会议酝酿中共贵州省委领导班子的组建问题。12 月 3 日，中共中央批复中央西南局报告，中共贵州省委由 13 人组成。10 月 13 日，中共中央主席毛泽东令二野五兵团直入贵州，速占贵阳。二野五兵团十六军四十六师一三八团于 11 月 14 日晚进占贵阳。11 月 15 日，第十七军五十师进驻并接管贵阳市，贵阳宣告解放。11 月 20 日，中共贵州省委机关进驻贵阳。11 月 22 日，中国人民解放军贵阳军事管制委员会宣布成立，并宣布从当日起，正式对贵阳市实行军事管制。

1949 年 12 月 26 日，贵州省人民政府成立，[①] 宣告着国民党旧政权的反动统治被推翻，人民当家做主的新政权由此诞生。

新中国成立之初，贵州交通闭塞，陆路交通不发达，水运便处于举足轻重的地位。

---

① 当代贵州简史编委会：《当代贵州大事记（1949－1995）》，贵州人民出版社，1996 年 10 月第一版，第 1 页。

在中国共产党的领导下，人民政府组建航运管理机构，颁布规章制度，加强水上交通安全监管，开展了以开辟机动船航线为重点的水运工程建设，试办机动船运输，开创了贵州水运新局面。

在中国共产党的领导下，贵州水运在支援人民解放军消灭国民党反动派残部、剿匪、运送兵员物资、恢复生产、投入盐运、促进城乡商品交流、承担省际物资调运任务等方面，发挥了不可替代的历史作用。

第一节　新中国初期的航运业

一、土匪暴乱，航运中断

1949 年 10 月初，中国人民解放军从湖南进军贵州；12 月，解放贵州 71 个县，国民党反动派残部和地方势力仓皇溃逃或起义投诚，航运免于遭受严重破坏。但贵州解放事业经历了波折。1950 年，旧政权伙同溃军、惯匪到处抢劫、袭扰，在河道上设置关卡，劫持破坏民船，致使贵州船舶受破坏面达 50%，损失巨大。

航运中断，商旅不通，对经济社会和人民群众生活造成了难以估量的损害。据记载，匪患横行期间，社会动荡。在盛产木材的锦屏，有 4 家上海木材商被迫关门歇业。当地 20 多家盐商、米行、布店倒闭，物价飞涨，食盐售价涨到每斤（1 斤为 500 克）1.5 银圆，折合大米 80 斤，民不聊生，怨声载道，为历来罕见。

二、支援解放贵州剿匪战斗，投入盐运任务

1950 年 1 月至 1951 年 8 月，中国人民解放军由湘西挺进贵州，受当时交通条件所限，大都乘船从水路入黔。清水江、㵲阳河、乌江、赤水河、都柳江等船民支持解放事业，热烈拥护新政权。各河船民积极投入军运，保证部队供给，支援配合解放军剿匪、镇压反革命分子。在贵州剿匪战斗中，各河船民都有动人事迹，为解放贵州做出了历史性贡献。

1949 年 12 月，贵州省人民政府抓紧组织盐运以解决贵州“盐荒”问题。1950 年 1 月 11 日，从四川运回第一批食盐，至 6 月，共运进食盐 5590 吨，并以低价供应给群

众。到 1951 年 7 月，全省 8 次调低盐价，彻底改变了贵州“斗米斤盐”的局面。[①] 赤水河、乌江船民受命投入盐运任务。

第二节　推行水上民主改革

一、船民获得翻身解放

在贵州，船舶分两类：一是以航运为主的专业船，集中在赤水河、乌江、锦江；二是以副业或自用船为主的船，分布在少数民族集中的清水江、㵲阳河、都柳江。专业船密集的河流，船工迫于生计，大都加入帮会组织，帮会由把头操纵并受国民党政府控制，关系复杂。他们控制货源，垄断运输，哄抬运价，肆意盘剥，欺压船民。广大船民迫切要求消灭封建剥削制度，实现政治、经济的翻身解放。1952 年，中共贵州省委指派遵义专署副专员杨用信、省总工会秘书长武良柱分别任正、副团长，贵州省公安厅、中共赤水县委、中共仁怀县委等部门派员参加，发动“镇反运动”，宣传党的政策，发动群众揭发反动恶霸，惩办罪恶分子，肃清帮派势力，救济困难船民。

二、完成水上民主改革

1952 年，水上民主改革率先在赤水河开展，随后在各河流展开。民主改革主要内容有：清理帮派，宣传政策，惩办恶霸，整顿组织，建立水上户口，恢复生产；建立船民协会，戒烟禁毒，纯洁船民队伍，组织恢复发展生产等。1953 年 5 月，全省水上民主改革基本完成。

三、航运转入正常

随着剿匪斗争的胜利和“五大”[②] 任务的完成，社会趋于稳定，各河航运相继恢复。1951 年 5 月，全省召开第一次土产会议。明确今后土产工作的任务：进一步宣传土产

① 当代贵州简史编委会：《当代贵州大事记（1949－1995）》，贵州人民出版社，1996 年 10 月第一版，第 8 页。

② “五大”任务即清匪、反霸、减租、退押、征粮。

交流在经济发展和人民生活中的作用，大力组织私商下乡经营地产。随后省、地、县相继召开土特产展览交流会，企盼交通运输能起到引领推动作用。为适应社会所需，政府从银行贷款资助修造船舶，积极组织货源，恢复航运。1952 年年末，全省木帆船已有 2476 艘，载重 15289 吨，其中专业运输船载重占 82%。1952 年完成货运量 7.92 万吨，货运周转量 1152 万吨千米，同比占公路运输的 1/11，周转量的 1/5。赤水河货运量占全省 33.1%，周转量占 29%；乌江货运量占 22.1%，周转量占 13.8%。

表 1-1　1952 年末各河木船数及载重吨位统计表

河流名称	合计		专业船		副业船	
	艘数（艘）	载重吨（吨）	艘数（艘）	载重吨（吨）	艘数（艘）	载重吨（吨）
总计	2476	15289	1542	12564	934	2725
赤水河	450	6123	445	6103	5	20
乌江	167	2299	134	2081	33	218
锦江	189	1398	187	1385	2	13
㵲阳河	320	1890	192	1310	128	580
清水江	741	1863	148	339	593	1524
都柳江	435	927	283	704	152	223
松桃河	79	599	58	452	21	147
羊磴河	95	190	95	190		

表 1-2　1952 年各河货运量、周转量及货物分类表

河流名称	单位	合计	货种						
			粮食	食盐	煤炭	植物油	土产	金属及制品	其他
总计	万吨	7.92	1.44	2.50	0.47	0.92	0.49	0.62	1.48
	万吨千米	1151	172	254	93	237	94	105	196
赤水河	万吨	2.62	0.17	1.08	0.47	0.13	0.12	0.37	0.28
	万吨千米	334	21	65	93	21	23	58	53
乌江	万吨	1.75	0.51	1.00		0.16	0.03	0.02	0.03
	万吨千米	159	42	94		16	2		4
锦江	万吨	0.73	0.14	0.12		0.27	0.06	0.03	0.11
	万吨千米	234	27	32		109	21	9	36

续表

河流名称	单位	合计	货种						
			粮食	食盐	煤炭	植物油	土产	金属及制品	其他
㵲阳河	万吨	0.95	0.07	0.10		0.23	0.15	0.06	0.34
	万吨千米	148	4	24		55	29	12	24
清水江	万吨	0.42	0.14	0.08		0.05	0.11		0.04
	万吨千米	67	13	15		15	15		9
都柳江	万吨	0.79	0.41	0.12		0.08	0.02	0.14	0.02
	万吨千米	142	65	24		21	4	25	3

第三节　建立省级水运管理机构

一、结束无省级管理机构历史

新中国成立前，贵州并无省级航运管理机构。直到 1950 年 7 月，贵州省人民政府设立了交通厅，才结束了水运无省级管理机构的历史。1951 年 1 月，贵州省交通厅召开首届交通会议，明确各主要通航水道由所属专区分管，专署交通科设置航管机构管理船舶运力，汽车运输公司管理运输业务，开展水陆联运。3 月，遵照西南交通部指示，在贵州省交通厅内设立航务科，编制 5—7 人，负责全省航务管理工作，杜月泉任科长、夏鹤鸣任副科长，开启了贵州省级层面航运业务管理的新征程。1951 年 4 月，刚成立不久的贵州省交通厅航务科对㵲阳河、清水江航运进行调查；年内先后对赤水河、习水河、松坎河、乌江及都柳江等千余千米的河道进行考察，以为设置航务管理机构做好准备。

二、各河航务管理机构筹建

1951 年，镇远专署交通科拟订出《㵲阳河航行运输组织管理办法》，提出在镇远设立中心站和在几个县、区设航管站的方案。4 月至 6 月，㵲阳河镇远、蕉溪先后设立了航管站。随后遵义、都匀、铜仁等专署交通科筹建赤水（赤水河）和长沙（刁水河）航管站、都柳江榕江航运中心站以及乌江思南县群运管理站。

1952 年 4 月，全省建站工作全面展开，除镇远、玉屏两站收归省管外，年内陆续建立的重安、锦屏、下司、思南、沿河、铜仁、榕江、三都、赤水、茅台等 10 个航管站，均属贵州省交通厅直属领导。

三、水上交通安全纳入管理

1952 年，各航管站遵照西南交通部颁发的《西南区内河木船驾长登记、考评、检验、发证、管理暂行办法》和贵州省交通厅补充要求，随即在辖区内开展了航道里程丈量、船舶检丈登记发证、驾长考评及海事处理等工作。当时省交通厅明确航管站负责长航船安全管理，20 千米以内短航船则由当地政府管理，航管站协助船检和驾长考评工作。这被视为贵州港航安全监督和船舶检验工作的开端。

四、水运工程建设的开始

贵州山区水道普遍存在石滩，船只必须减载或“换综”吊放，否则无法通行。历史上，曾对石滩进行整治，但限于技术、经济能力，只能望江兴叹。千百年来，只能实行分段通航。打通断航滩险，成为新中国成立后贵州水运工程的主要目标。㵲阳河诸葛洞滩、清水江结洞滩、赤水河吴公岩滩被列入“一五”计划期间重点整治工程项目名单。

诸葛洞滩的整治，揭开了新中国成立后贵州航道工程建设的序幕。诸葛洞滩是㵲阳河的著名险滩，其位于施秉县下游 7 千米，镇远上游 28 千米处。该滩长 250 米，河宽 40 米，由峡谷进口岩石大量崩塌形成，遇洪水航道频频改变，时通时阻。至新中国成立初期，船只必须驳载搬滩，空船吊放。

1952 年 7 月，贵州省交通厅抽派贵阳高级工业职业学校 5 名学生，由航务科组织对诸葛洞滩进行测设。1952 年 12 月底开始对诸葛洞滩进行整治，次年 2 月 5 日竣工。

1952 年 12 月，贵州省交通厅航务科派员对赤水河茅台至马桑坪段主要滩险进行检测。1953 年 3 月 17 日，由马车从贵阳运送炸药到茅台，试办养护工程，改善马岩滩、桃红滩险等 7 处，开凿狗滩、偷门滩险等 6 处岸壁纤道。此举为新中国成立后贵州河系航道工程的开端。

探索中发展的水运事业

（1953 年—1957 年）

1953 年到 1957 年，国家实施第一个五年计划，贵州和全国一样，也开始实施国民经济第一个五年计划。在共产党和中央人民政府的领导下，贵州完成对个体木帆船的社会主义改造。为适应经济发展需要，贵州省人民政府扩编航运管理机构，颁发规章制度，推行“三统”管理，加强水上交通安全监督工作，开展了航道普查和以开辟机动船航线为重点的水运工程建设，在试办机动船运输、开展省际合作等方面做了有益探索，开创了贵州航运发展的新格局。

第一节　个体木帆船的社会主义改造

1953 年，随着第一个五年计划的实施，加强运输任务计划便显得尤为重要，而当时的运输工具均为木帆船，以一船一户单干，自主经营为主，不仅生产力低下，而且安全无保障。偶有合伙承运，也聚散不定，分合无常，缺乏严密组织。于是加强个体木帆船运输组织管理，实行劳动、技术、经济互助，成为必然趋势。

一、个体木帆船编组互助

1953 年，各河航管站组织个体木帆船开展编组编队工作。到 1954 年年底，全省纳入编组编队的木帆船共 1592 艘，载重 13733 吨，分别占总数的 64.85% 和 85.02%。经过编组编队，巩固了组织，增强了互助，提高了运输效率。

二、开展水上运输合作化运动

1955 年 1 月，㵲阳河组建先锋木船运输生产合作社，这是贵州木帆船运输合作社的雏形。1955 年 12 月，交通部全国地方交通会议颁布了《木帆船运输合作社示范章程（草案）》，加快了推进木帆船合作化进程。1956 年 1 月 20 日，贵州第一个高级木帆船运输合作社——赤水黔锋社成立。相继有乌江等河系部分初级社转入高级社。1956 年 3 月，全省先后建成高级社 20 个，初级社 17 个，入社专业船 1320 艘，载重 12736 吨，分别占全省专业船数的 94% 和 96%。至此，水上运输基本完成社会主义改造，实现合作化。

表 2-1　1956 年各河木帆船运输合作化情况表

<table>
<tr><th rowspan="2">河系</th><th rowspan="2">港籍</th><th rowspan="2">社名</th><th rowspan="2">社级</th><th colspan="2">船数</th><th colspan="3">社员人数（人）</th><th rowspan="2">拥有资金（万元）</th></tr>
<tr><th>艘数（艘）</th><th>载重（吨）</th><th>合计</th><th>船工</th><th>船民</th></tr>
<tr><td rowspan="10">赤水河</td><td rowspan="4">赤水</td><td>前进社</td><td>高级</td><td>107</td><td>2500</td><td>664</td><td>563</td><td>101</td><td>4.23</td></tr>
<tr><td>黔锋社</td><td>高级</td><td>24</td><td>562</td><td>262</td><td>239</td><td>23</td><td>1.08</td></tr>
<tr><td>黔崇社</td><td>初级</td><td>70</td><td>456</td><td>135</td><td>67</td><td>68</td><td>0.51</td></tr>
<tr><td>光明社</td><td>高级</td><td>49</td><td>687</td><td>332</td><td>283</td><td>49</td><td>0.64</td></tr>
<tr><td>土城</td><td>胜利社</td><td>高级</td><td>26</td><td>295</td><td>169</td><td>143</td><td>26</td><td>0.63</td></tr>
<tr><td rowspan="5">茅台</td><td>运输一社</td><td>初级</td><td>22</td><td>176</td><td>94</td><td>72</td><td>22</td><td>0.75</td></tr>
<tr><td>运输二社</td><td>初级</td><td>21</td><td>168</td><td>139</td><td>118</td><td>21</td><td>0.72</td></tr>
<tr><td>运输三社</td><td>初级</td><td>33</td><td>264</td><td>185</td><td>153</td><td>32</td><td>0.98</td></tr>
<tr><td>运输四社</td><td>初级</td><td>20</td><td>159</td><td>129</td><td>110</td><td>19</td><td>0.65</td></tr>
<tr><td>运输五社</td><td>初级</td><td>13</td><td>45</td><td>67</td><td>55</td><td>12</td><td>0.14</td></tr>
<tr><td rowspan="5">乌江</td><td rowspan="2">沿河</td><td>先进社</td><td>高级</td><td rowspan="2">201</td><td rowspan="2">3590</td><td rowspan="2">793</td><td></td><td></td><td></td></tr>
<tr><td>前进社</td><td>初级</td><td></td><td></td><td></td></tr>
<tr><td rowspan="2">思南</td><td>短航社</td><td>初级</td><td></td><td></td><td></td><td></td><td></td><td></td></tr>
<tr><td>乌江社</td><td>高级</td><td></td><td></td><td></td><td></td><td></td><td></td></tr>
<tr><td>德江</td><td>新潮社</td><td>高级</td><td></td><td></td><td></td><td></td><td></td><td></td></tr>
</table>

续表

河系	港籍	社名	社级	船数		社员人数（人）			拥有资金（万元）
				艘数（艘）	载重（吨）	合计	船工	船民	
锦江	铜仁	运输一社	初级	21	221				2.95
		运输二社	初级	33	388				
		运输三社	初级	24	275				
	桃映	桃映运输社	初级						0.49
	江口	江口运输社	高级						0.18
㵲阳河	镇远	先锋社	高级	51	352	147	96	51	
	玉屏	大同社	高级	70	678	210	127	83	
	青溪	前进社	高级	11	81	45	31	14	
	岑巩	前锋社	高级	14	77	40	24	16	
清水江	锦屏	前进社	高级	10	53	42	32	10	
	天柱	先锋社	高级	20	155	86	31	55	
	远口	红光社	高级	21	214	77	49	28	
	剑河	五河社	初级	41	139	128	87	41	
	南加	南加社	初级	4	22	23	18	5	
	炉山	先进社	初级	26	67	68	42	26	
		新江社	初级	11	25	39	28	11	
		红星社	初级	13	34	42			
	麻江	安全社	高级	10	24	32			
都柳江	榕江	前进社	高级	220	571	509			
		红星社	高级						
	三都	胜利社	高级						
	从江	光明社	高级						

建社初期，由于生产关系和生产资料所有制的改变，社员热情高、干劲大，生产效率比编组编队前高。各社还根据实际情况制定了一些生产制度，增加了社员收入，并组织社员学习理货、船舶保养等专业知识。

形势喜人，形势也逼人。合作化运动来势猛烈，工作粗糙，出现了一些偏差，对船主划分存在偏“左”倾向。赤水公私合营木船运输公司的 15 户船主中，有 14 户背上

“资本家”包袱，压力巨大。1956 年 4 月，贵州省交通厅召开航运专题会议，针对出现的问题及时进行了纠正。赤水县随即撤销公私合营木船运输公司，船舶和人员并入其他运输社。1957 年 1 月，贵州省航运局开会研究运输社的巩固和发展问题，随即派员 30 人到 12 个重点运输社调研，帮助其建立制度，加强管理，提高运输社内干部业务能力和领导水平。此后社员思想恢复稳定，新生的集体经济逐步巩固发展。

三、集体运输业经营管理的初步探索

由个体经济转为集体经济，由各自分散经营转为合作社组织经营，是一次史无前例的变革。在合作化初期，无章可循，各行其是，分配混乱。

随后，1957 年年初，各运输社根据中央提出的“在满足生产经营的前提下，先工资后福利，有剩余再积累”的原则，结合实际和自身特点，针对不同水位和季节劳动量，制定了收益分配标准：在全部营收扣除税金、管理费、股红和利息后，剩余部分按比例分配。分配标准的实行较好地兼顾了个人和集体的利益，解决了积累与分配的矛盾。

表 2-2　木帆船运输合作社收益分配比例

季节	单位	劳动报酬	公积金	公益金	管理费	劳动奖金	船舶维修
平水期	%	65—75	6—10	3	1—2	0.5	8—10
枯水期	%	75—85	0.5	1—3	1—1.5	0.5	6—8

第二节　调整健全管理机构

一、扩编省级航务管理机构，各河系实行政企管理

1954 年 1 月，贵州省交通厅对各通航河段的联运社与航务管理站进行合并，改称“内河航运管理站”，形成政企合一机构。同年 8 月，各河航务机构逐渐健全。

随着航运发展和基层航务机构的扩充，1954 年 4 月 8 日，贵州省交通厅将航务科扩编为内河航运管理处，内设运输、计统、河工、财务、秘书等科及政工室，熊飞任处

长、杜月泉任副处长，李超任政工室主任，负责全省航运管理工作。

1956 年 5 月 29 日，贵州省交通厅进一步将内河航运管理处扩大为内河航运管理局，属厅二级机构，局编制 103 人，分设 12 个职能科室并建立政治处，孙紫芳任局长，熊飞、杜月泉任副局长。这是新中国成立以来航运管理机构最健全、人员最充实的时期。

二、省属航道工程专业队伍的建立

1953 年 8 月，贵州省交通厅抽派技术人员在都柳江、清水江、㵲阳河、锦江成立第一、第二、第三、第四河道工程组。10 月，在赤水河、乌江成立第五、第六河道工程组，负责航道养护工程。这是贵州航道工程实施机构最早的布局。1955 年 7 月至次年 6 月，贵州省交通厅将清水江、赤水河、乌江工程组扩充为一、二、三航道工程队，下设测设和施工分队，固定职工增至百人。1957 年 1 月，将清水江、赤水河、乌江航道工程队的测量分队划出，成立一、二、三航道测设队，直属省航运局领导。

三、水路运输安全管理的开端

1952 年各航管站建立后，根据西南交通部内河航务管理局会议精神，船舶检验、驾长考评列入航管站职责。

1954 年，各河相继建立海事处理委员会，明确一般事故由各航管站处理，大事故由当地政府处理，重大事故由省交通厅处理。7 月，贵州省交通厅颁布《贵州省短航木船管理办法》，次年 8 月，贵州省航运处颁布《贵州省木船登记给证及检验暂行管理办法》和《贵州省内河长航木船登记给证暂行办法》。这些规章制度的建立和实施，为依法加强港航安全监督和船舶检验工作打下了基础。

在生产管理中，安全工作得到进一步加强，航管站设置水尺，掌握水情指导配载；在危险航段设置简易警示标志；选派经验丰富的驾长把关过滩；实行航前“四查”：查船只是否完好、船员是否配齐、装载是否平衡、属具是否齐全。与此同时，省内河航运管理局航务科对危险航段进行实地调查，筹划整治滩险和整修纤道。

据不完全统计，1952 年至 1957 年期间，全省主要河流发生事故 630 次，死亡 86 人，伤残 19 人，经济损失 36.1 万元。这些情况说明，当时安全管理得到加强，基础管理提高，事故统计翔实。但因货运量急剧增长，航道仍处于原始状态，加之安全意识淡薄，安全规章制度不完善，监管手段落后等因素存在，若无安全管理，又无历史资料可鉴，后果难料。

四、推行“三统”管理

“三统”，即统一货源、统一调度、统一运价。这是过渡时期对民间运输业进行社会主义改造的一项具体政策。

1952 年，各河建立航管站后，便开始开展“三统”管理工作。1953 年，各河运输计划由省下达，航管站组织完成，“三统”管理得到进一步加强。1956 年，航运实现合作化，个体经济变成集体经济，为全面推行“三统”管理创造了条件。

“三统”管理是计划经济的产物，对当时克服个体经营散漫、发挥组织力量、提高运输效率、抑制通货膨胀、保证国家重点物资运输任务的完成等方面起到了积极作用。

五、运价厘定和实施

1952 年以前，各河木船无统一运价，船货双方随行就市，当面以实物（大米或盐）计价，只计航次不计航程。航管机构成立后，推行“三统”管理，在辖区内试行。1956 年 8 月，运价纳入政府管理，由贵州省交通厅首次向全省公布。

表 2-3　1956 年 8 月贵州省交通厅公布的运价

河系	主要航段	每吨千米运价（元）		比原运价低（%）	
		上水	下水	上水	下水
赤水河	茅台—二郎	0.200	0.140	15.80	1.40
	二郎—赤水	0.150	0.089	15.10	0.60
	赤水—合江	0.100	0.051	16.30	2.30
羊磴河	湾塘—赶水	0.320	0.270	8.60	10.00
乌江	思南—潮砥	0.175	0.110	12.50	/
	潮砥—新滩	0.250	0.110	10.85	/
	新滩—龚滩	0.180	0.090	14.30	/
锦江	江口—铜仁	0.200	0.180	28.90	29.40
	铜仁—麻阳	0.200	0.180	/	42.30
㵲阳河	施秉—镇远	0.210	0.180	29.60	18.20
	镇远—玉屏	0.180	0.120	4.30	17.60
	玉屏—晃县	0.170	0.115	23.20	17.80

续表

河系	主要航段	每吨千米运价（元）		比原运价低（%）	
		上水	下水	上水	下水
清水江	下司—旁海	0.280	0.180	29.60	18.20
	旁海—锦屏	0.250	0.155	16.70	16.30
	锦屏—洪江	0.180	0.135	40.00	15.60
都柳江	三都—榕江	0.350	0.200	9.10	9.10
	榕江—八洛	0.190	0.110	5.00	8.00

第三节　水运工程建设的推进及航道普查

一、打通各河断航滩险，成为水运工程的首要目标任务

贵州山区水道自然条件复杂，石滩多，有的航段只能分段通航。

1952 年，整治打通㵲阳河诸葛洞滩，揭开了新中国成立后贵州航道工程建设的序幕；1953 年，勘测整治清水江结洞滩，为新中国成立后贵州航道勘察设计工作的开端。另外，打通各河断航滩险工作如下。

赤水河　吴公岩位于茅台下游 44 千米，由大滩、螺丝臼两滩组成，原名“文公岩”。清乾隆年间修赤水河时，岩石崩坠，通而复阻，工务总揽吴登举忧郁病逝，后人为纪念他，改滩名为“吴公岩”。吴公岩有长达 9 千米为不通航河段，有滩险 17 处。区间落差 24 米，平均比降 5.1‰。吴公岩系崩岩形成，其中大滩壅塞，形成 2 米高跌流。自清道光年间赤水河开辟盐道以来，盐商到此全赖人力绕山道 30 华里（15 千米）转运。在此一带形成专门从事搬运的数百人的乡民队伍。新中国成立初期的三年，赤水河货运量占全省的 30%，进口食盐占全省消耗量的 10%，而二郎至马桑坪段的人工搬运费占赤水至茅台全程的 40%。无论从经济交通还是政治战略地位上看，打通吴公岩已刻不容缓。

1954 年 2 月，贵州省交通厅责成第五工程组对该河段进行勘测，随即批准技术方案。同年 10 月开工，工程用款 6.9 万元，1955 年 3 月 7 日完工。在打通赤水河吴公岩

滩时，工人陈林华、彭绍良发明了“巨眼爆破法”，提高了爆破效果。工程组推广苏联并串联接线法和底空爆破法，采取卷扬机吊拉石块清漕等，保证了质量，缩短了工期。经试航，5吨茅村船可载重2吨，15吨古牛船可载重4吨，超过同水位相邻河段的载量。据测算，每年可节省搬运费9万元，超过吴公岩段施工费用，仅为全部工程费用的70%。政府对搬滩民工给予生活补助，妥善安置安排。

吴公岩的打通，改变了千百年来赤水河分段通航的历史，雄辩地证明了只有在中国共产党的领导下，在优越的社会主义制度下，才能举力创造出前无古人的伟大壮举。

乌江 乌江为贵州最大河流，山高谷深，滩险水急，水文地质复杂，施工有一定难度。初期工程起步于支流。干流以开辟整修纤道为主，对主要碍航滩险进行零星炸礁工程。但由于龚滩、新滩、潮砥三大断航阻隔，工程效益并不明显。1957年，打通断航滩险、开辟拖轮航道的任务提上日程，由航运局第三测设队开展前期工作。12月8日，铜仁专署成立“乌江航道整治委员会”，调集力量，工程转入实施阶段。

锦江 “一五”期间，第四河道工程组与航管站共同组织，在锦江干流和支流上整治滩险百余处，为12吨木船改善了通行条件，整修纤道84千米，约占河系通航里程的1/2，居全省河道之冠。

㵲阳河 “一五”期间，整治干流及支流大小滩险百余处，开辟支流航道25千米。各航段经整治后，船舶运载量普遍提高。

清水江 1953年至1954年，在干流整治滩险50余处。1957年，开辟凯里至施洞57千米机帆船航道，疏浚凯里至下司29千米航道。“一五”期内，河系内共完成炸礁疏浚10多万立方米，整修纤道24千米。

都柳江 1953年8月，航道工程组建立后，首治二浪滩。1954年至1955年，整治干流三都至榕江段大小滩险22处。“一五”期间，河系内共完成炸疏近8万立方米，整修纤道5122米。

总观“一五”期间贵州航道建设，以打通断航滩险和开辟拖轮航道为重点，工程遍及全省各河，有力地促进了贵州经济社会的发展，展现了新中国的建设成就。但在新中国成立之初，由于技术力量薄弱，缺乏经验，存在摊子过大，急于求成，保重点不力，工程粗糙，有的工程未能取到预期效益等问题。

表 2-4　“一五”期间航道整治完成工程表

河系	炸礁（万立方米）	疏浚（万立方米）	筑坝（万立方米）	围堰		护岸		纤道（千米）
				长（米）	立方米	长（米）	立方米	
赤水河	4.84	3.27	1.03	1000	3700	981	3800	61.85
乌江	0.59	1.30						10.50
锦江	1.12	1.10						84.00
𣵀阳河	0.72	1.49						62.00
清水江	9.67	1.58	0.04					26.40
都柳江	0.52	0.26						5.12
合计	17.46	8.93	1.07	1000	3700	981	3800	250.30

表 2-5　“一五”期间航道整治历年投资表

单位：万元

项 目	合计	1953 年	1954 年	1955 年	1956 年	1957 年
航运投资总额	284.8	9.9	21.4	17.5	192.4	43.2
用于航道整治	177.1	5.0	16.4	17.0	118.5	20.2
比例（%）	62.27	50.5	76.63	97.14	61.59	46.76

二、码头和助航设施建设

贵州沿江城镇的形成与航运关系密切，有些港口在新中国成立前已有码头和仓库。当时码头年久失修，有的已不能使用。

1952 年，乌江首建思南航管站前码头。随后主要河流都进行了码头的修缮与扩建，且均为砌石阶梯式。1957 年，在赤水河赤水港麻柳沱建成阶梯式码头，附属设施有 60 载重吨木质囤船 1 艘，小型油库 1 座，仓库 1 座，是贵州省第一座为机动船服务的码头，也是首次设置囤船的码头。

助航设施通常指纤道、航标和绞关。“一五”期间的纤道建设，已在各河航道整治中记述。

航标设置始于 1952 年。当年 10 月，赤水河在下游设岸标 28 座，浮棒标 189 根。随后，锦江、𣵀阳河、乌江相继设置航标。1953 年 3 月，茅台航管站在赤水河茅台至马桑坪段设岸标 17 处。1955 年下半年，第二航道工程队在赤水河下游则设置以浮棒标为主的航标。1956 年，派人到武汉长江航道局学习后，成立赤水河航标段，在赤水至合江段设置浮棒标、三角标、岸标，并经常扫床，定期报告航道水深情况。1957 年 4 月，贵州省航运局颁布《航标管理暂行办法》，随后，航标段移交赤水航运分局管理，航标工作由此进入常态化。1957 年，乌江成立河系航标站，从文家店顺江而下布设浮棒标，但后因洪水所剩无几。

绞关始建于赤水河。1954 年，在落妹老滩、别滩，建人力木质绞关 2 座，委托当地农民看管。

三、航道首次普查

1956 年 3 月，贵州省交通厅根据交通部统一部署，组织力量对全省各河进行航道普查，并于年底提出《贵州省内河水道普查报告》。普查结果显示，全省有 50 千米以上的河流 93 条，11270 千米；100 千米以上的河流 39 条，7848 千米，其中，拖轮航道 51 千米，木船航道 3210 千米，通筏河段 3924 千米。

表 2-6　贵州境内航道干流长度及通航情况表

水系	河名	全长		通航河段			
				可通木筏		可通木船	
		起讫地点	里程（千米）	起讫地点	里程（千米）	起讫地点	里程（千米）
长江水系	赤水河	云南镇雄县鱼洞乡—四川合江县	392	潭子口—合江县	345	渔塘河—合江县	261
	乌江	贵州黔西县化屋基—四川酉阳县龚滩	531	余庆县马洛渡—四川酉阳龚滩	288	水口—龚滩	247
	羊磴河	桐梓县复兴乡马桑洞—四川綦江赶水	55	马桑坝—赶水	52	新场—赶水	47
	锦江	江口县梵净山—铜仁文昌阁	168	过江屯—文昌阁	120	三脚屯—文昌阁	112
	㵲阳河	瓮安县岚关乡—玉屏县露水溪	291	黄平县旧州—玉屏县露水溪	215	黄平县旧州—玉屏县露水溪	215
	清水江	贵定县斗笠山—天柱县白茅寨	460	都匀—白茅寨	412	都匀—白茅寨	412
	松桃河	松桃县三阳溪—湖南花垣县茶洞	130	双龙屯—茶洞	108	大石屯—茶洞	102

续表

水系	河名	全长		通航河段			
		起讫地点	里程（千米）	可通木筏		可通木船	
				起讫地点	里程（千米）	起讫地点	里程（千米）
珠江水系	都柳江	独山县神仙桥—从江县八洛	294			大河口—八洛	217
	红水河	望谟县两江口—广西天峨（六排）	147	两江口—六排	147	两江口—六排	147
	南盘江	云南沾益马雄山—望谟县两江口	899	三江口—两江口	252	八达章—两江口	186
	北盘江	云南沾益马雄山—望谟县两江口	451	岔河口—高坎滩	166	龙头寨—两江口	133

表2-7　主要航道枯水期航道尺度表

河系	最浅航深（米）	最窄航宽（米）	最小弯曲半径（米）	最大流速（米）
赤水河	0.4	10	65	4.1
乌　江	0.8	8	38	4.1
锦　江	0.3	6	35	4.5
㵲阳河	0.5	6	8	4.5
清水江	0.4	5	15	4.2
都柳江	0.1	1.3	34	2.8
红水河	1.0	10	20	5.5
南盘江	0.3	3	20	4.2
北盘江	0.5	9	20	4.0

经过普查，对贵州水运资源有了更全面的了解，为发展航运和航道建设提供了可靠依据。但这次普查受技术资料和工作手段限制，有的河流通航支流存在漏查（如都柳江），有的资料深度不够（如里程、航道尺度不够精准）。

第四节　水运量增长及拖轮运输的兴办

一、运输量的大幅度增长

1957 年以前，贵州铁路仅有 167 千米（独山至都匀），作用有限，公路运输处于发展的初期。于是，水运以其省际运输自身优势和有利条件倍受重视，并由此获得较大发展。

1953 年，政务院发布《关于实行粮食计划收购和计划供给的命令》后，贵州超额完成粮食统购统销任务。为支援津沪地区的经济建设和湘、鄂两省灾区，“一五”期间，贵州粮食外调成为水运大宗货源。5 年完成粮运 63.04 万吨，占全省水运货运总量的 44.55%。赤水河和乌江占比较大，超过水运量的 50%。另一个大宗货物是出口木材，5 年共流放 194.23 万立方米。水运主要进口货种是食盐，5 年共输入 18.56 万吨。其他如煤、植物油、日用工业品、建材等，运量都有所增长。

表 2-8　1953 年—1957 年全省客货运量统计表

年份（年）	客运量		货运量	
	万人	万人千米	万吨	万吨千米
合计	34.92	1232	141.51	13308
1953	4.49	202	15.54	1756
1954	6.86	240	21.18	2286
1955	7.8	253	31.09	2834
1956	7.71	279	33.05	2857
1957	8.06	258	40.65	3575

表 2-9　1953 年—1957 年全省货物运量分类表（单位：万吨）

物资分类	合计	1953 年	1954 年	1955 年	1956 年	1957 年
总计	141.51	15.54	21.18	31.09	33.05	40.65
粮食	63.04	5.44	8.96	15.59	14.59	18.46
食盐	18.56	2.76	3.18	4.34	4.25	4.03
煤炭	7.19	0.75	1.02	0.98	1.42	3.02
植物油	2.37	0.31	0.49	0.49	0.47	0.61

续表

物资分类	合计	1953 年	1954 年	1955 年	1956 年	1957 年
桐油	5.80	0.91	0.80	1.18	1.31	1.60
日用工业品	5.68	/	1.30	1.59	1.50	1.29
土产	4.46	0.99	/	/	/	3.47
金属及制品	4.60	/	1.15	1.35	1.21	0.89
建筑材料	4.51	0.10	0.66	0.84	1.24	1.67
其他	25.30	4.28	3.62	4.73	7.06	5.61

二、引进技术发展拖轮运输

为了发展赤水河下游赤水至合江（汇入长江）的拖轮运输，省航运局一边抓紧开辟拖轮航道，一边组织筹备管理机构，引进技术，建造船舶和招收培训船员，这项工作得到省人民政府和交通部的重视和支持。

1956 年初，交通部内河总局帮助贵州省航运局设计喷水式浅水拖轮一艘，由天津新港船厂承建，用火车运到武汉，再由长江航运管理局登陆艇运至重庆，经川江驶入赤水河，于 1957 年 1 月 14 日参加赤水河下游拖轮航道开辟工程试航典礼。《人民日报》1 月 24 日刊登了《轮船开到了贵州》的报道。随后引进拖轮多艘。1957 年 2 月 17 日，成立赤水河航运办事处，除航政外，兼办轮运业务，为贵州第一家全民所有制企业的前身。由于引进的拖轮“水土不服”——不适应贵州山区航道特点，马力小且航速慢，上滩不能拖带驳船，自身还需人力牵引；马力大的，吃水又深，只能在洪水期间进入赤水河，大部分时间在川江航行，从而限制了拖轮运输效能。

发展拖轮运输遇到的困难使人们开始认识到，只有从航道实际出发，研制适应贵州山区航道特性的船舶，培养一支既熟悉航道，又掌握机动船驾驶技术的当地队伍，机动船运输业才能顺利发展。

三、水运首次大规模人才引进

1956 年夏，交通部珠江航运管理局从广州调来 49 名船员支援贵州，这是贵州水运时间最早、规模最大的一次人才引进。他们带来技术和经验，帮助发展拖轮运输。但因各种原因，这批人后来大都返回广东，只剩 5 人留在贵州工作。

第五节　船舶修造业的兴起

一、各河船型呈现多样化

贵州各河自然条件迥异，上下游河段差别大，历代工匠和船民就地取材，独创了形式各异且适合当地河流条件的船型，为研究中国造船技术史所不能忽略。

赤水河　上段茅台至二郎行驶的茅村船，形若木梭，利用前梢后橹操纵，载重2吨—12吨，以6吨居多。因前梢似“关刀”，又称关刀船。中段二郎至赤水行驶的牯牛船，船板厚实，能抗恶浪，以船体壮实而得名，配有前梢后橹，后橹在船体中部的高架上操作，便于瞭望滩情和掌握航向。赤水以下主要行驶舵船，上水使用风帆，下水桅杆即作前梢。舵船可驶出川江，有的到达宜昌以下。

羊磴河　软板船，其特点是不用腊木、不需骨架、不设堵板、弹性大、刚性小，船底为双层，较为牢固；载重1.5吨—2吨，适用于河水深小，河底为卵石的航道。

乌江　歪尾船，船板用较厚柏木制作，强度大，能承受恶浪拍击，型深舷高，过浪抗浪，歪尾上架后梢，驾长站于高架上操作，视野开阔，后舱辅以偏梢助力；船的长度一般为20.7米，宽为3.28米，深1.24米，实载20吨，行驶于潮砥至龚滩段。潮砥以上行驶麻雀船，以尾部窄长上翘而得名。潮砥至新滩期间行驶的还有架子船，载重5吨—8吨，最大载重20吨。

锦江　有小河船和长航船两种。小河船载重2吨—3吨，行驶于铜仁以上及支流小河。长航船行驶铜仁以下，以7吨居多，出省至麻阳、辰溪、常德等地。

㵲阳河　有麻雀船、平头船、翘脑壳船等船型。麻雀船属清水江型。翘脑壳船航行于镇远至洪江之间，最大载重20吨，长26米，宽2.8米，吃水0.86米，设有前后梢，操作灵活。

清水江　麻雀尾船又称“苗船”，船体前后均较瘦长，底部为弧形，载重2吨—3.5吨。无肋骨各脚梁，靠前后梢操纵，自身轻，吃水浅，船体灵活，强度差，干舷低，下滩多在两侧捆扎茅草防浪。

都柳江　三舱船（三板船），载重2.8吨—3.8吨，长14.4米，头舱2.05米、中舱2米、三舱2米。首尾窄，中间大。广西娘仔船常上达从江等地。

二、船舶修造业从个体劳动走向集体劳作

过去贵州的木船修造，多在河滩临时设置作坊，就地雇请工匠制作。

1954 年 11 月，沿河县航管站组织乌江沿岸造船工匠，本着自愿互利原则，编成船舶修造大组，按地区分成 4 个小组。大组统一调配劳力，实行日工资制，加强了生产管理，提高了生产效率。其他河系也对船舶修造进行组织管理，由此从个体劳动走向集体劳作。

1956 年初，赤水县个体造船工人率先组建县属城关新化合作社。同时，赤水县长征木船运输社在内部组建船具厂。两厂均属集体所有制企业。同年 9 月，赤水县航管站（后改为“省属赤水航运办事处”）发展拖轮运输，由交通部河运总局提供图纸，建造 40 吨—60 吨尖头驳船 4 艘，共载重 220 吨，为贵州建造和使用木质驳船的开端。1957 年 11 月 22 日，省属赤水航运办事处成立船舶修造所，为贵州第一个国营船舶修造厂的雏形。

同期，都柳江的三都、榕江，乌江的思南，清水江的锦屏和锦江的铜仁等地木船运输社也先后组建了船舶修造厂（组）。

三、试行木帆船性能改良

“一五”期间，随着货运量的不断增长和省际运输的发展，对部分航道工程进行整治，提高船舶载重量，改进船舶性能越来越引起重视。

1953 年 11 月，沿河县船工安国彩参照乌江四川段船型，将歪尾船改为“舵笼子”，成效明显，这是贵州解放后木帆船的首次改良。1953 年至 1957 年，乌江改良的舵笼子船共 25 艘。

1956 年 4 月，都柳江榕江前进运输社和红星运输社试制燕尾船取代三舱船，载量提高一倍多。

1957 年 6 月，乌江潮砥运输社在舵笼子船的基础上又研制新的“蛇船”，载重增至 25 吨。该船自重轻，吃水浅，阻力小，操作灵活，较适应乌江航道特点。

这些进行船型改良的尝试，在各河引起强烈反响，对后来搞技术革新运动起到积极作用。

进一步壮大水运事业

（1958 年—1965 年）

1958 年至 1965 年是我国“大跃进”和国民经济调整时期，贵州水运进入一个非常历史阶段。

1958 年 5 月，中共八大二次会议通过了“鼓足干劲、力争上游、多快好省地建设社会主义”的总路线，发动了“大跃进”运动和农村人民公社化运动，使得以高指标、瞎指挥、浮夸风和“共产风”为主要标志的“左倾”错误严重地泛滥开来。由于“大跃进”和“反右倾”的错误，加上当时自然灾害和苏联政府撕毁合同的背信弃义行为，使得我国国民经济在 1959 年到 1961 年遭受严重困难，国家和人民遭到重大损失。

1960 年冬，党中央提出国民经济实行“调整、巩固、充实、提高”的方针，制定、实施了一系列正确的政策和果断的措施，使得此阶段的历史发生重要转变。1962 年 1 月，中央召开有七千人参加的扩大工作会议，初步总结了“大跃进”中的经验教训，开展了批评和自我批评，国民经济得到了比较顺利的恢复和发展。① 在此期间，贵州水运在总结教训的基础上，及时纠正错误，逐步走出谷底。至 1965 年，主要生产指标恢复或接近 1957 年的水平。

---

① 《关于建国以来党的若干历史问题的决议》——开始全面建设社会主义的十年。

第一节　运量的起落和运力的变化

一、省际协作统筹粮食外运

1953 年至 1963 年期间，粮食运输成为水运主要货种。外调粮食运输成为各河航管部门和企业生产的主要运输任务和政治任务。因贵州通航河流地理位置特殊，大都位于省界边缘，在粮食运输任务重、时间紧的情况下，各河开展了省际运输协作，统筹上下游船货平衡。

特别需要指出的是，都柳江外运粮食受困，贵州省人民政府，省交通厅、航运局领导亲临现场考察，指挥协调，部署粮运任务。

赤水河　1958 年粮食运量 6.4 万吨，居各河之冠，占该河货运量的 43%，其中外调粮食 3.7 万吨，占粮食运量的 57.81%。为完成粮食外调任务，贵州省赤水县与四川省泸县商定，两县交通（航运）部门组成水运计划平衡委员会，协商运力调配，统筹船货平衡，川粮经赤水河输出由黔方按川方计划要求统一承运，川方在合江接运。

赤水河航运办事处大力组织木船将粮食从上中游集运到赤水、合江，再由拖轮运往重庆转运；同时加强船岸合作，开展代办中转、代收代付运费业务，加强港口装卸力量，缩短船只在港停泊时间，提高了水运效益，较好地完成了当年外调粮运任务。1959 年起，粮运改道，水运量减少。1963 年后，外调粮停运。

乌江　1958 年至 1962 年，乌江累计完成粮食运输量 13.7 万吨，仅次于清水江。1958 年 11 月，贵州省交通厅函请四川省交通厅增援粮运，但因运力紧张未果。1959 年初，贵州省交通厅决定由赤水河抽派船舶人员协助乌江下游运粮。1960 年 6 月，黔川两省交通部门商定协作，由铜仁和涪陵两地区交通局组成协作办公室，开展省际“一条龙”运输协作，一票到底，运输紧张问题得到缓解。但因国民经济困难，粮食运量下降，全年完成粮食运量仅 3.7 万吨。

此后，乌江粮食运量锐减。1963 年后，因贵州省内三线建设需要，由乌江北运粮食改由汽车调运。到 1965 年间，乌江粮运虽未中断，但年运量在万吨以下，外调粮极少。

锦江　粮运线路主要经湖南麻阳、辰溪接转外运。三年“大跃进”共运粮 5.3 万吨，到1962年共完成粮运5.8万吨，其中外调量3.7万吨，比重大于其他河流。因运力紧缺，任务繁重，先后请求湖南省抽调2000吨运力支援，共同完成任务。1961年，粮运量减少。1963年，粮食外调停止。

㵲阳河 水运粮食任务繁重。各地、县都建立粮运指挥部，与湖南省协作频繁。1958年运粮紧张期间，商请湖南黔阳专署交通局调集运力1500吨支援，解决集运问题。1959年完成粮运3.1万吨，为历年最高水平。1959年年末，中共贵州省委指示，要求减轻陆运压力，分流粮运走水路，运量增加。后因湘黔铁路兴工，沿线各点粮食停调，1960年粮运渐减。

清水江 “二五”期间，粮运增幅较大，取代赤水河跃居全省各河之首。1958年初，湖南沅水运输紧张，影响粮食接运，经黔、湘两省航运部门协商，由清水江航管中心站抽调部分运力前往湖南支援。同年8月至9月，由清水江调往天津、上海等地的1.4万吨粮食，在洪江积压严重，有的发生霉变造成损失。1959年11月，贵州省经济委员会副主任武良柱、省交通厅副厅长宋茂玉在湖南长沙参加交通运输协作会议后，决定由赤水河抽调轮驳，增援贵州驻湖南沅水航运办事处。两省商定由贵州在洪江、辰溪和沅陵等处设置站点，办理运输业务；湖南省协助贵州培训船员、修理船舶、提供船油料材料等后勤保障。1960年，洪江港粮食仍有积压，贵州省运输指挥部决定，改至湖南黔阳港转运。1961年后，运量陡减。1963年至1965年共运粮食1.94万吨，其中外调粮运6700吨。

都柳江 都柳江为贵州粮食外运重要通道。“二五”期间共完成粮运12.2万吨，居各河第三位，外调粮运占45.08%。因运力不足，曾利用木筏搭载粮食。1959年由榕江港启运的粮食，在富禄积压3000吨，部分变质。1959年年末，贵州省副省长赵欲樵、省交通厅副厅长卢绍善、省航运局局长孙紫芳等到榕江县实地调研，部署粮食转运问题，缓解了运粮紧张局面。后因粮运量倍增，积压时有发生。1960年5月，黔桂两省区在广西召开协作会议，开展“一条龙”协作运输，但粮运任务过于繁忙，接转运输工作并不顺利。1960年年底，贵州省粮食厅、交通厅在贵阳参加湘、桂、川、滇、黔五省区运粮协调会议，商定从1961年起贵州船舶直下广西长安，以减轻广西接运压力。后又将贵州在广西富禄和柳州的转运站交由广西接管，转运由广西承担。在粮运高峰期间，运力与运量之间的矛盾一直存在。

南盘江、北盘江、红水河 1958年曾向广西天峨、凌云、乐业等县调运粮食6000

吨，占河系货运量的 75%，此后以短途运输为主，或调运少量救灾粮食。

表 3-1　1958 年—1962 年各河粮食运输量统计表

单位：万吨

河系	合计	1958 年	1959 年	1960 年	1961 年	1962 年
全省总计	70.7 （33.2）	18.7 （11.4）	20.1 （9.6）	20.6 （9.4）	7.2 （1.4）	4.1 （1.4）
赤水河	11.7 （6.36）	6.4 （3.7）	2.8 （1.7）	1.1 （0.3）	1.3 （0.6）	0.1 （0.06）
乌江	13.7 （3.2）	3.6 （1.1）	4.6 （1.0）	3.7 （1.0）	1.2 —	0.6 （0.1）
锦江	5.8 （3.7）	1.7 （1.4）	2.0 （1.3）	1.6 （0.9）	0.3 —	0.2 （0.1）
㵲阳河	8.5	1.7	3.1	2.5	0.7	0.5
	（4.6）	（1.6）	（1.6）	（1.3）	—	（0.1）
清水江	13.9 （7.3）	2.5 （1.9）	3.5 （1.9）	5.3 （2.9）	1.4 （0.3）	1.2 （0.3）
都柳江	12.2 （5.5）	1.9 （1.0）	2.4 （1.4）	4.9 （2.4）	1.9 （0.4）	1.1 （0.3）

表 3-2　1963 年—1965 年乌江、清水江粮食运量统计表

单位：万吨

河 系	合 计	1963 年	1964 年	1965 年
总 计	3.93 （1.57）	1.37 （0.53）	1.19 （0.42）	1.37 （0.62）
乌江	1.99 （0.9）	0.7 （0.25）	0.67 （0.32）	0.62 （0.33）
清水江	1.94 （0.67）	0.67 （0.28）	0.52 （0.10）	0.75 （0.29）

注：括号中为外调运量

二、主要货物品种结构运量的起伏

食盐　食盐为贵州水运传统货种。赤水河、乌江以川盐为大宗，占全省运量的

67.54%。清水江、㵲阳河、锦江、都柳江和红水河等相继运入淮盐或粤盐。1960年后，盐运改走铁路和公路，水运食盐淡出市场。

煤炭 水路运量起伏较大，1953年3.33万吨，1959年增至14.52万吨，1960年又下降为5.71万吨。“二五”期间，全省共完成运煤27.11万吨，为“一五”时期的3.77倍，其中外调出省占26.4%。

赤水河煤运量居各河之首，1958年至1962年期间共完成12.34万吨，占全省各河煤运量的45.52%。除上游沙滩等地有部分区间运输外，主要是从岔角煤矿运往赤水、合江，供华一纸厂和城镇居民生活用，其中外调出省量约占50%。1960年，国民经济困难时期，煤矿处于半停产状态，采煤工人多下岗，一度由四川反输入。

1959年起，北盘江毛口以上有区间煤运，主要供河塘糖厂生产和附近民用，运距20千米。1959年至1960年两年共运8.46万吨。1961年后，运量大幅减少，羊磴河、乌江、清水江、㵲阳河等有少量煤运。

1961年，乌江外调粮运减少后，改运原煤出省，当年输出煤炭0.39万吨。1965年航运部门与湖北省公安、监利等县合资，经营德江县芭蕉煤厂，出省煤运量逐渐增加。

建材 在“大跃进”时期，一些大项目上马，促进建材运量增加，主要为砖瓦、石膏、石灰及水泥等，供沿河工程建设、城建和民用建筑需用。1958年至1962年期间，各河共承运26.03万吨，80%集中在1959年和1960年两年期间。㵲阳河自1960年2月起，为支援湘黔铁路建设，由镇远县人民政府和航管部门抽调辖区木帆船178艘，运力1400余吨，专供铁路部门调用，年内共运建材10万吨，占5年各河建材总运量的38.5%。清水江同期亦承担铁建材料运量2.5万吨，年底工程下马，运量减少。其余河系年运量在万吨左右，均为短途运输。

木材 1958年至1962年，各河水运木材135.82万立方米，以清水江运量最大，共运109.28万立方米，占全省水运木材总量的80%；船运木材共运18.66万吨，占总量的13.7%。赤水河占比最大，共运9.84万立方米，超过全省船运总量的1/2。木材水运都集中在1959年，1960年后，木材水运急剧减少。

其他货种 金属制品、日用百货、工业原料、农药、化肥及石油等，运量在“大跃进”运动时期有较大增加，1960年后急剧下降。1962年，水运跌入低谷，经过三年调整时期，1965年水运回升，接近1957年水平。

表 3-3　1958 年—1965 年全省货运量、货物周转量统计表

年份（年）		1958	1959	1960	1961	1962	1963	1964	1965
货运量（万吨）	总计	53.27	95.04	96.89	43.81	26.94	25.57	32.86	38.58
	轮驳船	4.60	7.67	16.95	18.56	12.61	5.32	7.80	7.92
	木船	48.67	87.37	79.94	25.25	14.33	20.25	25.06	30.66
货物周转量（万吨千米）	总计	4781	5625	5919	4950	2350	2410	4084	4120
	轮驳船	868	833	1910	2250	900	518	889	981
	木船	3913	4792	4009	2700	1450	1892	3195	3139

三、各河积极发展客运

贵州水上客运早已存在。古代官宦多由驿站派船接送，商贾贩货多随船往返，船行途中搭客，民间已约定俗成。1958 年以后，客运由附属地位逐渐变为主导，成为当地交通运输的主要方式。

开辟定点定线航班航线，是新中国成立后，水运发展的新生事物，是航务管理出现的新气象。1958 年以后，港航基础设施的改善，机动船运输兴起，为水上客运发展提供了物质条件。经历了国民经济全面调整后，工、农业生产恢复，促进了城乡集市贸易兴旺，客流量日增，推动了水上客运较快发展。

赤水河　下游沿河畔集镇较多，人口密集，群众搭船出行频繁。1958 年 6 月，赤水至合江段在整治航道的基础上，布设航标，开始用轮驳船搭载旅客，乘客日增，客运发展迅速。至 1962 年已运送旅客 8.9 万人次，平均运距 62 千米，轮运占 17%。

1960 年 10 月，赤水航运分局开辟赤水至丙安段，选定第一艘小型木质机动船 201 号，定员 85 人，载货 30 吨。每天往返 1 次，客流量大时增开班次，方便沿岸群众出行，乘坐率居高不下，受到称赞。此后，机动船增多，客运量增加。1965 年客运量达 2.5 万人次，机动船载客 1.4 万人次。

乌江　1958 年后，沿河至龚滩段客运较多。为保证安全，木帆船准许附搭少量旅客，不过因分段航行，航速慢，不适应旅客需求。乌江三大断航滩险的打通，为发展水上客运创造了有利条件。1960 年 8 月，铜仁乌江航运公司为满足群众需求，正式明确轮驳船队搭载旅客，核定每船限额 30—40 人，客运量大幅度上升。1962 年达 5.3 万人

次，占全省各河客运总量的58%，位居榜首。此后运距又有延伸。1965年，轮驳客运量和客运周转量分别占全省总量的48%和28%。

思南至文家店段，尚未通航机动船，航管部门组织木帆船附搭乘客，运距14千米至80千米不等。因该段山高谷深，群山连绵，山间小路陡峭，交通闭塞，群众乐意搭船乘坐，反映良好。

清水江 自1958年以来，木船载客量逐年增长。1962年，农村经济逐渐恢复，集市贸易渐活跃。剑河至南加有60千米不通公路，当地两区六社群众来往不便。为满足群众乘船出行需求，航管站与木船社商定，开辟剑河至南加段定期客运航线，每船限额30人，3天1班。1963年，锦屏、天柱等多个区、乡相继开辟木船客运班线，时逢赶场天，客货两用船达70艘左右，场面壮观。下游瓮洞至托口常有湖南船舶往返，黔、湘两省人员商贸来往密切方便。

都柳江 1958年开始，从榕江、从江、富禄（广西）间，试开定期客班木船，连年不断。初期每年0.4万人次，到1965年达1.75万人次，平均运距58.5千米，在陆路交通不便时期，水运交通成为黔、桂两省区边民的首选。

四、引进技术分享，各河相继建造机动船

在“大跃进”形势驱使下，各河兴起拖驳运输热，一时成为时尚和潮流。

1958年，拖轮运输在各河蓬勃发展。贵州省投资建成乌江1、2、3号，用“乌翼号”木质拖轮，用汽车发动机改装烧煤气，共340马力。同时建造木驳15艘，载重1240吨，交付思南航管站发展拖驳运输。清水江“五一”运输社与重庆造船合作社签订合同，聘请技师指导，请乌江船厂技术工人帮助，建成了120马力的“清水江1号”拖轮。1958年8月，省交通厅将赤水河的“交通号”（120马力）调往都柳江支援粮运，改名“上游号”。同年11月，中国人民解放军上海舰队将退役炮艇3艘支持贵州，经重庆进入赤水河，分别定名“贵州”“贵江”“贵川”。当年全省有拖轮13艘，1533马力，驳船57艘，载重4591吨，占全省总运力的19.27%，运输效率明显提升。

1958年至1960年，赤水河扩建船厂，增添机具，充实人员，相继建成“赤水”“赤峰”“黔波”“黔海”“黔湖”“黔江”等6艘拖轮。1957年7月底，贵州省交通厅决定从赤水河调“遵义”“赤水”2轮6驳，另随木帆船400余吨运力往乌江，支援龚滩至涪陵段物资转运。乌江思南船厂组建后，陆续建造了“红旗”、“黔社”、“黔会”、“黔主”（委托

重庆船厂造）、“黔义”、“黔辉”、“黔煌”、“黔成”等 9 艘拖轮及驳船 52 艘，投资 174.8 万元。同年 9 月，贵州省交通厅又从赤水河调“人民”“建设”2 轮 6 驳到沅水支援东线航运。11 月在湖南常德成立贵州沅水航运物资接运办事处（简称“沅水办事处”），连同清水江的“清水 1 号”统由沅水办事处管理经营。沅水办事处委托长沙船厂增建拖轮 9 艘，其中 2 艘由锦江航运公司经营。与此同时，都柳江榕江造船厂用汽油机改装拖轮 2 艘，分别取名“黔申”“黔顺”，后又建“黔武”，在下游河段行驶。到 1961 年，全省有拖轮 31 艘，4200 马力，105 艘驳船，8503 载重吨，占全省航运总运力的 34.91%。

但是，为适应当时形势发展，各河引进、自制、改装船舶存在盲目性，多数不适应本地山区河流航行，事故多、运效低、成本高、质量差、修理频次多、耗费大，有的甚至建成后无法使用就直接报废。

1964 年 10 月，乌江第一艘木质机动驳“黔货 1-001 号”（后改名“东风 1 号”）建成，随后，“东风 3 号”“东风 5 号”机动驳相继建成下水，适航性明显提升，企业扭亏为盈。赤水河也制造出适应本河航道航行的新船型。至此，贵州机动船运输开始走上切合实际的发展道路。

五、航运从业人员锐减

在“大跃进”形势下，各河强迫命令和瞎指挥风盛行，搞突击运输，“拼设备，忽维修”，加剧了船舶损坏。有的河流不顾航道条件和船舶性能实际，主观臆断，瞎指挥，造成水上事故增多。经济困难时期，有不少船民弃航归农，许多船只因无劳动力而停航。1960 年后，农业歉收，运量下降，生活困难。不少木船运输社转道改行，分布在各河的 10 余家船厂倒闭，几条河流拖驳运输停办，国营企业大量减员，管理机构精简。1965 年，贵州木帆船存量不及 1957 年的一半，提前走向衰落。

第二节　生产资料所有制和航运管理体制的变革

一、木船运输社的并“大”转“公”

1958 年，贵州木帆船运输社掀起“小社并大社”热潮。1960 年，全省各河运输船只先后实现了由集体所有制向全民所有制过渡。当时的做法是：由当地交通（航运）主管部门决定，社员“讨论通过”，即挂上国营牌子。转“公”后在政社合一的情况下，瞎指挥、强迫命令、高指标、浮夸风等泛滥，挫伤了群众积极性，破坏生产力，企业普遍亏损，运力严重萎缩。

二、集体所有制的恢复和运输社的整顿

1961年1月，在党的八届九中全会正式提出对国民经济实行调整、巩固、充实、提高的“八字方针”后，从8月起，贵州将快进全民所有制的运输企业退回集体所有制。国营乌江航运公司、锦江铜仁县运输公司的航运科、都柳江榕江和三都两县的航运公司先后撤销，恢复木船运输社。锦屏、凯里两县的航运大队相继退回集体所有制。1962年1月，桐梓县航运公司恢复为集体所有制。同年2月，赤水长征运输人民公社脱离赤水航运公司，改称“长征木船运输总社”。退回集体所有制后，过去并入的运输社都恢复了原来的组织和名称。在清理整顿过程中，国家退回各运输社平调资金，赔偿经济损失。经过清理整顿后，1962年，全省共有专业木船运输社22个。1963年1月至9月，退制后的木船运输社，已有14个社盈利，占全省总数的64%，亏损面由1962年的72%减为36%。

表3-4　1962年木船运输社统计表

河系	名称	木船数		社员数（人）
		艘	吨	
赤水河	赤水县长征木船运输社	94	2596	1070
	赤水县黔川短航驳渡社	72		72
	习水县土城胜利航运合作社	10	300	136
	仁怀县茅台力争木船运输社	61	597	355
乌江	乌江航运公司	44	810	961
锦江	铜仁木船运输合作社	38	564	169
	江口木船运输合作社	35	175	
㵲阳河	镇远木船运输合作社	24	132	48
	岑巩木船运输合作社	22	110	30
	玉屏木船运输合作社	37	448	126

续表

河系	名称	木船数		社员数（人）
		艘	吨	
清水江	锦屏前进木船运输社	6	18	26
	天柱先锋木船运输社	12	88	45
	瓮洞红光木船运输社	3	42	19
	剑河南加木船运输社	5	36	20
	凯里木船运输社	7	24	18
都柳江	榕江县木船运输合作社	107	502	475
	从江县木船运输合作社	26	126	74
	三都县木船运输合作社	14	67	

三、航运管理体制频繁变动

1958 年 4 月，按照精简机构和下放体制的要求，航运管理推行条块结合、以块为主的体制。除赤水河以省为主、地区协管外，其余各河下放地、州管理。1958 年 5 月，经省人民委员会批准，贵州省交通厅撤销三局（运输局、公路局、航运局），改设职能处，编制由 103 人减为 15 人。内河航运管理处由孙紫芳任处长，熊飞、朱海亭先后任过处长。职责范围除直管赤水河外，负责全省各河运输行业管理和航道建养。交通部公路勘察设计院第一分院下放贵州，成立贵州省交通勘察设计院，并将交通厅内的设计处（公路、航运设计人员）并入其中。同年 8 月，贵州省交通厅决定将原航运局所属测设队并入省院归口管理，组成第六、第七勘测队，主要承担各河航道测设工作。至此，航运管理体制发生了重大变化。

在“大跃进”时代背景下，各河国营和集体船厂相继兴办，货运量急剧增长，国营企业和从业人员增多，急需加强管理指导。

1959 年 12 月，经贵州省委批准，复将航运处改局，属厅二级机构。局长魏德坤，刘进礼、汲殿选、孙圣文、卢朝辅先后任副局长。局设办公室、运输、河道工程、财务、机务、港监、规划等科室，定员 44 人，职能职责相应扩大。新增设的港航监督科，也开始对各河实行安监船检、船员考评发证等归口管理。省交通厅又在加强清水江、赤水河、乌江工程队的基础上，组建了第四航道工程队，承担都柳江航道工程。

各河管理机构性质应势发生变化。1960 年初，黔东南苗族侗族自治州在锦屏县成立清水江航运局，管理河系航运，兼营驻湖南洪江沅水航运办事处的运输业务；同年10月，为便于协调省际工作，沅水航运办事处改隶省交通厅，由省航运局负责管理。同年6月，赤水航运办事处，改为企事业合一的赤水航运公司。1961年7月又更名为“赤水航运分局”。1961年1月28日，思南船厂改隶贵州省交通厅领导。同年7月，铜仁乌江航运公司实行轮木分管，成立并名为“乌江航运分局”专营轮运，为省属企业。

随着国民经济困难加剧，航运体制机构又发生变化。木帆船运输回归集体所有制，航运工程下马。因运量减少，一些河流拖驳运输停办。1962年7月，厅属思南船厂转属乌江航运分局领导。8月，铜仁乌江航运公司解散，改为乌江航运中心站，下辖思南、德江、沿河航运管理站，属铜仁专区交通局领导。1963年1月，厅属沅水航运办事处因货运萧条而被撤销，原4个航道工程队，被撤销3个，保留乌江（第三）航道工程队建制。设计院撤销第七勘测队，主要人员并入第六勘测队。

红水河、南盘江、北盘江航运体制受行政区划变动影响。1956年撤销兴义地区后，分属黔南布依族苗族自治州、安顺地区管理。1965年8月，兴义地区恢复，又改回原制。

经过三年国民经济全面调整，各河航运逐步恢复。为便于协调地、州、县和省际航运事宜，1965年5月，经贵州省委批准，将乌江、赤水河、清水江、都柳江、㵲阳河及锦江6条通航河流收回省管，同时增设和调整部分航管站点，确定全省航管站（组）总编制239人。当时航运从业人员4000余人，其中省属企业职工915人，占总人数的22.9%。

1958年到1965年，贵州航运体制反复变动，主要受整风运动和“大跃进”形势驱使，非生产之需。机构和人事频繁变动，打乱了原有生产秩序，产生了不良后果。

四、“支农转轨”，大批航运从业人员返乡

1962年，全省航运部门贯彻中央、贵州省交通厅关于“支农转轨”精神，全省航运部门进行了精简机构、下放人员、改进管理、支援农业等大量工作。

“大跃进”期间，各河大搞基建，兴办轮运，组建企业，从农村吸收大量人员。随着工程下马，轮运减少，企业改组，分批动员多余人员回乡。据不完全统计：赤水河劝回700余人，乌江劝回300人，锦江劝回136人，清水江劝回300余人，全省合计劝回近2000人。

下放一批专业运输社到农村社队投入农活，兼搞副业运输，以清水江居多。1962

年年末，清水江副业船占全河总吨位的 87%，苗族、侗族船占 90%，其中属集体经营的运力占 85.5%，个体经营的运力占 14.5%。副业船是季节性参加运输，农忙则农，农闲则航，既有利于农业，也有利于航运。

第三节　国营航运实行企事业合一模式

一、经营拖驳运输的探索

拖驳运输是新中国成立后贵州水运的新生事物。在“大跃进”时期，引进的船舶不适应贵州山区河流航道，运输效果不佳，经济效益低下，航运主管部门和各河企业为此积极探索，做了不懈努力。

赤水河航运办事处为改变兴办拖驳运输第一年即出现亏损的局面，1958 年年初，派出专人组织货源、制定规章制度、加强资金管理、成本核算、争取货源等，同时抓好船、港、货三个环节，加速船舶周转，提高运输效率，适应新形势的变化。1960 年 5 月，长征运输合作社并入赤水河航运办事处，改为轮、木兼营的赤水航运公司，运力与人员骤增，而运量却减少，超前过渡又出现问题和困难。为加强管理，公司制定船员职务规则和船舶保修细则，各船队实行定点、定员、定时、定航线和定货源的办法，继续依靠省外运输，兼营港作业务和出租船舶增加收入，基本做到收支平衡。

进入 1961 年，货源与运力之间矛盾突出，川境运输因货源不足转向就地港作，赤水航运公司本港业务减少。从 1962 年起，长征航运社退出赤水航运公司，企业已处于亏损状态。1965 年 4 月，省航运局对赤水航运公司进行整顿，撤销重庆营业站，停止省外港作业务，增设朱羊溪站，缩短营运航线；封存部分轮驳，精简 100 多名职工到其他部门；同时，代办运输中转业务，开始逐渐扭亏为盈。

乌江拖驳运输，初由思南航管站经营。1959 年 12 月，铜仁专区增调干部，组建乌江航运公司兼营木船运输。乌江航道条件复杂，发展拖驳运输困难，1960 年，木帆船发生海损事故的达上百只，9 艘拖轮中有 6 艘因事故而停航。1958 年至 1960 年，累计亏损 25.15 万元。企业领导深入实地了解航道情况。1960 年 2 月，乌江航运公司党总支书记任秉国，在七里滩时因浪击船沉遇难。同年 5 月 6 日，公司副经理许助之，在新滩参加绞船时，因绞关回盘被打入河中而殉职。1961 年 7 月，乌江航运分局成立后，实行党委领导下的局长负责制，在思南、龚滩、彭水、涪陵等地设立营业站（组），办理运输业务，船队实行“五员”（安全、生产、质量、统计、宣传）制，建立财务、劳动、运输等制度，企业内部管理得到加强。不过虽在货源组织、内部管理上加强，但因船型和运行方式不适应乌江航道条件，企业仍未能扭转亏损局面。直到 1964 年 10 月，乌江船型和运行方式的研究有突破，1965 年才改变了连年亏损局面。

“大跃进”期间，清水江、㵲阳河粮运任务重，初由赤水、乌江调轮驳支援，由设在湖南常德的贵州沅水航运办事处组织转运。设处三年来，连年亏损，后因运量减少歇业，1963 年年初，机构被撤销。

锦江的出省物资，最初由赤水河调去的轮驳在沅水接运。1961 年 12 月，铜仁地区成立锦江航运公司负责管理。沅水航运办事处被撤销时，调入部分轮驳。不久运输形势变化，企业亏损，1965 年后封存拖轮，出售驳船。

在“大跃进”时期，各河兴办拖驳运输，历尽艰辛，在经营管理上积极探索，最终只有赤水河、乌江的轮运坚持下来。

表 3-5　1965 年赤水河、乌江轮驳营运技术经济指标表

技术经济指标	赤水航运公司		乌江航运公司
	拖 轮	驳 船	机动驳
平均使用船舶数	555（马力）	1494（吨）	109.82（吨）
营运率（%）	56	89	86.90
航行率（%）	47	42	37.30
航行速度（千米 / 天）	92	26	355.00
平均每马力拖带量（吨）	0.91		
平均每马力天生产量（吨千米）	39		
平均每马力船生产量（吨千米）	8276		
载重量利用率（%）		82	65.40
平均每营运吨天生产量（吨千米）		9	
平均每吨位船舶生产量（吨千米）		3074	2742.00

二、贵州首个水运安全规章制度的制定和推行

1959 年年底，贵州省航运局机构恢复增设港监科后，首先制定了《贵州省内河长航木船航行安全规则》，明确木帆船未经检验丈量，不得营业；不得超载装货和超额载客；驾长未经考评合格不得驾船；船员不足，不得出航；船员必须遵守所有航行规章等。在此基础上，对全省木帆船重新登记检验，统一编号，核发证照。这些规则的制定和推行有力地维护了受“大跃进”冲击的运输秩序。

1963 年年初，贵州省交通厅颁布《贵州省内河木船驾长考评审验办法》，各河根据上述章程制度，按制造检验、定期检验、临时检验三个步骤开展检验业务，再次对运输船舶重新登记和勘划载重线，规定新建船舶必须按章申请经过审批。从此，船舶检验工作走上正轨。

1960 年是贵州省对渡船、农副渔业船立法管理的开端。遍及全省各河的渡船和农副渔船，点多面广，流动分散，出入无常，船只老旧，船民安全意识淡薄，是水上交通安全管理的薄弱环节。1960 年 1 月，贵州省航运局根据国家五部委颁布的规定精神和要求，制定并印发了《贵州省渡、副业船安全管理实施细则》，在群众中反响强烈。1962 年，贵州省公安厅、交通厅联合下发《关于进一步加强渡、副业船安全管理通知》，进一步确立对渡、副业船的安全管理定位。1963 年，事故发生率明显下降。

1961 年，贵州省又对拖驳船舶进行建章立制。省航运局在对各河培训机动船员取得成绩的基础上，先后制定了《贵州省内河船舶船员职务规则》《船舶驾驶台纪律及操作规则》《船舶航行中操作安全守则》《各级船员一般安全注意事项》《拖轮船舶安全设备规定》等安全规章制度。同期，交通部下达《关于恢复沿海和内河航行船舶进出港口签证制度的决定》，省航运局重申有关条例，要求各航管站贯彻执行。这些规则的实施对建立正常的生产秩序，保证航行安全起到了重要作用。

第四节　水运工程建设成就及经验总结

一、整治乌江干流及打通三大断航滩险

（一）乌江干流整治工程的高潮及效果

乌江干流整治工程被列为“二五”重点工程实施。经贵州省人民委员会批准成立的乌江整治工程委员会于1957年12月28日召开第一次会议，工程师顾增允报告实施方案：计划整治干流264千米航道，其中大乌江（回龙场）至文家店57千米为木帆船航道；文家店至龚滩207千米为拖轮航道。以打通潮砥、新滩、龚滩，实现全线通航为目标，改善牛尾三滩等重点滩险，兼顾其他一般滩险，总投资38万元。1958年1月，牛尾三滩、潮砥、新滩先后开工，仅3个月便初步打通。4月7日至5月7日，贵州省交通厅会同各县有关部门进行扫床验收，并以木帆船2艘载重17吨进行试航检验。

1960年，按照遵义地委书记李苏波的要求，木帆船航道由大乌江上溯19千米至马洛渡，重点整治构皮滩、门坎滩、三堆滩。但后因国民经济困难加剧，工程下马。

据统计，三年“大跃进”期间共整治滩险37处，炸除明暗礁189101立方米，整修纤道3948米，投资126.33万元。期间工程建设上马又下马。由于低估了乌江整治工程的艰巨性和复杂性，不少滩险无力兴工整治，已整治的滩险未尽完善，通航率只达60%。但文家站以下机动船航道初步凿通，以上木帆船航道得到延伸改善，基本上达到预期目的。

（二）开凿潮砥滩

潮砥滩位于思南县城下游19千米处，石灰岩峡谷的出口，右岸大面积滑坡，岩石侵占河床，江水挤向左侧，低水河宽仅20米；左岸山岩崩塌，或梗阻江心，或屹立岸侧；槽中乱石满布，堵水成坎，形成巨浪，声似狮吼；滩长200米，落差超过3米，流速每秒5米以上。成滩年月可追溯到五代后期，在宋代名“慈喉（吡吼）滩”，明代称“狮吼滩”，至清代始称“潮砥滩”，断航千年。船只到此必须卸载搬滩，当地形成集镇，居民多以搬滩为业。开凿潮砥滩工程从1958年1月17日开工，直到3月底完成，初步开通，但航行条件并不理想。同年夏，又修改方案，在右岸岩堆上开出一条宽12米的槽，分泄洪流。施工后枯水航槽比降匀缓，航运基本畅通，遇中洪水期船舶航行仍受困

阻。1960 年再次施工后，中洪水位借助绞关，船舶可上行，工程告一段落。在十余年的多次整治后，通航船舶已由 50 吨增至 100 吨以上。

（三）新滩的开凿

新滩位于思南县城下游 48 千米处，原为峡谷中的深塘河段。清咸丰六年（1856 年）八月十三，左岸山岩崩塌，堵塞河床形成此滩。整治前 300 米范围内落差超过 4 米，形成多道跌流，波涛汹涌，断航百年。过去建有驳道，船只在此搬滩转运。

1958 年 1 月，贵州省航运局第三航道测设队进行勘察设计，提出整治方案。当月开工，施工中采用新技术、新工艺，加快了工程进度，3 月下旬工程竣工。首期工程完成后，初获枯水通航条件。同年夏，又进一步拓宽河槽，调整流向，中枯水位航行条件得到改善。1960 年至 1961 年继续清理河槽，设置绞关，各种水位通航基本正常。1963 年 5 月至 7 月间，又出现崩塌，航槽被堵断，经过 1964 年至 1965 年的再次整治，恢复通航。按整治前的 1957 年新滩码头吞吐量计算，每年可节约搬运费约 12 万元，社会效益和经济效益明显。

（四）开凿龚滩

龚滩镇位于乌江下游渝黔边界（1997 年前为四川省管辖，1997 年后划归重庆市管辖）重庆一侧，上距贵州沿河县 58.4 千米。隋末以龚湍闻名。唐高宗麟德二年（665 年）移洪杜县于此以利组织搬滩，明初龚滩镇属贵州布政司，孝宗弘治年间（1488 年—1505 年），酉阳宣慰司迁踞设卡，年收运中转税银万余两。

龚滩位于龚滩镇前，为崩岩堵塞河槽形成，成滩岁月已久。整治前滩长 174 米，落差 4.25 米，平均比降 24.4‰，最大表面流速 7.3 米 / 秒。

抗日战争期间，导淮委员会乌江水道工程局整治乌江，禀恳“龚滩落差大，比降陡，切勿贸然开凿”，禀回“只在右岸修建驳道，改善搬运条件”。

“大跃进”期间，乌江进出口运量增加，物资在此积压。1959 年夏，黔、川两省派人到现场考察，开凿航道提上议程，议定由四川省酉阳地区组织实施。交通部同意拨款整治，后应四川省要求改由贵州省负责测设施工。

1959 年 10 月，由贵州省交通勘察设计院第六勘测队提出整治方案，并于 11 月中旬开工，次年 3 月 5 日基本完工。施工期间曾有机动船、木船各一艘试航通过。同年 4 月 5 日，首期工程正式验收。后因洪水致航道变化，又复断航。1960 年 8 月至 1961 年 4 月，第六勘测队对整治方案进行修改，切除左右岸岩堆乱石，拓宽上口洪水断面，辅以绞关助航，各种水位航行基本正常。唯蓑衣石残根仍未彻底消除，水跃较高，低水期上滩吃力费劲。

1965 年至 1966 年又继续整治龚滩，彻底炸除蓑衣石残根，枯水浪高降至 1 米以下；右岸另开挖 110 米长的上水航槽，适航期得到有效延长，航道条件进一步改善。

到 1961 年基本打通，达到预期，实现了“千里乌江一船通”的目标。所运用的清炸、凿槽等技术，在当时山区航道整治工程中处于领先地位。

二、清水江干流开辟拖轮航道和支流广泛疏通河道

“二五”初期，清水江航道建设先从支流展开。1958 年 2 月至 3 月，第一航道工程队整治支流南哨河太壅到河口段 27 千米，整修纤道 1.2 千米，通航 1 吨左右的小木船，为当地粮食和木材调运改善了交通条件。同年 4 月，一航队整治六洞河，解决南明铁厂和沿河各处粮食运输问题，计划开通九寨以下至锦屏 85 千米航道，采用民工半建勤建设（补助生活费 0.4 元 / 天）。但开工不到 1 月就近汛期，便暂时停工。9 月复工，11 月完工，炸礁、淘槽 6000 立方米，整修纤道 3.2 千米，摆洞以下 19 千米航道有所改善，但摆洞以上通航目标未能实现。1959 年 1 月下旬，都匀市统一安排，整治都匀桥头堡 12 千米河道，兼建水闸，勉强通行 1 吨木船。同年 12 月中旬，黔南布依族苗族自治州及都匀市人民政府组建工程指挥部，动员州政府机关以及都匀市各界上万名民众投入义务劳动，整治市区上下陆家寨至川弓 18 千米河道，至次年初竣工，共建闸门 2 道，炸礁 25 立方米，淘槽 4100 立方米，可通行 1.5 吨—3 吨的木船。为解决凯里钢铁厂煤运，1960 年 3 月到 6 月，黔东南苗族侗族自治州整治摆泥河以及摆泥河口至凯里段共 46 千米，鸭塘河舟溪至河口 15 千米河道，设置棒标 44 千米，通航 1 吨—3 吨的木船。同期还整治南哨河支流交密河口至南哨段 32 千米。

清水江上源及支流的广泛整治，反映出当时交通条件差且运输紧张，迫切需要利用水运改善交通条件。但因河小水量小，石滩陡乱，航槽不稳定，工程后只能满足一时之需，航运未能持续巩固。

1958 年，一航队对清水江干流锦屏至托口段 22 处滩险进行测量，同时对锦屏以上南嘉 49 千米进行勘察，设计撰写《清水江浅水拖轮整治工程初步设计书》。1959 年 9 月，黔东南苗族侗族自治州成立贵州省清水江航道工程指挥部，分段负责南嘉至托口段的施工。期间对航道整治几易修改，追加建设投资。贵州省分管领导直接过问清水江

工程，要求年内完成任务。由于测设工作跟不上，有的滩险边设计边施工，劳力投工不足，到年底只完成投资的 36%。1960 年 1 月至 6 月，工程继续进行，此后清水江航运开发方针转向渠化，工程告一段落。

1958 年至 1960 年，对清水江干流航道整治，虽未完成工程计划和通航拖轮的目的，但提高了木帆船运载能力，排筏体积增加两倍，航行安全条件明显改善，在设计和施工上也取得许多宝贵经验，为其他河流整治工程提供了很好的借鉴。

三、南北盘江红水河初期工程及绝险石滩——虎跳石的整治

1959 年春，黔南布依族苗族自治州交通局设立红水河工程指挥部，整治让村至曹渡河口段航道，从赤水河第二航道工程队抽派人员加强施工管理。

1959 年秋，为适应河塘糖厂建厂设备、燃料、原料运输需要，安顺地区交通局也设立工程指挥部，开发北盘江上游龙头寨至盘江桥 51 千米河道，以打通绝险滩——虎跳石为重点，由省交通勘察设计院第七勘测队测设，第二航道工程队施工。同期，安顺专区（1956 年，兴义专区划入安顺专区）兴义县交通科，为糖业生产运输需要，对南盘江上游八达章至巴结 27 千米间滩险进行疏炸。1963 年，兴义县工交局又进行整治。但不久后进入困难时期，航运衰退，效果不显著。

独创技术整治虎跳石滩　虎跳滩位于北盘江郎岱县（今六枝特区）毛口乡下游 5 千米处，由于河槽深切，岩石受侵蚀，大量崩塌堆塞于峡谷进口成滩。上滩长 267 米，落差 13.72 米，平均比降 51.4‰；下滩长 489 米，落差 3.14 米，平均比降 6.38‰。河槽乱石密布，进口拦门石约 5000 立方米，滩腰“虎跳石”达 6680 立方米；水流澎湃，左右穿插，上下翻涌，吼声如雷；滩头、滩腰、滩尾三处跌坎，落差都在 3 米以上；两岸巨石林立，垒砌重叠，常千斤搁于毫厘，摇摇欲坠，为崩岩滩之绝险。虎跳石至上游梯子岩峡谷间 6.5 千米，四山环抱，为河谷盆地，受虎跳石壅塞影响，洪水期俨如湖泊，中低水汊流交错，浅水段深不及膝，称“毛口滩”。据调查，1917 年主汊在左，1937 年在右，1949 年移至河中，1954 年又向右移，是山区少见的游荡河段。清末、民国时期都曾对其做过勘察，苦于对虎跳石无法整治，未能实现通航。1957 年至 1958 年，北盘江航运有发展需求，鲁嘎的煤下运转输，上水有食盐百货运往河塘、毛口等地，各公社有木船运输。普安县组建木船运输社，物资过虎跳石采用人工搬运。1959 年，安顺地区建河塘糖厂，促进了对水道的利用。先由第二航道工程队整修盘江桥至虎跳石滩脚纤

道，建5吨专用船一艘，在虎跳石右岸开凿驳道搬滩，将设备重件运往河塘。时逢“反右倾继续跃进”运动在全国开展，打通虎跳石工程又提上日程。

1959年9月至11月，省交通勘察设计院第七勘测队对梯子岩到虎跳石两峡谷间6.5千米河段进行勘测，提出技术设计：设计水位保证率80%，可通行5吨—10吨的木船。第二航道工程队于10月开工，1960年5月基本完工。虎跳石为全段工程重点，大明礁采用峒室爆破，暗礁采用裸露爆破，配合人工打眼和裂隙爆破，工程进展迅速。长30米、宽20米、高11.3米的“虎跳石”装药6.7吨，一次炸除，工程费11.3万元，是当时省内工料最省的工程之一。经过洪水冲刷，大量岩石沉积，河床垫高，原修建的纤道潜入水下，形成奇观。设计方案未能实现，但变化后的航行条件比原设计有利。1961年1月1日，二航队载重5吨的木船试航成功。唯河塘一岸滩地大片冲刷，至1962年累计达448.7亩，给甘蔗生产造成了损失。上滩左岸滑坡活化，不久又有岩石坠入河槽阻碍航行。经济困难时期，航运衰落，航道逐渐荒废。

从虎跳石工程中能吸取不少经验教训。从技术上看，对落差如此大的崩岩滩进行开凿，国内外无先例，整治工程堪称创举；事实上已实现通航，对石滩整治的理论是重大发展；整治后河床演变，为地质学、地貌学的研究提供了实证资料。

四、其他河流航道建设与养护

赤水河 1959年年末，贵州省交通厅决定加强赤水河养河力量，由河系航运办事处设置航道段，补充人员，分设赤水、土城、茅台三个养护段，11个养护班，河系工程机构再次建立。1961年至1962年，以整修二郎以下河段为主，改善洪水冲变的落妹老、黄泥滩、陛诏滩、牛背滩、扒疏滩等多处碍航点。1963年至1965年，整修吴公岩保坎、炸除落妹老等处礁石，疏浚张家巷口等四处滩浅、滩碛，船舶载量提高30%—40%。其中，落妹老滩的整修是这一时期的重要成就。

锦江 1958年，河系运输量骤增，航道条件不能适应，铜仁地委要求渠化，发展机动船运输，由贵州省交通设计院第五勘测队进行测设。后因渠化资金没有着落，遂以爆破疏浚为主，进行航道整治。1959年1月至1960年先后对铜仁至文昌阁以上和以下航道进行整治，航行条件有所改善，但全段工程未按计划完成。1961年后转为养护，整治效果未能巩固。

㵲阳河 “一五”期间整治后，1958年转入养护。1959年8月至1960年8月，黄平县交通局组织整修旧州至施秉段；镇远县交通局组织整修龙江河上游以及车坝河等支流；河系航管部门动员船工疏浚各段碍航浅滩。1962 年，河系发生特大洪水，航槽大部分冲变。1963 年整修诸葛洞、二塘口等滩，养护干流金坑至抚溪江、支流龙江河都坪至河口航道，共计 204 千米。因资金人力限制，干流旧州至金坑段 25 千米航道丢荒。

都柳江 1958 年年初，从江航管站首先整治干流金鸡滩；6 月疏炸支流平正河，使得平正至纳俄 20 千米实现通航；9 月，黔东南苗族侗族自治州交通局与榕江、从江、黎平三县组成航道工程指挥部，下设 4 个工区，开辟榕江至八洛 110 千米的浅水拖轮航道；12 月，工程进入高潮，于 1960 年 4 月结束。主要滩险有改善，但轻型导治建筑物不牢固，汛期多被冲毁。

1961 年至 1965 年，都柳江、锦江仓促上阵，实施开辟拖轮航道工程，前期准备工作不充分，采用民工建勤突击，难于有效管理，后遇经济困难，又匆匆下马，未达到预期目的。

五、码头装卸的革新和助航设施的广泛布设

20 世纪 50 年代，贵州各河码头几无装卸设施，全靠肩挑、背扛。“大跃进”期间，货运量急增，码头装卸设施成为薄弱环节。当时开展的“双革”（技术革新、技术革命）运动进入高潮，码头装卸工具改进成为热点。1960 年 2 月，交通部在广西梧州召开全国中小港口装卸机先进经验交流会后，各码头大搞技术革新运动，但受经济发展水平和技术条件限制，多数是自制简易机具，引进或改进正规码头机具较少。先后建成了电动缆车、高空索道、梭槽、皮带运输机、手推车、胶轮板车等简易机具，提高了装卸效率。随着运动走向低潮，大部分机具被废置或淘汰。至 1965 年，仅思南、沿河的缆车，镇远的胶轮板车和个别梭槽尚保存使用。

赤水河是贵州安设航标最早的河流。1958 年年初，赤水航标段改隶赤水航运办事处，丙安以下设置 7 个航标点。1960 年 6 月，航标段改为赤水航运公司航道科，辖赤水、土城、茅台 3 个航道段，12 个航标站，负责养河工程，兼管航标、绞关。1962 年，五佛岩及赤水以上各站被撤销，仅保留弯滩、先市、实录 3 站。

1958 年 10 月，赤水、合江两港设信号台，以乙型电池为光源，但因成本高，不久便被弃用。1959 年上半年，丙安至合江段主要滩碛均布设岸标、浮标及信号标；1960 年为实现“航标化”，在干流茅台以下和支流大同河、习水河同时设标，共 398 处，赤

水以下换装为夜航标志，但因点多线长，维护困难，至 1962 年年末，干流赤水以上及支流标志被撤销，赤水以下仅保留不足百座浮标。

乌江布设助航设施多次。1959 年，航管中心站设置航标站，辖潮砥、沿河两个段，建有木质航标船 10 艘，分置于文家店至龚滩间，安设 1100 棒标和少量岸标，汛后全部冲毁。1965 年，首建思渠、麻柳湾两处通行信号台，又建土沱子信号台，效果明显。实践证明，乌江洪水猛烈，浮标极难保留，水位变化无常，导航作用不大。但其河谷高深，河道弯曲，滩多水急，在高处设置信号指挥行船上下，作用大，效果好。此后，乌江导航设施改以信号台为主，未再设置棒标。

1959 年至 1960 年，铜仁航管站在锦江铜仁至文昌阁段，镇远县交通局在㵲阳河支流龙江河都曾设置航标，但因作用不大，后弃废。

绞关的设置。1958 年，乌江安设土沱子、佛塔滩等 9 座木质绞关。1960 年到下游龚滩至彭水段设置磨寨滩、庞滩等 6 座绞关。1961 年至 1962 年，又在九浪青、王家滩等增设 8 座木质绞关。同期在潮砥、新滩和龚滩开始安设小型人力铁质绞关。绞关由船队自行施绞，效果显著。

由于木质绞关强度差、易损坏、不安全，同年陆续改换铁质绞关，由思南船厂制造，航道工程队安装。更换铁质绞关后，乌江助航设施有了进一步的改善，提高了轮驳上滩速度。

赤水河在“一五”期间已安设木质绞关两处。1958 年夏，弯滩航标站的何顺清，受磨坊水车启发制成水力绞关船，并在淋淋滩、黑蛮滩等处试用。该船以两侧翼哗为动力，船上 3—5 人操作，可拉载重 30 吨驳船两艘，节省拉滩人力 40—50 人。水力绞关船一直沿用到 1971 年航道改善后才停用，取得较好效益。1960 年上半年，大搞绞关化，至年底，干流上下共设木质绞关 129 座，水力绞关船 3 只，船头安装绞关机 52 艘，达到高潮。不过后因运输任务减少，大部分停用，到 1963 年仅保留绞关 4 座。

1965 年 8 月，经四川省交通厅支持，由涪陵航管中心站拨机动绞关一台（7 吨），设置在赤水河下游脱弓滩，贵州第一座机动绞关站建成。

清水江船舶以下水货为主，上水多空驶，绞关设置较少。1959 年 3 月，首在支流重安江结洞滩设木质绞关。1961 年，在下游白市至洪江段 19 个滩上置系船柱 30 根，有 4 艘船设船头绞关自绞。后因沅水航运办事处撤并，绞关和绞关船被废置。

锦江，1959 年年初曾建木质绞关 2 座，其他各河无绞关设置。

六、渠化工程勘测的开展和整治技术的总结

整治工程虽使各河航行条件得到明显改善，但当时并未达到顺利通航拖轮的目的。决策部门转向渠化工程。早在 1957 年夏，贵州省航运局派专业技术人员到四川参观学习，后邀四川有关技术人员来赤水河考察献策，但因河道条件差异，基础资料缺乏，未能拟定具体方案。

1958 年，省航运处为改变贵州航道急、浅、险的面貌，极力主张渠化，布置第二测设队对赤水河合江至土城段进行渠化勘测，调一、三测设队测量土城以上至大渡口段河道。当年测设队合并到贵州交通勘察设计院，改编为第六、第七勘测队，于年底完成渠化勘测任务，全长 335 千米。

1958 年至 1960 年，贵州省交通勘察设计院第五勘测队测量锦江江口至文昌阁 86 千米；第六勘测队测量清水江剑河至白茅寨 194 千米；第七勘测队测量清水江支流六洞河三穗至锦屏 128 千米，乌江支流南明河花溪水库至乌当麦浪 50 千米，北盘江龙头寨至两江口 222 千米，红水河两江口至曹渡河口 107 千米。总共为渠化工程勘测河道 1122 千米，另踏勘河道 379 千米。其中清水江、锦江、南明河编有渠化工程方案设计和两个枢纽技术设计。此外还搜集整理相关水文、地质、航运和经济社会发展等资料。

由于渠化工程投资大，资金不落实，且在贵州山区河流进行低坝渠化，技术经济合理性尚有许多问题值得探讨，因此，没有一项工程付诸实施。但前所未有的河道勘察，对查清贵州水运资源情况有着重要意义，所搜集的资料，在后来的规划建设中发挥了作用，特别是河道纵剖面图甚为精细，为水利水电部门技术人员所称道。

1961 年 6 月，交通部基建总局会同南京水利科学研究所（简称“南科所”），在南京召开“结合水利化有关渠化河网通航技术的研究”的科研协作会议，贵州清水江两度整治未能实现拖轮通航，求诸渠化又非财力所及，受到会议关注，山区航道整治技术研究遂列为课题。会后贵州省交通厅明确由交通科研所牵头，会同贵州省交通勘察设计院、贵州省航运局抽调人员组成科研小组，以清水江为典型，“解剖麻雀”，搜集整理资料，进行原型观测。1962 年 1 月，交通部派出以南科所河港室主任刘越石为主的，基建总局和交通工程设计院参加的 5 人小组来贵州指导工作。随即由贵州省交通厅副厅长张兴胜、副总工程师周光明与南科所刘越石主任组成领导小组，加强对技术总结工作的指导，10 月提出了《清水江锦（屏）至托（口）段航道整治工程技术总结报告》。

为全面、完整总结贵州航道工程经验和整治技术，领导小组将北盘江虎跳石、乌江龚滩和赤水河（赤水—合江）段的航道整治工程也列为课题，同期一并提出《北盘江毛口至虎跳石航道整治工程技术总结报告》《乌江龚滩航道整治工程技术总结报告》《赤水河（赤水—合江）航道工程技术总结报告》。

这次总结研究，肯定了整治工程在山区河流中的作用和效能，受经济影响，渠化工程条件不成熟。认为在一定时期内，整治仍是改善贵州航道条件的基本方法，一致认为新中国成立以来，贵州整治山区河流成效显著，有的工程在国内首创，其经验教训具可推广性和借鉴价值。

在交通部专家的指导下，各河整治实践经验，初步上升到学术理论层面，河床演变、输沙平衡、造床流量等理论的引入，开阔了科学研究领域；众多人员参与总结，科研技术水平有较大提升；有力地促进了贵州航道整治技术的进步，为后来建设高等级航道、航电枢纽一体化和科研攻关打下基础。

第五节　水运工业的建立和思想政治工作的加强

一、创建国营造船企业

1958 年 1 月，中共贵州省委发出《关于大力发展我省地方工业的意见》(以下简称《意见》)，《意见》指出，1949 年以来，贵州省地方工业有较大发展，全省地方工业总产值 1957 年比 1949 年增长 11.8 倍。但是，贵州省地方工业还落后于其他省。因此，中共贵州省委提出，大力发展全省地方工业，尽快改变全省工业落后状况，以更好地适应第二个国民经济计划的发展。2 月，中共贵州省委举行一届五次全体（扩大）会议。会议集中检查和批判“右倾保守思想”，重新审查、修正工农业生产规划。[①]4 月，贵州省交通厅会同第一机械工业部工作组到乌江考察，决定在思南建立小型船舶修造厂。随即从厅属机械筑路队抽调人员筹备，由县公路养护段拨两栋房，于 7 月 20 日宣布成立贵州省铜仁专区思南造船厂。建厂初期，职工 23 人，皮带车床 1 台，氧焊设备 1 套和

① 当代贵州简史编委会：《当代贵州大事记（1949－1995）》，贵州人民出版社，1996 年 10 月第一版，第 152 页。

手工工具，同乘一辆卡车来到思南，被人戏称“一部车子的家当”。9 月 20 日，思南县人民政府批准在城南江边划定 18 亩土地作为船厂用地，在江边滩地上搭建简易工棚。时值造船任务紧急，一艘 94 马力的木质煤气客货拖轮“红旗号”开工，业务迅速扩展。

1959 年 10 月，贵州省委领导周林、徐健生来厂视察，决定拨款 12.3 万元扩建厂房。同年 11 月，贵州省交通厅明确思南船厂承担全省拖驳船修造任务。同年 12 月，思南航运中心站改为铜仁专区乌江航运公司，船厂属公司领导。年末有机床 8 台，厂区面积 2210 平方米，固定职工 54 人，临时工 149 人。当年建造拖轮 4 艘（565 马力）、机帆船 1 艘（33 马力）、80 吨—100 吨木驳 9 艘（780 吨），年产值 39.6 万元。

1960 年，贵州省交通厅要求建造拖轮 22 艘（3080 马力）、驳船 77 艘（6860 吨）、囤船 2 艘（200 吨）。为统筹生产，便于管理，年初将沿河、德江两木船社并入思南船厂作船修点。拖轮统由贵州省交通厅组织设计，省航运局对轮驳命名编号做了规定，拖轮冠以黔字按“社会主义建设辉煌成就继续跃进……”等 40 字依次排序命名，驳船拟由 201 编至 500 号。为完成省交通厅下达的生产任务，该厂采取请进来、派出去的方法，请木工标兵能手来厂指导，积极培训人员，掀起技术革命热潮，加班加点，不过还是因任务指标过高，未能完成预期。但当年新建拖轮 5 艘（600 马力）、半成品拖轮木壳 5 艘；80 吨—100 吨木驳 11 艘（1020 吨）、半成品 2 艘；维修拖轮 100 船次、木驳 201 船次，年产值 52 万元，为各年生产量最高水平。

1961 年 1 月，思南船厂收归贵州省交通厅直接领导，更名为“贵州省交通厅思南船舶修造厂”，下设 6 个业务股，下分装配、锻铸、船体 3 个车间。同年 7 月，贵州省交通厅工作组来厂贯彻中央关于缩短工业战线、压缩城镇人口的指示精神，分批缩减 51 人回乡，于是厂自办农场组织生产自救。1962 年 7 月，思南船厂改属乌江航运分局领导，实行单独核算，盈亏由分局统筹。

1963 年，国民经济开始恢复，物资不丰，运量有限，当年无拖轮制造任务。1964 年，乌江不再发展拖轮运输，仅保留 4 艘拖轮、10 艘驳船维持生产，船厂修理任务减少，为改变生产不足局面，开拓对外业务，虽产值有所上升，但利润有所下降。1965 年，贵州省航运局将试制机动货驳任务下达思南船厂，加上外接项目，任务又趋饱和。

白手起家的思南船厂，克服了在制造拖轮和驳船过程中遇到的种种困难和问题，积极开展技术革新、技术革命，坚持培养人才，形成生产能力。从各年生产实绩看，国民经济困难时期，只有 1961 年生产有短暂停顿，1962 年后工业产值逐年上升，且年年盈利，在当时条件下，难能可贵。

思南船厂，面临“大跃进”和国民经济困难时期的起落，以及调整时期的恢复成长，步入正常发展轨道，成为贵州水运工业的骨干企业。

二、航运公司船厂（所）的组建及各河兴办船厂的起落

1959年1月15日，经中共赤水县委、县人民政府同意，省属赤水河航运办事处船舶修造所与县属新华造船社、长征运输社船具厂合并，成立贵州省赤水河系航运办事处船舶修造厂，有职工122人，机床2台，焊接设备1套，厂址设在城关镇的黄木沟兼作修理车间，对岸四川合江县九支区的五柳村河边为造船车间。1960年，赤水航运办事处改为赤水航运公司，1961年又改为贵州省赤水航运分局，船厂属公司、分局共同管理。厂址迁至螺蛳山山脚，建工棚两间，550平方米，改变搭临时工棚和露天作业状况。不久精简机构下放人员，至1962年仅留42人，维持一般修理和加工业务。

1961年9月，沿河分厂由思南船厂划出，属乌江航运分局领导，改为船修所，承担分局的船舶修理任务。初期利用河岸沙滩作修理墩地，露天作业，设备机具寡陋，限于船舶中小修，机动船大修仍由思南船厂承担。此后，修理任务渐增，规模有所扩大，修船设施也相应改善。

“大跃进”中，造船任务激增，各河竞相兴办船厂，既有集体性质也有国营性质的。因技术差异，建造的船舶品质良莠不齐，有的下水不能使用。随着“大跃进”运动的终止，这些船厂大都被撤销或解体。有的转为个体经营，有的与农机厂合并，只有赤水长征总社造船社等少数船厂保留了下来。

赤水长征总社造船社以修理本社木帆船为主，后因长征社运输业务发展，造船社随之扩大，成为贵州最大的集体所有制船舶修造企业。

三、木帆船技术改良的兴起

木帆船技术改良始于“一五”时期，在“大跃进”形势下，掀起高潮。1958年，贵州省交通厅在都柳江榕江港试点，以推进各河木帆船技术改造工作。当时榕江船厂将8吨的燕子尾船改良成双翼式船，称“都柳风”船，经载重试航，吃水浅、体轻灵活、结构坚固，载重增加60%，生产效率提高15%，成为河系普遍采用的船型。

1959年3月，贵州省交通厅航运处在榕江召开全省木帆船技术改造经验交流现场

会，提出“两改”（改进船型、改进属具）、“三加载”（拖带加载、减轻自重加载、扩舱加载）、“六力并用”（人力、风力、机械力等）作为革新主要途径。同年 4 月，贵州省交通厅又在贵阳召开全省木帆船选型定级会议，从各河 40 多个种类、30 多个吨级的船舶中，选出了 14 个种类、15 个吨级船舶，作为推广和进一步改进的船型。同年 6 月，在全省航运工作会议上，又对船型属具改良的方法进行讨论。由于各级领导重视，逐级落实，木帆船技术改良被推向高潮。

乌江将歪尾船、梢船的后梢改为尾舵，以利操作；变宽头为窄头，以利绞滩；换粗纤为细纤以减轻自重；增置船头绞关，大搞风帆化以提高航速等。1959 年，乌江改良船型 15 艘、安装船头绞关 20 座，有 33 艘船使用风帆，打破了在乌江不能使用风帆的传统观念。

赤水河将上中游茅村船和牯牛船的后梢改为尾舵，是对传统船型的突破，同时改进首尾线型，分别提高载量 40% 和 50%。下游不改变船型结构，沿船边增设腊条作人行道，变为敞口船，既便于货物装卸，载量也提高 20%，成效明显。

潕阳河改良 12 吨的翘脑壳船，增加载量 16.2%，风帆化的成效引人注目。河系 142 艘专业船全部使用风帆，副业船以篾棚代替。无帆日行 15 千米至 20 千米，安上风帆可达 40 千米至 50 千米。

其他河流，也都针对船舶及航道特点，积极进行改良，取得一定成效。

1960 年，各河致力于机动船运输方式探索，并成为工作重点。再未有组织地开展木帆船技术改良工作，船型推陈出新不多。

四、乌江机动船运输方式的改进

1958 年，乌江发展拖驳运输，因事前未做充分论证，所以虽经历困难挫折，但效果不佳。1958 年至 1961 年，乌江航运分局连年亏损，航行多次发生事故，造成严重损失，引起各方面关注。

1962 年春，省航运局组织工作组到乌江调查，详细了解拖驳在省内外河段的航行情况，广泛听取船员意见，发现拖驳船船队在乌江航行的困难和不适应。一是航槽窄，滩陡水急，船队仅能一拖一驳，驳船数量载量大受限制。二是人员多，航速慢。涪陵至龚滩航运里程 305 千米（实际里程 184 千米），上水需 43 小时，下水需一天。一个航次平均 6 天，每月只能运行 4—5 个航次。三是劳动强度大，操作紧张危险。船舶上滩时需人员施绞关尤其危险。由此得出拖驳船队不适合乌江航道条件，是造成乌江航运亏损大、效益差、事故多的原因。

1962 年夏，贵州省内河航运管理局工程师吴昌迁提出改拖驳运输为单船运输的设想，建议将乌江“黔会号”拖轮改建为货轮，得到支持。同年 11 月，“黔会号”轮经四川重庆船厂改建完成后，由涪陵至沿河进行上水载重试航，获得成功，其优越性得到证实。单船较拖驳适应性强，操作灵便，安全可靠，大大减轻劳动强度，深受船员欢迎。

为进一步弄清拖驳运输利弊，1963 年 11 月，省航运局组织有关部门，选定“黔成号”拖轮和“208”号驳，进行动力测试和技术经济分析，最后提出《乌江拖驳动力测验总结》，证明了拖轮牵引力的效率难以发挥，运营经济效益不佳。经过这次测验和分析，对发展单船运输达成共识，省航运局决定不在乌江继续发展拖轮。

1964 年 5 月，省航运局组织设计班子，进行机动驳设计，历时月余完成。机动驳定名“黔机 001 号”（后更名为“东风 1 号”），船体为木质，委托四川涪陵轮船公司船厂承建，省局和乌江分局派员驻厂监造，于 10 月建成出厂。同年 11 月 1 日，载货 27 吨，由涪陵向沿河作上水试航，全程历时 3 天半完成。时逢交通部乌江综合调查组来黔考察，对乌江选定的船型做了全面测验，认为“黔机 001 号”技术性能较好，同时也提出改进意见，乌江发展单船运输方向得到肯定。

1965 年 1 季度，“黔机 001 号”在龚滩至涪陵间跑了 42 个航次，运货 1654 吨，净利 1.44 万元，成为盈利最多的船舶。当年，乌江航运分局首次改变长期亏损局面。

1965 年，思南船厂又相继建造了“黔机 003 号”和“黔机 005 号”（后改为“东风 3 号”和“东风 5 号”），性能又进一步改进。

1966 年 4 月 22 日，思南船厂与四川重庆船厂联合设计，历时 5 个月，建造出钢质机动驳“黔机 002 号”（后改为“东风 2 号”），可载货 56 吨、客 8 人，由涪陵驶向沿河，历时两天一晨，随即宣告乌江第一条钢质船舶试航成功，其性能在“黔机 001 号”基础上有改进。至此，乌江适航船舶的研制，经过数年的孕育和奋斗，终于诞生了。这标志着乌江航运发展到新的转折点，在山区河流船舶制造史上书写了传奇。这是调查研究、坚持从实际出发、吸收省外先进技术、专家与群众攻关的结果。

五、水运政治工作机构的建立和思想政治工作的加强

贵州水运尽管遭遇挫折，造成运输生产下滑，工程建设项目下马，航运体制收放、

扩缩变动频繁，但政治工作机构（政治处）一直存在，政治工作人员坚持开展思想政治工作。

1961 年 4 月，中共贵州省委召开工交企业政治工作会议。会议总结了三年来，在工交企业中进行思想政治工作的经验和企业管理工作，研究、部署整风运动以及进一步掀起工农业生产高潮的问题。会议认为：由于部分企业党组织对思想政治工作的重要性认识不足，没有把思想政治工作放在首要地位，出现思想工作跟不上生产建设事业的现象，影响了职工积极性的提高。为了调动广大职工的积极性，贯彻执行党的总路线，争取工业生产继续跃进，必须把思想政治工作加强起来。同年 10 月 19 日，中共贵州省委批转中共贵州省委工业交通部《关于在工交系统中建立政治工作机构的报告》。报告提出：厂矿企业职工总数在 2000 人以上的，应设立政治处或政治部；中型厂矿企业设政工室；省属厅、局，凡流动、分散性大或所属企业较多的，可设政治工作机构。报告要求全省各工业企业，在 1961 年内，把政治工作机构建立起来，配备好政治工作人员，并开展政治工作。[①] 按照中共贵州省委部署和省交通厅的安排，省航运局指导省赤水航运公司、乌江航运公司、思南船厂相继设立政治工作机构，配备政治工作人员开展政治工作。

① 当代贵州简史编委会：《当代贵州大事记（1949－1995）》，贵州人民出版社，1996 年 10 月第一版，第 210 页。

曲折前行的贵州航运

（1966 年—1977 年）

1966 年至 1969 年是“文革”全面发动、全面开展阶段，此期间，贵州航运受到巨大的冲击，各级管理机构陷入瘫痪或半瘫痪。运输停顿，企业亏损，船舶机具损失严重，工程建设难以进行，航运事业遭受难以估量的损失。1970 年至 1976 年，动乱局势有所缓和，国民经济逐渐好转，但政治风波迭起，“批林批孔”和 1975 年 11 月发起的“反击右倾翻案风”，又使贵州经济两度跌落，航运发展又受到严重影响。

纵观十年“文革”，贵州航运在逆境中虽遭受挫折仍有发展有亮点。贵州航运抓住国家分配给贵州成套引进化肥生产线兴建赤水天然气化肥厂（以下简称“赤天化”）的契机，及时进行了赤水河下游航道扩建和“赤天化”码头建设，完成了“赤天化”超重超限设备运输任务。同时整治处理了乌江新滩危岩，确保乌江航道畅通。

当时川黔铁路、贵昆铁路通车不久，湘黔铁路尚在建设。贵州公路等级低，汽车运输不发达，加之黔桂铁路运输一度中断，航运显示出特殊功能和作用，受命承担了相当部分的社会运量，客货运输量继续增长，解决了非常时期的运输问题。机动船运输取得突破性进展，机动船动力在全省船舶中的比重明显提高。航运在支撑动乱中的脆弱经济、解决非常时期情况下的运输困难中起到重要作用。

贵州航运广大职工干部坚守岗位，坚持工作，不少技术人员身处逆境仍然钻研业务，大批领导干部不顾遭受打击，坚决抵制各种破坏生产的行为。有的在卷入派性斗争的情况下也没有放弃生产。由于绝大多数干部职工坚持“抓革命，促生产”，排除干扰，

“文革”对航运发展的破坏受到一定的限制。各企业非生产性机构有所增加，社会职能有明显提高和完善。

第一节　“文革”对航运事业的冲击

一、行业管理瘫痪和省级机构的撤销

1966年5月中央政治局扩大会议和同年8月八届十一中全会召开，这两次会议相继通过了《五・一六通知》和《关于无产阶级文化大革命的决定》，是“文化大革命”全面发动的标志。贵州“文革”以“六・六反革命事件”[①]为爆发点，中共贵州省委把此事定为“反革命事件”，要求各单位清查，组织反击。交通系统和航运局也有人参加，有的被打成“反革命”，有的被迫检查交代，受到严厉批判斗争。随即层层揪“三家村”，横扫“牛鬼蛇神”，又有一批人被“挖出来”，反复检查交代，接受批斗。由于人们对一夜之间变成“反革命”或“牛鬼蛇神”毫无思想准备，又未见过如此严厉的场面，既恐惧又委屈，心身受到严重伤害。贵州省航运局机关技术干部黄德继，作为重点批斗对象，竟自缢身亡。在这种情况下，运动压倒一切，各项管理工作难以正常进行。

1966年8月至9月，贵阳大中学校普遍成立了红卫兵组织。随后，遵义、安顺、兴义、毕节、凯里、都匀、铜仁等市县的中学、中等专业学校也相继成立了红卫兵组织。红卫兵高喊“革命无罪，造反有理”口号，冲击机关，局势混乱。“文革”扩展到工厂、农村，工人和农民组织各种各样的“战斗队”，高呼“打倒一切”的口号，铺天盖地。各级党政机关领导被揪批斗，单位无人负责，机构无法运转，航运管理的日常工作基本陷入停顿。

---

① 在“文化大革命”已经发动，全国点名批判的文章纷纷出现的形势下，6月6日《贵州日报》发表中共贵州省委组织撰写的点名批判文章。晚间上千人到贵州日报社张贴大字报，提出要“彻底揭露省委‘舍车保帅’的阴谋”，“彻底揭开省委阶级斗争的盖子”，要求邮局停售当天的《贵州日报》。8日，贵州工学院、贵阳五中、省机械厅等单位部分人又先后到贵州日报社贴大字报，向省委写“质问信”。下午，贵州省委常委召开紧急会议，把向省委和报社写“质问信”、贴大字报等行动定为“六・六反革命事件”，决定进行追查、处理和反击。（当代贵州简史编委会：《当代贵州大事记（1949—1995）》，贵州人民出版社，1996年10月第一版，第283页）

1967 年 1 月 25 日，“贵州无产阶级革命造反派总指挥部”篡夺了省委和省人民委员会和中共贵阳市委、市人民委员会的党政财文领导权，并发了通告。贵州“1·25”夺权后，《人民日报》2 月 1 日发表社论《西南的春雷》支持贵州的夺权。[①] 此后，全省各级党政机关、部门以及企事业单位陆续被夺权。贵州省交通厅和下属运输局、公路局、航运局和下属单位多数也在年内相继夺权。

1967 年 2 月 13 日，毛泽东思想贵州省革命委员会正式成立（8 月 1 日改名为贵州省革命委员会，简称省革委会）。2 月 14 日，省革委会发出《关于成立有关办事机构的通知》。办事机构有五个，其中生产领导小组下设领导小组办公室、农林办公室、工交办公室、基建办公室、财贸办公室。

1967 年 10 月 17 日，“贵州无产阶级革命造反总指挥部”宣布撤销。次日，贵州省革委会做出《关于坚决贯彻执行毛主席的极为重要指示把我省无产阶级文化大革命推向一个新阶段的决议》（以下简称《决议》）。《决议》说，中共中央主席毛泽东最近在视察华北、中南和华东地区的过程中，作了要斗私批修，要进一步促进革命的大联合和革命的三结合，大办学习班等一系列极为重要的指示，坚决贯彻执行这些指示，是当前压倒一切的头等大事。《决议》提出，要特别加强对干部的教育，扩大教育面，缩小打击面，解放一批干部，更好地实现革命的三结合。[②] 有的领导干部被“解放”，有的被“结合”进入革委会，工作有一定起色。但不久又发动“三反一粉碎运动”[③]，再次对部分结合干部戴上“右倾”帽子，清出革委会。许多不同观点的群众，遭受政治迫害，造成许多冤假错案。乌江航运分局局长祝华，在沿河县游街批斗时被折磨致死。

1968 年 5 月，贵州省革委会撤销贵州省交通厅和下属的公路、运输、航运三个机构，改设交通运输办公室（简称省交办）。省航运局被撤销后，除 4 人到省交办分管航运业务外，其余统一集中到“五七”干校劳动学习。至此，省级管理机构不复存在。全省航运管理工作陷入自流，各自为政，各行其是，管理一度失控。

---

① 当代贵州简史编委会：《当代贵州大事记（1949 — 1995）》，贵州人民出版社，1996 年 10 月第一版，第 290 页。

② 当代贵州简史编委会：《当代贵州大事记（1949 — 1995）》，贵州人民出版社，1996 年 10 月第一版，第 283 页。

③ 反对“右倾机会主义”“右倾分裂主义”“右倾投降主义”，粉碎“右倾翻案风”，简称“三反一粉碎”。

二、规章制度的否定造成的后果

1968 年下半年，“文革”进入“斗、批、改”阶段。在极“左”思潮的影响下，企事业中多年建立起来的规章制度，被视为束缚群众手脚的框框套套，被扣上“管、卡、压”的帽子，受到严厉批判。有章不循，无章可循的混乱现象进一步加剧。

“三统”管理已名存实亡，计划运输、合同运输取消，营运管理调度制度废弃，出现自由揽货，自选航线，自由议价，自印票据，白条结费的混乱局面。商务事故频繁，货损货差严重，运输质量严重下降。企业管理不讲核算，经营不计成本，船舶保养制度和机务管理规章遭受破坏。

新中国成立以来，特别是“大跃进”阶段的经验教训，贯彻“工业七十条”，建立和完善起来的一系列行之有效的规章制度被否定。

“文革”期间，全省发生重大海损事故 16 起，死亡 160 余人，给人民生命财产造成严重损失。

1967 年 10 月 10 日，思南县航运社 114 号木船，趁航管站无人上班，拿走航行记录簿，载客 82 人，违章开航，行至乌江毛牛滩，水势汹涌，副驾长张羽成逞强冲滩，被大浪击沉，造成 26 人死亡。

1969 年 7 月 3 日，思南县雷成公社社员安天成驾副业船违章载人，严重超载，在乌江阁老滩上浪沉没，死亡 16 人。

1971 年 4 月 16 日，乌江航运分局“东风 9 号”轮夜泊杨家溪，在沙坝上系缆，无人值班守护，缆索冒桩，船溜滩数千米无人发觉，至响水洞才靠岸，船舶损毁严重，停产修理 40 余天。

1971 年 6 月 14 日，镇远县城关镇大菜园生产大队社员杨代祥，将两月前打捞上岸的破船，在㵲阳河盘龙坳车船码头载运 65 名铁路民工过渡，船漏水沉没，淹死 26 人。

1972 年，都柳江榕江县高兴坡渡口，渡工毛仕玉不顾河水猛涨，冒险超载开渡，船被大浪掀翻，淹死 13 人。

1972 年 12 月 17 日，沿河县新江生产队社员田元登，用未经检丈的副业船，私揽客货，超载严重，由无证人员驾驶，船行至乌江小五门滩浪沉，船货全损，死亡 14 人。

工程施工也有典型事例。1973 年 1 月 9 日下午，赤水河马桑坪航道班在张要拐滩炸滩，放敞炮，造成 5 人被炮炸飞抛出 10 米以外入河中，现场惨不忍睹。究其原因，是临时工上岗不培训，工人操作不守规程造成的。

从这些典型案例中，可以看出机构瘫痪、规章制度被取消后带来的严重后果。

三、省级航运机构重组和行业管理恢复

1969 年年末，中央调整贵州省革委领导班子，对各级革委进行整顿，促进归口大联合。1970 年 1 月，省革委调整各办事机构，决定撤销交办，成立贵州省革命委员会交通局。同年 10 月，交通局与邮电局合并，但业务上自成体系。时值工农业生产开始回升，经济建设被提上议程，航运管理逐渐恢复，机构亦着手重组。

1971 年 1 月，贵州省革命委员会交通局增设工程管理处、运输公司和汽车监理组（后改为处）等二级机构，航道建设和养护划归工程管理处管理；乌江、赤水航运分局下放地区管理，港航监督划归监理组管理。1972 年 3 月，交通局设航运组专管航运业务，负责人朱海亭。同年 11 月，交通局与邮电局分开，大批干部从“五七”干校回到机关。随着运输任务的增加，水运工业和港航基础建设的扩大，1974 年 4 月，省交通局决定以航运组为班底，充实运输、船舶、航道等专业人员，重建航运处，负责人为汲殿选。同年 8 月，在“赤天化”建设的推动下，航运事业面临新的机遇，有较大发展，经省革委批准，赤水河、乌江两河收回省管，乌江航道工程队，赤水、乌江航运分局收归省交通局直接领导。至此，经过曲折历程，被取消 6 年的省级航运机构又见雏形，新的行业管理体制逐步形成。

港航监督业务归入省交通局监理组后，工作恢复。次年赤水河、乌江、清水江、㵲阳河、锦江、都柳江、红水河的港航监督纳入河系航运管理中心站业务，有专职人员 28 人，工作逐步展开。1973 年 3 月，省交通局检查船舶普查工作情况，这是新中国成立以来全省首次进行的船舶普查登记工作。同时，根据国家船舶检验局颁布的《船舶检验工作条例》，制定了《贵州省船舶检验试行规则》，结合贵州情况提出了比较实际的标准和要求。1974 年，省交通局发出通知，开展船员考试、考评工作，重新换发船舶证书和船员证书。各河系邀请公安、安全两委员会人员参加，考评主要内容为水运规则、驾驶基础、机舱管理与故障排除等，船员素质得到普遍提高。一度放任自流的运价又被重新调整。

第二节 水利水电闸坝碍航的加剧

一、省内兴建小水利、小水电对航运带来冲击

堰坝碍航在新中国成立前早已存在。过去的埝坝，一般不全部阻断河槽，航运还可维持通行。㵲阳河两岸村寨众多，河岸低矮，居民修建水车、碾坊、鱼梁等堰坝习以为常，是较早存在的碍航闸坝的河流之一。

贵州水电闸坝碍航始于 20 世纪 50 年代末至 60 年代初，贵州境内各河大办水利，闸坝碍航问题突出。“文革”期间断航闸坝增多，成为危及航运生存和发展的严重问题。

㵲阳河 㵲阳河开干流断航闸坝之先例。1965 年，㵲阳河上游施秉高寨榜建水轮泵站，坝高 2 米，无过船设施，开干流断航闸坝之先例。1967 年至 1975 年，先后兴建月家滩、鱼市、红旗、新店、马面坡等电站和水轮泵站，闸坝不断增加。其中鱼市电站位于省界上游 3 千米，水级高 10.5 米，虽有船闸，但无闸门，其他各坝均无过船设施，船舶被拦截在区间航行。1965 年，兴建张家湾电站和晋剧滩水轮泵站，造成局部断航。1966 年至 1968 年，又建邪塘水轮泵站和黄河电站，水级各 4 米，又无过船设施，加上其他临时堰坝 8 处，全线断航。历时两千多年，为贵州疆域开发和对外经济交流起过重要作用的㵲阳河水道，在短短数年中，完全被废弃。

锦江 锦江断航起于支流桃映河。1958 年至 1964 年，建大平、长坪等 5 个农坝，坝高 2 米，留缺口临时开放过船，碍航严重。1965 年建桃映水轮泵站，坝高 5 米，拦断河槽；1966 年在桃映河口附近建瓦窑河电站，水级 6 米，迫使物资需搬运过坝。1968 年委托第一机械工业部超重机械研究所设计升船机，并于 8 月动工，因动乱中断。1975 年又在观音山、白岩溪、石板滩建水轮泵站，水级 2.5 米，拦断河槽，全河闸坝密集，断航已成定局。

干流断航发生在 1969 年，铜仁地区在铜仁市下游 6 千米建芦家洞电站，水级 2.5 米，装机 3750 千瓦。次年在左岸建船闸，闸室长 50 米、宽 8 米，门槛水深 1.2 米，按通航两艘 50 吨船设计，年通过能力 10 万吨，于 1974 年 4 月竣工。但只运转两月，闸门即毁于洪水，修复后又因用水与发电发生矛盾，终未投入使用。

锦江自古联系黔湘两省，舟楫来往频繁，是贵州少数流经地区首府的水道之一。“文

革”初期，黔桂铁路中阻，航运曾显示重要作用。建坝不但造成断航，且阻抬洪水，不利于市区防洪，是一项错误决策。

松桃河　松桃河上建引水工程造成断航。1970 年，湖南在省界附近建长老水轮泵站，水级 5 米，虽有船闸，因闸门漏水，水位不衔接，不能使用，下游也被截断。1969 年至 1973 年期间，又相继建成陡槽、地耶河等 5 处电站或水轮泵站，水级 1.3—5 米，均无过船设施，航道被截为数段，全线断航。

都柳江　都柳江支流兴建小水电站碍航。支流地坪河，20 世纪 50 年代已有数处水车、鱼梁引水堰碍航。1970 年至 1972 年建高安、岑九等 5 处电站，水级 2—12 米，无过船设施，造成断航。支流寨蒿河，原有碍航水碾、鱼梁堰 30 余处，1966 年建东江引水工程，1973 年又建寨蒿电站（水级 15 米），虽建有简易船筏道，但通航困难。支流平允河原有临时堰坝 13 处碍航，1969 年至 1974 年，建三角井电站和支堡水能泵站（水级 10 米）后断航。此处，计埃河、拥里河也因各建水轮泵电站 1 处而断航。1970 年统计，全河系各类碍航、断航闸坝达 27 处之多。干流断航闸坝有 2 处。其一，1968 年建的大河电站，引走流量，使烂土至三都段断航。其二，1970 年开工，1983 年建成的红岩电站。该电站将都柳江拦腰截断，导致三都的船下不来，榕江的船上不去。

清水江　清水江断航闸坝集中在上游。1966 年至 1976 年，都匀至凯里段陆续建成卡乌、镰刀湾等 7 处电站（水级 3—8.5 米）和桃花滩、水牛滩等 9 处水轮泵站（水级 0.8—6.5 米）。距凯里 17.5 千米的镰刀湾电站，设有船闸，因位于大坝中段，上游无引航道，两侧无引桥，进闸后极不安全，建成后一直未用。其他各坝均无过船设施，导致全线断航。

乌江　乌江上游及支流建设电站造成断航。1969 年，上游乌江渡电站建设；1972 年，支流石阡河建泗河坝电站，造成断航。

到 1976 年，贵州全省共有永久式碍航闸坝 83 处，涉及大小河流 22 条，受其控制和影响的河段 1581 千米，占 1965 年全省航道统计里程的 46.4%。“文革”时期兴建的碍航闸坝占 84%，以后虽有增加，但多是在原已断航的河段上加密。

碍航闸坝的出现，大量集中产生于“文革”时期，是当时侧重于发展农业，兴办水利、水电，国家颁布相关综合利用水资源政策难以全面贯彻的结果。

二、出省水运通道受省外闸坝碍航围困

国家能源结构的调整，在贵州的乌江、都柳江、红水河、清水江相继建设梯级水电站，未同步建设通航设施，除赤水河水运可实现与长江干支直达外，其他 4 条主要出省水运通道受制于闸坝碍航。

锦江　1971 年，湖南先后建马颈坳、锦和电站，无同步建设过船设施，切断了锦江通往沅水的航运。

㵲阳河　湖南在新晃上游 15 千米和下游 20 千米修建狮子岩水电站和春阳水电站，虽有设计升船机，但未实施，造成阻碍，致使全河段断航。

都柳江　广西融安上游建麻石电站，水级 22 米，虽建有两级船闸，闸室宽 8 米，闸室长 47.5 米，门槛水深 1.2 米。但当时闸墙漏水，不能正常使用，船只不能顺利直下柳州、梧州和广州。

红水河　1975 年 10 月建设大化水电站，造成红水河断航。设计有 250 吨垂直升船机，最大升程 36.6 米，但只建成上游引航道、通航明渠和升船机土建部分，起重机械未予安装。其后来成为贵州南下水运出海通道的主要障碍。

贵州水运最根本目的是对进出口通道的需求，这是地理位置所决定的。水运的优势在于长途运输，得到历代政府的重视。下游碍航闸坝的出现，大大削弱了其优势，大大压缩了水运生存发展的空间。

三、为解决闸坝碍航所做的努力

早在 1964 年 3 月，《国务院关于加强航道管理和养护工作的指示》(〔64〕国交字 96 号）对解决闸坝碍航问题已有明确指示，强调“发展水运事业是综合利用水利资源的一个重要方面”，必须“统筹兼顾，全面规划”，明确修建永久性拦河闸坝，必须“同时修建过船建筑物或驳运设施，其建设费用统一由闸坝建设部门列入基本建设投资计划内”；对已经修建的碍航闸坝，要求“分期分批采取措施，恢复航行条件”。同年 12 月，交通部和水利电力部共同下发《关于通航河流上航行过坝（闸）问题的联合通知》(交基设〔64〕肖字第 184 号、〔64〕字水电规水字第 529 号），具体贯彻国务院指示精神。

修建闸坝之初，说无视中央指示，不考虑航运需求，是不客观的。最初出现的临时埝坝，都留有孔口过船；一些永久性闸坝，设有船筏道或船闸（据当时统计，全省有

小型船闸 11 处）。而这些设施，几乎全部没有达到预期目标。原因是多方面的：在技术上，建设单位对航运不熟悉，通航标准定得太低，不能满足航行要求；对山区河流的特性缺乏研究，没有经验，有的建筑物位置不当，结构不牢，淤沙或被冲毁。在投资上，由于水利工程实行民办公助，资金紧缺，尽量压缩过船设施规模，出现不少船闸修了闸室不修闸门的情况。在认识上，对航运不重视，设置过船设施限于搪塞敷衍，对技术问题不认真研究解决，适用与否，没完工就摆着。以后航运萎缩，闸坝增多，就推诿不予考虑。

河段上出现碍航闸坝，船民有反映，航运受损失，首先关注的是交通、航运管理部门，虽做了大量工作，提出建议和要求，因受管理权限和投资能力限制，收效甚微。

——锦江支流桃映河建桃映水轮泵站时，铜仁航管站曾及时向地区和省航运局汇报，并按省航运局指示提出修建过船要求，但建设单位不予采纳。

——都柳江建红岩电站时，航运管理中心站也提出解决过船问题，建设单位以修建过船设施费用太高，予以回绝。

——濂阳河修建红旗电站时，贵州省交通局致函要求落实省革委生产指挥部 1970 年 10 月《关于在水利水电建设中必须解决通航问题的通知》精神，考虑过船设施，建设单位未予接受。

1967 年年底，贵州省革委生产领导小组曾从水利、交通、林业三个部门抽调人员，由唐济民（水利）、张敦嘉（交通）、方天荣（林业）组成农坝通航小组（简称“小组”），日常办公地点设在省水利局内，这是全国第一个协调解决碍航闸坝的具体办事工作机构。由省革委生产领导小组办公室领导，配合各地解决闸坝碍航、碍木的技术问题。1968 年至 1970 年，“小组”先后到黔东南、铜仁、黔南、遵义等地州调查，了解闸坝碍航情况，研究解决办法。又到江苏、广东、湖北等省进行考察，学习省外修建过船设施的经验，引进先进技术。曾邀请一机部起重机械研究所、西南水利科学研究所的专家到现场探讨方案、承担设计或做模型试验，并直接向省领导多次汇报。

“小组”工作敬业，认真负责，常因通航设施建设规模各持已见而争辩，水利部门代表强调“农业是国民经济基础”“水利是农业命脉”；交通部门代表坚持“兴修水利要三救，救渔、救船、救木”，互不相让，面红耳赤，在消除碍航必要性上虽未达成共识，也共同做了许多实际工作，包括对全省闸坝碍航情况提出报告；对寨蒿河车江引水工程等 4 个水轮泵站的船筏道提出改建或新建的方案设计，其中洪州河龙埂船筏道委托西南水利科学研究所进行模型试验；对濂阳河、羊磴河的电站或水轮泵站船闸进行方案研讨或设计；委托一机部起重研究所进行铜仁小江河口附近的瓦窑河升船机设计；对桃映等5 处水轮泵站进行勘察，探讨过船方案等。因当时处于“文革”高峰期，管理混乱，多数项目资金不落实，又受到派性斗争干扰，除瓦窑河升船机动工修建外，其他均未实施。1971 年年初，体制变动，小组被撤销，工作未再继续，成为憾事。

由于已建闸坝的碍航问题尚未解决，新的碍航闸坝又见增多而无力遏制，大量河段碍航、断航已成定局，回天乏力。

第三节　水运工业艰难前进及科技成果的收获

一、艰苦曲折发展的水运工业

（一）创新前进的思南船厂

1966 年 3 月，思南船厂又由乌江航运分局划出，收回贵州省交通厅直属管理，同时充实技术人员，加强设计力量，承担船舶设计工作，但“以修船为主，修造结合”。同年，思南船厂接受省交通厅下达的建造钢质驳船任务，选派一批技术工人赴重庆船厂培训，实际参加在该厂建造的“东风 2 号”钢质客货轮施工。在设备缺乏的情况下，他们自制丝杆压床、剪板机、撑车、三星卷板机、电焊平台、一吨钢丝吊锤等多项机具，为制造钢质船筹备。1967 年，省交通厅拨款 20 万元，将赤水航运分局的 4 艘钢质驳船交思南船厂建造，以重庆学习归来的工人为骨干，第一艘 80 吨钢质驳船于同年 8 月 8 日竣工下水。省航运局和赤水航运分局等单位在思南港区对驳船进行鉴定，技术性能达到设计要求。当年全部完成下达的任务。1967 年总产值达 47.71 万元，比上年增加 70%。

1973 年至 1974 年，造船任务出现不足，生产大幅度下降。为争取任务，思南船厂在承接省内船舶修造任务的同时，为四川丰都农资公司建造 300 马力钢质拖轮 1 艘，这是贵州造船企业首次走出省外。

1975 年至 1976 年，为建设“赤天化”，造船任务激增，企业生产随之好转。

“文革”10 年，思南船厂生产规模不断扩大，技术水平有较大提高，人才培养明显加强，由制造木质轮驳发展到建造钢质轮驳。20 世纪 60 年代，钢质船在省外已较普遍，但在贵州还是空白，投入使用的“东风 2 号”和“东风 4 号”是委托重庆和武汉船厂建造的，本省尚无制造钢质船的能力。从 1967 年 5 月制造出第一艘钢质驳船，到 1969 年 9 月第一艘钢质客货轮“东风 6 号”出厂，前后历时两年多时间。

能适应多方面需要设计制造各类船舶。从结构上，可以制造木质船舶，也可制造钢质船舶，还制造了水泥船。在类型上，以驳船、客货轮、拖轮、趸船为主，兼及渡船、游艇、工程船、航标船。所研制的横耙疏浚船，有其特色，是一次有价值的探索。

服务范围超出本河系向多方面拓展。全省都有该厂的产品，在完成“赤天化”建设造船任务中起到重要作用。除此之外，还为水电部第二、第十四工程局制造拖轮，为水文站制造工作船等。承接省用户造船业务，近到乌江下游 815 厂、四川丰都农资公司，远到甘肃黄河水系。

技术上的进步，建造能力的提升，使思南船厂在山区河流船舶设计制造方面，在省内外赢得信誉。

（二）赤水船厂的振兴和面临的机遇

赤水船厂属赤水航运分局领导，生产依附赤水河水运形势而变化，起伏较大。1970 年，该厂排除政治干扰，克服困难，首次建成“红卫 2-5 号”和“红卫 2-6 号”（即“遵义 4 号”）钢质客货轮，成为贵州第二个能建造钢质船的企业。

1975 年，“赤天化”建设上马，造船任务增加，总产值首次突破百万元大关。

1976 年，该厂列为“赤天化”配套建设项目，由国家第六机械工业部上海第九设计院设计，“赤天化”建设指挥部交通工程处组织实施，投资 662 万元，采用较新的技术和设备进行全面改造和扩建。这一机遇，使赤水船厂步入新的发展阶段。赤水船厂的振兴，有力地促进了赤水河水运的发展。为完成赤水天然气化肥厂（以下简称“赤天化”）进口大型设备运输任务，1975 年赤水船厂建造“志气 1 号”和“志气 2 号”钢质拖轮。与其他拖轮相比，其前后有压载水舱，以调节船舶吃水深度，便于适应长江、赤水河航道条件；采用大直径车叶推进效率提高，露出水面高度超过常规的 27%，艉部采用半敞开式隧洞，安装活动倒车盖板，改善倒车性能。“志气 2 号”艏部装有机动绞关，可协助大件驳过滩。配套驳船 2 艘，为 150 吨级钢质甲板驳，重载部位负荷每平方米 5 吨，满载可装 250 吨，由思南船厂建造。该船队投产后，共为“赤天化”运送设备及物资 1.3 万余吨，拖轮于 1984 年获交通部优良船型设计三等奖。此时，“赤天化”产品运输专用船队的建造计划已经国家计委批准，大批拖轮和驳船投入设计制造，第一艘半舱驳“春雷 13 号”，已由赤水船厂于 1976 年 3 月建成提交测试，赤水河机动船运输开始进入新的大发展时期。

二、适航机动船的增加及造船业质量的提高

1967 年，省乌江航运分局的“东风 7 号”和“东风 4 号”下水。“东风 7 号”为木质，由省航运局设计，思南船厂建造，载货 45 吨，适于思南至沿河及枯水期沿河以下河段航行。“东风 4 号”为钢质，由交通部拨专款建造，旨在对山区河流浅水急流船舶进行研探，由长江船舶设计院、上海船舶研究所和重庆东风船厂设计制造，船型尺度与“东风 2 号”相近，艏、艉线型有改进，曾采用主机增压和可变螺距两技术，但因增压器质量差，可变螺距失效，后拆除改作普通船舶使用。

1966 年，贵州省交通厅下达首批钢质船舶建造任务，组织思南、赤水两船厂技术人员赴邻省学习。1968 年，思南船厂开始建造“东风 6 号”和“东风 8 号”，于 1969 年 9 月出厂。该船在“东风 2 号”的基础上做了改进，提高船航艏弧，防止上浪；水线以上两舷适当外倾，增大甲板面积和排水量；机舱前后设货舱，减少尾倾；船头绞关动力设在甲板下，便于操作；上层建筑尽量多用木质结构，减轻自重。与“东风 2 号”相比，其操作灵活，相同吃水载重量增加 10 吨，尤其对枯水期运输有利，减载可航行沿河以上河段。

1970 年至 1971 年又建“东风 9 号”和“东风 10 号”，船长增加 2 米，主机改用 6160 型中速柴油机 2 台，额定功率比 6135 型加大 12.5%，载重量比“东风 6 号”增加 5 吨，经济效益进一步提高。1975 年，“东风 5 号”和“东风 7 号”改为钢质船壳，也在“东风 6、8 号”基础上作改进，核定载货 60 吨，载客 60 人。同年 6 月，思南船厂建成乌江第一艘以载客为主的“东风 11 号”钢质客货轮，总长 30.44 米，水线长 28.1 米，型宽 5.6 米，型深 1.6 米，6135 柴油机 2 台、300 马力，设计客位 150 座，铺位 14 个，载货 30 吨，主甲板采用舷伸式，甲板宽增宽为 6.5 米，既加大了面积，又防止上浪，当年被选入《全国优秀船型图集》。

到 1976 年，乌江航运分局已有客货轮 10 艘，606 载重吨，783 客位。同期，由贵州省交通局安排，思南船厂还为思南、德江、沿河三县集体所有制企业建造木质客货轮 8 艘，占河系机动船运力的 40%，成为国营机动船运力的补充。乌江客货轮运输业已具规模。省乌江航运分局成为贵州屈指可数的最大企业之一。

乌江发展客货轮成功后，赤水航运分局也相应发展客货轮运输。1970 年，赤水船

厂建成红卫“2-5 号”和“2-6 号”钢质货轮，次年又建成“遵义 4 号”轮兼拖驳轮，称“货拖驳”，性能进一步改善。1972 年建成以客运为主的钢质客货轮“遵义 1 号”，1974 年建成“遵义 3 号”轮，有 220 个座位，上层设有 48 个铺位，载货 30 吨。

为发展中游赤水至岔角段航运，1967 年，习水县土城运输社建造 15 吨木质机动驳 1 艘，中游开始发展机动船运输。1973 年，赤水航运分局建造“遵义 6 号”和“遵义 7 号”，总长 24.65 米，水线长 23 米，型深 1.2 米，设计吃水 0.65 米，主机 6235 型柴油机 2 台，功率 160 马力，设计航速每小时 18.25 千米，载货 34 吨，载客 49 人；艏部采用平头型，便于靠泊自然坡岸，艉部为半隧洞式，以改善车叶供水情况，宜于浅水急流中航行。它们比“遵义 4 号”更适应中游航行，枯水位也可载货 20 吨。1975 年入选《全国优秀船型图集》。

三、各河小型机动船促进了当地农村经济发展

这段时期，机帆船的小型机动船的迅速发展引人注目。1976 年，清水江远口航运社用木帆船改造机动船 1 艘，载重 9 吨，20 马力，通过试航，效果良好，驶至锦屏，受到称赞，取名“从头越号”。1968 年 3 月，贵州省航运局革委转发《木帆船技术改造情况》通报，肯定了清水江经验，向全省推广。赤水长征木船社和习水胜利木船社千里迢迢到远口参观学习。1968 年至 1972 年，凯里、锦屏、剑河、天柱等县集体企业纷纷发展小型机动船运输，带动了事业单位和农村副业木帆船技术改造进步，有船的林业部门、供销社、农场等都加入改造小型机动船热潮中。

农村副业木帆船的技术改造，对搞活社队经济起了明显作用。清水江白市金鸡大队的一艘机帆船，1973 年至 1974 年收入 1.8 万元，除去成本，还解决了大队干部、赤脚医生、民办教师的开支；不但可以分成，还向小队上交 1500 元。金鸡大队第四小队，有 15 户 71 人，地少人多，生活贫困，历年耕牛、肥料都靠政府贷款，已拖欠 2000 余元。1973 年决定卖旧木帆船，建机帆船。次年与寺坪州生产队合伙，对方出资购机安装，收益均分。仅经营 4 个月，即偿还贷款，并买化肥近 6000 斤。1975 年上半年，又还贷款，并购买耕牛、化肥和农具等；7 月后分伙自营，收益更佳，粮食增产，社员生活获得明显改善。

在都柳江，1969 年 6 月，榕江航运社首建河系第一艘机帆船，载重 14 吨，20 马力，随即全河推广，至 1975 年，河系有机帆船 26 艘，170 载重吨。

在锦江，1966 年有小型机动船 1 艘，载重 28 吨，30 马力，至 1974 年有小型机动船 15 艘，205 载重吨，300 马力。

南、北盘江、红水河也开始发展机动船运输。1971 年，由省投资建造 30 吨客货轮 2 艘，总长 24.6 米，型宽 4 米，满载吃水 0.9 米，120 马力，每艘造价 10 万元，后当地供销社又建 20 吨客货轮 1 艘。航行于北盘江百层以下、南盘江坡脚以下，至广西天峨、东兰等河段。

一些水库、湖泊小型机动船也有发展，唯受闸坝碍航限制，只能区间运输，不如清水江繁荣。

1976 年，全省共有小型机动船 74 艘，1246 吨，1780 马力。木帆船由 1966 年拥有 1424 艘，8359 载重吨，至 1976 年仅有 716 艘，5507 吨。专业木帆船主要分布在赤水河、都柳江，共计占全省总数的 82% 和 90%，其他河流所剩无几。

全省船舶总载重量，1976 年为 12907 载重吨。其中，机动船占 57.33%，专业运输船中机动船已占 75.2%，这说明贵州船舶运力结构已发生根本变化。

四、水运科技成果的收获

（一）大专院校毕业生提升贵州造船技术

1961 年，国营思南船厂收隶贵州省交通厅直接领导，改名为贵州省交通厅思南船舶修造厂。在“文革”最混乱期间，黔桂、川黔铁路经常受阻，省革委决定积极发展航运，增加运力，扩大造船能力。1969 年，在思南县革委支持下，扩大厂区，按省下达的指标接收 100 名复员军人。1970 年，国家分批分配大专院校毕业生 44 人到厂，大都安排到车间班组。他们与广大职工排除政治运动干扰，边学习，边施工，逐步掌握了从船体放样、下料、部件冷加工，船体组装、主机定位安装等全过程的作业和工艺技术，经过顶岗实习，成为各部门生产骨干。思南船厂生产规模不断扩大，造船技术也有较大进步。即使在“文革”最混乱时期，思南船厂排除干扰，专心对产品进行研究，推陈出新，进行新的探索，既设计制造出新的船型，又培养出一支集科研生产一体的结构合理的干部职工队伍，这在当时是十分少见的。

（二）乌江客货轮入选《全国优秀船型图集》

经过十余年的探索和尝试，在贵州山区河流发展机动船，不能简单照搬硬套外地运输方式，不能简单将外地船型“拿来即用”，要从实际出发，对航道条件不能要求过高，只有一边积极整治河道，尽量改善航行条件，一边研选适当船型和运行方式，“以船就水”，才能成功。20 世纪 70 年代以后，贵州适航机动船有了较快发展。

乌江放弃拖驳运输后，集中精力发展机动驳（后改称客货轮，以“东风”命名）运输。自 1966 年“东风 2 号”投产后，到 1976 年，乌江航运分局相继增添新船 7 艘，由木质变钢质，平头浅杓型变尖首型，深隧洞式变半隧洞式，船头设有机动绞关，性能不断改进，运载量不断提高。

乌江采用单船运行方式后，进一步改进船舶性能成为乌江航运发展的关键。思南船厂在总结以往经验教训的基础上，对“东风 7 号”增加了操纵的灵活性，更好适应枯水期航行；建造“东风 6 号”时又作若干改进，其强度和稳性同时满足川江和乌江航行要求，上滩能力强，技术性能和经济效果都好，1974 年在全省船舶工作会议上被定为省内第一艘定型船舶。之后，“东风 6 号”图纸又进行改进，被收入全国《优良船型选型汇编》，后为甘肃省黄河水系造船引用。

（三）赤水河客货轮录入全国图集

乌江发展客货轮成功后，赤水航运分局也相应发展客货轮运输。1970 年，赤水船厂建成红卫“2-5 号”和“2-6”号钢质货轮，各载重 20 吨，但经济效益不佳，改作他用。次年又建成“遵义 4 号”，艉部设有拖桩，可兼拖驳船，称“货拖驳”，性能有所改进。1972 年，建成以客运为主的钢质客货轮“遵义 1 号”，1974 年建成“遵义 3 号”，总长 32.3 米，水线长 30.2 米，型宽 6 米，型深 1.4 米，设计吃水 0.6 米，装 6135 型柴油机 2 台，功率 240 马力，有 220 个座位，上层设有 48 个铺位，载货 30 吨。由于自重轻，载量大，吃水浅，适航性强，在赤水河赤水至合江可四季通航，为开办赤水河赤水至长江朱羊溪客运专线创造了条件，被选入《全国优秀船型图集》，后荣获 1978 年全国科技大会浅水船型奖。

第四节　运输生产曲折发展及“赤天化”重大建设项目上马

一、运量下滑及“文革”后期运输生产回升

“文革”前 4 年，水运生产运输受干扰严重。1970 年后，派性斗争平息，职工陆续

返回岗位，航运机构经过调整，管理有所加强，各河航运逐步恢复；1972 年 3 月，中共贵州省委、省革委会决定在全省开展铁路、水路、公路联合运输，并成立省交通运输领导小组，对全省运输实行统一领导、统一指挥，促进了工农业生产的回升和一些大型工程建设的开展，客货运量相应增加；鉴于陆运紧张，而当时机动船性能刚有改进，数量增多，省革委会强调充分利用水运，提高航运能力，促进了各河运输生产应时发展。

1972 年和 1974 年，赤水河建成“遵义 1 号”“遵义 3 号”客货轮，开办了赤水至合江客运班船。后经四川交通部门同意，进入川江，把航线延伸到朱羊溪，与成渝铁路衔接，定时接送来自成都、重庆、贵阳等地旅客，使其减少食宿、换船等中间环节。1974 年，“赤天化”工程上马，客流量大增，赤水航运分局及时改进服务质量，船上增设小卖部，提供书报阅读，改善饭菜及茶水，沿江停靠，方便群众，成为川黔两省客运热线。1973 年，“遵义 6 号”客货轮客运线由丙安向上延伸到二郎滩。1976 年，赤水航运分局完成货运量 8.28 万吨，943 万吨千米；客运量 9.02 万人次，552 万人千米，企业在 1972 年扭亏为盈。赤水长征航运公司集体企业也开办赤水至合江、赤水至大同和复兴的客运班船，在赤水至二郎滩段试行上水拖带、下水自航的运行方式，增加煤炭运量，效益显著。该企业 1975 年也扭亏为盈。

1970 年，乌江运输生产恢复迅速，完成货运量 3.37 万吨，1076 万吨千米，当年改变亏损局面。1971 年 3 月，经省运输平衡会确定，沿河、印江、德江、思南等县进出物资，都由乌江水运，以减少陆运压力。乌江航运分局货运量稳定在 5.2 万吨—5.9 万吨间，船舶实载率较高。1971 年至 1976 年，盈利 259.37 万元，年均 37 万元。集体企业效益也较好。

清水江机帆船兴起后，可由河系启运港直达湖南常德，运煤船远航湖北天门、沔阳等地，有力地促进了省际运输的发展。1976 年，河系完成货运周转量 480 万吨千米，机帆船占 86.25%。机帆船的效益明显高于木帆船。

“文革”开始后，都柳江的运输量逐年下降。1970 年后，运量回升，小型机动船发展促进了省际交通繁荣。1973 年 8 月起，从江航运社增开从江至广西麻石机动客运班船，载重 16 吨，108 个客位，效益很好。

南、北盘江，红水河的机动船运输也取得较好效益，3 艘小型机动船年运量万余吨，1972 年至 1983 年共上缴利润 15 万元。

㵲阳河、锦江河系，因闸坝碍航影响，运量下降。唯湘黔铁路建设期间，㵲阳河大量木帆船投入沙石料运输，年数万吨，1970 年超过 20 万吨。锦江芦家洞电站库区机动船客运也有发展，1975 年后每年有 13 万—17 万人次。

二、乌江两项航行新纪录及石油运输设备的改进

1970 年后，由乌江进出的物资增多，运输任务繁重。广大船员为挽回前几年因动乱造成的损失，多拉快跑，努力提高经济效益。他们充分利用白天时间，早开船，晚停船，打破常规试行夜航。1970 年夏，“东风 4 号”轮上行，夜间驶过涪陵至青溪、冉家滩至沿河两段河道，开乌江夜航之首。次年，“东风 8 号”于 7 日清晨 2 时 30 分由涪陵起航，当晚到达龚滩，8 日上午 6 时 50 分到达沿河，历时 28 小时 20 分，日夜持续上行获得成功；6 月底，“东风 2 号”和“东风 8 号”重载由沿河驶往涪陵，又创下水昼夜航行纪录；木质客货轮也加入夜航行列。以后乌江夜航成为常态，大大加速了船舶周转，大大提高了运输效率，沿河至涪陵每航次由 3 天减为 2 天。

由于派性斗争造成陆运中阻，贵州省革委会对利用水运十分重视，拨款支持乌江造船，布置进行勘察，投资航道建设，要求向上、中游延伸通航里程。1971 年 10 月 10 日，乌江航运分局指派“东风 10 号”由思南上行到余庆县的回龙场（大乌江）。装载 30 吨化肥回返思南，机动船航线向上伸延 56 千米。乌江思南以上河段虽经整治，但规模小，河道大都处于原始状态，要将 60 吨级客货轮开上去，面临巨大风险和挑战。该船船长张正儒等对河道十分熟悉，在全体船员和分局领导的带领下，同心协力，试航成功。这是此期乌江航运发展上的又一重要突破。

从 20 世纪 70 年代开始，贵州每年需由乌江运输石油 5000 吨—7000 吨，约占乌江航运分局上水运量的 1/3。石油全用铁桶灌装，中转、保管、装卸程序繁多，运费较高，全年运杂费 12 万元，铁桶损耗降级损失费约 2 万元。若遇石油脱销，石油部门常绕道湖南常德陆运。

1975 年秋，乌江航运分局决定试用油囊代替油桶，向天津橡胶工业公司购置橡胶袋 22 个，每船配备 11 个（1 个备用），载重 40 吨，分舱安放。上水用油囊装油，下水卷起油囊，另载他货。三次试运石油 100 吨，节约运杂费 2460 元，平均每吨节约 24.6 元，装卸效率大为提高。乌江石油运输持续到 1983 年，后因葛洲坝建设影响，改为陆运。

三、“赤天化”重大建设项目上马及配套工程建设

（一）完成“赤天化”超限设备运输任务

1974 年，国家计划委员会〔74〕字第 372 号、国家基本建设委员会〔74〕建设字第 460 号文件批复，同意将进口的化肥设备一套分配给贵州，在赤水县马村建设赤水天然气化肥厂（简称“赤天化”）。

为建设“赤天化”，贵州省革委会组建“赤天化”工程建设指挥部，由省交通局局长卢绍善调任副指挥长，组织交通各有关部门会战，负责航道、码头、道路建设、船舶建造和设备运输等工作。航道及码头由贵州省交通勘察设计院负责设计，“赤天化”交通工程处负责组织施工，随即展开以下工作。

1. 整治航道。充分挖掘河道通航能力，尽量扩大航道尺度。

2. 修建大件专用码头，适应卸运要求。

3. 建造大件运输专用船舶，量身定制船型尺度，满足长江、赤水河两个航区航行。

4. 采用干支直达、换拖不换驳的运行方案；在赤水河内，拖顶结合，绞滩机助力，大滩两岸辅以绞桩定位。

1975 年，中共贵州省委副书记贾庭三到北京汇报工作，国务院副总理李先念亲自听取运输方案的详细汇报。

交通部〔74〕交水运字 2259 号文规定，由长江航运公司与贵州赤水航运分局分段承运。赤水航运分局抽派船员组成大件运输船队，由经验丰富的老船长钱树华任船队指挥。为做到万无一失，选择赤水河水位接近设计水位时，实载模拟试航。经过 6 天苦战，获得成功，积累了经验。

1975 年 8 月 30 日下午，首批超限设备氨合成塔及配件 1372 件共 345 吨从上海起航，在 9 月 18 日到达重庆港，转由贵州省赤水航运分局专用拖轮换拖，20 日到达合江。为确保设备运输安全，贵州省公安厅派员随船护送，沿岸组织民兵保卫。9 月 21 日晨，大件船队由合江沿赤水河向赤水进发。当天天气晴朗，水位适航，仅用 7 个半小时，于当日下午 2 点半，安全到达。此次航行创造了“蚂蚁搬泰山，小河运大件”的奇迹，贵州省革委会给予奖励，载入贵州省史册。

截至 1977 年 3 月，由赤水航运分局承运成批设备从重庆接运到厂区大件码头，共运行 100 多个航次，安全、及时完成了“赤天化”成套设备运输任务。

（二）为建设“赤天化”而进行的水运工程

20世纪70年代中期，国家进口13套化工设备，每套设备可年产30万吨合成氨、48万吨尿素，可增产粮食35亿千克。引进的全套设备总量约1.3万吨，其中运输超限设备40件，最重的合成氨塔335吨，最长的二氧化碳再生塔56米。这些大件设备不能拆解，须整装运达厂区。贵州要争取到这套设备，必须解决超限设备运输问题，由于铁路、公路无法运输，只能通过水运。

赤水河是长江支流，距长江（合江）54千米，最小流量仅37立方米／秒，虽经过20世纪50年代整治，航道深度0.7米，航道宽度14米（实际只有9米），弯曲半径100米，驳船载重80吨，要通过运送超限设备的专用驳船是不可能的，亟须再次进行整治。当时与国外厂家签订的合同交货期为1975年12月，而航道整治工程尚未开始，能否达到要求无把握，要赶在首批超限设施到来之前完成主要滩险整治任务迫在眉睫，航道工程由此提高到空前的重要地位，确保航道工程质量效果成为“赤天化”建设的关键一环。

“赤天化”建设指挥部提出：建设“赤天化”，交通是先行，航道工程是先行中的先行。鉴于运送超限设备的专用船舶，吃水限制为0.8米，但平面尺度相当于长江千吨驳船，若按常规方法确定航道整治设计标准，赤水河是无法实现的。1974年，贵州省交通勘察设计院三队在实地勘测后，提出赤水河下游可能达到的相对最大航道尺度，定出设计航宽；根据各弯曲河段可能改造的程度，求出设计最小弯曲半径。设计航深0.8—0.9米，航宽25米，最小弯曲半径250米，设计水位保证率92.6%。工程结束后，与施工单位共同编写了《赤水河航道整治工程技术总结》。

1974年11月15日，“赤天化”建设指挥部交通工程处在黑蛮滩举行开工典礼，拉开了赤水河航道工程会战序幕。除专业施工队伍外，还有来自仁怀、习水、赤水三县民兵团和四川省合江县民工，共计万人。

航道整治工程分两批进行。第一批工程包括严重阻碍专用驳船通过的岩滩和可以利用开槽废方筑坝的卵石滩共12处，分别由兴义航道工程队、赤水河航道工程队和贵州省第三航道工程队负责，历时四个半月，于1975年3月底完工，为首批超限设备即氨合成塔运入创造了条件。第二批工程共整治滩险10处，有7处采用围堰施工，开凿航槽，这在山区河流整治工程中不多见，于1976年2月下旬完成。两批工程共处理各类土石方近30万立方米，总投资850万。同年3月底，省有关部门进行了验收。（详见表4-1、4-2）

表 4-1　7 处围埝开槽工程技术特性及工程规模一览表

滩名		开槽长度（米）	最小底宽（米）	弯曲半径（米）	底坡（‰）	最小水深（米）	表面最大流速（米 / 秒）	局部最大比降（‰）	围堰土方量（立方米）	一次抽干水量及时间（立方米 / 天）	开槽石方量（立方米 / 天）	工程直接投资（元）	开槽时间（起讫）
二郎滩	上段	274	35	350	0.29	1.5	2.1	2.9	6464	6335/4	8547	347077	1975.1.29—1975.3.30
下段	242	25.5	直	0.59	1.2								
黑蛮滩		380	26	直	0.8	1.38	1.8	1.07	6519	18570/19	19373	603438	1974.12.28—1975.2.28
丁滩		360	30	直	0.58	1.47	1.0	1.11	3471	18570/9	19373	603438	1974.12.28—1975.2.28
水堤滩		800	27	375	0.89	1.2	1.6	1.59	9471	943040/21	11246	692655	1975.2.1—1975.2.25
楚滩		396	29	直	0.58	1.22	1.4	1.46	8452	309420/11	15308	458626	1975.12.20—1976.2.20
香炉滩	上段	531	25	微曲	0.56	1.19	1.5	4.17	13186	658188/4	11292	495460	1975.1.27—1975.2.23
	下段	403	25	微曲	1.07								
脱弓滩		442	27	300	1.44	1.26	2.7	3.7	9416	368300/3	12763	614464	1975.1.30—1975.3.31
合计		3828							567979		89049	3637631	

注：直接费只包括工程费及施工准备费。

表 4-2　各时期赤水河下游航道尺度情况表

时期	航深（米）	航宽（米）	弯曲半径（米）	备注
新中国成立初期	0.3	10	50	水位保证率 90%
1955 年—1957 年整治后	0.7	14	100	水位保证率 90%
1974 年—1976 年整治后	0.8—0.9	25	30	水位保证率 92.6% 设计流量 64 立方米 / 秒

“赤天化”建有大件起卸码头、成品输出码头和临时码头三处。大件码头为平台纵向斜坡式，平台长 60 米，宽 30 米，以引道与厂区地坪相接，最大纵坡 6%。由贵州省交通勘察设计院负责设计，省公路工程大队负责施工，于 1974 年 11 月开工，次年 6 月竣工。成品码头为横向斜坡式。码头线长 217.55 米，设有三条皮带机输送线，每条输送线对应一个大泊位，即配置趸船一艘。工艺流程：散装尿素到包装楼，由皮带输送经趸船到驳船，年输出能力 60 万吨。于 1975 年 10 月开工，1977 年 2 月完工。

（三）举办史上唯一的航运中等职业教育学校

1974 年 12 月，贵州省交通局决定为赤水、乌江两个航运分局培训船员，由省交通学校统一招生，在赤水、乌江设立分校，旨在适应贵州赤水天然气化肥厂年产 50 万吨化肥投产，为组建“赤天化”化肥专线运输船队，急需扩充职工队伍。赤水分校招生 233 人，乌江分校招生 150 人，学制二年。以中专教科书为主，选编山区河流有关航道、水文、气象、船舶驾驶、轮机、造船等适用教材，选聘单位技术干部担任教员，采用理论与实践相结合的教学方法。两分校于 1975 年 9 月开学，1977 年 6 月毕业，经省计划委员会批准纳入当年计划，毕业生分配到赤水、乌江、兴义等航运企业工作。

第五节 “文革”时期的水运工程建设

一、乌江机动船航道的延伸和保畅工程

（一）碍航滩险的重点整治及迴文段机动船航道的开辟

“大跃进”中开辟乌江拖轮航道，工程集中在三大断航险滩，无力顾及其他河段。

1967 年至 1970 年上半年，乌江工程主要开辟回龙场（大乌江）至文家店 56 千米机动船航道。上游瓮安、福泉一带磷肥丰富，要求解决运输问题，而当时国营福泉新华化肥厂的磷肥已供销乌江沿岸各县，厂区有公路可达回龙场，若由乌江运出更加便利。因此，此工程的目标是延伸机动船航线，扩大货源腹地，发展水陆联运。3 年中陆续整治滩险 42 处，时值“文革”最混乱时期，工程受到严重干扰。1972 年 1 月至 4 月，第三航道工程队根据省交通局指示，再次进行整治，航道条件进一步改善。但受资金和施工手段限制，主要滩险有 70% 未达到要求，仍只能实现中洪水通航。

1970 年至 1972 年，除重点整治迴文段和处理新滩危岩外，还整治了沿河至龚滩段的小河口、折桅子、王家滩。三滩都是用顺坝导治结合疏炸工程，整治后水深增加 0.3—0.5 米，效果明显。此外还进行了石阡河、横岩河等支流的维护工程。

大乌江桥上游 640 米处的中堆壕滩有巨厚层坚硬灰岩由左岸向上斜穿河床，水流切割成数处缺口，靠右岸的缺口称中堆壕，低水有水流经过，但河槽窄狭弯曲，不能通航。计划将壕右侧石岛炸去形成航槽。此举一次爆破完成，是贵州航道工程中集中爆破最大的工程之一。

“文革”时期，乌江航道工程虽然受到干扰，有些目标没有完成，但做到了维护航道通畅。1968 年，川黔铁路受阻，大量物资从乌江进出。1972 年，农业受灾，短短 3 个月，救灾粮 800 万千克从四川经乌江运进贵州。乌江水运在这段时期发挥了重要作用。

（二）新滩再次断航的打通及危岩处理

1970 年 5 月 14 日和 8 月 2 日，新滩左岸岩壁大量崩塌，1964 年至 1965 年清理出的河槽被侵占 2/3，巨石堆塞河心，浪高 3 米以上，造成第三次断航。

“文革”初期，铁路经常受阻，乌江水运处于重要地位。突然断航，无疑是非常事件，引起省革委高度重视。特别是断航的影响不断扩大，铜仁地区西五县只剩下沿河可

利用乌江水运物资进出，严重影响人民生活，基层告急报告如雪片飞来，迫使主管部门采取紧急措施。于是第三次打通新滩工程迅速展开。

8 月下旬，贵州省交通局工程管理处安排原省交通勘察设计院第三测设队（已撤销），允许正在接受批判的技术人员参加生产。在进行滩段测量的同时，对新滩历史和现状进行调查分析，提出“先炸危岩，后清航槽”的处理方案。1970 年 12 月 26 日，由第三航道工程队施工，经过 1 年多的努力，于 1972 年 1 月 7 日恢复通航。

（三）码头设施的增设及助航设施的改进

早在 20 世纪 50 年代末 60 年代初，为加强省际运输协作，经川黔两省商定，并经西南区有关部门批准，贵州省乌江航运分局已在四川涪陵设置站点，建基地和码头，但设施简陋。1968 年 4 月，经省交办批准，乌江航运分局涪陵营业站修建缆车、货场。同期，还在沿河建双轨缆车、仓库等附属设施及生活用房。思南、洪渡、大乌江都建有仓库和装卸机具。这一时期，投资虽然有限，但各处码头设施均有一定改善。

乌江自从改拖带为单船运行后，客货轮均配有船头机动绞关，中小滩险已能自绞通过。遇特别陡急滩险，需要岸绞助航，不再使用过去设置的木质或铁质人力绞关。1966 年上半年开始，陆续建成机动岸绞滩站。省内乌江绞滩实现机械化，给新生的客货船运输增加活力，促进了乌江航运发展。

二、首次完成乌江干流全程查勘

为研究乌江向上游延伸航线的可行性，1969 年年初，贵州省交通勘察设计院受命对乌江干流进行查勘。当时乌江渡水电站已开工，乌江渡以上河段已有查勘报告，此次查勘以乌江渡铁路桥为起点。查勘组一行 6 人，于 1 月 20 日在乌江渡下水，分乘两艘小橡皮船下行。3 月 20 日到达涪陵，历时 60 天，行程 593 千米。这次查勘收集了地质地貌、水文气象、经济社会等资料，以乌江渡铁路桥至龚滩 405 千米为重点，编制了《乌江干流（化屋基—龚滩）航道规划设计》。这次查勘，对乌江河道情况有更全面了解。

历代勘察乌江上游，都因缺乏交通工具或遭遇挫折而中辍或绕道。1943 年，原乌江工程测量队查勘时，测船在毛栗滩被打坏，被困鱼翅三滩数月后离去，摩崖上至今尚存该队 7 月 4 日“乌江工程测量队，到此工作难进退”的留言。新中国成立初期，长江上游水利工程局查勘队在震天洞爬岩，1 人丧身；成都水电设计查勘队测船在漩塘被打碎，被迫上山绕道；水文地质、工程地质部门的报告中，提及因两岸悬岩绝壁，也未能到达江边。此次查勘，顺江漂流，逐滩勘察，全线走通，在乌江尚属首次。

三、清水江特大洪水前后的工程建设

1966 年年初，清水江航运管理中心站设养河组负责航道养护。1970 年改为白市、锦屏、凯里 3 个航道段，分别负责分水溪至茅坪、茅坪至施洞和施洞至凯里的航道工程。

1970 年 7 月 13 日，清水江发生百年不遇大洪水，沿江村镇房屋大量冲毁，多数航道严重淤塞。据锦屏水文站记录，洪峰水位 318.34 米，高出 1938 年洪水 4.19 米，比 1878 年洪水还高 3.2 米。水毁后，省交通局工程管理处派遣测设组进行调查，提出了施工图设计，同时抽派技术人员支援黔东南苗族侗族自治州交通局组织施工。由于受资金和施工力量限制，未按计划实施，只选择主要碍航滩险重点整治。

1970 年洪水后，在整治航道的同时，清水江还修建了三座小型码头：凯里码头位于湾溪，斜坡踏步式，因航运萎缩，未充分发挥作用；剑河码头位于上菜园渡口和义寨脚河边，为斜坡踏步式，1971 年 8 月建成，1976 年吞吐量万吨上下；白市码头修在玉屏山和杨家祠，主要用于储煤堆场，1975 年完工，1976 年吞吐量 2.67 万吨，煤炭占 86%。

在此期间，其他河流主要进行养护工程。1966 年至 1970 年，都柳江对变化频繁的卵石滩组织经常性维修，兼顾重点滩险整治。1971 年至 1975 年，北盘江岩架航运中心站整治岩架、闭绕和中坝滩，兴义航道工程队整治石板滩等。㵲阳河、锦江因碍航闸坝不断增加，养护工程失去目标和意义，工程甚少。

第六节　水运文体国防机构的设置、对外宣传活动的开展及企业办社会职能的兴盛

一、水运职工文体活动的开展

水运文体活动的开展可追溯到 20 世纪 50 年代。1968 年，贵州省革委会、省军区做出在全省进一步广泛深入开展“三忠于”活动的决定，指出要运用报纸、广播、诗歌、戏剧、音乐、美术和讲用会、报告会等一切宣传工具和一切宣传形式，大造“三忠于”声势，大搞“三忠于”的环境，要形成最大规模的群众运动，要把“三忠于”活动

经常化、制度化，深入到车间、村寨、田野、街道、连队、课堂、家庭中去。[①]赤水、乌江航运分局、思南船厂积极响应，相继成立毛泽东思想宣传队，在船队、工地演出革命歌曲、舞蹈、革命样板戏等。在企业设立广播室传播中央及省广播新闻及文艺节目，传达企业重大通知告示等；企业工会还建立图书阅览室等；在机关办公楼、车间、船队、工地都设立黑板报、墙报等，寓教于心、寓学于趣，深受职工及家属的喜爱。

贵州省赤水、乌江航运分局、思南船厂经常组织职工篮球队、乒乓球队、羽毛球队进行比赛，以丰富职工文化生活。赤水航运分局还建造两艘龙舟船，逢龙舟节或喜庆日子，组织或参加县举行的龙舟比赛。这些文体业余组织的成立，在地处边远的赤水、沿河和思南等县起到了引领作用。企业文艺宣传活动和方式，一直延续到改革开放后。

二、首次拍摄乌江航运建设发展电影纪录片对外宣传

1973 年 1 月 14 日，《贵州日报》报道，乌江航道整治工作成绩显著，省内航线延伸 268 千米，能行驶 60 吨机动客货船。[②]为宣传乌江航运发展取得的成绩，记录乌江建设艰苦历程，同年 7 月，由北京电视台、新华社、中央新闻纪录电影制片厂、贵州电视台共派出 10 余人，赴乌江实地拍摄反映乌江航运建设和发展的纪录片，次年完成。片名《战乌江》，为黑白 16 毫米电影胶片，在各地上映。片中记录了航道工人身系钢丝吊索面对脚下波涛汹涌的江水进行施工作业的无畏情景，让人感慨。

三、设置企业武装部，履行国防建设义务

兵民是胜利之本。1971 年，为贯彻落实中共中央主席毛泽东“提高警惕，保卫祖国”，“要准备打仗”的号召，搞好民兵“三落实”指示精神，根据中共贵州省委和省厅要求，省属赤水、乌江航运分局设置武装部，按要求配发武器，负责本企业的民兵、预备役工作，履行国防建设义务。企业武装部按照平战结合要求，组织部分职工（民兵）学习练习摩斯密码（滴滴哒）发报机发报，并进行考核考试，合格者颁发证书。邀请当地人武部教官对民兵连（排）进行列队操练、射击打靶等军事训练，组织企业民兵协同

① 当代贵州简史编委会：《当代贵州大事记（1949－1995）》，贵州人民出版社，1996 年 10 月第一版，第 315 页。

② 当代贵州简史编委会：《当代贵州大事记（1949－1995）》，贵州人民出版社，1996 年 10 月第一版，第 362 页。

本单位保卫科加强企业内卫巡查工作。同时接受当地人民武装部命令派遣，参与合作当地重大特殊任务。企业武装部除履行国防交通义务外，还推荐选送优秀年轻职工（民兵）及职工家属优秀子弟参军入伍，报效国家。

四、水运企业办社会职能的兴盛

水运企业办社会职能由来已久，始于 20 世纪 50 年代。随着企业生产经营发展，职工人数增多，办社会职能成为企业面对的现实问题。由于赤水、乌江航运分局，思南船厂是省属国营企业，且地处边远，职工及家属患病就医、子女入托入学等，在当地无法解决，当时政策允许企业承办社会职能，于是赤水、乌江航运分局，思南船厂企业相继开设了职工食堂、澡堂、医务室、理发室及锅炉房等，方便职工及家属就餐、洗澡、看病、理发和打开水等。赤水、乌江分局还开设幼儿园、子弟学校，招收职工子弟入学。赤水航运分局还成立电影队为职工、家属及社会服务。在当时条件下，企业对职工的生老病死无所不包，俨然是个小社会。赤水航运分局利用“赤天化”配套建设资金建设两个灯光篮球场，夜晚可围观职工篮球比赛；盖大礼堂（电影院），安装翻板座椅，屋顶安装吊扇，可容纳观众 1 千人，比当时赤水县城仅一个电影院还要舒适。同时，赤水航运分局新购置 2 台 35 毫米电影放映机，原使用的 16 毫米电影放映机作为备用，设置专职电影放映员，全天候放映电影，职工、家属及县城居民前来购票看电影，不再看露天电影。企业办社会职能到“文革”结束后达到高峰。1977 年，赤水、乌江航运分局企业面向全省大招工上千人，其中就招收有教师、医务工作者、炊事员（其中多数到机动船从事炊事工作），有条件地招收具有文艺和体育特长和身体高大的青年充实企业文艺、体育队伍。赤水航运分局总务科成立职工粮油供应组，负责为企业职工及家属服务，在本地粮油供应紧张时，企业派船到四川调拨（将职工计划粮食定量转成全国粮票定量）运粮解决船员及职工粮油供应；赤水航运分局总务科下设维修组和水电组负责企业办公房及职工宿舍的维护及修缮。赤水、乌江航运分局还设立保卫科，后改名为公安科，接受企业党委和贵州省交通厅保卫处（公安处）领导以及当地公安机关的指导，负责维护本单位社会治安和办公楼、码头、停泊船舶、车间、职工宿舍等重点部位的保卫工作。

水运企业办社会职能在当时的历史条件下，为促进企业发展，改善职工工作生活条件，稳定职工队伍曾起到重要作用。

水运事业的历史性转变

（1978 年—1991 年）

1978 年 12 月，党的十一届三中全会召开。会议决定，全党工作的着重点转移到社会主义现代化建设上来。这是我党具有深远意义的转折点，也是我国实行改革开放的开端。1982 年 9 月，党的十二大召开。十二大提出到本世纪（20 世纪）末工农业的年总产值翻两番的宏伟战略目标。在建设高度物质文明的同时，努力建设以共产主义思想为核心的高度社会主义精神文明，全面开创了社会主义现代化建设新局面。贵州水运随即进入改革开放新的历史阶段。

第一节　水运体制的调整及职工队伍扩大

一、省级管理机构体制调整和企事业单位隶属关系的变化

1978 年 12 月，经贵州省革命委员会批准[①]，省交通局将航运处改为全能处，全称“贵州省内河航运管理处”。于文会任党委书记兼处长（1982 年 12 月，调曲辰任处长），

① 1980 年 1 月 15 日—19 日，贵州省第五届人民代表大会第二次会议召开。会议根据 1979 年 7 月 1 日通过的《中华人民共和国地方各级人民代表大会常务委员会和地方各级人民政府组织法》的规定，将贵州省革命委员会改为“贵州省人民政府”。

汲殿选、董富贵、王常信、张敦嘉、曾德新任副处长，编制由 16 人增加到 30 人，下设行政办公室、运输、航道、计财、机务、港监等业务科室。

1979 年 6 月，省属赤水、乌江航运分局分别更名为“贵州省赤水航运公司”“贵州省乌江航运公司”，专营轮运业务，原分局所属航运中心站，改为河系航运管理中心站，统管河系航政、航务工作，由省航运管理处直接领导。地、州管辖的航运中心站隶属关系不变。

省航运管理处，除负责全省各河系的航务、航政管理外，直接领导赤水、乌江两个航运公司，赤水、乌江两个航运管理中心站，赤水河、乌江两个航道工程队和思南船舶修造厂等 7 个企事业单位。

1980 年 4 月，省交通局更名为“贵州省交通厅”。1983 年 12 月 27 日，经省编制委员会、省经济委员会批准同意，将贵州省内河航运管理处改为贵州省内河航运管理局，为省交通厅属二级机构。张敦嘉任书记，马廷炎任局长，曾德新、李治生任副局长，人员编制不变。原港航监督科改名为“港航监督处和船舶检验处”，属局内设科室。

贵州航运管理体制，由新中国成立初期从无到有，经历了“大跃进”时期的放与收，“文革”时期的撤并与恢复，改革开放初期的调整，基本稳定了下来。贵州省内河航运管理局，是全省水路运输、航道港口、水运工业、船舶检验和水路交通安全的执法管理机构，拥有集航务管理、航政管理、企业管理和工程建设为一体的机制、体制。

二、各河系航务管理体制的理顺

1985 年元月，经省交通厅批准（〔85〕黔交办字 4 号文），省属两个航运公司分别更名为“贵州省赤水轮船公司”“贵州省乌江轮船公司”。同年 2 月，贵州省经济委员会、交通厅、编制委员会、财政厅、劳动局联合颁发《贵州省个体或联户船舶及农、副渡船管理办法》，明确航运管理实行省、地（州、市）、县（市）三级管理体制，即省设内河航运管理局，地（州、市）设航运管理中心站，县设航运管理站。同年 7 月 4 日，省内河航运管理局直属的赤水、乌江航运管理中心站撤销，分别由遵义地区交通局成立航运中心站，铜仁地区沿河、德江、思南三县交通局在所辖河段内成立航运管理站。未设航运中心站的地、州也相继设置了站或相应的管理机构。

表 5-1　贵州省航运管理机构设置情况表

站　名	辖县航运管理站	人数（人）	成立时间（年）
遵义地区航运管理中心站	赤水、习水、仁怀、桐梓、遵义	46	1987
铜仁地区航运管理中心站	沿河、德江、思南、铜仁、石阡	22	1989
清水江航运管理中心站	凯里、剑河、锦屏、天柱	38	1957
都柳江航运管理中心站	榕江、从江	15	1957
㵲阳河航运管理中心站	镇远	1	1957
黔南州航运管理中心站	三都、罗甸	2	1987
黔西南州交通局航务管理处	岩架	1	1991
安顺地区港监所（兼办航运管理）	息烽、开阳、修文、普定、关岭	12	1986
毕节地区航运管理中心站	金沙、黔西、毕节、大方、威宁、纳雍、织金	20	1986

三、水上安全监督管理机构的扩编

在航运管理体制调整过程中，各级港航监督和船舶检验机构建设得到加强。

1979 年，贵州省交通局报经省革委会批准，在乌江、赤水河、清水江、锦江、都柳江、南盘江、北盘江、红水河 8 条河系设港航监督站（含船检），属省内河航运管理局领导，同时撤销各河航运中心站内港监组，形成上下对口的工作体系，全省港监 28 人。

1983 年 11 月 15 日，省人民政府决定将港监督、船舶检验机构，按处、所、站三级设置，省内河航运管理局设港航监督处和船舶检验处，根据河系分布及船舶密度，在赤水、沿河、凯里三地设港航监督所和船舶检验所。另在铜仁、遵义、都匀、毕节、岩架、红枫湖、乌江渡库区设置 7 个直辖港航监督站。人员编制由原来的 70 人增至 110 人，属事业编制，经费纳入省级财政预算。

1988 年，为贯彻贵州省人民政府黔府〔1987〕248 号文件精神，省交通厅对港航监督和船舶检验实行“条块结合，以块为主”的管理体制。将各河港航监督和船舶检验业务下放地方，各所辖站也相应调整，按省编制委员会核定，全省设 2 处 9 所 28 站共 176 人。其中，省 22 人，市（州、地）县所站 154 人，属省编制，其经费开支由省内河航运管理局按期拨付。

此后，各市（州、地）根据本地区水上交通安全管理需要，自筹经费，又设置站点 37 个，增加 73 人。至 1990 年年末，全省港监、船检机构为 2 处、9 所、65 站（点），总人数为 249 人。

四、面向全省招工规模超千人

为给“赤天化”运输船队配足船员，1976 年，由省劳动局、省交通局联合下达指标，在全省 9 个地（州、市）的 41 个县（市）招收工人。1977 年 2 月，赤水航运分局组成 7 个招工组分赴各地，按省劳动局规定的招工条件和程序，在当地劳动部门的配合下，共招收新工人 1180 人，加上省交通局由思南调来新学工 44 人，共计 1224 人。新工人中党团员占 34.9%，高中文化程度占 86.4%，平均年龄 21.3 岁，女工占总数的 26.7%。培训采取内外结合方式进行：442 人选送湖南省航运公司下属的长沙、湘潭、岳阳、常德、益阳、津市等航运公司，实船学习驾驶、水手，为期一年，分批于 1978 年 5 月至 9 月返回；49 人派往遵义汽车运输公司、贵州汽车配件厂和贵州汽车三场学习车、钳、铣等技术；18 人派往重庆港务局学习航运现场管理；15 人派往贵州省交通医院学习医务；其余安排生产，在实际工作中培训。同期乌江航运分局招收新工人 115 人，按船舶驾驶、轮机、航务 3 个专业，由分局结合生产实际就地培训。这次招收航运工人，是中华人民共和国成立以来，水运招录工人面最广、人数最多的一次。这些人组成了贵州水运发展的生力军。

第二节　水运市场的放宽搞活与治理整顿

一、水运向多方位拓展

（一）“赤天化”化肥运输专线的建立

“赤天化”确定产品输出以水运为主，由赤水航运分局承担。运力和相关设施列入“赤天化”配套工程，由国家计委另批专款投资。赤水航运分局成立化肥运输专线，于 1976 年年底组建，至 1980 年年底完成。期间建造各类船舶共 129 艘，16690 吨，10400 马力，投资 2145.94 万元。扩建赤水船厂，建合江中转站房、油库，购置尼龙集装网袋和职工宿舍等生活福利设施，招收培训工人1224名等。

“赤天化”于1978年9月20日正式投产。赤水航运分局为组织化肥运输进行了一系列准备工作。1978年5月4日，分局召开“赤天化”产品运输工作会议，对船舶、船员、航道等做出周密安排。同年6月，经贵州省交通局、重庆铁路分局、重庆港务局和成都化肥农药经营管理处共同商定，大部分化肥，由赤水鲢鱼溪启运，经赤水河、长江至苗儿沱、兰家沱码头转铁路运输，定为“‘赤天化’运输专线”；少量化肥下运涪陵，由乌江船舶接运。本年8月10日，赤水航运分局根据既定专线，提出具体运输方案，投入试运。

“赤天化”经过一年的试运，产品接近设计能力的1/2，生产逐步走向正常。1979年11月，国家科委、经委、石油化工部、交通部、铁道部、全国供销合作总社、贵州省科委等单位在贵阳召开会议，对“赤天化”尿素输出的路港协作、铁水衔接、港口装卸等做出部署，商定国家上调18万吨，贵州自用30万吨。其流向是：赤水航运公司（1979年6月由赤水航运分局更名为“赤水航运公司”）化肥25万吨水运至重庆港作业区转铁路运往遵义、贵阳、安顺、黔南、黔东南等市、州、地、县；3万吨水运至四川涪陵港，由乌江航运公司（1979年6月由乌江航运分局更名为“乌江航运公司”）走乌江上运往铜仁地区的沿河、德江、思南、印江、石阡五县及遵义地区的凤冈、湄潭和黔南布依族苗族自治州的瓮安等县；2万吨经赤（水）桐（梓）公路运往赤水、习水、仁怀、桐梓4县所属区社；国家上调18万吨，也由水运至重庆苗儿沱、兰家沱或朱羊溪码头转铁路运往各地，日平均输出量为1500吨。

赤水航运公司组建的化肥专线运输，根据运输量和航道情况，将航程分为三段：鲢鱼溪至合江（赤水河河口）49千米，安排300马力拖轮13艘，载重160吨驳船39艘，采用吊拖方式，1拖2驳；合江至苗儿沱（长江）133千米，安排300马力拖轮6艘，480马力拖轮2艘，载重160吨驳船40艘，亦采用吊拖方式，300马力拖轮1拖2驳，480马力拖轮1拖4驳；合江至涪陵（长江）303千米，安排480马力拖轮1艘，载重160吨驳船4艘，1拖4驳。经过一段时间后，船员进一步掌握航道特性，提高了驾驶技能，300马力的拖轮提高到1拖3驳，到1982年，实现了1拖4驳，拖带量增至600余吨，翻了一番。采用尼龙网袋装化肥，每袋26包，每包化肥40千克，每网袋2.24吨，设备简单，回收方便，经久耐用，大大提高了中转码头的装卸效率。1980年，交通部科学研究院派员到苗儿沱、兰家沱码头考察测定，与散包装卸比较，效率提高1.25

倍；化肥破包率由 8.05% 降为 3.5%；损耗率由 1.55% 降至 0.22%；驳船在港停泊时间由 3.02 天降为 1.64 天，工人劳动强度大为改善。

自“赤天化”投产到 1990 年的 12 年期间，赤水轮船公司累计运输化肥 375.58 万吨，7246 亿吨千米；赤水县长征航运公司，累计运输化肥 55.20 万吨，6657.72 万吨千米。水运化肥共计 430.78 万吨，占“赤天化”总产量的 86.1%。乌江轮船公司从涪陵接运化肥共 24.7 万吨，9780 万吨千米。水运为“赤天化”化肥产品输出，有力地支援了农业生产，体现了水运具有运输大宗货物的优势和作用。

表 5-2 赤水化肥运输专线历年完成运量及比重表

年份（年）	“赤天化”化肥产量（万吨）	赤水轮船公司		比例	
		货运总量（万吨）	其中：化肥专线运量（万吨）	专线化肥运量占“赤天化”产量（%）	专线化肥运量占赤轮司总运量（%）
1978（11 月、12 月）	2.8	8.5	1.72	61.43	20.24
1979	22.5	25.2	15.68	69.72	62.22
1980	38.2	32.8	29.82	77.92	90.91
1981	39.6	29.7	28.26	71.38	95.05
1982	40.5	35.6	30.73	75.78	86.32
1983	41.9	36.2	32.69	78.00	90.30
1984	48.2	47.2	39.07	81.00	82.78
1985	42.5	43.0	33.11	77.90	77.00
1986	43.5	45.9	32.93	75.70	71.74
1987	46.0	48.0	34.13	74.18	71.10
1988	41.4	41.5	27.10	65.47	65.30
1989	49.1	47.2	37.44	76.22	79.32
1990	44.0	37.3	32.90	74.77	69.70
合计	500.3	478.1	375.58	75.07	78.56

化肥运输生产是按照计划经济模式组建和经营的，运力安排、生产调度以及所实行的运价，都必须服从“赤天化”产、运、销的要求，运输企业自身效益难以兼顾。因此，经贵州省人民政府批准，由省财政根据企业经营状况给予补贴。1979 年至 1990 年，

盈亏两抵，净亏187.75万元。财政共补贴788.02万元，交付所得税80.64万元，相抵之后，企业净获利519.88万元。

“赤天化”的建设和投产，是20世纪贵州水运从弱到强的一个典范。国家分配给贵州一套引进的现代化肥生产成套设备，通过赤水河运输并在赤水河边建厂，由此推动赤水河水运飞速发展，国家投资赤水河航道整治提升航道等级，兴建了码头，建造适应运输需要的运输船队，招收上千名工人扩大航运队伍，由此，赤水河成为贵州水运最发达地区，并使得其水运持续繁荣长达25年之久。

有力支援农业生产 自“赤天化”投产到1990年的12年期间，共生产化肥500.3万吨。赤水航运公司和赤水长征航运公司共运化肥430.78万吨，占“赤天化”总产量的86.1%。水运及时安全输出“赤天化”产品，有力支援了农业生产。

经济效益明显 以每年运往遵义方向的20万吨化肥计算，水路与铁路联运，比与经赤水到桐梓公路汽车运输，每吨运价要低53.37元，每年节约运费1000万元以上。

水运优势明显 赤水航运公司日平均输出化肥量为1500吨，有人观察得出，如果1500吨化肥，全部用汽车运输，按每车装载8吨计算，需使用187辆汽车才能完成，若按每车体积长度10米计算，汽车要排列1870米之长。

以点带面扩大就业 “赤天化”的建设，吸引了全省9个地州市青年1224名到赤水工作。在当时就业困难的情况下，有力减轻了社会压力，促进水运可持续发展。

加快水运高、中等专业教育的发展 为“赤天化”产品运输量身定做的贵州省交通学校赤水、乌江分校，培养了一批既有专业知识，又有技术能力的年轻队伍。继而赤水航运公司应势兴办的电视大学经济类企业管理专业3年制大专班，为企业和地方培养出了一批懂管理、能经营的高素质人才。

（二）长江下游直达运输的实现

在计划经济管理体制下，贵州船舶受支流小河船舶不得进入长江干流营运的规定限制，不能到达长江下游，水运出省物资多在重庆、涪陵等港转运。由于长江各港口、码头主要为本系统服务，贵州船舶进港后常不能及时起卸，于是导致物资积压造成损失。贵州航运迫切希望实现干支直达，提高运输效率。

党的十一届三中全会后，在改革开放方针指导下，省际经济协作规模扩大，贵州水运出省运输量增加，转运不畅的矛盾日益突出。企业经过整顿，推行经济包干责任制，转向以提高经济效益为中心，渴望直航华中、华东地区拓展业务。经过“赤天化”专线运输船队的建设，贵州航运能力得到加强，运力有富余，具备运程运输条件。贵州水运企业把目光瞄准长江中下游作为自己拓展市场的目标。

1981 年冬，赤水航运公司对出省货物产运销情况进行调查，发现煤炭在江、浙一带销路好，于是组织直达运输正式被提上议程。公司职工代表大会通过了开拓出川运输决议，老船长胡树良自荐担任出川船队船长。公司经理曲辰权衡利弊后，认为机不可失。此举得到国家船舶检验局和长江航务管理局领导支持，由贵州发给船员特许证书，果断组织试运。调出化肥专线运输的遵义 501 号拖轮（480 马力）和载重量 165 吨驳船 9 艘共 1485 吨，配备船员 48 人，拖轮 21 人，驳船 27 人，工作人员 4 人，随船 2 人，沿岸联络 2 人，组成远航船队。

1982 年 11 月 27 日，从赤水河口合江港起航，装运煤炭 693.6 吨，木材 986 立方米，于 12 月 31 日到达江苏江阴，1983 年 2 月 8 日返回合江。往返航程 4750 千米，历时 74 天。在川江险要航段，采取分拖方式，拖轮 501 号实际航行里程 7650 千米，总航程增加 21 天。这次试运，收支相抵，盈利 18210.73 元。试航获得成功。

1983 年 3 月 6 日和 5 月 31 日，又由遵义 501 号拖轮船队，直航湖北黄冈、安徽裕溪口和湖北汉口等地。前后三次试航，共运出原煤、木材、磷肥等物资 4030 吨，运费收入 21 万元，盈利 5 万元。经过几次试运，船员对航道逐渐熟悉，川江航段下水，由原三次分拖改为两次，缩短了航行时间。此后，该公司远航运输转为常态。

乌江航运公司也提出“立足乌江，进入长江，以运为主，多种经营”的发展方向。1983 年 9 月 17 日，公司以东风 16 号货轮（400 马力、100 载重吨）代替拖轮，绑拖 4 艘驳船组成船队，装载木材 935 立方米，从涪陵港直航江苏南通，往返航程 4474 千米，历时 44 天，获得良好经济效益。乌江航运由此开启了直航长江下游新局面。

集体企业也加入长江运输行列。1983 年 12 月，赤水县长征航运公司拖运化肥 300 吨，直航武汉获得成功。

从 1984 年起，赤水、乌江两航运公司把远航船队的建设列为重要任务，组建机构、落实货源、充实人员、筹集资金、设计建造新型船队。1990 年年底，已有长江船队 9 个，3930 马力，载重 12060 吨，年运输能力 20 万吨。

表 5-3　1990 年贵州长江船队统计表

企业名称	企业性质	船队数	船舶种类	艘数（艘）	功率（马力）	载重吨（吨）
赤水轮船公司[①]	国营	7	拖轮	7	2930	
			驳船	26		8600
赤水市长征航运公司	集体	3	拖轮	3	720	
			驳船	12		2860
仁怀县航运公司	集体	1	拖轮	1	500	/
			驳船	2		400
赤水河小计		11		51	4150	11860
乌江轮船公司[②]	国营	2	拖轮	1	500	
			货轮	1	500	180
			驳船	13		3280
沿河县黑獭航运公司	集体	1	货轮		500	180
			驳船		3	1095
乌江小计		3		19	1500	4735
合计		14		70	5650	16595

清水江历来是贵州进出口通道之一。省际运输频繁，木材、粮食、煤炭、桐油及其他土特产，常年运输到湖南。1980 年至 1990 年，共运输煤炭 8.68 万吨；从锦屏、天柱两县运输木材到湖北、安徽、江苏、浙江等地共 4.27 万立方米，7.79 万吨，流放木筏近 188.2 万立方米。

贵州水运抓住难得机遇，直航长江中下游，使贵州水运企业获得较好经济效益，为贵州资源输出打开了新的突破口，缓解了铁路运输出省瓶颈限制的压力，加快了贵州物资货物向省外交流的进程。

贵州远航船队直航长江中下游，打破了“长江航运条块分割、干流独家经营的僵化体制”。省属国营赤水、乌江航运公司，冲破传统思想束缚，开拓了贵州航运新局面。

① 1985 年 1 月，省交通厅（〔1985〕黔交办字 4 号）批准贵州省航运公司改名为“贵州省赤水轮船公司”。

② 1985 年 1 月，省交通厅（〔1985〕黔交办字 4 号）批准贵州省乌江航运公司改名为“贵州省乌江轮船公司”。

计划经济体制下，水运企业只搞运输的被动局面开始改变。企业可以自主经营，向市场要效益，兼搞销售，实行运销结合，开展多种经营。

1984 年初，贵州省交通厅下达“发展出川运输船队”研究课题，由省航运局委托赤水航运公司主办，乌江航运公司协办，成立调研小组。历时 4 个月，提出了《关于发展贵州出省运输船队的调研报告》，经省交通厅认可实施，对贵州发展长江下游运输给予有力推动。

从 1984 年到 1990 年的 7 年时间里，赤水、乌江两轮船公司共完成运输量 48.457 万吨，货物周转量 6.445 亿吨千米，分别占全省同期的 12% 和 39%。直航长江中下游在贵州航运事业中的地位日益重要。

（三）珠江水系河流的复航试运及省外航线的延伸

南盘江、北盘江、红水河，在 20 世纪 80 年代以后习惯简称“两江一河”。为加速航运的恢复和发展，促进工程建设列项和实施，1983 年，贵州省计委、省科协下达《南、北盘江，红水河复航试验和北盘江煤运船队运输的研究》。1983 年 3 月，省航运局经过航道实地考察后，认为以适当船舶在普通洪水位时实现复航是可行的，决定用省拨的专款 58 万元，委托思南船厂设计建造 70 吨货轮 1 艘、100 吨驳船 2 艘，取号“盘江 201”。贵州省航运局和黔西南布依族苗族自治州交通局即组织单船试航。以岩架航管站船员为主，聘请赤水航运公司船员指导，同年 9 月 17 日至 30 日，在北盘江的百层、南盘江的坡脚到红水河安类（广西东兰县）间往返航行共 1407 千米，其中空载 1099 千米，载重 47 吨，航程 308 千米（百层至安类）。1985 年 5 月，组建黔西南布依族苗族自治州盘江轮船公司，又以新建的 100 吨驳船载煤 80 吨和“盘江 201”货轮载煤 40 吨组成船队，聘请乌江轮船公司船员指导，由北盘江百层驶往安类，往返一个航次，完成拖带试航任务。

这次试航成功，为复航工程列入国家“七五”计划提供了有力论据。1986 年后，“两江一河”边建设航道，边发展航运。至 1990 年，盘江轮船公司有运输船舶 7 艘，510 载重吨，40 客位，1376 马力。5 年共完成货运量 1.548 万吨，货物周转量 398 万吨千米。其中煤炭运输量占 80%。往返广西东兰、巴马等地的省际煤运线也初步建立起来。

发展“两江一河”航运，受到“两广”特别是广东的关注，迫切盼望黔煤南下，缓解其能源紧缺局面，但水电梯级开发碍航，通航遥遥无期。贵州“两江一河”复航成功，北盘江、红水河航道整治工程的相继完成，为实现这一愿望创造了条件。为探寻和论证利用“两江一河”现有通航条件，由交通部珠江航务管理局发起，得到黔、桂、粤三省（区）的积极支持和配合，在1989年开展了一次省际公、水联合试运工作。贵州将贞丰三河煤矿的煤炭用汽车运至百层码头，经北盘江、红水河船运至岩滩电站坝上，交广西转汽车载运往大化电站坝下，再经西江船运至广东佛山市的南海糖厂，全程1537千米。其间，三合煤矿至百层码头陆运56千米；百层码头至岩滩电站坝的上方，水运391千米；岩滩坝上至大化电站坝下，陆运83千米；大化电站坝下至南海糖厂，水运1007千米。

当试运船队到达南海时，糖厂彩旗飘扬，受到热烈欢迎。交通部、珠江航务管理局及黔、桂、粤三省区有关领导和有关部门领导赶到现场表示祝贺，举行座谈，总结工作，在社会上引起强烈反响。试运结果表明，利用现有的通航条件，把贵州的资源水运到珠江三角洲，技术上是可行的。但煤运到南海糖厂的包干售价，高出当地煤价10%，缺乏竞争力。倘若扣除两处闸坝倒载的装卸费、汽运费和损耗费，运输成本降低，售价便可低于当地水平。因此，要使黔煤及其他资源水运直达珠江三角洲，最迫切的任务是解决闸坝断航问题。中国水运报广西记者站记者黄振才，随访采写的内参稿上报国务院，国务院领导做出重要批示，交通部等国家部委领导也做了批示。

都柳江受碍航闸坝影响，物资改道，上段航运日渐衰退。但榕江以下，与邻省（区）航段贯通，经济联系密切，航运还保持一定规模，木材输出量基本稳定。从江至广西富禄、老堡的省际客运仍较频繁。榕江至柳州航程448千米，柳州至广州873千米，航道条件越往下走越好。运输市场的开放，为都柳江航运走向省外，伸向下游开拓发展，带来机遇。

1985年，都柳江航运中心站，利用当地资源优势，瞄准下游市场需求，组织木材直运广州，打入南方市场。采用机动船拖带加快运输速度，机动船拖带量占流放量的60%。又组织企业筹集资金购买木材，实行运销结合，提高经济效益；并与之签订合同，明确责任义务，保证运输质量和航行安全；同时实行一票到底，简化手续，计征税费，既方便船民，又增加地方财政收入。

1989年，都柳江有运营船舶105艘，629.2载重吨，544马力，788客位。出省运输的发展，为濒于衰退的都柳江航运增加了活力，也促进了地方经济发展和改革开放的进程。

（四）红枫湖旅游运输的创办

红枫湖位于贵阳市西33千米，距安顺地区清镇县（1992年11月6日，清镇撤县设市。1996年1月，由贵阳市委托管辖）5千米，是1958年建猫跳河姬昌桥电站后形成的水库。湖面最高水位 1240 米（海拔），东西最大宽 5 千米，南北长 21 千米，面积 57.2 平方千米，库容 6 亿立方米，平均水位 1233 米，平均面积 32 平方千米。水库建成后，原来的山峦变成众多岛屿，山重水复，柳暗花明，是一处不可多得的自然风景。

红枫湖的旅游资源，最初未受到赏识和开发。由于库区形成淹没道路，周边群众绕湖到清镇赶场，增加路程 10 千米以上，大家叫苦不迭。置木船横渡，又因水域宽深，船小人多，历年发生多起事故，造成严重损失。1980 年，贵州省人民政府明确，由贵州省交通厅指派省赤水航运公司接管，开设轮渡，兴办库区运输，加强安全管理。同年 10 月，成立贵州省红枫湖航运联合服务公司。该公司抓住机遇，把开发旅游纳入服务内容。

在省厅的支持下，公司修建湖区公路，陆续建造机动旅游船 5 艘，客驳 2 艘，钢质小游艇 26 艘，木质小游船 20 艘，并在滴澄关修建码头、餐厅、商店、招待所等服务设施。10 年来，服务公司艰苦创业，旅游业从无到有，逐步发展到一定规模。作为贵州水上旅游事业的先驱者，对社会做出了贡献。

红枫湖旅游业的发展，受到贵州省人民政府的进一步重视，由贵州省城市建设环境保护厅进行规划，纳入国家旅游发展计划加强管理。1988 年报经国务院批准列为国家级重点风景名胜区。此后，来此投资建设的部门增加，旅游更加兴旺，红枫湖也被誉为“高原上的明珠”。原航运联合服务公司也转向专为旅游服务，改名为“贵州省红枫湖轮船旅游公司”，1990 年收归省航运局直接管理。

二、岸台通信网络的建立和赤水航运公司程控电话的率先使用

（一）无线接力及船舶移动通信网的布设

贵州航运部门对外的通信，长期依靠电信部门的长途电话，使用极不方便。1982 年，以赤水航运公司化肥专线运输的通信需求为契机，贵州省交通厅报经省人民政府批准，委托交通部水运科学研究院布设无线接力及船舶移动通信网。1983 年 5 月开始设计，经安装调试，于 1984 年 2 月 13 日正式交付使用。在赤水航运公司化肥专线运输线路上布 5 个点建台，其中一座遥控台设在朱杨溪，有船舶移动台 12 个。投入使用后，接力转播通话良好，实现了岸台和船台的通话联络。

乌江航运公司于 1982 年申请批准在船岸配置中波机、单边带机和水上甚高频无线电话，出省船队配备中波机。1985 年 11 月，长江航运系统统一更新换代，重新配备了甚高频通信设备。

到1990年年底，全省水运系统共有单边带短波电台40台，甚高频41台，其他设备16台。对各电台的联络呼号、收听频率做出了规定，初步形成了航运通信网络，对生产管理、交流信息、保障航行安全起到了重要作用。

表5-4　贵州水运无线通信设备拥有表（1990年）

<table>
<tr><th rowspan="2">河系</th><th rowspan="2">单位</th><th colspan="3">电台种类及拥有数</th></tr>
<tr><th>单边带短波电台</th><th>甚高频台</th><th>其他设备</th></tr>
<tr><td rowspan="3">省航运管理局</td><td>省航运管理局</td><td>IC-M700型1台</td><td></td><td rowspan="3">W503A 30台</td></tr>
<tr><td rowspan="2">省港航监督处</td><td>IC-M700型1台</td><td></td></tr>
<tr><td>XD-D2B型11台</td><td></td></tr>
<tr><td rowspan="3">赤水河</td><td rowspan="2">赤水轮船公司</td><td>IC-M700型1台</td><td rowspan="2">FM 30台</td><td rowspan="2">DH-5D 2台</td></tr>
<tr><td>XD-D2B型7台</td></tr>
<tr><td>赤水航道处</td><td>XD-D2B型4台</td><td>FM 7台</td><td></td></tr>
<tr><td rowspan="2">乌江</td><td>乌江轮船公司</td><td>XD-D2B型7台</td><td>FM 4台</td><td>DH-5D 4台</td></tr>
<tr><td>思南船厂</td><td>XD-D2B型2台</td><td></td><td></td></tr>
<tr><td>南、北盘江、红水河</td><td>工程指挥部</td><td>XD-D2B型6台</td><td></td><td></td></tr>
<tr><td>合计</td><td></td><td>40台</td><td>41台</td><td>16台</td></tr>
</table>

表5-5　贵州水运无线电设备技术参数（1990年）

<table>
<tr><th>型号</th><th>名称</th><th>频段（MHZ）</th><th>输出功率（W）</th><th>天线程式</th><th>极化</th><th>调制方式</th><th>最大通讯距离</th></tr>
<tr><td>IC-M700</td><td rowspan="2">单边带无线电话</td><td>1.6—22</td><td>100</td><td>30米斜天线</td><td>水平</td><td>调幅</td><td>1000</td></tr>
<tr><td>XD-D2B</td><td>2—10</td><td>15—50</td><td>44米双极</td><td>水平</td><td>调幅</td><td>300—1000</td></tr>
<tr><td>FM-2516H</td><td rowspan="3">甚高频无线电话</td><td rowspan="3">300</td><td>20</td><td>五单元</td><td>水平</td><td>调频</td><td>40</td></tr>
<tr><td>FM-4016</td><td>20</td><td>鞭状</td><td>垂直</td><td>调频</td><td>20</td></tr>
<tr><td>V-8503H</td><td>2.5</td><td>螺旋</td><td>垂直</td><td>调频</td><td>10</td></tr>
<tr><td>DH-5D</td><td>中波无线电话</td><td rowspan="2">2</td><td>5</td><td>20M斜天线</td><td>水平</td><td>调频</td><td>40</td></tr>
<tr><td>W503A</td><td>手持无线电话</td><td>3</td><td>鞭状</td><td>垂直</td><td>调频</td><td>10</td></tr>
</table>

（二）贵州省赤水航运公司率先使用程控电话

1986 年，贵州省赤水航运公司购买、引进程控电话交换机，布线安装到公司机关各科室以及位于县城内的赤水船厂、赤水航道工程队等基层单位和领导家里，拨号即可通电话，走在赤水的前列，淘汰了手摇电话，取消了公司内部总机人工插口接线通话。但由于当时赤水县城邮电局尚未引进安装程控电话交换机，赤水航运公司程控电话不能与外界连通，形成电信通信“孤岛”，只能在公司内部“循环”。若打长途电话，仍需通过公司总机与赤水县邮电局人工接线。

三、水运发展的新局面

贵州水运经过一系列的改革探索和多方位的努力开拓，发生很大变化，形成了新格局。1990 年，全省有各类运输船舶共 3929 艘，51047 载重吨，8900 客位，39331 马力。与 1976 年比较，船舶数增加 3.35 倍，载重量增加 3.07 倍，载客量增加 1.28 倍。个体（联户）船舶发展迅速，载重吨、客位、功率等分别跃升全省船舶运力的 25.06%、34.25% 和 35.20%。

货运方面，化肥、煤炭已取代其他货种跃升为大宗运量，木材成为继续输出的主要物资。1987 年后货运量出现起伏，至 1990 年降低到略高于 1976 年的水平，而货运周转量有较大幅度增加，1990 年比 1976 年增加 3.66 倍。按交通部门（包括省属国营企业及地、县级集体企业）的运量，1977 年至 1990 年，货运量上水 174.4 万吨、下水 703.4 万吨；周转量上水 31119 万吨千米、下水 195146 万吨千米，比例分别为 1:4.1 和 1:6.3，反映出省运量增多和远程运输发展。

客运量保持不断增长势头。至 1989 年达 138.9 万人次，3416 万人千米。改革开放以后，城乡经济发展，客运量增多，而机动船性能的改进，为扩大客运业务创造了条件。

过去贵州航运仅限于省内和周边省际，范围较小，现已拓展到省外，远及长江、珠江下游。省内河航运管理局不失时机，于 1986 年在重庆设立“贵州省内河航运管理局驻重庆办事处”，负责为贵州进入长江船舶服务，联系业务等（该办事处于 2008 年被撤销）。

过去航运企业只搞运输，现已兼搞销售，实行运销结合、购运结合、甚至产运销结合，开展多种经营。过去只有国营和集体企业参加运输，现在个体船舶异军突起，形成国营、集体、个体一起上的局面。

改革开放以来，各行各业都在蓬勃发展，公路、铁路、航空的现代化进程发展迅猛，横向比较，水运则相对滞后。贵州水运在综合运输体系中的比重持续下降，1957年占10.1%，1965年降至4.3%，1980年又降至2.2%，1990年降至0.73%。贵州水运在努力开拓取得显著成绩的同时，面临许多严峻的现实问题。在新的历史条件下，如何在综合运输体系中发挥作用，需要认真思考和积极探索。

四、水运市场的放开搞活

（一）个体运输业的崛起

1981年7月，国务院发布《关于城镇非农业个体经营若干政策规定》，要求各地积极恢复发展城镇非农业个体经济。1984年7月，交通部下达《关于积极扶持农村水运专业户的通知》，提出若干具体措施和办法。同年9月，贵州省经济委员会制定《关于农民个人和联户经营运输业有关问题的暂行规定》，激发了广大农民和个体专业户的积极性，他们纷纷集资购船，从事水上运输业。

赤水县农民梁根信，是率先筹资贷款购置船舶的专业户之一。他自筹资金1.6万元，贷款4万元，购货轮1艘（240马力、40载重吨），驳船1艘（133载重吨），取名“致富号”和“致富1号”。1984年10月5日在赤水河从事水上运输，由于熟悉航行技术，善于经营管理，讲求服务质量，受到货主欢迎，获得了较好经济效益，投产两年创产值14.4万元，纯利6万元。乌江个体户张柄荣，1985年贷款建造客轮1艘（108座、16铺位），航行于思南县城至文家店间，开乌江上段定班客运的首例。这有效缓解了当地城乡之间交通不便的困难，受到群众称赞。不少人竞相效仿，两河专业户逐渐增多。

各河个体运输相继兴起，遍及干流支流和水库、湖泊。除新增的专业户外，原有的社队船舶大都正式转为个体经营。“两江一河”受复航工程的促进，发展尤快。1984年，只有副业小木船40艘，到1990年已有船舶455艘。清水江、都柳江下段个体船舶的发展也呈较快势头。

在中央颁发“允许农民、个人（或联户）购买车船从事营业性运输”和鼓励“积极发展集体和个体运输业”的政策规定后，个体（联户）船舶运输迅速发展。1986年至1990年，个体（联户）的人力木船由6189艘降为2610艘。到1990年年底，个体（联户）运输船舶已有3108艘，机动船数增加1.5倍，载客量增加约2倍，马力增加0.67倍。

表 5-6　1986 年—1990 年全省水运个体（联户）船舶统计表

年份（年）	机动船				驳船			人力木船	
	数量（艘）	载重（吨）	载客（位）	功率（马力）	数量（艘）	载重（吨）	载客（位）	数量（艘）	载重（吨）
1986	192	4923		8288	3	389		6189	15435
1987	361	7168	1409	13155	78	8047		2758	7574
1988	400	7017	1650	12463	81	3117		1868	7266
1989	461	4996	3105	13514				2377	7899
1990	488	5002	3048	13808	10	240	310	2610	7517

个体（联户）的船舶，一般吨位不大，航行和停靠较少受限制，经营机动、灵活，收费随行就市，货主感到十分方便，其适合山区村寨间短途运输的需要，弥补了专业运输的不足，对搞活城乡经济起到不可低估的作用。由于多以传统船型为母体进行改进、装机，能就地建造，造价不高，运输效益较好，为一些地方脱贫致富提供了路子，不少人因搞个体运输发家致富。同时也要看到发展个体运输出现的问题，诸如有的个体户无证经营、漏缴税费、违章超载，船只带病航行等。因此加强个体运输船舶监管是一项长期的工作。

农村个体船舶运输的兴起，引起水运市场震动和变化，打破了独家经营局面，推动国营、集体企业面对市场竞争，转换机制，改善管理。各河航运呈现欣欣向荣的景象。

（二）运输计划管理的调整

为适应新形势需要，对“四统”管理及时做了必要调整，取消统一货源和统一调度，计划管理和运价管理不再统管、统分。大宗货源由航运管理部门平衡，小批量货源由运输企业或个人自行联系，自行受托；抢险、救灾、军运等重要运输任务，按指令性计划下达企业完成；一般运输任务，只编制指导性计划，做好运力、运量的调配、平衡工作。政策放宽后，调动了各方兴办水运的积极性，特别是个体（联户）受到鼓舞。1986 年至 1990 年，个体（联户）船舶完成的货运量上升到全省水运总量的 16%。

五、水运市场的治理整顿

水运市场的开放，对促进社会主义市场经济发展起到了积极作用，但同时也出现了许多新问题：运力失控、竞争无序、私拉乱运、抬价压价、私收票款、索取回扣等。个体（联户）运输船分布广，很多开业不登记，无营业执照，营运不遵守航行规则，不交规费，擅自抬压运价，给行业管理造成混乱。由于最初给个体运输“开绿灯”，船舶检验、驾驶人员考评把关不严，致使船舶技术状况不良，驾驶人员素质不高，水路运输安全隐患堪忧。

1988 年 10 月，中共贵州省委召开工作会议，传达贯彻党的十三届三中全会和中央经济工作会议精神，联系贵州实际情况，部署全省治理经济环境、整顿经济秩序、全面深化改革工作。1989 年 2 月，交通部印发《关于整顿治理道路、水路运输市场的决定》。同年 11 月，贵州省航运局根据省交通厅统一部署，召开了全省水路运输市场整顿治理工作会议，明确了目标、任务和工作重点。各市（州、地）政府组织交通、工商、税务、公安、物价等部门协同开展运输市场整顿治理工作。从 1989 年至 1992 年，用三年时间完成了“对经营者的清理和经营资格的审验、经营行为的整顿、运输市场的整顿”三个阶段的任务，基本达到了“加强行业管理、培育运输市场机制、建立平等竞争机制、建立内部约束机制”的目标。

表 5-7　1990 年 7 月 1 日年检合格换证企业统计表

序号	企业名称	所属河系	经济性质	法人代表	机动船艘数（艘）	载重（吨）	载客量（客位）	主机功率（马力）
	合计		全民 6 集体 14 乡镇 2		机 278 非机 25	机 35041.3 非机 150	2253	24303
1	赤水轮船公司	赤水河	全民	宋宝钧	130	20420	600	7824
2	乌江轮船公司	乌江	全民	刘浩	33	6004	713	5076
3	黔西南州轮船公司	南、北盘江、红水河	全民	邓福元	7	500	40	1447
4	锦屏县木材航运公司	清水江	全民	龙康能	12	108		819
5	合江煤建公司土城转运站	赤水河	全民		4	261		240

续表

序号	企业名称	所属河系	经济性质	法人代表	机动船艘数（艘）	载重（吨）	载客量（客位）	主机功率（马力）
	合计		全民 6 集体 14 乡镇 2		机 278 非机 25	机 35041.3 非机 150	2253	24303
6	"赤天化"厂船队	赤水河	全民	杨厚勤	3	360		240
7	仁怀县航运公司	赤水河	集体	陈圣堂	8	640		640
8	赤水县长征航运公司	赤水河	集体	罗西洋	27	3955	325	1823
9	赤水县川黔航运公司	赤水河	集体	马宗健	8	375	95	400
10	赤水县元厚运输社	赤水河	集体	王福高	4	210		540
11	赤水县大同运输社	赤水河	集体	兰烈志	4	120		282
12	习水县土城胜利航运公司	赤水河	集体	刘忠潮	12	559		680
13	天柱县远口航运公司	清水江	集体	王继贵	4	240		84
14	榕江县航运公司	都柳江	集体	欧守义	4	31		90
15	榕江县古州镇木材放运队	都柳江	集体	镇公所领导				
16	铜仁市航运公司	锦江	集体	朱清平	4	113.3	270	160
17	思南县航运公司	乌江	集体	陈德昭	2	200		800
18	德江县航运公司	乌江	集体	高华普	2	100	150	540
19	沿河县航运公司	乌江	集体	袁碧祥	3	345		939
20	桐梓县羊磴航运社	羊磴河	集体	杨大辉	非机 25	150		
21	沿河县乡镇航运公司	乌江	乡镇	田贵阳	4	480		1559
21	乌江渡库区航运公司	库区	乡镇	肖学军	3	50	60	120

（一）运价管理与调整

管理机构恢复及体制调整后，对运价管理仍采取集中领导、分级管理的办法。省航运局直接管理赤水河、乌江两条河流；其他河流在地方政府领导下由航运管理中心站负责管理，接受省航运局的监督。

1979 年 2 月，省交通厅批准乌江河系实行特定运价，在 8 个货种等级原定费率基础上，上调 5%—10%；支农物资按一级运价，减收 5%；食盐运价由二级调为一级。同时，适当提高个别航段短途运价。

1983 年 12 月，黔、川两省交通厅协商，对赤水河运价做调整。调整后，贵州省与四川省运价基本一致，也照顾到省内承运单位的承受能力。

其他河系对支流和短途运价有个别调整、补充。随着农村经济形势逐步好转，省物价局、省交通厅联合通知，自 1983 年 5 月起，取消支农物资优惠价。

1985 年以后，水运市场进一步开放，个体（联户）运输船舶增加，水运形势发生较大变化，水运市场客、货源竞争激烈，导致运价混乱，加之国家减少燃油供应计划和各项费用的增加，运输成本超出企业可承受能力。为了引导水运市场有序健康发展，结合水运市场的治理整顿，省物价局、省交通厅分别在 1989 年和 1990 年，对全省各河系的客、货运价进行了全面调整。调整后的客运价格比原运价有较大幅度提高，其中省管河流提高 68.4%，其他河流提高 50%。民间渡口运价也纳入管理范围。

1990 年继续对货物运价进行全面调整。根据国家物价局、交通部《关于下达提高水运货运价格实施方案的通知》和全国水运价格座谈会的有关精神，贵州省航运局组织河系航管部门，通过全面调查、综合平衡后，报经贵州省人民政府批准公布。

这次运价调整，将全省客、货运价的调整审批权统一收归省管，在航运基价的费率、各种项目的收费标准以及计费等方面都做了具体规定，有效地维护了国家水运价格政策的统一性和严肃性，为建立有序的水运市场提供了法规支撑。

（二）规费的征收和管理

贵州省水运行政事业性收费有航道养护费、航运管理费、船舶港务费三种。这三种水运行政事业性收费，都是报经贵州省人民政府批准后实施的。

从中华人民共和国成立到 1990 年的 41 年间，贵州航运年运输量未突破 100 万吨，受地理条件限制，货运周转量有 80% 在省外，各项规费征数甚小。1990 年征收的航道养护费仅 40 万，航运管理费 29 万元，船舶港务费 8.3 万，入不敷出，航务管理、港航监督、航道养护管理等工作受到影响。

航道养护费（养河费） 1952 年 7 月，西南交通部颁发《西南区内河养河费征收暂行办法》（简称《办法》），贵州省交通厅根据《办法》精神，制定了《贵州省内河木排筏养河费征收办法》。因受条件限制，只有遵义、铜仁地区和黔东南苗族侗族自治州在赤水河、乌江、清水江、都柳江、㵲阳河征收。1974 年，经贵州省革命委员会批准，省交通局和省财政局发布了《贵州省内河养河费征收办法》，规定各种运输船舶及竹、木筏均按运营收入的 6% 征收养河费，在全省各河实行。

1988 年 4 月，贵州省交通厅和省财政厅对 1974 年发布的养河费征收办法进行补充，把汽车渡船、个体（联户）运输船舶、外省进入贵州境内的船舶和排筏等一并纳入征费范围。

自 20 世纪 50 年代起，养河费由各河航运管理部门负责征收。1985 年至 1988 年，实行三级管理体制，地（州、市）县航管、港监机构分设，省管河流赤水河、乌江的养河费改由港航监督部门征收，清水江、都柳江等地方管理河系，仍由地（州、市）县航管部门征收。1988 年 9 月实行的《贵州省内河航道养河费征收办法》，对征收机构又做调整，省管河流（包括乌江库区）由省航运局委托当地航运管理部门代征，地（州、市）管理河系不变。省管河流的养河费，由征收单位统一解缴省航运局，每年征收计划及支出均由省航运局统筹安排；地（州、市）管理河系征收的养河费，自行管理和使用，省交通厅根据各河航道养护资金情况，给予一定补助。

航运管理费 航运管理费是行业管理的专项经费。1954 年 7 月 16 日由省交通厅草拟、经省人民政府批准的《贵州省内河航运管理费征收办法》，规定凡航行在省内河流的公、私船舶，其航程在 10 千米以上者，按客、货总运费的 3% 征收航运管理费。1985 年 9 月，黔东南苗族侗族自治州在清水江、都柳江对竹、木排筏开征 3% 的航运管理费。各河征收的航运管理费，在地方财政监督下使用；省属企业的航运管理费，直到 1989 年才由省航运局直接征收，并在省财政的监督下支配使用。

船舶港务费 1989 年 10 月，经省人民政府批准开始征收船舶港务费。凡在省境内营运的船舶，每月征收的港务费分别为每总吨 0.70 元、每载重吨 0.80 元或每马力 0.70 元；省外船舶入境营运，每进或出一次，按每总吨（或载重吨、马力）计征；旅游船、游览船按每总吨 1 元；浮运竹、木筏，由始发港或第一港埠按每立方米 0.1 元计征。港务费由各级港航监督部门征收，按月逐级解缴，由省航运局统一安排使用。

第三节　水上安全管理行政法规的颁布

一、颁布水上安全管理规定和意见

1949 年以前，贵州水运无省级法令规章。中华人民共和国成立后的 1950 年 7 月，贵州省人民政府成立交通厅，水运纳入行业依法管理轨道。

从 1950 年至 1979 年，省级水运法规多由省交通厅根据国家政策和省人民政府授权或由省交通厅会同省级相关管理部门联合发文颁布制定相应的地方性法规文件，省级航运主管部门根据实际情况制定相应的管理制度。

改革开放给贵州水运注入了新的活力。从 1978 年至 1990 年，出现了国家、集体、个体一起办水运，促进水运市场的繁荣景象。水上出现三个转变：一是水库增多，水域面积由小变大，由水域较小的省份转变成水域较大的省份；二是周边农民靠水吃水的人数明显增多，转变成船主或船民；三是水上安全管理工作由简单转变成复杂。水上出现的新情况、新变化、新问题，给水上的管理带来新的挑战。为此，贵州省政府相继公布了地方规章。1980 年 1 月 7 日，贵州省革命委员会颁发《贵州省水库船舶航行安全管理的暂行规定》（黔发〔1980〕4 号），这是贵州最早的一部由省级政府颁发的水运管理地方规章。

二、乡镇船舶管理由行业管理上升为政府管理

（一）船舶盲目增长存在严重安全隐患

个体（联户）的船舶，一般吨位不大，航行和停靠较少受限制。经营机动灵活，收费随行就市，货主感到十分方便，其适合山区村寨间短途运输的需要，弥补了专业运输的不足，对搞活城乡经济起到不可低估的作用。同时，发展个体运输也出现一些问题，诸如有的个体户无证经营、漏缴税费、违章超载，船只带病航行，成为海损事故源头之一。

据 1987 年统计，全省各类船舶共 12765 艘，其中乡镇船舶约占 70%。乡镇船舶点多分散，出没无常，恶性事故时有发生，成为安全监管的盲区和空白点。个别地方用所

谓“泥巴搭、铁丝扎、棉花塞、石板压”的破旧船载客营运，不少船员未受培训，无证违章航行较为普遍，运输秩序混乱，导致海损事故发生率居高不下，占全省海损事故的 80% 以上。1984 年 6 月和 8 月，铜仁地区沿河、德江县境，连续发生两起特大事故，死亡人数达 85 人，形势严峻。

（二）多部门齐抓共管仍存在死角

针对这种情况，贵州省交通厅及时在铜仁召开全省水上交通安全会议，对全省各类船舶开展安全整顿，决定把农副渔业渡船纳入整顿范围。并于 1985 年 2 月由省经委、交通厅、省编委、财政厅、劳动局联合发布《贵州省个体或联户船舶及农副渔渡船管理办法》。但由于工作面太宽，有的地区未组成得力工作班子，特别是没有把乡镇船舶列为重点，海损事故仍未明显减少。

（三）贵州省人民政府颁布乡镇船舶安全管理规章

1987 年，国务院下达《关于加强内河乡镇船舶安全管理的通知》，要求各级人民政府组织有关部门进行综合治理，扭转事故多发的被动局面。乡镇船舶被列为水上交通安全整顿的重点再次提上日程。1988 年 1 月 27 日，贵州省人民政府批准省交通厅、省经委、财政厅、保险公司、乡镇企业局、公安厅、工商局、旅游局 8 个部门制定《关于加强贵州乡镇船舶安全监督管理的意见》（黔府〔1988〕4 号）。同年 5 月，选定船舶相对集中的玉屏、惠水、修文、清镇、沿河、金沙、大方、平坝、天柱、赤水、湄潭、兴义、安龙、六枝 14 个县（特区）作为乡镇船舶整顿试点。各地（州、市）成立领导小组，试点县组建工作班子，市县两级政府亲自研究部署这一工作。通过全面普查摸清情况，再次检丈船舶，考评船员，重新核发证照；加强各级领导和专职、兼职管理人员责任制，签订责任书或承包合同；疏通管理经费渠道。1989 年 9 月，试点工作告一段落。同年 11 月，省交通厅在玉屏召开试点工作总结会议，提出《全面开展乡镇运输船舶安全整顿的报告》。1990 年 3 月 23 日，《贵州省人民政府办公厅转发省交通厅〈关于全面开展乡镇运输船舶安全整顿报告〉的通知》（黔府办〔1990〕25 号），要求全省各地（州、市）、县、特区人民政府和有关部门执行。全省乡镇船舶安全管理整顿工作，于 1990 年上半年完成，下半年完成逐县验收。

（四）渡口及渡口船列入规范管理

渡口是乡镇船舶安全事故的多发地和源头。据 1989 年普查，全省有渡口 1285 道，渡船 1387 艘，其中 40% 是 20 世纪 80 年代增加的。这些渡口分散、点多，不少位于非通航河流和山乡僻壤，称为“民间渡口”。据1966年资料，当时调查的360道渡口，登记在册发有牌证的只占40%；船舶技术堪忧，有所谓“猪槽船”“棺材船”之称，存在修造质量低劣，属具不全，破旧或带病航行等问题；一些私渡、义渡大都由村民轮流操作，他们未经培训考核发证，缺乏驾驶技术和安全意识，遇事慌张失措；国家的安全法规不能落实到基层，无人具体贯彻执行，有的渡口甚至不知道已颁布多年、适用于全国的《渡口守则》。自1977年至1991年的14年中，渡口船一次死亡3人以上的事故达54起，死亡共540人，占同期事故的一半和死亡人数的60%。各级政府对这次乡镇船舶安全整顿高度重视，专门采取以下措施：一是关闭隐患严重的渡口，规定新设渡口必须经县人民政府批准；二是在全省分期分批组织渡工培训；三是添置安全性能较好的钢质船舶；四是认真落实“五定”，即定渡口、定渡船、定渡工、定载额、定制度。与此同时，还开展创建“安全文明渡口”活动。

对于农业、林业、渔业、水利、电力、城建、旅游等部门的船舶，由省人民政府发布文件，划分管理职责，按“谁主管、谁受益、谁负责”的原则开展整顿，落实各级责任。

经过几次整顿，水上安全状况明显好转。“七五”期间的海损事故比“六五”期减少27.5%。1990年3月，贵州省人民政府召开全省安全生产工作会议，省交通厅和省港航监督处分别被授予“实现安全目标管理单位”和“安全监督工作先进单位”称号。

1980年至1990年，省人民政府公布了《贵州省革委会颁发〈贵州省水库船舶航行安全管理的暂行规定〉》（黔发〔1980〕4号）、《省人民政府批转省经委、交通厅等八部门关于加强贵州省乡镇船舶安全监督管理的意见的通知》（黔府〔1988〕4号）、《转发省交通厅关于立即制止客（渡）船违章超载确保旅客安全的意见的通知》（黔府办〔1985〕250号）、《省人民政府批转省经委、交通厅等八部门关于加强贵州省乡镇船舶安全监督管理的意见的通知》（黔府〔1988〕4号）、《省人民政府办公厅转发省交通厅关于治理整顿道路水路运输市场意见的通知》（黔府办〔1989〕93号）、《省人民政府办公厅转发省交通厅关于全面开展乡镇运输船舶安全整顿报告的通知》（黔府办〔1990〕25号）六个规章，对加强水库和乡镇船舶航行安全管理、放宽搞活、治理整顿水运市场等发挥了积极重要的作用。

三、港航监督队伍建设的加强

随着改革开放的深入，水运市场得到快速发展，水上交通安全监管也面临新的问题和挑战。在健全港航监督机构、理顺条块关系、落实经费渠道上，加强港航监督队伍建设，提高执法人员素质的任务就显得十切迫切。

水上交通安全管理涉及政策法规、船舶构造、专业技术理论、天气水文等多门学科知识，倘若不经过专业培训是很难胜任相应岗位的。省内河航运管理局举办定期或不定期的学习班，培训人员，提高素质；纠正“文革”时期砸烂规章制度造成的混乱现象，对中华人民共和国成立以来的各项规章制度进行清理，将主要法规、文件编印成册，作为港监人员的学习材料和工作依据；依法用科学化、规范化的管理方法代替经验管理；改变工作作风，要求港监人员着装上岗、佩戴标志，每年有 2/3 的时间深入现场和执行船舶安全检查任务，工作效率得到明显提高。

四、安全知识教育普及和安全目标管理的推行

1986 年 12 月 16 日，国务院发布《中华人民共和国内河交通安全管理条例》，水上交通安全工作有了国家法规，逐步走上依法管理的轨道。1988 年，交通部在哈尔滨召开全国内河安全工作会议，要求各省市建立各级安全岗位责任制，实行安全目标管理。省港监处把省厅下达的安全控制指标层层分解，落实到所属港监所站，力争减少，不得突破；地（州、市）交通局把水上安全责任列入任期目标管理内容之一；县、乡两级政府除明确一名领导分管水上交通安全外，还设置安全管理员负责具体工作，使乡镇船舶和渡口安全管理工作落到实处，同时广泛开展水上交通安全教育，开展每月安全日活动，坚持客船发航前讲解安全注意事项。在港口、码头、船上用黑板报、广播、标语普及安全法规和常识；利用先进典型事例和重大事故案例为教材附图文巡回展览；召开现场会，开展警示教育，改变部分群众或个别单位不知什么是违章、不清楚怎么才安全，甚至认为“你要我安全”不是“我要安全”的偏见和无知。

贵州有 20 多家航运企业，其中赤水、乌江两家国营企业拥有船舶载重吨位约占全省的 40%，完成客货周转量占 70% 以上。实行承包经营后，企业在处理生产与安全、效益与安全的关系上顾此失彼，普遍存在以包代管的倾向，安全管理松懈，隐患严重，事故增多。为扭转不利局面，1989 年，贵州省交通厅根据交通部长沙会议要求，对航运企业的安全工作进行整顿。以省属两户国营航运企业为重点，对两户承包经营的国有企业实行承包期安全目标管理，规定在考核承包合同执行情况时，将安全指标列为首要条件。在企业内部，通过签订内部合同或经济责任书，落实到岗，落实到人，考核奖罚。经过两年多的努力，企业安全状况大有好转。

五、船舶检验工作的强化

1984 年，省航运局所设船检处与港监处虽是一个班子两块牌子，但职责已明确划分，人员有具体分工。贵州省交通厅公布了全省港航监督、船舶检验处、所、站的职责范围，根据船舶尺度、主机功率与净吨位的大小，明确省、市（州、地）船舶检验发证审批权限。船长 20 米以上或主机功率 40 马力以上设计图纸审查由省船检处负责。1985 年，为加强渡船和乡镇船舶检验，按平流航区 7 人 / 吨，急流航区 5 人 / 吨，核定渡船载客定额标准，消除了船舶检验的盲区和死角。1988 年，在总结实践经验的基础上，为统一各河检验工作口径，对船长小于 20 米，主机功率小于 40 马力，单层甲板木质船，按《贵州木质船舶检验标准》试行。

在缺乏设计规范作为检验依据的情况下，努力实践，现场实体测试。如赤水轮船公司（原名“赤水航运分局”）专为“赤天化”化肥运载的 165 吨的驳船共 90 艘，委托重庆、武汉、南京、镇江等船厂建造生产，新船先后抵达赤水后，须贵州方面进行验船后才可发证许可。此种驳船在当时尚无建造规范，为适应赤水河航道条件和载量要求，设计只参照长江钢船建造规范做了总强度校核。为确保驳船能安全投入使用，贵州省航运局机务和船检部门邀请交通部上海船舶研究所和贵州工学院材料力学试验室工作人员，在现场对驳船进行总体强度（中拱、中垂、桡度）测试，不但完成了例行的检验任务，而且为改进设计提供了科学依据。红枫湖 4 号双体旅游客船，总长 27.2 米，型宽 7.8 米，型深 1.6 米，主机二台 300 马力，国家尚无双体船建造规范，缺乏检验依据，船检处人员与设计人员赴武汉长江航政局共同研究，按船检规定逐项完成检验。南、北盘江，红水河的钻孔船、抓石船、运石船、横耙疏浚船等工程船舶，更无建造规范可依，经参照《内河钢质船舶建造规范》和《长江水系钢质船舶建造规范》有关依据，结合实际认真研究，完成了船检任务。

电焊工考试发证上岗，是国家船检局为保证船舶修造质量而制定的一项重要规定。船检处成立后把此项工作提上日程，以赤水、思南两个船厂为主要对象和考点，就地举办焊工考前培训。1988 年至 1990 年办了两期，培训人员共 94 人，考试合格发证 72 人。通过培训考试，焊工业务素质普遍提高，多数成为水运工业的技术骨干。

贵州船检工作，经历了健全机构，充实人员，培训干部，加强制度建设，添置检验设备等工作，逐步走向制度化和规范化。

第四节　省属航运企业的发展变化与经营机制改革的探索

一、乌江航运公司建成大庆式企业

1977 年 6 月，中共贵州省委召开第三届委员会第八次全体会议。全会通过《贵州省普及大庆式企业、加快工业发展规划（草案）》（以下简称《发展规划（草案）》），《发展规划（草案）》提出：1977 年到 1980 年的奋斗目标是，按照大庆式企业的六条标准，到 1980 年，保证把三分之一，争取 40% 的企业建成大庆式企业。①

省乌江航运公司是航运系统"工业学大庆"的重点单位。新组建的领导班子，经常深入船舶、港口、站点与职工交谈，做细致的政治思想工作，着力培养生产技术骨干；加强基层支部建设，开展岗位练兵等，促进企业生产按计划完成或超额完成。1977 年和 1978 年上缴利润共 36 万元，被评为交通部和省交通系统"工业学大庆"先进单位。

二、省属企业的全面整顿

1979 年下半年，根据中央统一部署，贵州省开展扩大企业自主权和利润留成试点。当时，"赤天化"刚投产，运输尚未步入正轨，赤水航运公司处于亏损状态。贵州省人民政府同意列为政策性亏损，对赤水、乌江航运公司和思南船厂给予财政补贴，在核定补贴指标的同时，实行"亏损包干，超亏不补，减亏分成"的办法。企业内部，赋予经理（厂长）经营决策权和生产指挥权，将建立的岗位责任制，扩大为经济责任制，逐步推行分级核算，按产值、安全质量、利润、效率四大指标进行考核，初步把职工的劳动成果与企业的经济效益挂起钩来。

1982 年 3 月，中共贵州省委、省人民政府发出《关于贯彻中共中央、国务院〈关于国营工业企业进行全面整顿的决定〉的通知》，决定从 1982 年起，用两三年时间，对全省国营工业企业进行全面整顿。

贵州省交通厅按照中共贵州省委、省人民政府的统一部署，成立企业整顿办公室，制定工作规划，分批实施。交通系统的企业整顿分为三批：省属赤水航运公司被列为第

① 当代贵州简史编委会：《当代贵州大事记（1949－1995）》，贵州人民出版社，1996 年 10 月第一版，第 413 页。

一批试点整顿企业之一，于 1982 年 5 月开始，1983 年 11 月结束；第二批有乌江航运公司和思南船厂，于 1983 年 5 月开始，1984 年 12 月结束；试点企业化管理的赤水河、乌江两个航道工程队列为第三批，起步较晚，延至 1985 年冬结束。合格者由省交通厅代表贵州省人民政府颁发《企业整顿合格证书》。

省属航运企事业单位，历经三年时间的整顿，面貌有了较大改观。领导班子建设方面，按革命化、年轻化、知识化、专业化的要求调整充实，实行党政分工，初步形成能管理、善经营，团结进取的领导集体。企事业单位内部建立健全了经济责任制，船队实行“两包”（包定员、包航次）、“三保”（保产量、保质量、保成本）；船舶修造实行单项工程承包制和底薪浮动计件制；航道码头工程实行以工程预算包干和养河费包干等为主要考核内容的制度。这有效地调动和发挥了职工改善经营管理和发展生产的主动性和积极性。

三、改革初期航运企业面临的困难

省属国营航运企业经过三年全面整顿，1984 年实现利税创历史最好水平，但之后情况发生变化。为使航运企业进入长江参与市场竞争，1985 年 1 月，经省交通厅批准（〔1985〕黔交办字 4 号文），将贵州省赤水航运公司、贵州省乌江航运公司分别更名为“贵州省轮船公司”“贵州省乌江轮船公司”。1986 年，赤水轮船公司亏损，思南船厂和乌江轮船公司盈利下降，盈亏相抵。1987 年，三家企业全面亏损，共亏损 121.3 万元。

企业经济效益滑坡的原因是多方面的。据 1986 年年末省航运主管部门请求扶持航运企业的汇报中的分析，有以下几个原因。

一是国民经济调整后，基建规模削减，有些货物改道，运量减少。如运往华东地区的煤年均减少 30%，木材运量减少 40%。“赤天化”化肥由苗儿沱转运改为朱杨溪，缩短运距 90 千米，也影响了企业收入。

二是运力增长过快。如赤水河年运量 60 万吨左右，1986 年运力达 300 万吨，造成“僧多粥少”，互挖墙脚，相互杀价，运输市场混乱的局面。特别是出省运输运价下浮 35% 左右，对企业伤害极大。1985 年和 1986 年，赤水、乌江两轮船公司因运价下浮减少收入约 150 万元。

三是燃油、材料价格上涨，成本上升。船用柴油按 1982 年计划用油为基数（2000 吨）供应，随着运输的发展，用量已超出基数两倍以上。超出部分按议价供应，加上柴油提价，每年多支付油费 300 多万元，增大了企业成本，集体企业燃油供应无正常渠道，有的占成本的 30% 以上。造船钢材、木材、机电设备也上涨 45% 左右，增加成本两个百分点。

四是贷款利息提高。1983 年，国家为扶持航运企业，发放专项低息贷款，改造船舶。1985 年 8 月，国家提高贷款利息，全省航运企业每年要多付利息 60 多万元，导致在微利或亏损的情况下，企业无力偿还。

五是各种税费和社会摊派加重。据统计，企业要负担营业税、所得税、船舶增值税等以及各种社会“赞助”20 多种。如赤水轮船公司各种税费及社会摊派占总收入的 22.89%，其中政策性缴纳占 17.6%，其他占 5.29%。

六是职工工资、补贴提高。指标由国家统一安排，资金由企业筹措。赤水、乌江两轮船公司，1986 年比 1985 年平均增加工资和补贴的 12.5%，净增 22.5 万元，只能在收益中消化。而企业内部负担沉重，全省国营和集体企业有退休和包养人员 1200 人，占职工总数的 23%，平均 3 人负担 1 人。

企业处在转变机制改革探索的过程中，刚复苏不久，面对上述因素变化所增加的压力，自然难以承受。

四、企业承包经营责任制的推行

1986 年 12 月，国务院颁布《关于深化企业改革、增强企业活力的若干规定》，要求按政企分开、所有权和经营权适当分离的原则，推行多种形式的承包经营责任制，使企业真正成为相对独立、自立经营、自负盈亏的经济实体。交通部在 1987 年 3 月召开的全国交通厅（局）长会议上，对深化交通企业改革做了部署，提出推行两个层次的承包经营责任制，以确立政府与企业，企业与职工责、权、利的关系。

1987 年年末，贵州省交通厅根据省《关于引入竞争机制，进一步完善承包经营责任制的暂行规定》，拟订了《省级交通企业承包经营招标办法》，决定省属航运企业从赤水轮船公司开始，张贴《招标公告》，动员企业干部、职工勇于投标，参加竞争。以省经委、财政厅、交通厅等政府部门为发包方，吸收部分专家、企业干部和职工代表组成招标领导小组，对投标人进行资格审查和民意测验，组织公开答辩，择优选定企业承包中标人。到 1988 年 5 月，省属航运企业的招标工作全部结束，共有 9 人投标，在任经理（厂长）中只有 1 人中标。中标人作为企业法人，分别与发包方签订《承包经营合同书》，承包期定为三年，即 1988 年 1 月 1 日至 1990 年 12 月 31 日。

经过承包经营责任制的推行，企业在深化改革的进程中前进了一步。1991 年，第二轮承包开始，国营企业的改革，又将进行新的探索。

五、水运工业的发展和技术进步

（一）研制的运输船多次获奖

经过 10 年的探索，贵州船舶性能已有明显改进，在国内船舶制造业中亦具特色。1984 年，交通部组织全国内河运输船舶评比，乌江 100 吨货轮、赤水 350 吨驳船被评为优质设计二等奖，300 马力浅水拖轮被评为三等奖。1990 年第二次评比，乌江 150 吨货轮被评为优质设计二等奖，长江船队 540 马力拖轮被评为三等奖。在全国船型简统选优船型评比中，贵州航运部门共有 16 种船型载入优先行列。

表 5-8　贵州入选全国船型简统船型

船名	船舶种类	功率（马力）	吨位	船体主尺寸（长 × 宽 × 深）	主机型号
乌江东风 11 号	客货轮	240	67	30.44×5.6×1.6	6135CAB×2
乌江号	客轮	144	12	24.2×4.4×1.3	695×2
遵义 1 号	客货轮	300	60	32.2×6×1.4	6135AC×2
赤水 1 号	客货轮	144	44	28. 4×4.6×1.4	6105×2
东风 6 号	货轮	240	67	28.81×5.6×1.6	6135C×2
乌江	货轮	240	77	28.27×5×1.6	6135C×2
东风 10 号	客货轮	240	80	29.81×5.6×1.6	6135C×2
东风 13 号	货轮	400	111	31.89×6×1.75	6135AC×2
黔沿 2 号	货轮	300	150	35.45×6.6×2.1	6135AC×2
遵义 201 号	拖轮	240	/	22.61×4×1.00	6135C×2
遵义 301 号	拖轮	300	/	25.9×5×1.4	6135AC×2
遵义 601 号	拖轮	540	/	32.25×7.6×2.7	6250×2
赤水半舱驳	驳船	/	165	35.9×7.2×1.5	/
250 吨舱口驳	驳船	/	250	39.2×7.2×2.15	/
350 吨舱口驳	驳船	/	350	43×8×2.5	/
600 吨舱口驳	驳船	/	600	45×9.2×2.85	/

（二）船舶修造能力的增强

进入改革开放时期，贵州水运工业进一步发展，赤水船厂全面改建，乌江、思南船厂再次扩充，赤水县长征航运公司船厂实力增强。

赤水船厂的扩建，是作为“赤天化”配套项目实施的。1976 年 3 月，第六机械工业部上海第九设计院到现场搜集资料，历时一年完成设计。扩建工程于 1977 年 10 月动工。乌江航道工程队承担厂前水域围堰开挖工程、肋墩连拱岸墙工程、厂区平整土石方挖填工程和大部分厂房的基础工程。国家建委四局一公司三处承担升降船台及厂房、办公楼的建筑工程。赤水船厂承担垂直升降机的制作、安装等。历时四年，于 1980 年 12 月建成投产。除保留原轮机车间外，实际新建车间 10 个、办公楼一栋等，基本上重建了一个新厂。赤水船厂扩建后，其厂房设施、技术装备，跃居贵州水运之首。特别是垂直升降船台（长 40.8 米，宽 9.75 米，提升高度 12.5 米，负荷 100 吨）在西南地区属首建，标志着贵州水运工业上了一个新台阶。

思南船厂也在承担“赤天化”运输船舶工程的建造中进行了扩建。1978 年投资 81.6 万元建成室内船台 3 座，船台长 48 米，宽 18 米，可供船长 50 米以下、船宽 6 米左右船舶 5—6 艘同时施工。1984 年新添制氧设备，产能为每小时 10 立方米，产品合格率达 99.8%，每月满负荷可产 200 瓶，除满足本厂需要外，还向附近各县供应。至 1990 年年底，思南船厂占地面积 75980 平方米，其中生产用房建筑面积 11451 平方米。固定资产原值 390 万元，职工总人数 283 人。产品有 540 马力以下的各类拖轮、推轮、货驳、客货轮、工作船、渡船、旅游船；600 吨以下的各类驳船；250 吨以下的各类囤船、疏浚船、航标船，以及液压舵机、绞滩机、车叶和各类通用件、标准件，年生产能力达 400 万元产值。

“赤天化”运输船舶的建造任务，也直接或间接促进了其他船厂的发展。

1978 年，赤水县长征航运公司船厂在赤水县城关镇黄木沟扩建厂房，充实人员，增加设备，扩大业务，由修造木质船转向钢质船，建成 165 吨浅水舱驳 4 艘。到 1985 年，该厂有固定资产 20 万元，职工 82 人，占地面积 2928 平方米。以后又建成 300 吨马力拖轮、300 吨驳船、60 吨客货轮等。至 1990 年年底，固定资产原值 26 万元，职工 94 人，占地面积 3521 平方米，不变价工业产值 54 万元。

但水运工业发展中也存在一些问题。赤水船厂扩建以“赤天化”运输船舶的计划数为依据，规模偏大，有些车间的设计标准和能力过高或与附近船厂重复，部分机器设备闲置，致使生产能力不能充分发挥；思南船厂在本河系的任务有限，生产规模扩大后，必须争取为外地造船，而厂址位于乌江中游极为不利，给工厂带来了沉重压力。特别在20世纪90年代造船市场开放后，两家企业陷入困境。而当时受财力限制，因陋就简的赤水县长征航运公司船厂，适应生产形势变化在市场竞争中有较多灵活性。

（三）船舶性能的改进提高

贵州船舶的发展，经历了20世纪50年代因直接引进受到的挫折，20世纪60年代从本省航道条件出发进行探索取得突破，至20世纪70年代步入改进提高的进程。“赤天化”大批运输船舶的制造，为继续改进船舶提供了难得的机会。

1976年，贵州省交通厅下达思南船厂生产计划，要求设计建造100吨级货轮5艘，供乌江航运分局在涪陵接运化肥使用。设计人员陈思存深入调查研究，分析航道尺度和船舶尺度的相互关系，在征求船员意见和总结以往经验的基础上，提出总长31.84米、水线长30米、船宽6米、型深1.75米、主机（双机）功率300马力（后改为400马力）的船型方案。采用尾机型、大舱口、液压舵机及三层楼驾驶室等均属乌江首创，款式新颖。船首设4吨拉力机动绞关，一般中等滩险可自绞上滩。设计方案经省航运处、乌江航运分局审查同意，于1977年5月开始建造，1980年全部建成，定名“东风13—17号”货轮。投入营运后，引起沿江同行业关注，称为“乌江第四代船型”，外地纷纷向思南船厂索取图纸。据1985年4月调查统计，仿效该船型建造的共有15艘，影响面广。

为进一步改进乌江船型，1984年，思南船厂又接受乌江航运公司委托，建造更大的货轮“东风18号”，在思南至涪陵间往返试航。1985年，又设计载重180吨货轮，较百吨货轮的长度、宽度、深度和功率都有增加，于1986年建成投入营运，经多次航行证明，在乌江航行有一定困难，后用于长江船队作为推轮。

随后，沿河土家族自治县航运公司委托省航运部门专业工程师设计，建造150吨客、货轮“黔沿2号”。该轮借鉴100吨和180吨两种货轮的优缺点，改用驾机合一和液压舵机装置。投入营运后，适航性强，经济效益更加明显。

赤水河方面，在按拖带方式组建“赤天化”化肥运输船队的同时，还对分节顶推船队的适航性进行探索。1977年，交通部在湖南湘潭市召开的全国内河分节顶推船队现场经验交流会上提出建议，贵州借“赤天化”大量造船之机作为示范予以推广，会议确定由交通部水运规划设计院、长江船舶设计院派人员与贵州航运部门共同研制。同年3月，两院人员来黔至赤水河调研，开展技术论证。同时利用拖驳绑成84.4米长的船队，由赤水至合江往返进行模拟试航，随即提出推轮及分节驳的设计方案。顶推船队由两只半分节驳和一艘推轮组成，总长 86 米，最大船宽 9.2 米。分节驳长 19 米、宽 9.2 米、型深 1.4 米、吃水 0.8 米、载货 160 吨，实行“四无”（无上层建筑、无舵、无护舷、无船员）；推轮长 19 米、宽 7.2 米、型深 1.6 米、吃水 0.6 米、排水量 53.6 立方米，主机功率 300 马力；推轮与分节驳采用无缆系结（锁柱装置）；分节驳首部设导向装置（首部助推）。设计由长江船舶设计院承担，同年 9 月完成。经贵州省交通局组织会审，思南船厂建造，1978 年 12 月提交使用。

1979 年 10 月至 11 月，在赤水至合江、合江至苗儿沱航段对分节顶推船队进行实船试验。参加试验的有交通部科研、设计和贵州省交通局航运等部门，共 11 个单位 70 余人，历时 20 天。试航结果显示：设计构思和机械性能比较先进，操舵系统能有效控制船队，可横移靠向码头。但驳船方形系数偏大，阻力增加，航速较低等；在赤水河无力自航上推，在川江因航速较慢，效益不如拖驳。因此后来未用于化肥运输。

1980 年，交通部组织全国有关省、市在赤水召开内河浅水急流船型技术交流会。赤水航运公司的“遵义 1 号”“遵义 3 号”客货轮及 300 马力浅水拖轮受到高度评价，对河系船舶技术进步起到推动作用。20 世纪 80 年代初，国营航运企业侧重赤水河下游化肥运输，全河集体、个体船舶有较大发展，船型亦相应改进。木质机动船大多改为钢质船；中游驳船由人力拉纤上驶，改为机动驳船拖带，实行上水拖带，下水自航；上游马桑坪至茅台段，船民结合河道特点，制造出 5 吨—10 吨挂浆机，为沿河村镇短途运输服务。下游赤水至合江段，赤水县长征航运公司新建的“赤水 1 号”因技术系数选取适当，功率小，能耗低，投入营运后取得较好效益。

为向长江中下游拓展运输，赤水航运公司对封存的“遵义 504 号”拖轮进行改造。该船设计吃水 1 米，主机功率 480 马力，车叶转速高，直径 1.12 米，主机功率不能充分发挥。由于吃水浅，操纵性能不能满足该功率所对应船队的驾驶要求，经改造船尾线形，增加尾部吃水，使用襟翼舵，调整参数，同时加大车叶直径，双机功率由 270 马力改用 540 马力，推进和操纵性能显著改善，主机效率好的优势得到较好发挥。

与“遵义 504 号”拖轮配套的、赤水航运公司船厂自行设计制造的 350 吨深舱驳，自重与排水量，比国内指标低 14.2%，比同类船型造价低 6%—33%；航行阻力小，操纵灵活，适应川江急流航道。1983 年至 1985 年连续建造 8 艘，投入营运后取得较好效益。

1986 年 6 月，贵州省交通厅批准长江船队的设计和建造任务。赤水轮船公司设计人员对川、湘、鄂、苏等省的船舶现状进行调查，通过论证，提出540马力拖轮配600吨舱口驳船的设计方案。

由于船舶要进出川江，远航长江中、下游，经过A、B、C、J四个航区，其航道水文、气象、港口等条件各异，因此兼顾各航区的特点是设计中的首要问题。拖轮主尺度、船舶吃水以川江为主。航行长江中、下游时，通过首尾水舱调节，吃水增至2米，以加大车叶浸水面积，提高拖带效率。在川江急流段，拖带驳船2—3艘，航速每小时16千米；在长江中、下游航段，拖带6—7艘，航速每小时9.5千米—12.4千米。拖轮采用襟翼舵，设有导流管装置；舱内有集中控制和自动报警系统、大功率无线电通信和声力电话。建成后的1拖6驳（近4000吨）远航船队，技术性能良好，经济效益显著。

南、北盘江，红水河近期复航工程实施后，最初直接移植乌江百吨货轮，受北盘江水深限制，年营运时间短，马力负载指标低，亏损严重。交通部珠江航务管理局对“两江一河”航运开发十分重视，1989年专项下达船型和运行方式的研究课题。由省航运局技术部门承担、省航海学会参加，提出“自航与拖带结合、大马力与小马力结合、直达运输与分段运输结合”的设计方案，该课题于1990年6月完成，据分析，综合效益甚好，待筹资建造，实际检验其可行性及合理性。

10年以来，贵州船舶设计建造坚持“实事求是，以船就水”的理念，全力以赴，孜孜以求，虽然有些项目没有成功，但为新的探索提供了宝贵经验。

（四）船舶修造任务的起伏变化

改革开放后的十多年，是贵州造船任务比较兴旺的时期。据不完全统计，在1977年至1990年的这14年中，国营思南、赤水两个船厂，共建造船舶476艘，15968载重吨，5116客位，17207马力，工业总产值4535.8万元。赤水县长征航运公司船厂，1981年至1990年共建造船舶129艘，3456载重吨，3350客位，1749马力，工业总产值520.68万元。

造船任务有两个高峰期。第一次是国家投资为“赤天化”产品输出建造运输船舶，建造任务集中在1977年至1979年。思南船厂承担任务最重，建各类船舶23艘；赤水船厂因同时在进行扩建，只承建8艘；赤水县长征航运公司船厂承建驳船4艘。由于任务过重，时间紧迫，经国家计委、交通部、第六机械工业部统一安排，部分船舶由省外承建，接受任务的有湖南、湖北、江苏、浙江四省共11个船厂。造船钢材由两部按计划分配，思南、赤水两厂分别由六机部昆明物资处和交通部重庆物资处供应。省外共造船 94 艘，资金约占造船总投资的 60%。“赤天化”造船计划完成后，两船厂任务减少。

另一次造船高潮是 1985 年至 1987 年。省计委安排资金 50 万元、省科委 8 万元，为“两江一河”复航造船，组建船队。同时，国家发放船舶专项贷款，扶持航运企业更新、改造船舶。1985 年，交通部批准贵州省交通厅的申请，建造船舶 45 艘，9486 载重吨，3830 马力，贷款 873 万元；1986 年，贵州省交通厅又为各国营、集体运输企业申请贷款 460 万元。顿时造船订货增加，国营、集体船厂生产向好。思南船厂先后为“两江一河”建造客货轮和钢质驳船，乌江轮船公司建造货轮及长江船队拖轮和驳船，生产量直线上升。1985 年工业总产值达 329.24 万元，为历史最高水平。赤水船厂承担长江船队建造任务，为赤水轮船公司建造拖轮和驳船，连续三年生产形势较好，1985 年工业总产值为 244.32 万元，亦为历史最好水平。赤水县长征航运公司船厂的生产情况也较兴旺。但这批任务完成后，生产量又复下降。

随着经济体制改革，国家不再直接投资为企业建造船舶，加之贷款利息增加，造船钢材由计划调拨转入市场供应，价格上涨，而运输企业效益不佳，无力对船舶更新改造，造船任务更趋减少。至 1990 年，思南船厂工业总产值已降为 88.3 万元，赤水船厂降为 82.94 万元，工业总产值两厂之和低于 1976 年水平，短期无回升迹象。而集体企业经营比较灵活，依靠外接任务填补，生产形势好于国营企业。

（五）船舶节能活动的开展

在全国开展首次节能月活动中，贵州航运部门及航运企业即建立节能机构，以节约船舶油料消耗为重点，开展节能宣传教育，进而制定船用柴油消耗定额和管理制度。

节能办公室成立后，由过去船舶用油完成千吨千米统计数，除以实际用油量作为核发油料依据，改为按船舶类型、航段、上水、下水、拖载、空驶等，分别制定燃油消耗定额，实行节约超耗、奖罚制度，实施后效果明显。乌江轮船公司千吨千米油耗由 1981 年的 43.5 千克降低至 1990 年的 17 千克；同期赤水轮船公司由 20.5 千克降为 12 千克。

在节能活动中，总结和推广当时较先进合理的经验。船舶制造方面有三点：一是在保证足够强度的前提下尽量减轻船体自重；二是修正船体尺度，尽量减少航行阻力；三是改进船尾设计，提高推进效能，包括适当增加吃水，合理选定车叶直径、螺距和转速，采用半隧洞式或导流管，配置相应舵系等。

在航行方面：一是走“经济航线”，上水航行避开急流减小阻力、下水航行利用水流加快航速，在实际中，不同水位都存在一条耗能相对较小的航线，经验丰富的船员，都有自己的一种走法；二是掌握主机“经济转速”，即根据航道、水位、载重等不同情况，及时调整主机转速，以相对最小的油耗完成航次任务；三是增加拖驳船，发挥拖带能力，如赤水航运公司化肥运输专线运输船队，由1拖2驳发展到1拖4驳，运量翻番，千吨千米油耗相应减少。

20世纪80年代，各运输企业还推广柴油掺水、惯性增压等技术，对降低燃油料消耗有不同程度的效果，但因工作量大，管理没有及时跟上，未能巩固。

六、企业办社会职能的终结成为历史

到20世纪80年代初，贵州省属国有水运企业办社会职能机构及管理人员已具相当规模，在当地远近闻名，令人羡慕。随着国有企业改革改制的深化，企业面对市场竞争，自负盈亏，“企业办社会”的包袱越来越沉重，显得力不从心，顾此失彼。20世纪80年代末，国家出台相关政策措施，完善社会主义市场经济体制，减轻国有企业的社会负担，实现政企分开，分离企业办社会职能，提高国有企业竞争力。省属赤水、乌江轮船公司、思南船舶修造厂的企业办社会职能陆续实施分离移交，有的机构被撤销，人员转岗，教师划转属地管理。到2002年，以省乌江轮船公司子弟学校移交地方为标志，省属水运企业办社会职能终结，成为历史，企业非生产经营性职能机构也随企业改革走向市场而完成历史使命。

第五节　水运工程规划建设的新进程及碍航闸坝考察

一、各河航道整治与疏通

（一）乌江渡水库蓄水截流期航道的突击疏炸与绞滩机的改造

乌江渡水力发电站开工兴建于1969年，定于1979年11月20日蓄水发电。蓄水期间，坝下断流，下游水位降低，船只停航，为工程施工提供了有利条件。省航运处调集各方人员，组织工程会战，突击整治航道。整治范围在文家店至龚滩208千米，以沿河至龚滩58千米为重点。工程以炸礁为主，把历年碍航严重、施工困难的滩险列为主攻

对象。坝下断流后，只有乌江渡以下的区间径流汇入，流量大幅度减小，咆哮不息的乌江逐渐平静下来。此期突击整治，从 1979 年 11 月 22 日水位下降后开始，至 12 月 27 日回升后结束，历时 36 天。整治大、小滩险 120 处，炸礁 27917 立方米，捡滩 2620 立方米，使用资金 47.8 万元。由于水位大幅度下降，便于操作，许多险阻得以彻底清除，如鬼错路、鸡骨滩、新滩、弯弯槽、磨盘壕、白吉子、红眼碛等这些“老大难”，整治后都获得显著改善。乌江渡水电站运行后，坝下低水流量调增，90% 的保证率设计最低通航水位，在思南抬高 0.16 米，沿河 0.29 米，现实证明了此期工程的良好航运效益，思南以下实现百吨机动船全年通航。

乌江 100 吨货轮出现后，上水载重 70 吨—80 吨，比原有船舶增加 30 吨左右。为确保绞滩安全，1980 年，省航运处组织乌江航运公司及乌江航道工程队人员，以“东风 15 号”轮载货 75 吨，在新滩进行施绞拉力测试。中水位时，测得最大拉力 8.45 吨，总拉力达 12.43 吨，大大超过原 7 吨绞滩机的设计负荷，为此，决定按 15 吨拉力更换绞滩机。由省经委拨给技术改造资金，思南船厂设计，委托交通部渡口船厂承建，采用圆弧蜗轮螺杆技术，1984 年首先在新滩安装，以后又在潮砥、土坨子、龚滩三处配置。实际使用后发现磨损甚快，后仍用 7 吨绞滩机维持通航。后又重新研究设计绞滩机，继续进行改造、更换工作。

（二）赤水河中游的整治及滑坡断航的疏通

为解决赤水河中游煤炭等物资的外运困局，1983 年，在交通部的支持下，贵州省计委批准交通厅航运处编报的《赤水河二郎至鲢鱼溪航道整治工程规划方案》，按七级航道标准整治滩险 39 处，水位保证率 85%，计划投资 400 万元。由赤水河航道工程队组织测设和施工。1983 年至 1987 年，逐年分批安排，于 1988 年正式验收。

经过这期工程，许多滩险扩大了航道尺度，水流条件改善，继 20 世纪 70 年代消除葫市、鸭岭、落妹老绞关和 80 年代初消除黄泥滩绞关后，又消除了别滩、滚滩两处绞关，仅剩宴滩、元厚两站。后三年中，个体户船舶增加到 120 艘，船舶由原来的 20—30 载重吨，提高到 60—80 载重吨；全年通航期增加 1—2 月；由于比降流速减缓，出现了上行用机动货驳拖带 3—5 艘，下水装载各自航行的独特运行方式，大大提高了输送能力。1986 年岔角煤矿煤炭输出量，比 1982 年增长 50%。在二郎至赤水 108 千米，如此滩多踵接、河槽狭窄的山区小河，运用整治方法达到通航 60 吨—80 吨驳船，在国内不多见。

正当二郎至赤水段航道整治列入计划，工程全面展开后不久，中游黄角沱出现滑坡，上游小铜鼓滩发生泥石流，相继堵断航道，对航运造成严重影响，沿岸地方政府和人民群众反映强烈。

黄角沱位于二郎滩下方3千米，滑坡发生于1985年10月30日下午2时。滑坡范围顺河方向长120米，横向210米，坡顶下沉40米，平均厚度10米，滑动体积约25万立方米，落差2.5米，流速每秒达7米，完全不能过船。由于资金缺乏和滑坡体的稳定尚待观察，一直延至1990年9月才组织施工，经两个枯水期于1992年1月完成，在滑坡体上定点观测，基本稳定，表面最大流速每秒2.8米，达到中小滩水平，恢复通航。小铜鼓滩泥石流发生于1987年6月，经疏炸后于1992年初恢复通航。两滩共投资90万元。

（三）“两江一河”近期复航工程的实施

20世纪80年代，国家修订《珠江流域综合开发规划》，红水河的战略地位受到重视。由交通部水运规划设计院（简称“水规院”）牵头，组织滇、黔、桂三省区交通部门进行通航可行性研究。1982年11月底，水规院派出航道室主任王作高，工程师刘哲芬、黄卫津等7人，会同黔、桂两省（区）交通设计院负责人及技术人员，分别考察辖区河道，并深入六盘水地区了解煤炭资源分布及开采情况，向贵州省人民政府建议加快“两江一河”航运的开发利用。1983年3月，水规院召开珠江水系航运规划第三次会议，商定“两江一河”，规划报告分远期和近期两部分进行，近期着重研究整治复航的可能性，由贵州交通勘察设计院负责完成。同年11月，交通部计划局、内河局领导听取汇报后，要求深化前期工作，争取列进“七五”计划。

1984年1月，贵州省交通厅召开南、北盘江，红水河近期复航措施研讨会，一方面部署造船，对中洪水航道先做必要疏炸，抓紧组织试航；另一方面，安排贵州省交通勘察设计院组织勘测设计，为“七五”列项、开展工程建设进行准备。同年6月，省交通勘察设计院以运煤为主题，提出《“两江一河”复航的工程可行性研究报告》。1984年9月至1985年7月，“两江一河”中高水位试航成功。同年年末，交通部计划统计局正式同意将其作为地方建设项目列入“七五”计划。省计委和建设厅随即批准计划任务书和初步设计，工程转入实施阶段。

根据批准文件：整治范围上，省界及省境内共324千米，即北盘江百层至两江口85千米，南盘江坡脚至两江口132千米，红水河两江口至曹渡河口107千米。施工步骤上，先整治北盘江、红水河，再整治南盘江；先整治中洪水滩险，实现洪水通航，再整治中低水滩险，逐步达到六级航道标准。从简建设码头、船修、养河基地等配套设施。总投资控制在 2591 万元，要求“七五”期内完成。

该工程由黔西南布依族苗族自治州政府组织实施。承包单位有省乌江航道工程处、省赤水河航道工程处、黔西南布依族苗族自治州航道工程队、盘江轮船公司工程处等，水电部第九工程局、广西柳州航道工区，也承担了部分工程。

1987 年 8 月，贵州省交通厅成立了贵州省内河工程建设办公室（简称“内河办”），张敦嘉、廖国平分别兼任正、副主任，负责组织内河发展规划和重点项目的管理和实施。根据交通建设分级管理的原则，对“两江一河”工程实行项目包干经济责任制，加强技术指导和监督管理。

该工程分为三个阶段：1986 年至 1987 年，整治北盘江，建设东兰、百层码头和岩架航运基地。1988 年 6 月，由黔西南布依族苗族自治州人民政府、省交通厅组织正式验收。1988 年至 1989 年，整治红水河，兴建岩架码头及修船设施，继续进行百层码头及岩架基地建设，另有南盘江部分工程。由省内河办组织初验。1990 年主要整治南盘江，建设坡脚、蔗香码头，由省内河办组织初验。

整个工程自 1985 年 3 月（计入配合试航和疏炸工程）开工，至 1991 年 5 月全部完工，历时 6 年，共整治滩险 85 处，完成炸礁、筑坝、疏浚等石方工程 61.7 万立方米；建成码头 5 处；建成岩架船修、航运基地 1 处。实际安排资金 2439.2 万元。其中交通部补助 1700 万元，占 69.7%；地方配套资金 739.2 万元，占 30.3%。用于航道建设资金 2011.9 万元，占 82.5%；码头建设 217.8 万元，占 8.9%；船修所、基地及其他建设 209.5 万元，占 8.6%。

1991 年 11 月初，交通部委托交通部珠江航务管理局，会同贵州省计委、建设厅、交通厅、黔西南布依族苗族自治州人民政府及各有关部门，对“两江一河”工程进行正式验收，并邀请重庆交通学院、广西交通基建管理局、四川内河设计院等单位的专家、教授、高级工程师莅临指导并就此召开会议，会议认为“两江一河”沿岸人烟稀少，经济落后，河道处于原始状态，测设和施工克服了在其他地区少有的困难，工程质量好，综合评定为优良工程。

经过这期工程，“两江一河”达到六级航道标准，通航 70 吨—100 吨货船或驳船。个体船舶迅速增加，往返于省际和沿江集镇之间，打破了自然经济沉寂，促进了市场经济的发展，给农村集市带来繁荣。只有十几户人家的岩架，发展为集镇，居民装上电灯，看上电视。遇上赶场，盛装的兄弟民族，驾着本村本寨的小机动船，穿梭于江面，泊集于港湾，与昔日脱裤子驾竹筏情景形成鲜明对比。

由于红水河下游岩滩、大化电站闸坝断航问题没有解决，贵州船舶直下广州的目标尚未能实现。

（四）清水江的继续整治及工程重点的转移

清水江上游因湘黔铁路及其他沿江公路通车，上中游运量减少，工程重点逐步向下游转移。

1977 年至 1980 年，整治石家寨、火烧寨等滩险 11 处，兼及重安江、瑶光河、洪州河等支流维修。石家寨滩位于下司下游 36.5 千米，截弯取直，采用导治建筑物稳定新航槽，效果较好。工程连续进行 4 年，投资 4.8 万元。火烧寨滩位于凯里湾溪下游 4 千米，在同向汊流中部的浅水段，沿江心洲一岸布置顺坝，既利导流又能拦沙，滩虽不大，但整治技术上有一定参考价值。秋塘鱼滩位于白市上游 7 千米，主要炸除左岸岩盘调整中洪水流向，以拖运木排，投资 6.88 万元。其他各滩工程规模较小。

清水江工程以整治为重点，因摊子铺得大，资金分散，导致一些滩险多次整治依然都未能解决问题。1987 年，贵州省交通厅内河办与州交通局商定，集中资金整治主要碍航滩险，由下而上分段治理，稳步提高航道通过能力。

1988 年 6 月，白市至托口段工程可行性研究报告完成，提出六级航道标准、通航 100 吨级船舶整治方案。根据资金情况，将上个滩的板上和倒水列入实施计划，于 1990 年完工，航行条件得到显著改善。

（五）羊磴河的蓄水助航工程

羊磴河位于黔北桐梓县境，为綦江右源，历史上是“綦岸”川盐入黔的运道之一，以有特制的软壳船而闻名。中华人民共和国成立以来，盐道改道，以输出原煤、焦炭为主，航运继续维持。1974 年，软壳船已改由钢壳取代。

由羊磴至赶水航程 33 千米，省境航道里程 16 千米（至坡渡），低水流量不到每秒 5 立方米，6 吨钢壳船低水载量 1.5 吨，水好可装 3 吨。这样一条山溪小河竟能发展航运，并持续甚久，不得不令人惊叹。其原因在于交通闭塞，当地有大、小煤矿 20 余家，所产原煤和洗焦，为邻省重钢、峨眉化工等厂需要，运至赶水接收站转火车，公路里程比水路多 67 千米，运价高出一倍。另一方面，当地居民有利用水运的传统，有的举家靠船谋生，为利用羊磴河的航运竭尽全力。羊磴河航运社三十多年无一年亏损，靠自身力量建车间改进船舶，购汽车集运物资，还承担近百名退休人员开支。知情者无不为之感动。

1985 年，羊磴航运由社自筹资金、材料，在羊磴河上游 2 千米处修建蓄水助航工程，未获成功。为鼓励地方发展航运，贵州省航运局和遵义地区交通局拨款 10 万元支持，并派技术人员协助。时值交通部推广其他省区“以电养航”经验，地、县交通局遂提出“拦河筑坝，以电养航”的建议，经 1987 年交通部内河建设会议研究列为建设项目。贵州省人民政府安排资金 50 万元，商定电厂投资由桐梓县设法贷款，坝上桥经费由地区交通局解决。

工程由贵州省水利设计院自立工程队测量勘探，贵阳市退休工程师协会设计，遵义市水利电力建筑工程公司组织施工设计，坝顶高程 395.3 米，死水位高程 389.3 米，总库容 154 万立方米，回水约 5 千米；坝上设平板闸门 3 扇，宽 10 米，高 5 米；电站布置在左侧，水位差 10 米，装机容量 1000 千瓦；每次放水送船耗水约 20 万立方米，水面降落 0.5 米，仍保持 9.5 米的水位差，与发电矛盾不大；船舶载量可增至 6 吨，通船期增加 4 个月，按当时运力，年运量可从 1 万吨增至 3 万吨。

主体工程于 1987 年 11 月开工，因遵义市水利电力建筑公司施工困难，后改由赤水河航道工程队继续完成。工程累计投资 92 万元，其中省安排资金 85.2 万元。1991 年 1 月，由遵义地区交通局组织验收。

羊磴河拦河筑坝建船闸工程，在山区航运建设中是不多见的，可惜由于电站和桥的资金没有到位，工程没有同步完成，后来航运形势发生变化，投资效益未能发挥出来。

（六）锦江碍航闸坝的复航工程

“文革”后期，解决碍航闸坝的复航问题重新被提上日程，交通部和水利电力部密切配合，加强领导。1972 年 7 月，由水利电力部对各省区水利电力局发出《请对通航河流上闸坝碍航问题进行一次检查和处理的通知》，要求制定出切合实际的改正措施，妥善加以解决。

为恢复锦江航运，“文革”初期中辍的瓦窑河升船机于 1976 年年底复工，地区水电局克服资料散失，缺乏专业队伍，有些部件在当地无法加工等种种困难，于 1979 年 4 月建成。芦家洞船闸也于同期修复试运。与此同时，为解决锦江支流谢河桥沿岸工厂原料运进和产品输出问题，交通部门在双河电站兴建升船机，由省交通勘察设计院设计，地区交通局组织建设，于 1976 年 10 月动工，1979 年 8 月建成。锦江复航过船设施建设出现可喜的形势。

瓦窑河电站位于铜仁市区内支流小江河口附近，过船设施建于右岸水轮泵机坑进口，防洪土墙处，为“跷跷板”式斜面升船机。升船机的能力按通过 8 吨满载或 12 吨减载船舶设计，采用惯性飞轮冲越驼峰，这在当时国内尚属首次，共投资 20 万元。芦家洞船闸建设和后来的修复工程，共投资 63 万元。两处资金均由水电站建设单位解决。

双河水电站位于谢桥河口，也在铜仁市区内，隔江与对面瓦窑河电站相望。升船机建在拦河坝右端，为高低轮斜坡式。轨道与坝轴线垂直，采用惯性自冲过顶工艺，设计通行 10 吨木船，干运过坝，单向年通过能力 4.2 万吨，双向 6.7 万吨。投资 24.5 万元。

1982 年 10 月，贵州航海学会和贵州水利学会在铜仁召开锦江过船建筑物经验交流会，作为小河碍航闸坝的复航工程，锦江进一步受到关注。

1983 年 6 月，交通部同意贵州省交通厅《关于锦江河系碍航闸坝复航建设的报告》，把锦江列入复航建设项目，拨款 50 万元补助，贵州省计委同时拨款 32 万元作为配套资金。贵州省交通勘察设计院和地区交通局建议恢复小江航运，将翁会一带磷矿石水运到地区化肥厂。经贵州省交通厅明确，以整治小江乔沟至铜仁 17 千米航道和建观音山升船机为此期工程重点。

小江乔沟至铜仁航道整治，由贵州省交通勘察设计院测设，乌江航道工程队施工。1984 年动工，1985 年 2 月完工，投资 24 万元。观音山水轮泵站升船机亦为高低轮斜坡式，承船车平面尺度与双河升船机相同，设计通航 8 吨木船，年通过能力单向 5 万吨，双向 8 万吨，由贵州省交通勘察设计院设计，铜仁地区航管站组织建设。1985 年 12 月开工，1987 年建成，投资 43.37 万元。

瓦窑河升船机建成后，上游轨道被淤沙埋没，反复清淤，又因轨道弯曲，承船车极易倾覆，无法使用。乔沟至铜仁段航道整治后，受洪水侵袭，部分导致建筑物冲毁，航槽淤塞，未及时养护，不能通航。但当时有两户农民贷款建机动船 1 艘，陷入绝境。

由于下游航道不通，新建的观音山升船机无法使用，上方石板滩升船机未再继续兴建。芦家洞船闸因闸首只高出设计通航水位 1.3 米，水位稍涨便不能使用，每年通航时间不到 50%。低水期流量甚小，影响发电，用水矛盾无法解决，也停止使用。

双河升船机是使用较好的，曾获 1982 年省优良设计奖。1981 年，地区航管站开辟铜仁西门至潮泥坪航线（3 千米）客班航线，每日 8 个班次，安全可靠，解决职工上下班和农民进城的交通问题，受到好评。后因发生营运纠纷，于 1982 年 5 月中断，以后未复启用。

1986 年，交通部、水利电力部正式批复，同意贵州以锦江取代㵲阳河，作为 1975 年确定的全国限期复航的七条河流之一。1987 年 1 月，交通部内河局武汉复航规划会议，又将锦江列为“七五”复航项目。之后由省交通勘察设计院编制了《锦江铜仁至文昌阁段航运工程复航可行性研究报告》，主张把复航重点转向干流，建议改芦家洞船闸为升船机，配合漾头电站（漾头电站位于铜仁下游 28 千米，下距省界 3 千米，水级 17.1 米，装机 1.6 万千瓦，1987 年动工兴建）兴建漾头升船机；整治漾头电站回水变化段滩险 6 处；修建铜仁货运码头及瓦窑河、九龙洞、漾头等客货码头。后因建设资金不到位，已建复航工程未能发挥作用，航运进一步萎缩，承办单位地区航管站自“文革”下放后，地方长期未承认接收，复航积极性下降，上述工程未能全部实施，只整治了回水变化段，投资 22 万元，于 1990 年 8 月竣工。建瓦窑客货码头 1 处，投资 19 万元，1990 年 4 月竣工；漾头升船机按 30 吨预留。

二、以工代赈帮助贫困地区建设航运基础设施

1984 年年底，国家计委下达粮棉布实物指标，帮助贫困地区修建道路和水利建设。1985 年 3 月，贵州省人民政府批准同意省计委、省交通厅的具体安排方案，部分用于航道整治。在实施过程中，根据扶贫工作需要，又扩大到码头建设。也结合发展航运，进行了一些贫困县区以外的工程。

动用国家库存粮棉布帮助贫困地区进行工程建设，采取“以工代赈”方式作为民工的劳动报酬。“报酬”发放有三种形式：一是全部折算发实物；二是部分折算发实物，部分转换现金；三是全部转换现金。由于航道、码头工程不便采用民工建勤，多采用第三种形式。实际上，根据水运工程的特殊性，所有项目都由地、县有关部门将粮棉布转换为资金，组织专业队伍按基建程序实施。粮棉布由 1985 年实行到 1987 年，1990 年后改用中低档工业品代替，水运工程方面的管理办法前后基本相同。

1985 年至 1990 年，粮棉布折算的资金为 1287.34 万元（约占分配给交通系统总数的 6%），中低档工业品 115 万元，共 1402.34 万元，占 6 年中各种渠道用于水运工程建设资金总数的 36.78%。这些资金一部分用于国家计划项目作配套资金，如“两江一河”复航工程和赤水河中游整治工程；另一部分则用于各河碍航严重，但未列入国家计划的滩险整治和对促进水陆联运、活跃地方经济有明显效益的码头建设。

表 5-9　以工代赈资金使用情况表

工程名称	粮棉布折算资金（万元）	中低档工业品购物券（万元）	占工程投资总额（%）	备注
“两江一河”复航工程	546.20	35	23.6	
赤水河中游整治工程	157.00		37.6	
岔角、赤水东门、鲢鱼溪 3 处码头建设	285.00		78.5	鲢鱼溪码头未全部建成
羊磴河蓄水助航工程	50.00	20	80.1	
乌江黄龙泉等滩险整治	35.03		100	
思南、潮砥、白果沱、思渠 4 处码头建设	84.00	39	68.7	
清水江滩险整治	79.97	16	58.1	
铜仁瓦窑河码头		5	26.3	
红枫湖旅游码头	50.14		64.8	未全部建成
合计	1287.34	115		

表 5-10　各河码头建设情况一览表

所在河流	码头名称	结构形式	泊位（个）	码头岸线（米）	设计年吞吐能力			投资（万元）
					货运（万吨）	客运（万人次）	渡运（万人次）	
北盘江	百层煤码头	引道式	1	36	8			117.0
	岩架客货码头	斜坡式	2	36	2			10.7
南盘江	坡脚货运码头	引道式	1	132	8			44.5
红水河	蔗香客货码头	斜坡式	1	55	3			41.5
	东兰货运码头	斜坡式	1	30	3			4.1
赤水河	岔角煤码头	斜坡式	4	170	8			36.0
	赤水东门客货码头	直立式	3	260	5	180	25	239.0
	鲢鱼溪货运码头	直立式	2	230	10			88.0
乌江	思南客货码头	斜坡式	1	50	3	40		179.0
	潮砥客渡码头	斜坡式	1	20	2	4	20	
	白果沱客货码头	引道式	2	126	10	5		
	思渠客货码头	引道式	1	70	5	2		

续表

所在河流	码头名称	结构形式	泊位（个）	码头岸线（米）	设计年吞吐能力			投资（万元）
					货运（万吨）	客运（万人次）	渡运（万人次）	
锦江	铜仁瓦窑河客货码头	直立式	3	50		31		19.0
红枫湖	滴澄关旅游码头	斜坡式	4	96		30		77.3
合计			27	1361	67	292	45	856.1

由于修建小型码头投资不大，效益显著，社会反响良好，各河兴建码头热情上涨。这些码头虽然规模不大，装卸工艺也不算先进，但能结合山区河流的特征，适应当地经济的发展水平，适应船员和群众的实际需求，建成后均取得一定成效。清水江瓮洞码头、都柳江从江码头、北盘江坝草码头等，已在酝酿和筹划之中。

国家制定的“粮棉布‘以工代赈’”政策，增强了贵州航运发展活力。自中华人民共和国成立到 1985 年，贵州水运工程建设投资累计不过 5000 万元，平均每千米航道不足 2 万元，而三年粮棉布补助款已超过其 1/3。后来的能源交通返还基金、中低档及其基金也按比例扶持航运，贵州省交通厅把比例提高到 10%。这一政策措施，对贵州航运可持续发展具有重要意义，并产生了深远影响。

三、红水河闸坝碍航受到国家重视

闸坝碍航是贵州航运的“痛点”。自 1975 年以来，位于广西境内的红水河相继建设的大化水电站、岩滩水电站和百龙滩水电站，都没有同步建设过船设施，贵州南下水运通道在广西境内被人为拦腰截断，造成梗阻，导致断航，“两江一河”贵州段航运由兴旺走向衰落。

（一）闸坝碍航引起国家有关部门重视

1980 年，国家经委、国家计委发出《关于解决碍航闸坝复航问题的通知》。1983 年，水电部、交通部联合成立“综合利用水资源解决碍航闸坝复航协调小组”。

1985 年 4 月 2 日，交通部向国家计委、国务院上报的《关于红水河水资源开发中有关航运建设意见的报告》(〔85〕交计字 725 号）指出：“红水河是珠江流域西江水系的干流，水量丰沛，落差集中，流域内及上游的南、北盘江两岸矿藏资源丰富，为发电、航运等水资源的综合利用提供了优越条件。因此，结合水电梯级的建设，进一步开发红水河及南、北盘江的航运，使其成为云、贵两省对外交通的水上通道，是落实胡总书记（胡耀邦）——开发大西南指示的重大步骤，也是解决西南、华南地区煤、磷东运的有效途径。”并提出意见：“龙滩、岩滩各建500吨级升船机、大化、百龙滩、恶滩、桥巩三座枢纽各建一座500吨级船闸、大藤峡枢纽建千吨级船闸一座。红水河全线渠化航道定为通航一顶两艘500吨级船舶标准船队的四级航道标准。”

1987年7月20日，交通部向国家计委上报的《关于红水河通航标准和开发中有关航运问题的报告》(〔87〕交计字518号）指出：“根据西南资源开发、经济发展的需要和红水河自然、技术条件，结合水资源综合开发渠化红水河，使龙滩至来宾河段达到五百吨级航道，来宾以下河段达到一千吨级航道的标准，在技术上是可行的，经济上是合理的。”

（二）“两江一河”的两次航运开发考察

随着改革开放的深入和促进中、西部地区经济发展战略的推进，各种考察活动日趋活跃，“两江一河”曾进行过两次规模较大的考察。

1984年8月1日至6日，香港合和实业有限公司董事、总经理胡应湘先生，经交通部原副部长潘琪引荐，一道来贵州考察水路运煤的可行性。除由交通、水利两厅介绍情况外，还提供飞机对北盘江、红水河、赤水河进行空中视察，又到六枝参观煤矿，后由陆路经花江桥（北盘江上游）过八渡（南盘江上游）入广西。胡先生认为，由贵州六盘水经北盘江、红水河、西江、珠江至深圳妈湾深水港建设一条煤运通道是值得研究的，并著有《贵州六盘水特区水路运煤初步构想》一文。该文在闸坝建设、工程周期、运力形成等方面显得过于乐观，但以新的视角探讨“两江一河”的开发问题，引起了对贵州水运资源潜在价值的重视。由于国家已明确红水河开发以水电为主，广西境高坝方案已成定局，该构想难以实现，因此该工作未再深入。

1988年11月9日至20日，由交通部珠江航务管理局和贵州省交通厅共同筹办，交通部会同水利部、能源部以及滇、黔、桂、粤四省区，对“两江一河”进行一次高层次的考察。考察团由交通部部长钱永昌任团长，贵州省副省长刘玉林、广西区副主席张春园、水利部珠江水利委员会顾问刘兆伦及交通部珠江航务管理局局长袁明钊任副团长。参加考察工作的还有国家计委、四省（区）有关部门、大专院校、新闻报社等单位的领导、专家、学者和代表50余人。

考察团由贵阳出发，先至安龙县坡脚视察南盘江部分河段；转经贞丰县百层乘船下行直抵广西东兰，视察北盘江、红水河航道；又专程前往岩滩、大化电站了解建设情况，最后在南宁开会总结。代表们对贵州北盘江航道整治成功给予了充分肯定和赞扬，就水资源综合利用提出了许多精辟见解和建议。

多数代表认为，打通“两江一河”水道既可能又迫切，不但可以为云、贵提供一条便捷的出海通道，而且必将带动流域经济发展，使两岸老、少、边、穷地区人民早日脱贫致富；“两江一河”不仅是可以开发水电富矿的黄金水道，同时也是发展航运的黄金水道，应尽快全线复航，水电梯级开发为发展航运创造了有利条件，应多做方案论证，选取最佳效益方案；通航标准近期整治达六级是适宜的，梯级开发来宾以上按四级十分必要，从长远看通航1000吨级船舶的可能性也值得研究；大化、岩滩升船机通过能力远不能满足近期运量要求，应考虑500吨级过船设施，建议组成专家小组进行研究；此外，还对管理体制的改革、龙滩梯级通航问题、各电站过船设施同步建成问题、恶滩船闸的修复及集疏公路配套设施建设等提出建议。讨论中，广东省代表对开发“两江一河”航运的要求特别赞同，广西壮族自治区建委、水电局一些领导则完全不同意以上看法。

考察后，交通部同意再安排贵州“两江一河”近期复航二期工程，主要任务是：北盘江由百层上延23千米，建坝草码头，经坝草至镇宁公路与贵阳至黄果树高等级公路连接，为安顺地区水路建立一个门户；南盘江由坡脚上延19千米至天生桥电站附近，改善区间交通条件；建羊里码头，连接惠水至罗甸公路，为黔中地区在红水河上打开一个窗口，进一步完善水陆联运网络。初步设计于1990年上报，批准投资1173万元，为“八五”建设做了准备。

四、航道港口普查和前期工作的开展

（一）第二次航道普查和初次港口普查

1979年6月13日，贵州省交通局根据交通部关于对内河航道第二次普查工作部署，召开全省航道普查会议。由省航运局牵头，省交通勘察设计院配合，组织开展工作，同年完成《贵州省内河航道普查资料汇编》，并上报交通部。

根据航道普查结果显示：1979年，贵州主要通航河流有赤水河等7条，航道里程1367千米，一般河流有大同河等16条，航道里程395千米，合计1762千米。延续1963年7月川、黔两省协定，赤水河川境鲢鱼溪至合江49千米的航运、航政和航道工程，由贵州统一管理。此次普查，航道里程较1965年（3410千米）减少1648千米。究其原因：一是闸坝断航；二是物资改道或走陆运。全省有碍航闸坝107处，造成断航

1007 千米，受其影响减少里程 641 千米。（详见表 5-11 至 5-12）

港口普查也是按交通部统一部署进行的。1986 年，由贵州省航运局牵头，各市（州、地）交通主管部门参与成立普查领导小组。以 1985 年港口现状及生产活动为内容，于 1986 年 6 月完成《贵州港口》编辑，并上报交通部。普查结果为省、市（州、地）县均无专职港口管理机构，地方码头多由航运企业、物资部门或搬运单位自行管理使用。1950 年至 1985 年，港口码头建设投资约 150 万，占航运基建投资的 3%。

表 5-11　贵州省内河航道普查情况表（1979 年）

河流名称	通航起讫	通航里程（千米）			通航船舶（吨）	枯水期航道（米）		水利闸坝（座）				
		总计里程	分段通航里程	季节性通航里程		水深	宽度	碍航闸坝	船闸	升船机	其他通航设施	桥梁
合计		1762	123	999				3	2	1		24
主要河流	7	1367	42	735								
赤水河	白杨坪—鲢鱼溪	199		103	8—80	0.3—0.7	4—15					1
乌江	大乌江—龚滩	264		55	40—100	0.8—1.2	10—18					2
清水江	凯里—分水溪	311		311	7—50	0.4—0.8	6—14					4
都柳江	三都—八洛	214		52	3—15	0.3—0.8	3—8					1
红水河	两江口—曹渡河口	105			20—30	1.0—1.4	8—20					
北盘江	百层—两江口	84		84	20—30	0.4—1.0	4—12					1
南盘江	八达章—坝盘	42	42		1—4	0.4—0.8	4—6					
	纳贡—两江口	148		130	20—30	0.4—0.9	4—10					
一般河流	16	395	81	264								
大同河	大同—河口	4			15	0.5	5					
红枫水库（乌江）	英关桥—红枫电厂	24			10	2.0	30					

续表

河流名称	通航起讫	通航里程（千米）			通航船舶（吨）	枯水期航道（米）		水利闸坝（座）				
		总计里程	分段通航里程	季节性通航里程		水深	宽度	碍航闸坝	船闸	升船机	其他通航设施	桥梁
石阡河	石阡—江口	57		23	3—10	0.3—0.4	8—10		1			1
南哨河	太拥—河口	28		28	0.5—3	0.3	3					2
瑶光河	八寿—河口	18		18	0.5—2.5	0.3	3					
重安江	新码头—河口	52	52	52	0.5—3	0.3	3					2
六洞河	南明—锦屏	60		60	0.5—3	0.3	3					3
计埃河	计埃（下）—定旦	14		14	1—1.5	0.2—0.3	1.0—1.5					
永乐河	乔来—双溪口	12	12	12	1.5—2	0.2—0.3	1.5—2					
三江河	三江—平江	17	17	17	1.5—2	0.2—0.3	1.5—2					2
四寨河	邦土—河口	22			2—3	0.2—0.3	2—3					
羊磴河	羊磴—藻渡	16			5	0.4—0.5	3—4	1				1
锦江	铜仁—文昌阁	31			6—15	0.6—0.8	8—20		1			1
寨英河	观音山—铜仁	18		18	5—7	0.3—0.4	23			1		1
小江	小江口—两河口	9		9	3—5	0.2—0.3	2					
洪洲河	洪州—省界	13		13	0.5—3	0.3	3					2

表 5-12 贵州省内河港口（集散点）情况一览表（1985 年）

水系	河名	港口（集散点）名称	距省界（千米）	吞吐量		码头及作业地段			备注
				客（万人次）	货（万吨）	总延长（米）	泊位（个）	最大靠泊能力（吨）	
总计				276.2	104.2	10212	305	3866	
长江水系	赤水河	赤水	5	43.4	54.9	1230	37	150	
		切角	13	7.8		70	2	65	
		复兴	21	12.1	0.5	535	8	65	
		风溪	26	1.4	0.3	100	3	65	
		丙安	33	6.6	0.4	80	4	65	
		土城	77	2.8	1.1	542	6	70	
		岔角	108		3.2	1000	3	70	
		茅台	159	3.9	0.5	400	4	15	
		中华	167	3.8	0.1	200	2	15	
小计				81.8	61	4157	70	580	

续表

水系	河名	港口（集散点）名称	距省界（千米）	吞吐量		码头及作业地段			备注
				客（万人次）	货（万吨）	总延长（米）	泊位（个）	最大靠泊能力（吨）	
长江水系	乌江	洪渡		3.7	0.9	40	1	200	囤船码头
		毛渡	22	2.9	0.2	60	1	200	
		思渠	31	5.0	0.3	170	3	200	斜坡阶梯码头
		黑獭	50	7.1	0.2	100	2	200	
		沿河	58	23.3	4.0	489	8	200	斜坡阶梯、缆车
		沙沱	65	0.9	1.3	40	1	200	
		琪滩	69	5.0	0.1	50	1	200	
		夹石	105	1.3		50	1	200	
		潮砥	140	2.3	0.2	500	2	200	斜坡阶梯码头
		龙江	153	3.5		150	15	10	
		思南	160	28.2	2.6	360	6	200	斜坡、囤船码头
		邵家桥	172	3.3		120	1	200	
		瓦窑嘴	199	5.3		150	1	100	
		文家店	209	4.5	0.3	150	1	100	
		乌江渡	408	1.8	2.2	185	2	30	引道式码头
		周家院	447	1.7	2.0	180	9	30	
小计		16		99.8	14.3	2844	54	2470	

续表

水系	河名	港口（集散点）名称	距省界（千米）	吞吐量		码头及作业地段			备注
				客（万人次）	货（万吨）	总延长（米）	泊位（个）	最大靠泊能力（吨）	
长江水系	石阡河	塘头	187	1.4		120	6	20	
	金沙河	大渡口	438	1.6		20	3	10	
	猫跳河	百花湖		2.1		167	21	15	
		红枫湖		19.5		570	36	150	
	锦江	芦家洞	26	16.9	1.2	110	5	100	
		铜仁	31	16.9	1.2	120	5	100	斜坡阶梯码头
	潕阳河	镇远	113	2.0		180	10	40	斜坡阶梯码头
		施秉	148	1.2		50	4	20	斜坡阶梯码头
	清水江	白市	33	0.3	1.6	144	3	50	直立码头、梭槽
		远口	57	1.3	1.7	200	4	80	
		锦屏	87	2.4	12.8	477	12	50	
		南加	135	1.1	1.7	50	3	40	
		剑河	194	2.0	2.5	80	3	20	斜坡阶梯码头
		施洞	254	3.6	0.1	63	8	8	斜坡阶梯码头
		旁海	290	1.9	0.1	200	14	4	斜坡阶梯码头
		重安	317	2.2	0.2	127	15	4	斜坡阶梯码头
小计				76.4	23.1	2678	162	711	

续表

水系	河名	港口（集散点）名称	距省界（千米）	吞吐量		码头及作业地段			备注
				客（万人次）	货（万吨）	总延长（米）	泊位（个）	最大靠泊能力（吨）	
珠江水系	都柳江	从江	33	15.7	2.2	193	11	20	
		榕江	110	2.3	0.3	270	15	15	斜坡阶梯码头
	红水河	羊里	42	0.3	3.3	120	3	70	
小计				18.3	5.8	583	29	105	

（二）新一轮航运规划的编制

贵州第一次编制航运规划于 20 世纪 50 年代末、60 年代初完成。第二次航运规划是在水系航运规划安排下进行的，而水系航运规划又是在长江、珠江两大流域水资源综合利用规划的带动下开展的。1980 年，水利部珠江水利委员会（简称“珠委”）召开流域规划协作会议，邀请交通部门参加。强调交通、能源都是重点，明确发展水运是河流水资源综合利用的重要任务之一。

会议前，交通部水规院召集粤、桂、滇、黔、赣、湘等交通部门交换意见，与贵州直接关联的有三：一是编制的红水河规划，未考虑贵州航运发展要求；二是都柳江榕江以上河段应纳入规划；三是同意北盘江以开发水能为主，兼顾航运。

佛山会议后，成立了珠江流域规划协调小组，交通部水规院作为领导成员之一，负责组织各省（区）交通部门进行流域规划，于 1981 年 6 月下达工作提纲。

1982 年 5 月，经贵州省交通厅明确，由贵州省交通勘察设计院承办，贵州省航运局配合，正式开展工作。交通部水规院综合 4 省区航运规划报告，于 1984 年 8 月完成《珠江流域航运规划综合报告》（简称《报告》）交“珠委”汇总，1986 年 3 月，该《报告》通过审查，由“珠委”修改上报，历时 6 年的流域规划告一段落。

1990 年 7 月，水利部上报《关于珠江流域综合利用规划报告审查意见的请示》，经国务院批复。按审查意见，同意“南盘江坡脚以下和北盘江百层以下，近期通航 100 吨级船队；远景结合梯级水电站建设，南盘江开远以下，北盘江龙头寨以下至红水河来宾，通航 500 吨级船队，来宾以下通航 1000 吨级船队”，“都柳江三都至老堡口，柳江老堡口至柳州，近期通航 100 吨船舶，远景通航 300 吨级船舶；柳州至桂平，近期通航 300 吨级船舶，远景通航 1000 吨船舶”。

1983 年 12 月，国家计委报经国务院批准，批复《长江流域综合利用规划要点报告修订补充任务书》。1984 年年初，成立交通部长江水系航运规划办公室（简称“长航办”），将贵州赤水河、乌江纳入规划工作大纲。

贵州省交通厅于 1984 年成立航运规划领导小组，杨守岳厅长、邓时恩总工分别兼正副组长，由省交通勘察设计院和航运局组成规划办公室，于年底提出了《长江水系赤水河航运规划报告》和《长江水系乌江航运规划报告》。赤水河的规划方案是：1990 年前整治二郎至赤水 108 千米达七级航道标准，适应近期煤运发展需要；远期建中、低坝渠化，由中游起步，使茅台以下达五级航道标准。乌江的规划方案是：2000 年前通过整治、清理河槽，配合上游电站水库建成后，低水流量的调增，使马洛渡以下283千米达五级航道标准；远期配合水电梯级建设实现渠化。1985年年初，贵州按照“长航办”的要求编写赤水河、乌江的规划要点，纳入《长江水系航运规划报告》。

水利部长江水利委员会（简称“长委”）修订后的《长江流域综合利用规划简要报告》于1990年提出，同年7月经全国水资源与水土保持工作领导小组审查通过，1990年9月报经国务院批准。

在编制长江水系航运规划时，由于时间紧、人手少，只编了赤水、乌江两河报告，全省航运规划未得以进行。1987年，省交通厅计划处曾委托贵州航海学会编制《贵州省内河航运发展规划》，因交通部已下达规划修订补充任务，所以这次规划资料未正式上报水委综合汇总。

1989年3月，交通部对全国四大水系航运规划领导小组及航运规划办公室进行调整，明确水系航运规划办公室职责，组织各省（区、市）全面开展修订补充工作。省交通厅副厅长为长江、珠江两水系规划领导小组成员，工作分别受两水系指导。省航运规划领导小组亦进行调整，规划工作明确由内河办承办。

（三）乌江流域经济发展战略研究获国家科委科技进步一等奖

乌江横贯贵州中部及东北部，省境内流域面积占全省面积的38.2%，人口占43.3%；是长江以南最大的储煤区，水力资源在长江众多支流中居第三；流域内县以上城市占全省一半。贵州省人民政府曾以黔府办〔1982〕112号文明确：乌江开发“以发电为主、电运结合、兼顾灌溉、水产、防洪等综合利用效益”，并成立乌江流域规划领导小组及协调办公室，加强规划工作领导。以后干流由水利电力部长江流域规划办公室和贵阳勘测院承担，于1987年3月完成《乌江干流规划报告》，提出“主要任务是发电、兼顾航运、防洪、灌溉及其他”的11级开发方案。

20世纪80年代中期，乌江流域综合开发利用特别受重视。1987年5月初，以经济学家、中国国土经济研究会理事长于光远为顾问，全国政协经济建设组副组长、国家计委咨询组副组长林华任团长，罗西北、何仁仲任副团长，数十名专家、教授组成的考察团，对乌江流域进行了考察，并向中央和国务院提出了开发乌江流域的建议。此后，根据中央领导指示，国家科委和国家计委联合下达了开展《乌江流域经济综合开发战略研究》的课题。研究工作分为综合、一级子课题、二级子课题三级。一级子课题包括河流开发、工业综合开发、农村经济发展、环境保护、体制和政策5个报告。《乌江航运战略报告》为二级子课题，归属河流开发战略研究报告，由贵州和四川两省交通部门承担。在《乌江航运战略研究》子课题的研究报告编制中，课题组长张敦嘉在省内首次采用了“工作量经济责任制”的办法，确保了在任务重、时间短、人员少、要求高的情况下，高质量完成研究任务。

为发展乌江航运和进行乌江流域经济综合开发战略研究需要，1988 年 5 月，国家组织对以航运为主的乌江进行综合考察。参加考察的有国家科委、国家计委、交通部、铁道部、中国科协、水电部长办、水电部贵阳勘察设计院和贵州、四川两省有关部门的领导、专家、学者共 50 人，国家科委中国科技促进发展研究中心金履忠为顾问，交通部长江航务管理局局长唐国英为团长。干流开发以水电部长办和贵阳勘察设计院 9 级方案为基础，构皮滩以下，尤其靠近涪陵的梯级，坝高和位置宜做适当调整；过船建筑物的位置要因地制宜，下游河段应以船闸为主要形式参加比选；必须积极采取措施解决梯级不衔接段和回水变化段对航运的限制问题；施工期应设法维持通航；建议对水系乌江航运规划作必要修订，结合梯级开发研究有关问题，抓紧整治工程可行性研究等。

1988 年 8 月，贵州、四川两省交通厅联合提出《乌江航运发展战略研究》，交河流组汇总。总课题于 1989 年 4 月通过审定，1990 年荣获国家科委 1990 年科技进步一等奖。有关航运方面的要点是：结合水电开发，发展乌江航运，使乌江成为一条通江达海的重要通道。2000 年后，9 个梯级建成，配合兴建过船设施，整治回水变化段航道，使乌江渡以下达四级航道标准。

1988 年 11 月，水利部在向国务院上报的《关于乌江干流规划报告的审查意见》中做了补充：“同意乌江干流开发任务以发电为主，其次为航运，兼顾防洪、灌溉等。”1989 年 11 月，长江航运规划设计院完成《乌江干流梯级开发航运规划专题研究报告》，以水电梯级为基础，提出过船设施方案等新建议。贵州省航运局设计室和省交通勘察设计院相继完成《乌江（大乌江—龚滩段）航运建设工程可行性研究报告》，于 1990 年年底上报设计计划任务书，争取列入“八五”建设项目。期间，1989 年 3 月至 4 月，省计委、交通厅、航运局派人出国，对法国段罗纳河、意大利段波河、荷兰段鹿特丹和阿母斯特丹港进行航运考察。

（四）渠化赤水河的呼声及可行性研究成果

赤水河是当年红军长征经过的地方，以四渡赤水出奇兵而闻名。流域内资源丰富，但经济发展滞后。1985 年，“遵义会议”50 周年前夕，四川省古蔺和贵州省金沙、仁怀、习水、赤水5县政协在习水县城召开联席会议，提出“梯级开发，以运为主，综合利用”等5条建议，呼吁开发赤水河改变地方贫困面貌。同年4月，扩大到三省10县（增加云南威信、镇雄，四川叙永、合江，贵州毕节），在仁怀县召开联席会议，并邀请政府有关部门及水利部长江流域规划办公室（简称“长办”，即后来的长江水利委员会）、交通部长江水系航运规划办公室参加，主张里千岩以下采用中低坝航运渠化，以二郎滩梯级为首期工程。

1985年5月，贵州省交通厅布置省交通勘察设计院在航运规划的基础上，开展可行性研究。同年10月，该院配合“长办”踏勘组对坝址进行勘察。11月，经交通部同意，列为“七五”前期工作项目。

1986年6月，由贵州省计委、交通厅主持，对省交通勘察设计院的初步可行性研究报告进行审查，除省内有关厅、局外，还有交通部内河局、水规院、长办、水利部长办和水电部贵阳勘测设计院等部门的代表参加。会上，水利、水电部门对开发方针和二郎以上的梯级布置有不同意见，经省计委协调，最后同意以下修正和安排：开发方针“上游发电为主，兼顾蓄水调流、防洪；中游梯级渠化，航电结合，合理利用水资源；下游航运为主。因地制宜，统筹安排，远近结合，以近促远，分步实施”。

会后，长办将会议议定的开发方针扼要反映在《长江流域规划简要报告》中，但航道标准未标明改为四级。

1988年1月，贵州省交通厅根据交通部计划会议商定的原则，委托交通部水规院抓总负责，会同省交通勘察设计院承担赤水河土城至赤水段渠化工程可行性研究任务。同年7月，由省交通厅主持，邀请省政协、省人民政府办公厅、计委、经委、建设厅、水利厅、水电部贵阳勘测设计院等单位，听取交通部水规院方案比选的汇报后，同意所推荐的黄泥滩、闷头溪、狗狮子三级方案。《赤水河（土城—赤水）航运工程可行性研究报告》于1989年11月完成。参加工作的还有能源部、水利部北京勘测设计院和贵阳勘测设计院、武汉水利电力学院设计院、四川省交通厅内河勘察设计院、交通部长江航运规划设计院、天津水运工程科学研究所、中国水运工程咨询公司等单位。

文件除总报告外，还包括投资估算、水利水能计算、航运经济与运量预测、枢纽工程、经济评价、淹没处理和配套工程等15个附件。方案要点：建狗狮子、闷头溪、黄泥滩三个枢纽，渠化河道50千米，达四级航道标准；船闸尺度120×16×3米（长×宽×门栏水深），近期通航4×220吨变吃水驳船，单向通过能力294万吨，全线渠化后通行 2×500 吨级分节驳船；电站共装机共 10.5 万千瓦，年发电量 5.2 亿度。在土城建港集散上中游物资。狗狮子以下 23 千米，近期整治达到与赤水下游航道标准一致，通过能力 270 万吨。静态投资 7.38 亿元。1990 年 11 月 21 日，贵州省计委、交通厅以黔交计〔1990〕91 号文上报交通部，后无果而终。

“七五”期间，还完成了锦江复航可行性研究、清水江航运建设可行性研究、都柳江航运经济调查、乌江渡库区航运调查及码头规划等多项工作。

第六节　水运精神文明建设及职工文化教育宣传的深入开展

一、水运精神文明建设的开展

1982 年 11 月，党的十二大胜利召开。十二大提出，在建设高度物质文明的同时，努力建设以共产主义思想为核心的高度的社会主义精神文明，作为建设社会主义的战略方针，又把建设高度的社会主义民主作为建设社会主义物质文明和精神文明的根本目标和根本任务。同月，中共贵州省委召开工作会议，拟定贵州发展战略目标和措施，其中要求要把精神文明建设作为全党的任务坚持不懈抓下去。省属各单位积极响应，各党组织组织党员干部学习马列主义、毛泽东思想，学习党史、党章。充分利用墙报、黑板报、广播宣传党的方针政策，树立新风、崇尚科学、破除迷信，与坏人、坏事做坚决斗争。结合本单位实际，立足岗位，组织职工开展社会主义劳动竞赛，积极营造“学先进，争先进”的活动氛围。有的单位一度成为当地文明建设的样板。

二、职业教育培训形式多样化

党的十一届三中全会召开，实行改革开放后，为适应市场经济发展的需要，通过形式多样的教育培训，职工职业教育迈上了新台阶。1980 年 9 月，贵州省赤水航运公司举办职工培训班，1981 年经贵州省交通厅政治部批准为职工学校，1982 年受到交通部表彰。1984 年 7 月，受省交通汽车驾驶学校委托开办轮机、驾驶专业班。1985 年，赤水、乌江航运公司开办函授大专班和函授站；自办职业高中，解决职工子女学习和就业问题。赤水、乌江航道工程队多次举办文化补习班和业务学习班，组织职工学习爆破、测量、通航信号、轮机、驾驶等知识。

三、计划生育工作的重视和加强

我国的计划生育政策始于 1971 年。1980 年，党中央发表《关于控制我国人口增长问题致全体共产党员、共青团员的公开信》，提倡一对夫妇只生育一个孩子。1982 年，计划生育确定为我国的一项基本国策写入《宪法》。当时，某正值省属航运企业面向全省大招工不久，年轻职工比例大，都已进入结婚生育年龄，各企业都成立了计划生育机构或设置专职人员，对年轻职工及家属进行计划生育教育和培训，同时包括省内河航运管理局在内的各直属单位和企业，严格执行计划生育各项政策，加强与辖区计划生育部门的沟通、协调，配合检查，多次受到当地政府部门的好评。

四、唯一按照国家教学管理举办的大专班

随着改革开放不断深入，企业面临转换经营机制、走向市场的新形势，急需大批懂经营、会管理的人才。

1983 年，赤水航运公司按有关条件报经贵州省教育主管部门批准，举办贵州广播电视大学经济类工业企业管理专业 3 年制大专班，报考人员经参加全国电大统考及格后录取。赤水航运公司 19 人、赤水县 15 人，共计 34 人被正式录取，全脱产学习，统一使用中央广播电视大学教材、统一参加中央广播电视大学授课、统一参加中央广播电视大学考试，考试试卷交贵州广播电视大学评阅。设公共必修课 14 门："政治经济学""中国共产党历史""辩证唯物主义与历史唯物主义""写作基础知识与应用文写作""中国近代经济史""微积分""计算技术""会计学原理""国民经济管理概论""中国经济地理""统计学原理""国民经济计划概论""经济法概论""逻辑学"。专业基础课及专业课 8 门："工业经济管理概论""工业生产基础知识""工业会计""工业统计""工业企业管理""国民经济计划综合平衡""财政与信贷""市场学概论"。选修课 14 门。电视广播大学授课与自学相结合，采用学分制，进行毕业答辩，成绩及格者，由贵州广播电视大学颁发 3 年制大专毕业证。 这批电大毕业生，在各自工作岗位上用所学的知识与实践相结合，发挥了积极作用，有相当一部分学生走上了领导岗位。

五、航海学会的建立及学术活动的开展

在国家科委、科协的倡导下，各种专业的学会发展起来。1981 年 10 月，贵州航海学会成立，到 1990 年经历了两届理事会，会员增至 432 人，分布在全省航运系统各企事业单位和省有关委、厅、局、大专院校和厂矿企业。学会下设航道与港口、造船与轮机、水运经济、船舶驾驶 4 个专业委员会，另在赤水设有分会，赤水航道队有基层委员会。学会办公室配有 2—3 人经办日常事务。

贵州航海学会是经主管部门批准成立的社会团体组织，接受贵州省科协、贵州省交通厅的领导和中国航海学会的指导。自成立以来的 10 年间，在开展学术活动、科普教育、科技咨询、编辑出版等方面做了大量工作。

学术活动方面：1982 年 10 月，组织“锦江过船建筑物经验交流会”，省内外专家学者 70 多人出席，收到论文 36 篇。1983 年 5 月，在赤水举行“水上侧壁式气垫船学术讨论会”，邀请安徽省交通厅高级工程师季克民做报告，省内外专家学者 30 多人到会。1985 年，组织航运科技人员赶赴广州参加“沿海和内河航运技术交流会”；同年 10 月，选派会员何志远参加中国航海学会组织的“中国青年访日友好之船代表团”，赴日考察。1986 年，学会召开“第二届会员代表大会及年会”，改选理事会，大会交流学术论文 14 篇。1987 年 2 月，与交通运输协会联合举办“振兴内河航运座谈会”，出席会议的有贵州省人民政府、省顾委、省计委、经委、铁路、燃料等单位领导、专家 38 人，讨论内河航运战略地位和面临的问题。1988 年 9 月，“中国航海学会内河地区学会第二次联席会议”在贵阳召开，有 9 省学会领导及代表出席，研讨贵州航运发展战略。1989 年 8 月，召开“山区浅水船型及运输方式研讨会”；同年 10 月，与交通运输协会联会召开“振兴内河航运讨论会”；接着又召开“港口码头建设经验交流会”，总结交流“七五”期间省内码头建设的技术经验。

科普教育方面：1984 年 7 月，首次举办夏令营，有贵州省各地的中学生 100 人参加，省人大主任徐健生主持开幕式。从红枫湖出发，经娄山关到红军四渡赤水的土城镇，再经赤水河乘船到重庆，行程 1200 千米，营员接受了一次生动的红色革命传统教育，上了一堂航运科普知识课。1987 年至 1990 年，拍摄反映贵州航运发展情况的两部电视纪录片，片名为《通向大海》和《愿江河畅通》。在庆祝中华人民共和国成立 40 周年和贵州省科协成立 30 周年纪念期间，参加省、市科协组织的“科技一条街”活动，展出 36 幅大

型图片及文字简介。10 年来，举办船员培训班 14 期，共 606 人次参加。赤水分会举办航运知识竞赛，以航运历史、港口、航道、节能、船舶航行安全等为内容，200 多人参与。

科技咨询方面：1984 年至 1990 年，组织各类经济技术论证，涉及内容有复航技术、航道整治、企业经营管理、工程竣工报告等。

学术期刊方面：1987 年创办《贵州航运杂志》（1989 年改为《贵州交通科技（航运版）》），至 1990 年为止，共发行 7 期，7000 册；另发表各类文章 218 篇，66 万字。

科普读本方面：编印出版《贵州省民间渡口船工初级教材》《贵州省内河航运小轮机船读本》，共发行 1.2 万册。

贵州航海学会是本省办得比较活跃的学会之一，多次受到省科协和行政主管部门的表彰。

1988 年 11 月，交通部长江航道局成立长江航道协会，邀请各省航道管理部门作为团体会员参加，属半官方的社会团体。1989 年，协会受交通部工程管理司委托，与交通部水运工程科技情报网内河航道分网共同组织编写《中国内河航道建设四十年》，贵州省航运局《前进中的贵州航道建设事业》一文被收录进文集。

六、中国河运报贵州记者站的设置为外宣开设窗口

《中国河运报》（后为《中国水运报》）于 1984 年 7 月创刊，是面向全国交通行业的第一张报纸，由交通部主管、交通部长江航务管理局主办，报社设在武汉。1984 年，贵州省内河航运管理局按交通部〔1984〕交政字《关于创办〈中国河运报〉方案的批复》的精神，报经《中国河运报》报社批准，在贵州设立记者站，记者站设在省航运局办公室，是为各省市较早建立的记者站。贵州记者站在贵州省交通厅、省航运局和《中国河运报》的领导下，为宣传贵州水运建设和发展，提高水运知名度发挥了积极作用。

1991 年，根据交通部〔1990〕交函政法字 504 号《关于中国河运报社驻各地记者站重新申请登记注册的函》和中共湖北省委宣传部、湖北省新闻出版局的文件要求，贵州记者站于 1991 年在贵州新闻出版局申请登记注册并得到批准，成为经新闻出版部门批准的记者站，从事新闻采访的记者证由湖北省新闻出版局核发，报贵州省新闻出版局备案。当时该报每周出版一期（后改为周一、三、五出版），水运各单位组织职工积极向报刊投稿，及时将贵州航运最新的工作动态传到该报，让社会以及更多的人了解贵州水运的最新情况。

稳步发展的水运事业

（1992 年—2000 年）

1992 年 1 月 18 日—2 月 21 日，邓小平视察了武昌、深圳、珠海、上海等地并发表重要讲话。提出“要抓紧有利时机，加快改革开放步伐，力争国民经济更好地上一个新台阶”的要求，为中国走上中国特色社会主义的市场经济发展道路奠定了思想基础。不久，邓小平南行的旋风席卷全中国，掀起了又一轮改革开放的热潮。

1992 年 3 月 2 日，中共贵州省委召开常委会议，学习邓小平视察南方重要讲话精神。4 月 17 日，中共贵州省委、省人民政府发出《关于加快改革开放步伐加速经济发展若干问题的通知》。随后，中共贵州省委、省人民政府又相继出台五个配套文件。6 月 1 日—2 日，中共贵州省委召开地、州、市委书记会议，学习邓小平视察南方重要讲话和中央政治局会议精神，进一步讨论贵州省加快改革开放、加速经济发展问题。会议认为，抓紧有利时机，加快改革步伐，力争全省经济更快地上一个新台阶，是当前全党的战略任务，改革的重点是转换企业的经营机制，同时必须加快配套改革。会议强调，在加快改革、扩大开放、发展经济的同时，坚持两手抓，要加强党的思想和作风建设，抓好廉政建设，对各种犯罪分子要坚决打击，维护社会安定。

1992 年 10 月，党的十四大召开，大会确立了邓小平建设有中国特色社会主义理论在全党的指导地位，概括了建设有中国特色社会主义理论的主要内容，明确建立社会主义市场经济体制的改革目标，要求全党抓住机遇，加快发展，集中精力把经济建设搞上去。

1995 年 5 月，中共中央、国务院《关于加速科学技术进步的决定》做出实施科教兴国战略重大决策。党的十五大再次将实施科教兴国战略，作为我国改革和发展的重要任务。

1997 年 9 月，党的十五大召开，大会首次使用“邓小平理论”概念，提出了社会主义初级阶段的基本纲领，规划了跨世纪发展的战略部署。

贵州省交通厅按照中央和中共贵州省委、省人民政府的部署，制定相关加快改革开放、加速交通经济发展配套措施，省航务管理局在厅党组领导下，继续深化水运改革，推进各项工作向前发展。

第一节　管理机构调整与职能转变

一、水运管理机构改革与职能转变

（一）省级水运管理机构体制的调整

1983 年 12 月，贵州省交通厅内河航运管理处更名为“贵州省内河航运管理局”。1991 年 5 月，贵州省内河航运管理局事业编制增至 75 人（含省港航监督处 15 人、设计室 10 人）。新增编制 20 人所需经费，从征收的水路运输管理费中开支。张敦嘉任局长兼党委书记，刘永凯、李治生、任副局长廖国平任副局长兼总工程师。1996 年 4 月 23 日，省交通厅对省内河航运管理局领导班子进行调整，刘永凯任局长、党委书记，唐金安任党委副书记，刘浩任副局长、党委委员。1996 年 10 月，调整局机关内设机构及负责人，运输管理科更名为“航运管理科”，设计室更名为“水运规划勘察设计所”，航道管理科更名为“航道工程管理科”，撤销物资站，计划统计科增加战备办职能。调整后，局机关内设 9 个科室（含港航监督处、水运规划勘察设计所）。

1997 年 8 月 11 日，贵州省内河航运管理局更名为“贵州省航务管理局”，同时成立贵州省港航监督局、贵州省船舶检验局（三块牌子一套班子），其各自原有级别、人员编制、经费来源、隶属关系不变。1999 年 5 月，核定局领导职务数 4 名：局长 1 名、党委书记或副书记 1 名、副局长 1 名、总工程师 1 名。经费开支仍按照 55 人全额预算管理，20 人从航运管理费中列支。

（二）铁、公、水分流组织机构的成立

进入 20 世纪 90 年代，贵州省社会经济发展步伐加快，为航运发展创造了较好的契机。为培育水运市场，利用各河流直通长江、珠江的有利条件，继续巩固和发展支干直达、支干支直达运输。

1989 年，为了解决铁水货物运输极不平衡的矛盾，促进物质输出，贵州省人民政府做出对货物运输实施铁水分流，大力发展水上运输的战略决策。同时成立贵州省铁水分流领导小组和铁水分流办公室，办公室设在省交通厅，主要负责货物运输铁水分流的具体工作。将贵州烤烟、煤炭、木材、磷矿石等通过铁、公、水联运运往省外，开拓和延伸水运航线，缓解铁路运输压力，促进贵州经济的发展。

（三）省属水运企事业单位的改革

1992 年，贵州省航运管理局直管企业 8 个：贵州省赤水轮船公司、贵州省乌江轮船公司、贵州省思南船舶修造厂、贵州省红枫湖轮船旅游公司、贵州省航运总公司、贵州省航运开发公司、贵州南方航运有限公司、贵州东方航运有限责任公司。局内科室实行企业化管理的两个：贵州顺达水运规划勘察设计所、贵州兴航水运工程监理事务所。2000 年，贵州省航务管理局直管事业单位 2 个：贵州省赤水河航道处、贵州省乌江航道处。1988 年起，赤水河乌江两个航道处由原系全额拨款的事业单位实行差额拨款。贵州省赤水轮船公司、贵州省乌江轮船公司、贵州省思南船舶修造厂为县级级别，领导人事权限由省交通厅负责，其余企事业单位领导人事任免由省航务管理局负责。

（四）各地（州、市）县港航监督和航务管理机构的设置

港航监督机构　1988 年，贵州省港航监督机构改革仍按处、所、站三级设置，即省内河航运管理局设港航监督处（科级），地（州、市）设所（科级），主要通航水域设站，水运不发达的县市交通局设有专职监督员。地（州、市）港航监督机构的人事、组织关系由各地（州、市）交通局管理，明确各港航监督所、站负责人的任免应与省局协商，人员经费由省局统一向省财政申请并分配下拨。“七五”末期，港航监督机构已发展到 9 所 28 站，共 170 人。

“八五”时期，按照交通部提出的建立完善全国五级交通安全管理体制要求，省内河航运管理局在水运较发达的县、乡建立健全水运安全管理机构，经费纳入当地财政预算管理（称为“地方编制”）。1997 年 12 月，随省内河航运管理局更名，各地（州、市）所更名为“处”；各县站更名为“所”，为两块牌子一套人员，其级别、人员编制、

经费来源、隶属关系不变。2000 年 9 月，全省基层港航监督所（站）为 48 个，279 人（含地方编制）。

航务管理机构 1985 年，实行港监、航管机构分设，将原直管的航运管理（中心）站下放到各地（州、市）交通主管部门管理，实行“条块结合，以块为主”的管理体制。“八五”时期，航运管理中心站有毕节、岩架、清水江、都柳江、㵲阳河、遵义、铜仁 7 个。中心站在河系航运较发达县（市）乡镇设置航运管理站 23 个，负责所辖河流水路运输、航道、港口码头的行政管理工作。经费来源主要是依靠征收航运事业费。

1997 年，各航运管理中心站更名为“航务管理处”(清水江、都柳江除外)，各县（市）站更名为“所”，隶属关系、机构规格、人员编制、经费来源、职责范围不变。1990 年末，全省水路运输基本形成管理网络：地区级航务管理处 8 个、河系航运管理中心站 2 个、县（市）级航务管理所（站）37 个。全省地（州、市）、县（市）航务管理人员在册 361 人，在职人员 288 人。 管理模式多样：一是由州统一管理，以黔东南苗族侗族自治州和黔西南布依族苗族自治州为代表，其中黔东南苗族侗族自治州交通局以“对外称处、对内为科”的形式设航务管理处，仍保留原河系航运管理中心站，各县航管站（组）航务工作由河系中心站统一管理。二是地（州、市）、县（市）分级管理。两级之间仅是业务指导关系，遵义、铜仁、安顺、毕节、贵阳、黔南等地（州、市）、县均采取这一形式。省航务管理局与地（州、市）之间也是业务指导关系。经费来源分全额预算管理和自收自支预算管理。由于管理模式不同，经费来源亦不同。省航务管理局属全额预算管理事业单位；遵义、黔东南州、黔西南州等市（州）实行自收自支；沿河、思南、铜仁、清镇（红枫湖）、修文、开阳、息烽等县（市）由财政拨付基本工资或从征收的水路运输管理费开支，不足部分由财政补贴。铜仁地区航务管理处、贵阳市航务管理处、安顺地区航务管理处等则由地区交通局或公路运管、港航监督处兼管。

二、地方水运规章的颁布及修订

（一）贵州省港口管理办法的颁布

在“七五”和“八五”期间，贵州动用国家库存粮棉布、中低档工业品发展航运，建设码头 14 处，共 27 个泊位，改变了贵州港口基础设施落后面貌。但国家关于港口管理法规都是针对沿海、沿江港口管理，对贵州小型港口的管理如同小头戴大帽，建设管理港口的问题和矛盾突出。

1993 年 12 月 30 日，贵州省人民政府令第 5 号发布《贵州省港口管理办法》，共 13 条，自 1994 年 1 月 1 日起施行。在当时省级层面，特别是贵州非水网地区率先将港口纳入法制管理是具有前瞻性意义的。《贵州省港口管理办法》的公布，解决了港口建设管理的问题，但在执行过程中，遇到一些依法管理瓶颈和空白点。随后经过三次修改：1997 年 12 月 23 日《贵州省人民政府关于修改、废止部分行政规章的决定》为第一次修正，2008 年 8 月 4 日《贵州省人民政府修改废止部分政府规章的决定》为第二次修正，2014 年 11 月 14 日《贵州省人民政府关于修改〈贵州省港口管理办法〉部分条款的决定》（省政府令第 158 号）为第三次修正。修正后的《贵州省港口管理办法》共 13 条，仍按第一次颁布日期执行。《贵州省港口管理办法》的公布施行，填补了贵州港口管理的法规空白，是结合贵州港口发展实际而制定的，可操作性强，对促进港口建设与管理持续健康发展发挥重要作用。

（二）航道养护费征收使用办法的修订

从中华人民共和国成立到 1990 年的 41 年间，贵州航运年运输量未突破 100 万吨，受地理条件限制，80% 货运周转量在省外，各项规费征数甚小。1990 年征收的航道养护费仅 40 万，入不敷出，航道养护工作受到影响。

1993 年 7 月 7 日，贵州省人民政府批准，贵州省交通厅、贵州省财政厅、贵州省物价局联合发布的《贵州省内河航道养护费征收和使用办法》自发布之日起施行。同时宣布 1988 年 4 月 7 日，省人民政府批准，省交通厅、省财政厅联合发布的《贵州省内河航道养护费征收办法》同时废止。

三、出海港口选址及江海运输的探寻

贵州是一个“三不沿”（不沿海、不沿江、不沿边）的内陆山区省份。对外贸易、对外交流受到限制。为了加快发展外向型经济，进一步缓解省内物资外运紧张状况，需开辟新的外运通道。20 世纪 90 年代初期，中共贵州省委、省人民政府提出“南下、北上、西进、东联”和“借港出海”的战略构想。1990 年 7 月，省计委批复了省交通厅《关于开展铁水分流、江海直达的项目建议书》，同意铁水联运、江海直达运输立项。省内河航运管理局提出了《贵州省开展铁水联运、江海直达运输的可行性研究报告》。

（一）拟在广西防城港建设贵州口岸码头

1992 年 4 月 22 日，贵州省人民政府与广西壮族自治区人民政府签订了《黔桂两省

（区）经济合作意向书》，拟在广西防城港建设两个万吨级码头。5 月 21 日，省人民政府召开防城港贵州口岸建设讨论会议，听取了省交通厅关于在广西防城港建设贵州口岸码头的情况汇报。6 月 13 日省交通厅办公会议研究了《建设防城港贵州出海口岸的协议》（征求意见稿）的各项内容，并明确具体工作负责人。9 月 9 日—13 日，工作小组到广西防城港实地考察，与广西壮族自治区交通厅、防城港区管委会进行磋商沟通。11 月 6 日工作小组受邀参加在南宁召开的防城港二区码头工程及土地综合开发恳谈会。广西对防城港二区（包括贵州拟建设的第 9 号、第 10 号泊位在内）建设，贵州意在广西获得专用码头和口岸，但是双方在码头管理的方式分歧很大，因此未能与广西方面达成共识，在广西防城港建设贵州口岸未能实施。

（二）拟在上海黄浦建码头

贵州省内河航运管理局目光转向北入长江，江海直达贵州口岸的筹建工作。1993 年 9 月，组织人员对黄浦江码头进行考察，完成了《关于在上海黄浦江沿岸建设贵州省码头的考察报告》，但最终未能实现。

（三）拟在广东湛江建设海港

1995 年 5 月 20 日，贵州省人民政府与广东省湛江市人民政府签订《在湛江市东海岛建设贵州港协议书》，协议提出，贵州在湛江市东海岛建设 5 万吨—10 万吨级港口，湛江市在东海岛北面深水海岸线无偿提供 1000 亩土地给贵州建设港口。按照协议书的要求，省人民政府及时组成赴湛江市考察组，于 1995 年 7 月 5 日至 12 日，对湛江市进行了初步的综合考察。根据初步综合考察认为：建设湛江市东海岛贵州港面临的问题较多，贵州无法实现与湛江市人民政府协商未果，贵州在广东湛江市东海岛建设贵州港未能实施。

虽然在沿海兴建口岸的愿望未能实现，但组建长江船队和江海直达船队工作仍在进行，多家国有水运企业应运而生。

贵州省江海轮船贸易联合总公司　1989 年 5 月，贵州省江海轮船贸易联合总公司经贵州省人民政府批准成立，是以水运为主、运贸结合、跨地区、跨行业的新型联合企业。公司成立后，一直未向交通主管部门补办开业申报手续。1991 年，因开办资金不足而终结。

贵州省航运总公司　1992 年 11 月 25 日，贵州省经济委员会下达《关于同意成立贵州省航运总公司的批复》（省经企字〔1992〕774 号）批复：“根据省人民政府领导批示精神，为扩大我省对外开放的运输渠道，增强对外运输能力，同意成立贵州省航运总公司。总公司隶属于省交通厅直接领导下的全民所有制企业，实行独立核算，自负盈亏，自主经营，具有独立法人资格，公司注册资金 5000 万元，由主管部门划拨（实际划拨注册资金 200 万元）经营范围：从事内河、海洋运输，船舶租赁、货物承揽、代理等。后扩大经营范围，增加了水运工程施工和船舶修造业务。公司总经理由省内河航运管理局局长兼任。”2004 年 2 月，根据中纪委、中组部关于对党政领导干部在企业兼职进行清理的通知精神，经厅党委研究决定，同意省航务管理局局长辞去公司总经理职务。

贵州省航运开发公司　贵州省航运开发公司于 1992 年 12 月 28 日经贵州省经委批准成立，属省内河航运管理局预算外全民所有制企业。公司实行独立核算，自主经营，自负盈亏，具有独立法人资格。于 2001 年 11 月 29 日注销。

贵州南方航运有限公司　1993 年 1 月 5 日，贵州南方航运有限公司由贵州省航运总公司、贵阳铁路分局运输服务总公司、中国外运贵州公司、广西贵港港务总公司与香港贵海有限公司五方合资组建，合资总额为人民币 300 万元，合资经营期限 15 年。公司在贵阳注册，主要经营范围：经营由广西贵港（含柳州、大化、南宁）至广州、深圳、香港、澳门及近海等地的货物运输，兼营贸易。但由于合资方资金未到位，计划未予实施，也未开展经营活动，公司于 1996 年初注销。

贵州贵力航运有限公司　1994 年 5 月，贵州贵力航运有限公司由贵州省经贸厅所属贵达有限公司、贵州省交通厅所属航运总公司与香港亿力投资有限公司合资组建。注册资金 100 万美元（其中贵州省经贸厅占 39%，贵州省交通厅占 12%，香港亿力投资有限公司占 49%）。后，只有贵州省航运总公司具有资金。由于其他两方资金不到位而未能注册成立。

贵州东方航运有限责任公司　1995 年 7 月 25 日，贵州东方航运有限责任公司由贵州省航运总公司、贵州省赤水轮船公司、贵州宏福实业开发有限总公司三方合资组建。该公司投资总额 1600 万元，其中：贵州省赤水轮船公司出资 1000 万元（以实物出资），贵州省航运总公司出资 300 万元（以现金出资），贵州宏福实业开发有限总公司出资 300 万元（实物或现金）。注册地址为贵阳市。董事会由三方委派，共 7 人组成，董事长（法定代表人）由省赤水轮船公司委派担任。公司成立后，由于磷矿石及磷化产品改走铁路，货源短缺，终因连年亏损，难以支撑，于 1999 年 6 月注销。

“九五”末期，贵州水路运输基本形成了依托长江、珠江干流的支干直达、铁水联运、公水联运、区间短途运输相结合的运输格局。贵州的大批物资通过赤水河、乌江、清水江、都柳江、“两江一河”输出省外，为贵州经济发展，把资源优势转变为经济优势做出了贡献。

四、目标管理责任制的全面推行

1994 年，贵州省交通厅开始推行目标管理责任制。水运是首批参加交通系统全面推行目标管理的系统和部门。在每年全省交通工作会议上，省内河航运管理局主要领导与厅分管领导签订年度业务目标管理责任书。随即在全省航运工作会议上，局分管领导分别与各地（州、市）港监（船检）、航务管理部门、直属水运企业、事业单位等签订年度业务目标责任书。从 1998 年开始，与直属水运企、事业单位和局机关各科室除了签订业务目标外，还签订了精神文明目标责任书。为认真做好年度水运系统工作目标考核，省局目标办专门召开会议，对年度目标考核工作进行了布置安排，采取自查自评与抽查相结合的方法，省局目标办组织考核检查组分别到部分地（州、市）港航监督（船舶检验）和航务管理部门以及思南、赤水的省属航运企事业单位进行检查。1999 年，省局目标办召开会议进行了目标检查情况总结，省局目标办检查组参照各单位自查评分，实事求是、公正合理地进行了综合评分，评定出目标管理先进单位，上报省局党委研究批准，在每年年初召开的全省航运工作会议上，对荣获目标管理先进单位进行表彰，授予奖状，并给予一定奖金。

第二节　水运工程建设与管理机制的完善

从 20 世纪 80 年代起，贵州省就开始探索水运出海通道问题，利用国家对南盘江、北盘江、红水河（以下简称“两江一河”）和乌江水电开发的机遇，提出“南下珠江，北入长江”设想。1991 年制定《贵州省内河航运发展规划》，把“干支直达，江海直达”列入中长期规划。

一、水运工程项目建设的实施与航道排险抢通

（一）“两江一河”二期复航工程的实施

为顺应“两江一河”流域各级政府、各族群众的民意和“两会”代表、委员的要求，1985 年，“两江一河”一期复航整治工程正式列入“七五”期计划，于 1986 年开

工，直到 1991 年 5 月，历时 6 年全部完成，累计完成工程投资 2439.2 万元，共整治滩险 85 处；建设码头及附属设施 5 处；按六级航道标准整治了北盘江百层至两江口 85 千米、南盘江坡脚至两江口 132 千米、红水河两江口至曹渡河口 107 千米，共计 324 千米航道。“两江一河”复航工程，使贵州航运开始复苏。但后来由于受当时建设资金的限制，已经整治的部分滩险，因溪沟山洪暴发，局部滩段又出现了碍航状况。1988 年 10 月，交通部部长钱运昌考察“两江一河”，二期复航工程提上议事日程。1989 年通过交通部安排，1990 年 7 月，贵州省交通厅上报交通部和贵州省计委《“两江一河”第二期设计计划任务书》获批准。1999 年 9 月，贵州省交通厅又申报《南、北盘江和红水河近期复航第二期工程初步设计》，也获批复，正式列入“八五”期建设计划。1994 年 5 月，交通部补助南、北盘江和红水河二期复航工程资金落实到位，本期工程批准概算投资 1173 万元，其中航道整治 633 万元、码头及站点建设 347 万元、其他 193 万元。实际到位资金 1179 万元，交通部补助 580 万元，地方配套资金 599 万元。1994 年 12 月，“两江一河”第二期复航整治工程建设正式动工，历时两年，共整治改善重点滩险 11 处、重点清炸河段 29 千米、新建及维修码头 7 处、新建成 100 吨级泊位 4 个。工程完工后使北盘江航道向上游安顺境内延伸了 23 千米；南盘江航道向上游延伸了 18 千米。既还了因下游水电站碍航造成航道恶化变迁的旧账，又巩固了“七五”期工程建设的成果。工程实施过程中，水上运输发展迅速，水运经济效益明显。红水河羊里码头建成后，羊里乡 1990 年的财政收入仅 5000 多元，而 1995 年则猛增到 37 万元。

（二）西南水运出海通道中线起步工程（贵州段）建设开工

国家实施西部大开发战略，加快“西南水运出海主通道”建设被提上日程。“西南水运出海中线通道”（“两江一河”）是交通部规划的西南水运出海北、中、南三条水运主通道之一，在贵州省境内流经六盘水、黔西南、安顺、黔南四个地区的 18 个县（市）。流域面积 42000 余平方千米，占全省总面积的 24%；人口 750 余万，其中少数民族人口占了 1/2。流域内 18 个县（市）中，有国家级贫困县（市）8 个、省级贫困县（市）8 个，也是我国西南部贫困人口集中连片的少数民族聚居地区（2000 年统计数据）。

“两江一河”航道，经过两次整治后，通航条件大为改善，贵州境内航运由停滞开始复苏。西南水运出海通道中线起步工程是在贵州、广西两省区人民政府和人民的要求，在人大代表、政协委员多次提出建议、提案和议案下，由交通部统一安排部署，从 1996 年初开始进行前期工作，通过资料收集与论证分析，按规定程序完成了项目的各项前期工作并得到了上级主管部门相应的批复。1998 年 10 月，交通部水运规划研究院受部委托在广西桂林召开了《西南水运出海通道中线起步工程预可行性研究报告》审查会议，国家电力公司水电水利规划总院、水利部珠江水利委员会、交通部内有关单位以及广东、广西、贵州三省区有关单位领导和专家参加了审查。1999 年分别经过两省区计委批复立项，1998 年 12 月交通部将审查意见印发两省区交通厅呈报，1999 年 2 月，贵州省计委黔计交能〔1999〕155 号文批复立项。1999 年 12 月，贵州省计委黔计建设〔1999〕1487 号文批准初步设计实施。2000 年，交通运输部将“两江一河”命名为“西南水运出海中线通道起步工程”。同年交通部安排下达投资计划，西南水运出海通道中线起步工程（贵州段），列入“九五”跨“十五”贵州省重点交通建设项目。根据贵州省计委批准的初步设计，工程建设内容：按五级航道标准整治航道 336 千米，整治滩险 104 处。其中，南盘江坡脚至两江口 132 千米，整治滩险 36 处；北盘江坝草至两江口 97 千米，整治滩险 36 处；红水河两江口至漕渡河口 107 千米，整治滩险 32 处。港口建设工程，在坝草、百层、坡脚、蔗香、羊里 5 个港区建设 9 个 250 吨级泊位及相应的配套设施。工程总投资 16274.32 万元，建设工期 4 年，即 2000 年至 2003 年。该建设项目于 2000 年 11 月和 12 月，在广西和贵州相继开工建设。

西南水运出海通道中线起步工程（贵州段）是贵州省与交通部共同投资建设的航运工程项目，也是中华人民共和国成立以来，贵州省建设标准最高、投资规模最大的水运建设工程。西南水运出海通道中线起步工程（贵州段）的实施，标志着中央开始实施西部大开发战略，加快西部水运主通道建设拉开序幕。

（三）乌江（大乌江—龚滩）航运建设工程全面建设

乌江是长江上游南岸的最大支流，横贯贵州省中部，为长江上游右岸的一级支流，全长 1037 千米，流经贵州省西部、中部、东北部，在四川（今属重庆）涪陵汇入长江。是贵州省最大的河流，也是贵州省北上长江的主要水运出省通道，区位和交通优势十分明显。

1995 年以前，贵州省主要河流没有五级以上航道。1989 年 11 月，交通部在南昌召开全国公路、水路交通建设前期工作会议，贵州省交通厅正式向交通部建议将乌江整治工程列为“八五”时期建设项目。1990 年，交通部《关于下达 1990 年内河航运建设前期工作计划的通知》正式明确，贵州进行“乌江（马洛渡—龚滩）航道整治工程预可行性研究”。1990 年，国务院批复《乌江干流沿岸地区国土规划综合报告》，进一步明确乌江综合开发中航运的地位、远近期方案和开发步骤等。同年 7 月，贵州省交通厅向省计委提交《乌江航道建设项目建议书》，并获批复，正式列项。后因资金原因，未能进入国家“八五”计划。

“八五”末期，国家对内河航运建设投入增加，省交通厅决定加快乌江航运建设进程，委托省交通规划勘察设计院调整原概算，力争在“九五”时期建设。1995 年 8 月，《乌江（大乌江—龚滩段）航运建设工程初步设计修正概算》完成。同年 9 月省交通厅再次报审，不久，该工程正式列入“九五”时期实施。随即，省交通厅委托省交通规划勘察设计院和贵州省顺达水运规划勘察设计所开展施工图测设工作，并委托交通部天津水运工程科学研究所对龚滩、小滩子、折桅子等乌江有名的碍航滩险进行物理模型和数学模型试验研究（1991 年，贵州省交通厅决定用自筹配套资金，按规定目标任务和设计标准，先后整治张公子、银童子等 11 处滩险；实施涪陵码头、沿河东风码头部分工程）。

乌江（大乌江—龚滩）航运建设工程，是“九五”期间贵州省地方重点交通建设项目。其建设标准、整治航道里程、建设投资规模等均为中华人民共和国成立以来，贵州省规模最大的水运建设工程，总投资 9991.71 万元，其中交通部补助 4996 万元，贵州省自筹资金 4995.71 万元。1996 年 12 月，该工程后续工程开工，直到 2000 年完工，历时 4 年。于此，大乌江—龚滩 264 千米航道达到五级航道标准，可通航 200 吨—300 吨级的机动船。新、扩建大乌江、思南、沿河、涪陵泗王庙码头。助航工程新建绞滩站 1 处、信号台 1 处；改建绞关站 3 处，信号台 16 处；全河段重点设置航标及航行水尺，配备通信设备。全部工程合格率达 100%，优良率 80%。此期工程建设后，乌江水路运输船舶均向货运大吨位（300 吨）和客运高速化发展，沿江城镇建设、区域经济发展步伐加快，为各级水电站大件设备的安全运达创造了条件。2001 年 6 月中旬，经贵州省计委主持竣工验收，并评为优良工程。该项目的完工，结束了贵州没有五级航道标准的历史。

（四）地方港航基础设施建设得到改善

“九五”计划期，是中华人民共和国成立以来，贵州省内河航运建设投资最多、取得成效最显著的时期。1996 年至 2000 年的 5 年时间，内河航运建设投入资金共 13059.71 万元，其中交通部补助投资 5496 万元，贵州省自筹资金 7563.71 万元。“九五”期投入是“八五”期的 2.63 倍，占中华人民共和国成立 50 年来投入总和的 47.9%。在进行全省重点水运工程建设的同时，统筹安排资金加大了省内扶贫航道和重点通航库区码头工程的建设，累计改善航道里程 355 千米。对于省内其他通航河流和重要库区也进行了部分工程建设。建成清水江三江码头、施秉两岔河码头、都柳江榕江码头、㵲阳河玉屏码头等中小码头25处，形成100吨级泊位15个，50吨级泊位10个。促进了贵州旅游事业的发展，到2000年，贵州全省船舶运输旅客周转量大幅度增长，首次突破1亿人千米大关。

清水江航道整治 清水江历来是贵州东入长江主要水运通道。1986年至1990年，利用“以工代赈”资金重点整治10处滩险及几处码头。1992年，又投资13.28万元整治蛇尾滩和维修瓮洞码头进港路。1995年，蛇尾滩因洪水被冲毁，投资9万元进行补坝，采用竹笼装卵石做坝心，坝面用块石安砌并水泥砂浆勾缝的施工工艺，稳定性良好。1997年，贵州省财政厅、交通厅下拨“以工代赈”资金55万元，整治茶山脚滩航道。1999年1月，投入“以工代赈”资金61万元，整治瓦厂滩航道。经过“七五”时期航道整治和航道维护管理，清水江航道尺度有所提高，航道通航里程332千米，三板溪以上220千米为七级航道，三板溪以下114千米为六级航道。但由于投资较少，航道未经系统治理，大部分航道还处于原始状态，通航条件较差，通过能力低。

都柳江水运建设工程 20世纪70年代末80年代初，大建公路，特别是三都—榕江公路修通后，都柳江航运逐渐萧条，加上闸坝碍航和航道多年失修，其航运里程逐步缩短，枯水期水位浅，通航能力下降，水上运输更少。1990年4月，根据珠江流域航运规划和国家水资源综合利用原则，省内河航运管理局完成了《都柳江航运经济调查报告》。同年11月26日至27日，在贵阳召开审查会，建议交通部将都柳江航运建设工程可行性研究纳入“八五”时期计划。1994年，贵州省计委、省财政厅、省人民银行下发《1994年第七批以工代赈交通项目建设计划的通知》，将都柳江航道整治列入其中。1995年9月，三都县交通局会同省内河航运管理局设计室、都柳江航运管理中心站前往都柳江现场，提出整治三都—榕江段104千米航道和修建三都、榕江码头方案。期间，交通部《关于批转珠江流域航运规划综合报告》（交计发〔1996〕988号），明确规划都柳江是“西南水运出海北线通道”。按照交通部批复要求：第一阶段即榕江水利枢纽未建设前，对榕江至老堡口段187千米按七级航道标准整治，通航50吨级船舶。经贵州省计委批准，工程建设资金可“以工代赈”。1998年11月1日正式动工，贵州省赤水河航道处负责施工，航道整治与码头工程同步进行。经过三个月施工，码头主体工程于1999年1月6日完工，工程总投资120.52万元。同年4月，经有关部门组织验收，整个工程项目达到国家规定的优良工程质量等级标准。都柳江贵州境内通航里程163千米，达七级航道标准，常年可通行 50 吨级机动船。实现了交通部对都柳江第一阶段航道整治的目标。

（五）乌江、赤水河航道疏通与抢险

赤水河、乌江属省管河流，是贵州省北入长江的主通道。由于赤水河、乌江为山区河流，属喀斯特地貌，山体滑坡现象时有发生，枯洪水位变幅较大，航道及建筑物经常被洪水毁损，航槽变异频繁。1991 年、1996 年、1998 年等年份发生较大洪水，航道变迁，影响航行安全。“八五”“九五”时期，省赤水河航道处、省乌江航道处分别对赤水河、乌江航道重点碍航滩险进行整治，以确保两条出省黄金水道的畅通。

乌江石门坎滩整治及航道维护　乌江石门坎滩下距乌江渡电站大坝 63 千米，上距六广码头修文县 3 千米，处于乌江渡水电站库区尾水变化段。该滩是崩岩形成，左岸陡峻，右岸滩段河槽内礁石密布，枯水位时造成断航，给库区两岸物流及居民往来带来极大不便。1994 年，应修文县人民政府要求，省内河工程建设办公室委托省水运规划勘察设计所对石门坎滩勘测设计，由赤水河航道处施工。

1996 年 2 月 10 日工程开工，4 月 26 日完工，投资 38.3 万元。工程实施后，其航深、航宽、曲率半径均达到设计要求，航道圆滑，边线开挖符合设计，流态良好，水面比降均匀，航道条件得到极大改善，船舶能在枯水位时顺利进出滩段。

为确保乌江航道畅通，1992 年到 1995 年，乌江航道处整治白吉子、张公子、峡门口、红椿树、银童子、背磨子、石于岗、磨盘豪三滩，共投资 275.90 万元。

赤水河山体滑坡抢修及河口段淤沙抢险　赤水河枯、洪水位变幅对航道建筑物毁损较大，崩岩及泥石流冲积物和航道淤积时有发生。特别是香炉滩—合江段在洪水时受长江回水顶托的影响，经常淤积，对水路运输造成一定影响。1991 年到 2000 年，贵州省赤水河航道处对赤水河下游进行维护性整治。其间，有两次水毁，对赤水河航道影响较大。

黄角沱滑坡及小铜鼓滩水毁抢修　1985 年 10 月 30 日 14 时，赤水河中游二郎滩下 3 千米的黄角沱发生滑坡，河宽仅剩 7 米，导致断航。1987 年 6 月，位于茅台以下 16 千米的小铜鼓滩，因左岸溪沟山洪暴发，大量冲积物侵占河床，堵塞航槽，导致断航。受资金影响和对滑坡体的稳定观察，故延至 1990 年 9 月才组织对黄角沱进行疏炸，于 1992 年 1 月完成，正常恢复通航。小铜鼓滩也于 1992 年年初恢复通航。

河口段淤沙抢险　赤水河香炉滩至合江 23 千米航道是赤水河经常淤积河段，属于长江回水区域。据航道公报资料统计，1991 年至 1998 年共出浅 40 余次，淤浅天数达 210 天之多，大量泥沙沉积，严重影响船舶正常航行。

1998年8月，长江流域普降暴雨，长江爆发百年未遇的特大洪水，长江回水至赤水河复兴镇仁怀碛滩尾达70.5千米。1998年8月20日，长江洪水退去，赤水河水位下降，经扫床，赤水河水堤滩以下航道淤积严重，香炉滩主航道因淤沙完全被堵断，船舶冒险改走左槽。左槽已经废弃多年，航道条件极为恶劣，海损事故频频发生。因事故中断运输累计达10余天，船舶损失严重，物资无法输出。贵州省人民政府高度重视突发的自然灾害，下发《关于研究赤水河清淤整治有关问题的会议纪要》，王广宪常务副省长做了批示。赤水河航道处紧急调集疏浚工程船开赴淤沙河段疏浚，又调集航标船护航。9月12日，水规所派员前往香炉滩现场勘察。9月15日上午，贵州省赤水河航道处组织近700名民工到香炉滩进行淤沙开挖，但由于工程量太大而放弃。9月21日，贵州省交通厅及航务管理局组织专家奔赴赤水河淤沙现场，研究解决淤沙碍航问题。9月24日，长江回水退至鲤鱼壕滩尾，主航道也完全被淤沙堵塞。贵州省赤水河航道处通过近50天昼夜抢险疏浚施工，至10月23日，鲤鱼壕主航道得以疏通。历时三月余抢修，投入资金821.63万元，战胜了赤水河百年未遇的特大淤沙，确保了“赤天化”化肥及时输出。

二、港口码头的布局与建设管理

据1986年贵州省港口普查统计，船舶停靠点及码头44个，客货船舶停靠的码头多为自然岸坡和阶梯式码头。“七五”期间，投入680万元，修建赤水河东门客运码头、鲢鱼溪货运码头、岔角煤炭专用码头，乌江潮砥客运码头、白果沱货运码头、思渠客货码头、红枫湖滴澄关旅游码头，锦江铜仁北门客运码头，北盘江北层煤炭码头、岩架客货码头，南盘江坡脚客货码头，红水河蔗香码头等。由于投资有限，规划不一，所建码头规模较小，仓储简陋，货场狭窄，机械设备缺乏，集疏道路不便，装卸效率甚低。

随着改革开放的深入，扶贫攻坚战略的启动，国家“西电东送”发展战略的实施，水运旅客流量和货物量快速增长，原有码头已不适应社会经济发展的需要。1991年，《贵州内河航运发展规划》将码头建设作为近期内河航运建设的主要任务，提出配合航道建设，增加码头建设投资比重，完善港口布局，改善老港，建设新港。

根据这一规划，贵州水运工程建设重点打通“北上长江，南下珠江”水运通道，加大码头建设投资力度。“八五”时期，水运工程的重点是建设“两江一河”，同时加大对长江水系主要港口码头修、扩建工程的投入。“两江一河”二期复航工程时，投资347

万元，新建坝草、羊里码头，维修扩建了坡脚、百层、岩架、蔗香等码头共 7 处，建成 100 吨级泊位 4 个。乌江航运工程建设中，用于港口码头建设投资 2228.98 万元，占同期航运投资的 22.31%：动工修建泗王庙码头、沿河东风码头、大乌江码头、思南码头、小兴浪码头、东风旅游客运码头。

涪陵港贵州码头复建　涪陵港贵州码头是贵州北入长江的主要码头之一，原名为“乌江涪陵码头”，1994 年始建，1998 年 12 月 17 日验收通过并交付使用。随着三峡工程建设，库区水位升高，贵州在涪陵的泗王庙、马脚溪、中渡口的三个码头，合计岸线总长为 297 米，7 个泊位，1852.2 平方米的仓储房屋建筑和 7889 平方米的堆场被淹没。移民部门根据恢复原规模、原标准、原功能的原则，按照 1993 年 5 月物价指数测算，对三个码头的淹没做了补偿，补偿金额为 904.78 万元。经贵州省与重庆市有关部门多次协商，决定在涪陵城区自乌江河口逆江而上名为“崩土坎”的地方恢复重建，并定名为“涪陵港贵州码头”。工程总投资为 2470. 84 万元，分两期进行。

赤水河鲢鱼溪码头扩建　鲢鱼溪码头工程总投资 128 万元，建成堆场面积 5800 平方米，建设排水、照明设施，于 1992 年 6 月底竣工，1993 年 1 月 12 日，通过验收并交付贵州省赤水轮船公司作为专用码头使用。1997 年，又对该码头进行扩建，增加烤烟周转库房 758.4 平方米。

1992 年至 1995 年，用“以工代赈”资金在各条通航河流及库区兴建码头，基本满足水路客货运输需要，推动旅游业的发展，促进部分地区脱贫致富的进程，但由于投资仍有局限，港口码头设施不够完善，港口功能没能发挥极致。在此期间，部分地方政府和企业也投资修建了部分旅游客运码头。如贵阳市在“八五”“九五”期间修建旅游客运码头 21 个。

三、对红水河闸坝碍航的诉求

南盘江、北盘江、红水河（简称“两江一河”）是西南水运出海主要通道，国家规划的水运主通道之一，也是贵州南下出海和连接华南及港澳地区最便捷的水运主通道。1975 年，随着广西境内大化水电枢纽开工建设，由于没有同步建设过船设施，航道被人为阻断，至 2000 年已断航 25 年。贵州南下水运通道在广西境内被人为拦腰截断，造成梗阻，导致断航，“两江一河”贵州段航运由兴旺走向衰落。由于水路交通的阻隔，严重地制约了该区域的经济发展，贵州段沿岸的 14 个县（市），有 13

个是国家级贫困县（市），成为全国最大的集中连片的贫困山区，当地各族群众称他们“坐在金山上，守着金饭碗，讨饭吃”，与下游仅千里之遥的经济发达的珠江三角洲形成强烈的反差。为此，该地区成为国家实施“八七扶贫攻坚计划”的重点地区之一。

《国务院关于珠江流域综合规划的批复》（国函〔1993〕70 号）中，就已经明确提出：同意航运规划主要干支流的通航标准对红水河上建设大型水电工程形成的碍航设施，要本着水资源综合利用的原则，采取有效措施，恢复航运。

1995 年 12 月交通部、广西壮族自治区人民政府、贵州省人民政府联合向国务院呈报了《关于加快红水河水电枢纽通航设施迅速打通西南地区出海通道的请示》（以下简称《请示》）。《请示》建议：要求电力部及水电站的建设单位近期立即按批准的标准恢复大化、百龙滩水电站通航建筑物建设，下一步要进一步采取措施按四级航道标准恢复建设。

1995 年，国务院参事室向邹家华副总理报送了《兴建岩滩、大化水电站船只过坝设施，尽快开通红水河航运》的建议，邹家华副总理做了批示：“十分重要，要设法全力打通已有的碍航设施，以后再建水电设施也要保证通航。全国内河航运会议上已明确，请交通部、计委提出意见和实施方案。”

1996 年 11 月 19 日，国务院参事室报送了《关于红水河碍航闸坝恢复通航问题》的建议，国务院副总理邹家华再次批示：“几条建议都很好。先从大化和岩滩做起，以后在红水河上建电站大坝，必须要考虑通航问题。此件请水利部、电力部、交通部、计委以及广西壮族自治区领导阅，并请计委牵头组织有关单位和地方研处。”

1995 年 11 月，黔、桂两省区沿江的大化、天峨、乐业、惠水、长顺、紫云、望谟、册亨、贞丰、安龙、平塘、罗甸 12 个县的县委书记和县长联名提出《关于开通红水河航运的建议》，迫切要求尽快解决红水河碍航闸坝，恢复通航问题。

1999 年，全国人大常委、民革中央副主席胡敏一行就红水河复航问题亲赴现场进行考察。

2001 年 4 月 4 日至 7 日，交通部副部长张春贤专程就红水河碍航闸坝实地考察，同广西壮族自治区政府领导进行座谈并形成《会议纪要》。《会议纪要》认为，红水河恢复“实施通航的时机已经成熟。红水河过船设施建设是西部大开发内河航运建设的标志性工程，恢复和发展红水河航运对加快红水河流域的资源开发和经济发展，促进沿河人民脱贫有着重要的现实意义”，并要求大化水电站通航设施“力争于 2001 年底开工建设”。

由于客观和主观诸多因素的影响，红水河广西境内的水电站闸坝碍航问题悬而未决，没能及时建设过船设施。

四、水运建设前期工作的重视

1995 年，贵州省内河航运管理局按照“统筹规划，远近结合，突出重点，兼顾一般”的原则，围绕厅制定的“九五”计划和 2010 年远景规划，认真做好航运前期工作。经过三年的努力，全省航道技术定级分别获贵州省人民政府和交通部、水利部、国家经贸委的批准。全省已获批准的四级航道共 931.2 千米、五级航道 488 千米、六级航道 197 千米、七级航道 71 千米，共 1687.2 千米。这为今后内河航道的建设和发展提供了法定依据。

1999 年，按照交通部的规定和要求，与广西壮族自治区合作的《西南水运出海中线通道起步工程预可行性研究报告》几经修改，同年 10 月在广西桂林通过交通部组织的正式审查。分别参加了在广州召开的预审会、珠海召开的补充报告汇编会后上报交通部。同时着手进行了该工程可行性研究报告和工程初步设计工作。按照“九五”交通（航运）重点工程项目——乌江航运建设年度计划安排，完成了乌江大乌江至思南段土地滩、猎滩等 28 处滩险的勘察设计工作。28 个滩险已通过施工图审查及技术交底。

前瞻拟定“十五”计划预报水运建设项目。贵州组织精干力量，明确责任，落实到人，进行了赤水河二郎—合江段航运建设工程和清水江三板溪—分水溪滩航运建设工程等有关前期工作，各项工作顺利完成。1998 年，按照贵州省计委的要求，贵州参加并进行了乌江航运扶贫工程项目中的“1234 工程”，即“一江、二路、三码头、四产业（旅游业、矿产业、绿色产业、航运业）”中的航运业的预可行性研究报告的编写工作，并在年内取得阶段性成果。

五、水运工程建设管理的建立和完善

1987 年 7 月，贵州省成立内河工程建设办公室。1996 年 5 月 6 日，贵州省内河工程建设办公室更名为“贵州省水运工程建设办公室”（以下简称“省水建办”），主任由省内河航运管理局局长刘永凯兼任。其主要任务是组织水运建设发展规划与前期工作，负责水运工程建设项目的实施和管理，办公室人员日常经费在工程建设费中列支。

（一）水运工程建设市场的建立与管理

“八五”时期，根据交通部建设目标责任制和贵州省交通厅《贵州省1992年至1996年交通建设目标责任制》的要求，省水运工程建设重点抓好“两江一河”二期复航工程建设，实行分级责任制。工程所在地的地（州）交通局向省“水建办”实行工程项目预算包干，将所负责的工程建设项目纳入目标管理。工程质量检查、竣工初验等由省“水建办”与地（州）交通局共同进行。

“九五”时期，贵州省重点水运工程乌江（大乌江—龚滩）航运工程实施，并严格实行“项目法人制”“招标投标制”“工程监理制”“合同管理制”等建设管理制度，由省“水建办”（项目法人）组织招投标，实行施工单位项目包干经济责任制。由施工单位按中标价与省“水建办”签订工程承包合同，包括质量、投资、材料、工期、安全等主要内容。承建单位按基建程序组织施工，并加强对施工现场的管理。

1997年，交通部《水运工程建设市场管理办法》颁布。1999年2月，贵州省“水建办”和局质量监督站颁发并实施《贵州省水运工程建设市场管理办法实施细则》《贵州省水运工程质量监督暂行规定实施细则》《贵州省水运工程竣工验收办法实施细则》《贵州省航道整治工程质量检验评定补充规定》《贵州省水运工程建设优良工程奖励办法》等，使水运工程建设管理进一步规范。到“九五”末期，全省统一开放、竞争有序的水运工程建设市场秩序和规范管理已初步形成。

（二）水运工程质量监督的加强

1994年8月29日，贵州省内河航运管理局所属贵州省水运工程质量监督站成立，主要负责全省水运工程质量监督管理，业务上接受省交通工程质量监督站的指导。质量监督站成立后，参与了“八五”时期重点水运工程“两江一河”二期复航工程和乌江航运建设工程质量监督管理工作。

1996年12月20日，贵州省“水建办”书面委托省水运工程质量监督站对乌江航运建设进行质量监督。贵州省水运工程质量监督站按照交通部《水运工程质量监督暂行规定》，认真拟订乌江航运建设工程质量监督工作计划，明确了质监工作依据、质监方式、方法、步骤、主要检验项目等，并层层落实质量监督责任制。先后购买了经纬仪、水准仪、靠尺、混凝土回弹仪、砂浆回弹仪等仪器设备，依靠先进的现代检测设备，为质量评定工作提供准确、可靠的检测数据。乌江航运建设工程竣工后，严格按照交通部《内河航运建设项目（工程）竣工验收办法》及贵州省有关规定，对工程重点项目分部、分项工程进行抽查，最后对工程质量进行综合评定。航道整治和码头工程一次验收合格率达 100%。2000 年，贵州省水运工程质量监督站与省内河航运管理局航道科合并办公。

（三）水运工程监理制度的实施

1995 年 5 月 1 日，交通部颁发的《水运工程施工监理规定（试行）》开始实施。1996 年 10 月 30 日，贵州省内河航运管理局所属贵州省水运工程监理事务所成立。1997 年 2 月，贵州省交通厅按交通部基建管理司复函要求，对贵州省水运工程监理事务所资质进行审批，发放交通基本建设工程监理单位临时证书。水运工程监理事务所成为贵州省第一家经交通主管部门批复，工商行政部门颁发营业执照，具有独立法人资格的专业水运工程监理单位。1998 年 4 月，贵州省水运工程监理事务所更名为“贵州兴航水运工程监理事务所”，并获得交通基本建设工程监理单位丙级资质证书，2009 年升为乙级资质。

（四）水运工程项目的执法监察

1996 年 8 月，根据《国务院办公厅批转建设部等部门关于在全国开展建设工程项目执法监察的意见的通知》精神，贵州省内河航运管理局建设工程项目执法监察领导小组成立，负责全省水运工程建设的执法监督，着重检查建设项目的基建程序、招标投标、参建单位资质、执行规范标准情况、工程质量及监理工作、廉政建设等方面情况，并参与了乌江航运建设工程的执法监察。此后，还对重点水运工程派驻执法监察人员，对每个工程项目实施执法监察，以促进水运工程建设市场健康有序发展。

（五）水运工程建设招投标的实行及合同管理

1997 年 10 月 1 日，贵州省开始实行工程建设招投标，择优选择施工队伍。水运工程招投标工作由贵州省“水建办”组织实施，贵州省交通厅基建主管部门、纪检、省航务管理局、水运规划勘察设计所、水运质量监督站、水运监理事务所等单位参加，聘请水运工程、经济、财务等各方面的专家组成招标评审小组，实行公平、合理、择优的招投标制度。

1997 年年底，乌江航运建设工程首次采用邀请招标形式，省乌江航道处、省赤水河航道处和黔西南布依族苗族自治州航道处三家专业单位参加投标。首批招标是思南至文家店段 12 处滩险整治标段。乌江航运建设工程后期，工程招投标扩大到全国范围，并将水运工程勘察、设计、监理等列入招标内容。

自乌江航运建设工程开始，贵州省水运工程对所有测量、设计、监理、施工项目都实行合同管理。施工合同主要参照 1991 年国家工商局和建设部制定的《建设工程施工合同（GF-91-0201）》条款，结合交通部《港口工程合同范本》以及贵州省水运工程实际进行细化，明确设计、施工、监理、建设等单位权利与义务，促使各方遵从合同。

（六）省航道事业单位实施企业化管理

赤水河航道处和乌江航道处分别担负着赤水河 248 千米和乌江 262 千米航道的维护管理，1988 年以前，属全额预算管理事业单位。随着改革开放步伐加快，企业改革不断深入，事业单位的改革提上议事日程。1988 年，贵州省交通厅参照《全民所有制工业企业承包经营责任制暂行条例》和有关事业单位改革的文件精神，决定以赤水河航道工程处、乌江航道工程处为试点，推行事业单位企业化管理，财政预算管理方式由全额转为差额。1988 年 7 月至 8 月，先后在这两家单位公开招聘行政负责人，实行事业经费定额包干，差额部分自找补贴，由事业单位集体负责制转换为企业化管理的行政首长负责制。改制后，在确保赤水河、乌江安全畅通的同时，两家单位拓展多种经营市场，提升了自我发展的内生动力。

省赤水河航道处 1988 年 7 月 8 日至 9 日，赤水河航道工程处经过公开答辩和民意测验，聘任了新的主任（1993 年改称“处长”），聘任时间从 1988 年 1 月 1 日起至 1990 年 12 月 31 日为止，任期 3 年。新主任上任后，按干部管理要求，配齐副职，并根据企事分开原则进行机构调整，事业部分将原 7 股 1 室和 3 个基层单位精简为 4 科 2 室和养护段；企业部分将原第一、二工区合并组建为基建工程公司，测设队、船舶修造厂、劳动服务公司及材料供应部门组成 4 个独立的企业化管理单位。同时，公开选聘中层干部，全面实行定岗、定员、定职责。机关管理人员和后勤人员由原来的 119 人精简为 42 人，养护段定编 90 人，其余人员由 4 个企业化管理单位自行消化。

改革初期，赤水河航道处有在职职工 357 人、退休职工 48 人。按与省签订的协议，养河事业经费包干维持 140 多人的工资和赤水河航道的一般维护工作。该处推行“企业化管理”后，努力开拓第三产业，扩大劳动服务公司经营业务范围，将船舶修造车间改组为赤水市航道船舶修造厂，开展对外船舶修造业务，实行独立核算、自主经营、自负盈亏。测设队对外开拓工程市场，积极参与“两江一河”一、二期复航工程，承揽零星水运工程。同时，转换机制，拓展公路建设工程。1989 年 1 月，承接大方—纳溪（四川）二级公路大方境内 5 千米公路建设工程，虽然因工程单价低、建筑材料及人工费上涨、施工环境气候条件恶劣等不利因素，亏损 38 万多元，但完成了施工任务。此后，又相继承接毕节环城路东连线一级路、贵遵高速路遵义环城东连线等公路工程。1996

年 6 月，贵州省内河航运管理局再次调整该处领导班子。新领导班子上任后，大力开拓航运工程建设市场，鼓励该处积极参与省内公路工程建设，争取市场份额，先后承接独（山）—荔（波）、贵（阳）—毕（节）等高等级汽车专用（二级）公路工程，获优质工程，其中贵毕高等级汽车专用公路工程 12 合同段，成为在 23 个路基工程质量评比中获贵州省交通厅路基工程质量二等奖的工程，并在中国海员工会组织的重点公路工程质量竞赛中获“优质工程奖”。

省乌江航道处 1988 年 8 月，乌江航道处事业单位企业化管理改革试点启动。1988 年 8 月 30 日至 31 日，通过施政演讲、公开答辩、民意测验、局招聘领导小组考核，公开选聘乌江航道处主任，任期从 1988 年 1 月 1 日起至 1990 年 12 月 31 日为止。新聘班子将处机关精简为 3 个办公室和 3 个科，下设养护段、测设队及两个工程队。对养护段实行经费分级承包制；对两个工程队实行自主经营，工程任务按概（预）算包干；船修所对外开展船舶修造业务，参与市场竞争；测设队积极参与“两江一河”一、二期复航工程和乌江水运工程建设前期测量设计工作。

（七）水运工程施工队伍的发展

随着“两江一河”一期复航工程的实施，贵州省交通运输厅动用国家粮棉布补助交通基础设施建设投资的有利条件，整治各条河系航道。水运工程施工队伍也随之得到了快速发展。黔东南苗族侗族自治州和黔西南布依族苗族自治州的航道工程队积极参加“七五”“八五”“九五”时期的“两江一河”一、二期复航工程施工和乌江水运工程建设，实力不断增强。黔东南苗族侗族自治州航道工程队于 1993 年并入州交通建设工程公司；黔西南布依族苗族自治州航道工程队于 2002 年并入州交通局所辖的贵州顶效开发区南下建设有限公司。

经过近二十年的水运工程建设，水运工程施工专业队伍发展较快。2001 年，通过贵州省交通运输厅资信登记复审，符合水运工程施工条件的企业有：贵州省赤水河航道处（公路工程施工二级、航务航道工程施工三级），贵州省乌江航道处（公路工程施工四级、航务航道工程施工三级），贵州省黔东南苗族侗族自治州交通建设工程公司（航道工程施工四级），黔西南布依族苗族自治州江海航务工程公司（航道工程施工四级）。通过复审并变更资信登记的有：黔西南布依族苗族自治州航道工程处，资信登记变更为航务、航道工程施工三级（航务工程经营范围限制为 500 吨级以下码头）。2002 年，省赤水河航道处按照工程建设市场的准入规定，在贵州省工商局登记注册成立了“贵州黔航交通工程有限公司”，其经营范围为公路工程二级总承包、港口航道二级、房建三级，成为贵州省唯一一家具有公路、港口航道双二级资质的施工企业。贵州省乌江航道处在思南县工商局登记注册成立了“贵州远航交通工程有限公司”，资质为港口航道工程二级，房建工程三级。

第三节　水运市场的变化与整顿

一、出省运输的拓展及个体经济的涨落

（一）水路烤烟出省运输初具规模

贵州是全国烤烟主产区，烤烟产品长期以来主要通过铁路输出。由于铁路运能有限，烤烟经常积压，外运受到限制。1991 年，省铁水分流办公室积极组织航运企业开展烤烟输出试运行。经协调，毕节地区烤烟通过汽运到赤水然后由水路输出。

1991 年 1 月 9 日，赤水轮船公司“遵义 501”轮船队从赤水鲢鱼溪码头首次装载 10464 担（20 担 =1 吨）烤烟，安全、优质、无损地抵达安徽裕溪口，拉开了贵州省烤烟水路输出的序幕。此后，毕节地区烤烟输出转由赤水轮船公司承担。同时，遵义地区行署决定将桐梓、习水、绥阳三县经铁路输出的烤烟，改由汽车运到赤水市然后经赤水河水路输出。1991 年 10 月 21 日，赤水 304 轮 1 拖 4 驳（4×150 吨）船队装载烤烟 10876 担，从麻柳沱码头起航，经赤水河入长江转洞庭湖。10 月 29 日，无货损、货差，安全抵达湖南常德港，单边航程 1733 千米，首航成功。此后，供货方将桐梓、遵义复烤厂生产的全部烤烟交由赤水市航运公司承运，赤水市航运公司成为水路烤烟外运输出主力。1991 年 11 月，省铁水分流办公室组织开展乌江“公水联运、江海联运”直达运输业务。5000 担烤烟叶由汽运至长江涪陵港中转，再由乌江轮船公司运往江苏南通港，转海船运往福建云霄港。

1992 年 2 月，中共贵州省委、省人民政府发出的《关于进一步搞好我省两烟工作的决定》提出，把“两烟”列为全省国民经济计划重点扶持和发展对象之一。[①] 坚持把

① 当代贵州简史编委会：《当代贵州大事记》，贵州人民出版社，1996 年 10 月第一版，第 653 页。

提高经济效益作为搞好“两烟”[①] 工作的中心，进一步调整结构，提高质量和档次，深化改革，转换企业经营机制，积极开拓国内外的市场。这为水运企业拓展长途运输指明了方向。1992 年 3 月，贵阳卷烟厂从津巴布韦进口 3600 担烤烟叶，交省铁水分流办公室负责组织公水联运，乌江轮船公司负责从长江运往涪陵的接载任务，再进入乌江至思南港转汽运至贵阳，历时 19 天，货物完整无损，是为第一次成功实施贵州外贸进口物资的江海联运。1993 年，乌江轮船公司开辟湄潭—上海（公水联运）烤烟运输专线。

1991 年，赤水轮船公司、乌江轮船公司、赤水市航运公司共承运烤烟 15 万担。1992 年，通过赤水河运往长江中下游的烤烟达 55 万担。1994 年，水路出省烤烟运输量为 17.3 万担。随后几年间，全省水路烤烟运输量始终保持在 20 多万担。水运企业依靠烤烟运输业务的支撑或补充，创造了良好的经济效益。赤水市航运公司在 1992 年至 2000 年中完成烤烟运输 200 余万担，航线从赤水鲢渔溪港至长江中下游港口，企业连续八年盈利。1998 年至 1999 年，两年分别运输烤烟 61400 担和 45880 担。2000 年后，虽然遵义卷烟厂新的投产，但是遵义地区关闭道真、务川、余庆、桐梓四家复烤厂，导致“九五”末期烤烟水路运输逐渐减少，到 2004 年基本终止。

水路烤烟运输的结束使航运企业受到较大冲击，长期依赖烤烟运输业务的赤水市航运公司，因货源单一，经营环境恶化，出现亏损。赤水轮船公司、乌江轮船公司也因长江货运量及周转量的减少，经营举步维艰。

（二）水运煤炭出省进入高潮

1986 年 10 月，赤水轮船公司的“遵义 317”轮船队从赤水河首航安徽五河县，途经黔、川、鄂、湘、皖、苏、浙七省，穿越长江、京杭、淮河三个水系，到达洪泽湖，全程 2675 千米，开创了黔煤水运出省跨越三个水系的先河。“七五”末期，赤水轮船公司、赤水市航运公司开辟赤水转运煤炭经长江重庆、九江、江阴、张家港等地，又从长江进入洞庭湖、京杭、淮河水域的航线；乌江轮船公司开辟乌江经在涪陵等地转运煤炭至长江中下游航线。进入 20 世纪 90 年代，黔北地区、乌江腹地、黔西南布依族苗族自治州煤炭资源开发力度加大，煤炭主要销往长江中下游及桂、粤地区。由于这些地区无铁路，单靠公路无法将大宗煤炭运达目的地，因此水路运输成为煤炭输出的首选。

赤水轮船公司、赤水市航运公司、个体（联户）船队，通过赤水河各码头的集运，

---

① “两烟”：即卷烟、烤烟。

把煤炭源源不断地运往长江中下游地区。1990 年，赤水河煤炭输出 15.9 万吨，1994 年输出 12 万吨，1996 年输出 10 万吨，1998 年输出达 25 万吨。

乌江也是贵州煤炭运入长江的重要通道。据不完全统计，1990 年至 1998 年，煤炭共输出 28.9 万吨。20 世纪 90 年代末期，受长江中下游煤炭供需市场变化影响，加之运输成本较高、煤炭理化指标不佳和“三角债”等因素的制约，水运缺乏竞争力，乌江支干直达煤炭运输量逐渐减少。

“两江一河”是贵州南下入海主通道。航道经第一期复航整治后，册亨岩架到广西东兰可常年通航。1989 年 2 月 23 日至 25 日，交通部珠江航务管理局在南宁召开近期利用“两江一河”区段通航、公水联运研讨会。经过半年时间的调研、协调和试运准备，同年 9 月 2 日至 20 日，黔西南布依族苗族自治州盘江轮船公司船舶装载煤炭由百层至岩滩，再经西江至南海糖厂试运成功。二期复航工程结束后，航道条件进一步改善，码头布局更趋于合理，北盘江航道向上游安顺地区腹地延伸，通过镇（宁）—坝（草）公路与贵（阳）—黄（果树）高等级公路衔接，南盘江航道与盘百公路和南昆铁路衔接，“两江一河”煤炭外运量逐年增加，效益十分可观。在经济利益驱动下，个体运输船舶发展迅猛。1994 年，集体、个体运输船由 1984 年的 40 余艘增加到 635 艘。盘江轮船公司通过煤炭运输，在 1995 年实现获利 5 万元。1998 年，通过“两江一河”的煤炭输出量达 6 万余吨。

（三）磷矿石长途水运的探索

贵州磷矿蕴藏丰富，保有量居全国第二位，磷产品主要靠铁路输出。1993 年 4 月，贵州省航运总公司与省瓮福磷矿基地签订了 30 年的长期运输合同。1993 年 12 月，贵州省交通厅将磷矿铁水分流作为科研课题，开展可行性研究。1994 年 6 月，《贵州省瓮福磷产品等出省物资江海运输实施方案的研究》完成。该方案提出，贵阳至枝城，经张家港或上海到日本、韩国以及东南亚等国家的运输线路。经有关部门审定，认为技术可行、经济合理。1995 年 8 月，贵州东方航运有限责任公司开辟开阳（磷矿）铁路到武汉汉阳转长江水运抵达福建等地的铁水联运路线，铁路到湖北枝城转水路运往安徽、江苏等出省航线。1995 年磷矿石出省运输量达 56 万吨。后因公路条件改善，铁路运输压力缓解，磷产品基本改走铁路输出，磷产品的江海船舶运输方案未能继续实施。

木材运输 贵州木材水路输出航线主要有长江水系——赤水河、乌江、清水江，珠江水系——都柳江。1988 年，国务院批准长江中上游实施水土保持重点工程以后，贵州各地采取封山育林，木材实行间伐，采伐量逐年减少。

铁水、公水分流和江海联运的推进，缓解了贵州出省货物运输压力，拓展了贵州水路运输发展。“九五”末期，水路出省货源逐步减少。20 世纪 90 年代中期，部分专营水路出省运输企业因亏损而被撤销或歇业。1999 年，省水路运输企业 21 个，其中从事省际运输的企业 12 个。到 2000 年，全省有长江运输船队 15 个，进入长江干流的货运量在 40 多万吨徘徊。

（四）水运个体（联户）的崛起

水运市场的逐步放开和水电站的建设带动了区间短途、水上旅游客运的形成，也带动了个体运输业的快速发展。到 2000 年年末，全省个体运输 1873 户，从业人员 7045 人，船舶 1925 艘，载重 36538.8 吨，载客量 14191 位，功率 53516.3 千瓦。2000 年，完成客运量 411.73 万人次，旅客周转量 9390.76 万人千米；货运量 271.86 万吨，货物周转量 18367.4 万吨千米。以客运量、旅客周转量、货运量、货物周转量四项经济指标进行比较，前三项均超过了国有和集体运输企业的总量，且主要占据了省内短途运输市场。个体运输业的快速发展，既为城乡沟通和物资流动发挥了积极作用，同时又促进了企业走向市场和市场竞争机制的形成。

（五）主要河流水路客运的兴衰

“八五”至“九五”时期，随着国家对交通基础设施建设投入力度的加大，公路条件的改善给水路客运带了来冲击，特别是长途水路客运逐渐萎缩。水电枢纽形成的库区，导致短途客运需求增加，带动了船舶较快发展，个体船舶迅猛增加，主要河系、库区沿线赶集日短途客运出现一片繁忙景象。1990 年，全省水运客运量 90.7 万人次，旅客周转量 2664 万人千米；2000 年，全省水运客运量 468.07 万人次，旅客周转量 10 289.27 万人千米，分别比 10 年前增长了 516.06% 和 386.23%。

表 6-1　贵州省 1991 年—2000 年水路客运量统计表

年份（年）	客运量（万人次）		旅客周转量（万人千米）	
		增长（%）		增长（%）
1990	90.70	-34.70	2664.00	-22.01
1991	106.70	17.64	2466.00	-7.43
1992	128.30	20.24	3131.40	26.98

续表

年份（年）	客运量（万人次）		旅客周转量（万人千米）	
		增长（%）		增长（%）
1993	117.40	-8.50	2765.50	-11.68
1994	247.40	110.73	4622.10	67.13
1995	275.00	11.16	5363.00	16.03
1996	340.30	23.75	7836.70	46.13
1997	270.90	-20.39	5258.10	-32.90
1998	432.50	59.65	6694.60	27.32
1999	455.88	5.41	8823.66	31.80
2000	468.07	2.67	10289.27	16.61

赤水河　20世纪90年代初中期，由于陆路交通不便，赤水河长短途客运较为发达，年客运量始终保持在40万—50万人次之间，旅客周转量在1700万人千米左右。长途客运主要由赤水轮船公司和赤水市航运公司经营。之前，其两个公司客船均开辟赤水—合江—朱杨溪航线。1992年1月1日，赤水轮船公司“金桫号”双体快速客轮投入运营，将航线从赤水—合江—朱杨溪延伸到重庆。1993年，开辟赤水—丰都旅游航线。1994年，该航线因游客少、成本高而停运。随着赤水—合江、泸州公路的改善，泸州—隆昌、成都—重庆高等级公路的通车，客源逐渐向陆路转移。1998年以后，水路长途客运逐渐衰竭，赤水市航运公司停止了长途客运业务。

赤水河短途客运仅限于小吨位客船由贵州赤水市航运公司和四川合江县的先市、车网、实录三个乡镇的个体经营户经营，四川境短途客运航线为赤水—车辋—先市—实录，赤水市境内航线为赤水—丙安—复兴、赤水—大同，由赤水市黔川航运公司、大同运输社和个体运输联户经营。随着沿河公路的改善，水路短途客运逐年减少。1995年，开辟习水县土城至四川古蔺县太平渡航线，满足了沿途群众出行需求。上游仁怀县境内客运航线主要由茅台至中华往返。

1990年，赤水河全河系客运量47.9万人次，占全省水路客运量的52.81%。2000年，由于陆路交通条件的改善，“金桫号”双体快速客轮退出市场，赤水河长途客运中止，客运量锐减至25.84万人次，仅占全省水路客运量的5.52%。

乌江　20世纪80年代，沿江陆路交通极为不便，两岸居民出行多靠船舶运输，但两岸山势陡峻，滩险水急，短途客运较少，主要经营者有乌江轮船公司、沿河县航运公司、沿河县乡镇航运公司、思南县航运公司（1990 年解体）等国有和集体航运企业。1991 年，乌江航道进行突击整治，通航条件有所改善，个体（联户）区间短途客运发展迅猛，1994 年，水路客运量由整治前的 25 万人次猛增到 109 万人次。1995 年，虽然客运量有所回落，但长途旅客有所增加。随着个体（联户）的参与，水路运输市场竞争激烈，1996 年，沿河县航运公司解体，沿河县乡镇航运公司到 1998 年已处于瘫痪状态，唯有国有企业乌江轮船公司经营水路客运。“九五”期间，大乌江—龚滩五级航道建成，乌江客运回升较快，个体（联户）机动客船发展盛行，被称为“水上中巴”。重庆市个体户投入 80 座快速客轮一艘，开辟沿河—涪陵—重庆省际区间直达航线。1998 年，乌江水路客运量达 113 万人次。2000 年，客运量猛增到 265.66 万人次，已占全省水路客运总量的 56.76%。

清水江　1990 年，客运量 9.1 万人，旅客周转量 165.1 万人千米，占全省水路客运总量的 10.03%。“八五”期间，远口、瓮洞、白市、坌处、锦屏等港口赶集日短途客运繁忙，客运量 52.94 万人次。“九五”期间，随着锦屏、南加、凯里、白市、远口、温洞等港口开通客运班船，船舶数量逐年增加，客运量呈上升趋势。1998 年，客运量增至 65 万人。此后，却因陆路交通条件改善和水电站修建，客运量逐步减少，至 2000 年，客运量减至 38.94 万人，占全省水路客运总量的 8.32%。

㵲阳河　由于水电站建设，水路客运成为库区客运，主要以旅游客运为主。20 世纪 90 年代中期，镇远古镇开辟㵲阳河水上旅游，趁势引进外资，购买豪华旅游钢质船，改造原有船型和质量较好的船舶，水路客运量逐年增加。1995 年，全河有 62 艘机动旅游船，载客 1367 客位，年客运量 3.5 万人次。其支流水上漂流迅速发展，漂流船舶猛增。1995 年，漂流船舶 718 艘，2154 客位。1996 年，有旅游船 63 艘，1462 客位；漂流船 867 艘，2601 客位，客运量 4.85 万人次。2000 年，㵲阳河有旅游船 61 艘，1420 客位；漂流船 1867 艘，5601 客位。河系客运量共 56.71 万人次，旅客周转量 1697.15 万人千米，占全省水路客运总量的 12.16%。

都柳江　20 世纪 90 年代初期，经营水路运输的集体航运企业有从江县航运公司（1993 年解体）、榕江县航运公司（1997 年解体）。随着社会经济的发展，乡镇集贸市场的繁荣，水路个体运输业的发展，水路客运量逐年增加，1995 年机动客船已发展到 41 艘，601.97 千瓦，1107 客位，客运量 11.6 万人次，旅客周转量 333.4 万人千米。到

1998 年客运量增加到 27.9 万人次，旅客周转量 657.4 万人千米。后由于 321 国道沿江段（从江—三江公路）的开通，加上 1997 年榕江“永福”电站的修建，榕江航段与下游形成永久性断航，但仍有大量以赶集为主的区间短途旅客。省境内主要客运线路有从江—梅林、从江—下江、从江—车寨、从江—四寨河口、从江—大榕、四寨河库区；省际客运线路有从江—老堡、从江—富禄、从江—程村、从江—融安。2000 年，都柳江客运量 15.4 万人次，旅客周转量 651.31 万人千米，占全省水路客运量的 3.29%。

“两江一河” “两江一河”沿岸无公路。“八五”时期，二期复航工程后，扩大了航运影响范围，经济腹地由黔西南扩大到黔南、安顺两地。航运复苏后，沿江集镇建设加快，集贸市场交易日趋活跃，个体客运船舶发展较快，客运从无到有，客运量逐年增加，区间逢场赶集旅客运输特别活跃。1995 年，客运量 9.02 万人次，旅客周转量 122 万人千米；2000 年，客运量 37.45 万人次，旅客周转量 789.18 万人千米，占全省水路客运量的 8%，促进了当地经济的繁荣，沿岸岩架、蔗香、百层、羊里、坝草、坡脚等集镇也呈现出欣欣向荣的景象。

锦江 由于各级电站闸坝碍航，只有区间客运。1990 年，水路客运量仅有 2.5 万人次，旅客周转量 15.2 万人千米，占全省水路客运量的 2.76%。随着旅游业的发展和乡镇集贸市场的繁荣，水上客运发展较快，到 1994 年，水路客运量 38 万人次，旅客周转量 304 万人千米。此后几年间水路客运量一直保持在 35 万—40 万人次之间。2000 年，客运量下降到 6.96 万人次，旅客周转量 122.08 万人千米，占全省水路客运量的 1.49%。

水电站建设形成的库（湖）区风光吸引了省内外游客前来观光，促进了轮船旅游的发展。2000 年，主要库（湖）区客运量及客周转量分别为 138.13 万人次、1981.49 万人千米。

表 6-2　1999 年贵州省水路运输企业情况表

序号	企业名称	经济性质	经营范围	从业人员（人）	资产总额（万元）	营运收入（万元）	利润（万元）	负债总额（万元）	运力数				备注
									艘数（艘）	载重吨（吨）	载客量（客位）	功率（千瓦）	
1	贵州省赤水轮船公司	国有	省际客货运输	1700	4503.0	1235.00	-606.00	3104	81	11090	824	3004.0	
2	贵州省乌江轮船公司	国有	省际客货运输	951	2065.0	450.00	-205.00	1690	34	4935	417	2619.0	
3	贵州省红枫湖轮船旅游公司	国有	水上旅游运输	92	570.0	18.69	3.00	132	11		616	455.8	
4	赤水市航运公司	集体	省际货物运输	740	1006.0	606.00	-1.60	115	31	5555		694.0	
5	赤水市黔川航运公司	集体	省际货物运输	108	67.0	76.00	1.40	0	8	475		354.0	
6	赤水市元厚运输社	集体	省际货物运输	110	52.0	86.70	-0.20	25	5	400		397.0	
7	赤水市大同运输社	集体	省际货物运输	68	20.8	39.54	0.04	0	3	160		177.0	
8	沿河县乡镇航运公司	乡镇	省际货物运输	61	760.0	105.00	-5.00	650	10	2750		1325.0	
9	赤天化天永运输有限责任公司	国有	省际货物运输	46	250.0	150.00		180	12	1650		221.0	
10	赤水市岔角煤矿船队	国有	省际货物运输	40					9	585		264.6.0	
11	华一纸厂船队	国有	省际货物运输	17	117.9	50.10		1.2	3	260		174.0	
12	贵州省东方航运有限责任公司	国有	省际货物运输						23	9120		1492.0	1999 年 6 月被撤销
13	黔西南州盘江水运开发总公司	国有	省际货物运输						4	320		683.0	
14	红枫湖风景管理处旅游公司	国有	水上旅游运输						6		272	284.0	

续表

序号	企业名称	经济性质	经营范围	从业人员（人）	资产总额（万元）	营运收入（万元）	利润（万元）	负债总额（万元）	运力数				备注
									艘数（艘）	载重吨（吨）	载客量（客位）	功率（千瓦）	
15	红枫发电厂船队	国有	水上旅游运输						11		609	422.0	
16	百花湖风景管理处船队	国有	水上旅游运输										
17	花溪旅游航运公司	国有	水上旅游运输						5		122	106.0	
18	安顺虹山园林管理处	国有	水上旅游	14	35.0	10.00	5.00	0	25		150	53.2	
19	龙宫管理处	国有	水上旅游	50	50.0	800.00	150.00	0	30		300	184.2	
20	贵阳卷烟厂金梦园	国有	水上旅游运输						10		96	964.0	
21	贵铁分局濮阳旅游公司	国有	水上旅游运输						12		280	180.0	

二、水路运输市场管理的加强及运输方式的变化

（一）水路运输市场的治理整顿

20 世纪 80 年代末期，随着水路运输市场的放开、搞活，大批农村富余劳力、城镇人员进入水运市场，在带来水路运输繁荣的同时，也带来一些新问题：不熟悉航道，不懂驾驶技术，无证照驾驶增多；水运市场出现运力失控、抬价压价、私收票款、索取回扣、偷税漏税；个体（联户）运输船舶吨位小，分散面广，少数开业不登记，营业不办证，不交规费，不使用统一票据，等等。水运行业秩序混乱亟待整顿。

1989 年 2 月，交通部下发《关于治理整顿道路、水路运输市场的决定》。为加强行业管理，建立平等竞争的水路运输市场机制和内部约束机制，省内河航运管理局按照省交通厅的部署，有计划地开展了为期三年的全省水路运输市场的治理整顿。第一阶段为申报审验，于 1989 年 11 月全面铺开，对水路运输业经营者全面清理登记和审验。根据运力的投放，开业申请审批，证照办理，运价执行，使用统一票证，税费缴纳等，对其经营资格、经营范围进行全面登记，严格审查。1990 年上半年，对审查合格的运输企业和经营户签发《水路运输许可证》《船舶营业运输证》，对不合格的要求限期整改。第二阶段进入水上运输市场经营行为整顿。1991 年，组织航运企业自查，把经营行为的整顿引向深入。加强对新增运力的额度管理、加强航管队伍建设和完善市场监督体系。要求各货运企业、单位及个人必须严格执行统一运价，切实加强对运价执行的监督管理，坚决制止任意抬价、杀价等经营行为。工商、税务、物价、纪检、监察、政法、港监等部门积极配合，把规费征收问题作为治理水路运输市场的一项主要内容，要求各级航管和港监努力收好、管好各项规费，不允许随意截留和拖延上缴。第三阶段进入加强建设。1992 年，按照《中华人民共和国水路运输管理条例》《水路运输管理条例实施细则》，逐步建立健全管理制度，加强大宗货源管理，建立联合检查监督体制，搞好运力结构和船舶修造布局的调整，加强运管队伍建设。通过经营资格审验，明确经营者的经营范围和线路，建立详细的经营者档案，遏制无证经营。通过对经营行为整顿，重点解决大宗货源管理，对重点大宗货源实行计划运输。通过加强票据清理，实行统一票证管理，实行对具备条件领票自行结费的航运企业由地区航运管理中心站批准等制度。对拖欠养河费的单位和个体（联户），采取不发缴讫证或通过法律手段强行追缴。据统计，遵义地区 1989 年至 1991 年，三年养河费年平均收入 33 万元，较 1988 年增长 59.2%。

黔东南苗族侗族自治州1991年养河费和航管费收入11.4万元，较1989年增长55.79%。通过与省交通厅和有关部门协商，将原一直由公路运管部门管理的水路排筏运输，划归水运行业管理。1992年6月，水路运输市场治理整顿工作通过了“省水路运输市场治理整顿”工作小组的检查验收。治理整顿后，全省水路运输市场秩序明显改善。

（二）水路运输服务许可证制度的实施

1996年10月1日，《中华人民共和国水路运输服务业管理规定》正式实施。10月1日到12月31日，省内河航运管理局在全省对从事水路运输服务业的企业、单位进行全面清理整顿。对1996年10月1日前已发证的水路运输服务企业进行重新审查，并核发《水路运输服务许可证》。重点抓无证无照经营，垄断货源强行代办服务、吃回扣、吃运费差价等行为。对清理后合格的，发给《水路运输服务许可证》，允许其继续经营；对清理后不合格的，进行取缔。1997年，继续开展全省水路运输服务业的整顿及换证，完成全省省际《水路运输许可证》《船舶营运运输证》的年审换发工作，年审企业共（业主）340个，省际营运船舶429艘，年审率达100%。此后，每年对水路运输许可证进行常态化审核，到期换证。

（三）实施运力发展额度管理

20世纪90年代初期，随着水路运输市场治理整顿的深入，国家为防止运力盲目地过度发展，对运力发展实行严格的额度管理。交通部提出“严格控制总量，坚持稳定发展，认真调整结构，重视提高效益”的原则，凡需新增运力的单位，首先要按程序提供可行性研究报告和向省交通主管部门申报新增运力计划，经审核同意后再向交通部申报，企业购置新船必须在批准的额度内进行。贵州省内河航运管理局对省际运输新增运力额度管理，严格实行先审批、后购建、再营运制度，但受水运市场疲软、经济乏力、资金困难等因素的影响，“八五”期间年均完成额度仅在交通部审定年度额度的70%左右。1996年至1998年，未安排省际运输新增运力计划，1999年、2000年新增省际运力额度计划也未完成。“九五”时期，由于企业运输成本居高不下，经济效益差，资金不足，交通部每年下达的船舶更新改造贷款，分解下达到各水运企业后，也因企业亏损严重，贷款困难，无力筹措资金进行船舶改造和扩大再生产，导致“九五”期交通部下达的新增省际运力额度计划无法完成。

表 6-3　1990 年—1998 年贵州省船舶运力统计表

年度（年）	项目	计算单位	小计	其中		
				国有	集体	个体
1990	艘数	艘	3929	173	123	3108
	载重吨	吨	51047	26648	7384	12759
	载客量	客位	8900	2360	1688	3358
	功率	千瓦	28948	10417	5537	10163
1991	艘数	艘	3172	169	106	2780
	载重吨	吨	50750	25938	7054	13544
	载客量	客位	9411	2498	1024	35789
	功率	千瓦	29376	10762	5084	9292
1992	艘数	艘	3172	159	108	2766
	载重吨	吨	52277	24880	8076	14535
	载客量	客位	11429	2483	646	5663
	功率	千瓦	32292	10730	4977	12225
1993	艘数	艘	3025	164	103	2460
	载重吨	吨	49612	26134	7347	7863
	载客量	客位	11510	2266	610	5592
	功率	千瓦	32530	11325	4448	11349
1994	艘数	艘	3337	159	88	3060
	载重吨	吨	48580	25540	5716	15813
	载客量	客位	12716	1592	124	10190
	功率	千瓦	34036	10658	2795	17528
1995	艘数	艘	3512	163	64	3136
	载重吨	吨	51664	27225	5797	17904
	载客量	客位	17548	1612	124	15159
	功率	千瓦	34934	11358	2217	18481
1996	艘数	艘	1952	161	50	1723
	载重吨	吨	51399	28012	5484	17124
	载客量	客位	19269	1612	100	17378
	功率	千瓦	38145	11189	1889	24107

续表

年度（年）	项目	计算单位	小计	其中		
				国有	集体	个体
1997	艘数	艘	1787	155	53	1501
	载重吨	吨	51248	27837	5835	16205
	载客量	客位	17392	1612	100	13857
	功率	千瓦	39998	10820	2109	24724
1998	艘数	艘	1657	149	51	1372
	载重吨	吨	50012	25760	5830	13942
	载客量	客位	17650	1913	100	13659
	功率	千瓦	39689	10437	2095	24261

（四）全省水路运输市场调查的开展

为推动水路运输市场健康协调发展，1999 年 10 月 1 日至 12 月 30 日，省航务管理局开展全省水路运输市场情况调查，在对黔东南、铜仁、遵义、毕节、黔西南、安顺等地（州、市）水运发达的从江、思南、沿河、习水、赤水等县（市）和赤水轮船公司、乌江轮船公司、赤水市航运公司、赤水市黔川航运公司等单位调查后，形成了《贵州省水运市场调查报告》，提出加强水路运输管理，进一步培育水路运输市场机制的对策。

表 6-4　贵州省综合交通运输情况表

项目			单位	1990 年	1994 年	1995 年	1997 年	1998 年
交通线路里程合计			千米	33267.00	35731.6	35811.6	36727.5	37120.5
铁路营业里程			千米	1461.00	1411.6	1411.6	1468.5	1468.5
公路通车里程			千米	29884.00	32398.0	32478.0	33211.0	33604.0
航道通航里程			千米	1922.00	1922.0	1922.0	2048.0	2048.0
运量	合计	客运	万人	18953.02	20132.8	30791.3	43331.9	45089.1
		货运	万吨	2475.38	8915.7	11381.8	11765.1	12211.2
	铁路	客运	万人	12121.00	1457.4	1515.3	1892.0	1863.6
		货运	万吨	1928.90	2230.7	2300.8	2455.5	2481.0
	公路	客运	万人	6733.00	18428.0	29001.0	41169.0	42793.0
		货运	万吨	455.00	6548.0	8957.0	9090.0	9416.0

续表

项目			单位	1990 年	1994 年	1995 年	1997 年	1998 年
运量	水路	客运	万人次	99.02	247.4	275.0	270.9	432.5
		货运	万吨	91.48	137.0	124.0	219.6	314.2
周转量	合计	客运	万人千米	800676.60	1624647.0	1829828.0	1887116.0	2006411.0
		货运	万吨千米	1929105.00	2947500.0	3101127.0	349992.0	3201987.0
	铁路	客运	万人千米	509000.00	909100.0	934400.0	956700.0	1000000.0
		货运	万吨千米	1849000.00	2533100.0	2548600.0	2876000.0	2603000.0
	公路	客运	万人千米	288778.00	710925.0	890065.0	925258.0	999717.0
		货运	万吨千米	48113.00	336301.0	510773.0	503264.0	548391.0
	水路	客运	万人千米	2898.59	4622.0	5363.0	5258.1	6694.6
		货运	万吨千米	3992.47	45099.0	41754.0	40728.1	50596.7

表 6-5　1991 年—2000 年贵州水路货物运输量完成情况一览表

年份（年）	货运量（万吨）		货物周转量（万吨公里）	
		增长（%）		增长（%）
1990	78.90	-3.90	26 264.00	-9.32
1991	89.00	12.80	32 685.00	24.45
1992	99.00	11.24	40 759.20	24.70
1993	106.50	7.58	44 417.40	8.98
1994	137.00	28.64	45 098.70	1.53
1995	124.00	-9.49	41 754.00	-7.42
1996	220.00	77.42	46 359.40	11.03
1997	219.60	-0.18	40 728.10	-12.15
1998	314.20	43.08	50 596.70	24.23
1999	343.98	9.48	40 742.32	-19.48
2000	353.65	2.81	40 963.54	0.54
1951—1990	2 247.70		333 463.80	
1991—2000	2 006.93		424 104.36	

（五）各河水运运能的起伏变化

受经济社会、市场变化竞争影响，全省主要河流货物运输起伏变化不定。

赤水河 20 世纪 90 年代初，经过国家粮、棉、布转换投资，对中游河段中几个较大碍航滩险整治、取消所有绞滩站后，通航能力提高。个体运输业快速增长，中游河段船舶吨位从 30 吨—70 吨增加到 50 吨—120 吨，货物运输量逐步增长。下游河段船舶吨位发展到 150 吨—200 吨，运输方式以拖带为主。1990 年，赤水河货物运输量 64.5 万吨，货运周转量 18799.5 万吨千米，占全省水路货物运输总量的 70.49%。其中，煤炭运输 15.90 万吨，石油 0.52 万吨，钢铁 0.02 万吨，矿建材料 0.02 万吨，水泥 0.77 万吨，木材 0.82 万吨，非金属矿石 0.11 万吨，化肥 43.80 万吨，其他 2.51 万吨。1998 年年底，水路货物运输量达 103 万吨，货运周转量达 24363 万吨千米，占全省水路货物运输总量的 32.78%，其中，煤炭运输 25 万吨，矿建材料 4 万吨，水泥 2 万吨，非金属矿石 20 万吨，化肥 48 万吨，其他 4 万吨。2000 年，货物运输量达 136.90 万吨，周转量 20820.30 万吨千米，占全省水路货物运输总量的 38.71%。运输货物以化肥、煤炭为主。沿河主要水路运输企业有赤水轮船公司、赤水市航运公司、赤水市黔川航运公司、元厚运输社、大同运输社、习水县胜利航运公司（1996 年解体）、仁怀县航运公司（1997 年解体）、华一纸厂船队、赤天化天永运输有限公司、赤水市岔角煤矿船队。

乌江 “九五”期间，乌江航运建设工程进行全面整治，达到了五级航道通航标准，通航能力大大提高，水路运输快速增长。1990 年，乌江货物运输量仅有 8.80 万吨，货物周转量 5432.80 万吨千米，占全省水路货物运输总量的 11.15%。1994 年，下游涪陵境内武陵县边滩发生崩岩堵塞航道，乌江水路运输受到影响，直到 1996 年恢复通航后，才得以逐步恢复。1998 年，乌江货物运输量达到 40.5 万吨，货运周转量 12961 万吨千米，占全省水路货物运输总量的 12.89%。2000 年，乌江货物运输量猛增到 116.2 万吨，货物周转量达 9718.89 万吨千米，占全省水路货物运输总量的 32.85%。其主要水路运输企业有乌江轮船公司、沿河县乡镇航运公司、沿河县航运公司（1996 年解体）。

清水江 清水江航道在 20 世纪 80 年代末期和 20 世纪 90 年代经过整治后，保持通畅，货物运输量逐年有所增加。1995 年，随着个体运输的发展，水运市场竞争激烈，仅有的天柱县远口航运公司被撤销，水路运输主要由个体（联户）经营。1990 年，货物运输量达 8.67 万吨，货物周转量 5666.05 万吨千米。1994 年，货物运输量 12.3 万吨，货物周转量 4987 万吨千米。1995 年，货物运输量 10.3 万吨，货物周转量 3789 万吨千米。1996 年，货物运输量 12.9 万吨，货物周转量 5170 万吨千米。1997 年，货物运输量达 21.4 万吨，货物周转量 4580 万吨千米。因上游三板溪水电站建设，导致水路运输量急剧下降，1998 年，货物运输量仅有 3.8 万吨，货物周转量 1822 万吨千米。2000 年，货物运输量增加到 18.33 万吨，周转量 4805.2 万吨千米，占全省水路货物运输总量的 5.18%。

“两江一河” 1995 年 4 月，二期复航工程结束，通航条件得到较大改善，水路运输恢复正常，个体运输业户发展较快，船舶运力快速增加，水路运输量逐年增长。1995 年，货物运输量仅 9.70 万吨，周转量 55.30 万吨千米，货物运输量仅占全省水路货物运输量的 7.82%。到 1996 年，货物运输量猛增到 40.50 万吨，货物周转量达 5818 万吨千米，1998 年，货物运输量增加到 61.70 万吨，周转量 2791.40 万吨千米，占全省水路货物运输总量的 19.64%。2000 年，货物运输量达到 77.05 万吨，周转量达 1965.98 万吨千米，占全省水路货物运输总量的 21.78%。“两江一河”水路货物运输具有明显的库区水运特点，长途水运较少，短途运输增加较快。

都柳江 都柳江由于碍航闸坝和航道多年未维护，通航条件较差，水路货物运输量较少。20 世纪 90 年代后，随着沿河两岸社会经济的发展，恢复水路运输的呼声越来越高。1998 年，实施三都—新华段港航建设工程，改善都柳江航道通航条件。1995 年，水路货物运输量 11.8 万吨，货物周转量 3858.5 万吨千米，占全省水路货物运输总量的 9.52%。1996 年，货物运输量增加到 22.4 万吨，周转量 5200 万吨千米。1998 年，货物运输量达到 30.3 万吨，周转量 6231.6 万吨千米，占全省水路货物运输总量的 9.6%。随着腹地陆路交通条件的改善，2000 年，货物运输量仅 2.26 万吨，周转量 3646.7 万吨千米，后来基本停运。

水电站的建设刺激了库区航运快速发展，至 2000 年，主要库区，如乌江渡、万峰湖、夜郎湖货物运输总量 90.4 万吨，货物周转量 1617.77 万吨千米。

（六）赤水河化肥运输转向市场化

赤水天然气化肥厂（赤天化）生产的化肥是贵州水路运输较为稳固的大宗货源，该厂投产 10 余年间，水路输出的化肥均由赤水轮船公司承运。其运输专线按计划经济模式经营，贵州省财政根据企业经营情况给予补贴。进入 20 世纪 90 年代，随着运输市场的放开，赤水河各运输企业为取得化肥运输业务激烈竞争。1991 年，赤水河水路运力 29911 吨。其中，国有企业 19750 吨，地方集体企业 5342 吨，个体（联户）4819 吨。“赤天化”化肥产量 47.9 万吨，赤水河输出量 44.94 万吨。其中，赤水轮船公司占 34.13 万吨，其他运输业户 10.81 万吨。由于赤水河运力过剩，各水路运输业户为争揽大宗稳固货源，采取抬价压价、提取回扣、请客送礼等手段，互挖墙脚，造成运输经营混乱。

为规范运输生产及经济行为，贵州省内河航运管理局决定对化肥实行计划运输。经与相关部门协调，1990 年 4 月，成立赤水县支农重点产品水路联合运输领导小组，1991 年，赤水县成立了支农重点物资水路运输联合办公室，实行计划管理，推行合同运输，确保重点支农物资的输出。1991 年，水路化肥运输量较 1990 年增长 11%。1992 年，经协调，计划内的尿素 32 万吨，由赤水轮船公司直接与中农司签订运输合同，计划外 10 万吨，由赤天化销售科与联运办签订合同。

“九五”期间，随着赤水河流域内陆路交通条件逐步改善，特别是马（临）合（江）公路建成通车，部分煤炭运输弃水走陆。1997 年 5 月，“赤天化”厂属汽车队改为“赤天化”（集团）天永运输发展有限公司，增加水路运输项目，实行产、运、销一条龙的经营模式。至“九五”期末，“赤天化”化肥年产量 51.3 万吨，赤水河输出量 46.4 万吨。其中，赤水轮船公司占 23.32 万吨，其他运输企业和个体（联户）占 23.08 万吨。而赤水河运力发展到 37114 吨。其中，国有企业 21350 吨，地方集体企业 6055 吨，个体（联户）9609 吨。由于赤水河水运货源短缺，运力严重过剩，化肥运输市场竞争更加激烈。国有水运企业赤水轮船公司由于体制和机制原因，竞争乏力，化肥运输市场占有份额逐年减少。

1994 年，“赤天化”生产的尿素不再由国家统一计划分配，国家和省在赤水的办事机构被撤离，产品由“赤天化”直接销售。赤水市属集体企业赤水航运公司，黔川公司，大同、复兴、元厚运输社与个体（联户）船队打破运输界限，先后进入“赤天化”化肥运输市场，形成多种运输经济成分并存，相互竞争的局面。1994 年 1 月，赤水县人民政府批准成立赤水市联合运输公司，办理进港船舶报到，协助船舶受载，代办运方开票、收取运费等服务业务，旨在建立统一、有序的水运化肥市场。1998 年，赤水市联合运输公司因故停业。

三、国有水运企业改革步履维艰

（一）国有航运企业在市场经济大潮中沉浮

1992 年 7 月，国务院发布《全民所有制工业企业转换经营机制条例》（中华人民共和国国务院令第 103 号）明确企业转换经营机制，使企业适应市场的需要，成为依法自主经营、自负盈亏、自我发展、自我约束的商品生产和经营单位，成为独立享有民事权利和承担民事义务的企业法人。1993 年，国家取消航运企业计划优价柴油和钢材供应，由市场调节。1994 年，国家取消化肥计划运输，向市场开放。国有航运企业与非国有航运企业站在同一条起跑线上，在市场经济中进行竞争。

1. 贵州省赤水轮船公司。公司始建于 1956 年，系省属国有中小型水路运输企业，本部位于赤水市，主要经营赤水河下游、长江货运和赤水至重庆的客运航线。“八五”初期，职工有 1761 人，下设化肥专线轮驳、合江、客运等 8 个分公司。20 世纪 90 年代，由于货源短缺，运量不足，设备老旧，生产经营每况愈下，包袱沉重，长期处于亏损状态。

2. 贵州省乌江轮船公司。公司始建于 1960 年，系省属国有中小型水路运输企业，本部位于沿河土家族自治县，主要经营乌江及长江中、下游货物运输，乌江思南、沿河至洪渡、涪陵等客运航线。“八五”初期，有职工 695 人，科室 11 个，港点 5 个。从 1991 年至 1998 年，除 1992 年盈利 10 万元外，其余 7 年累计亏损 1705 万元，企业经营生机缺乏，积重难返。

3. 贵州东方航运有限责任公司。公司始建于 1995 年 4 月，由贵州省航运总公司、贵州省赤水轮船公司、贵州宏福实业开发公司共同投资筹建，船舶和人员由贵州省赤水轮船公司调配。因生产经营困难，亏损严重，1999 年 6 月至 9 月，变卖 400 吨级驳船 8 艘，其余船舶和人员收归省赤水轮船公司，1999 年 6 月被撤销。

4. 贵州省红枫湖轮船旅游公司。公司始建于 1980 年 10 月，原隶属省赤水轮船公司二级单位。1991 年 9 月从省赤水轮船公司分立，为省内河航运管理局直属国有企业，主要经营红枫湖水上旅游客运。1991 年至 1995 年，公司生产经营业绩较好，但企业发展仍处在“亚健康”状态。

（二）国有造船工业企业开拓市场

随着造船业的异军突起，贵州省属国有造船企业思南船舶修造厂和赤水轮船公司船舶修造厂开始参与市场竞争。思南船舶修造厂位于贵州省思南县城南渡口处，始建于 1958 年。企业固定资产 1082 万元，厂房面积 66 000 平方米。20 世纪 90 年代初，职工有 280 余人；到 20 世纪 90 年代末，人员减少到 225 人。1996 年，经省内河航运管理局技术科和省港航监督部门资格审核，为一类船舶修造企业，可修造船长大于 30 米（非机动船长大于 40 米）、主机功率大于 110 千瓦、电站单机容量大于 15 千瓦的钢质船舶，以建造百吨级的大型钢质船舶为主。该厂在市场竞争中充分利用市场调节机制指导生产，主动出击，足迹遍及全省有水运的地区寻觅造船业务。同时挺进云南参与造船竞标，并一举中标。1991 年 3 月，为云南思茅地区航运公司设计建造 2 艘 150 吨货轮，在小橄榄坝首次采用气囊下水获得成功，10月，正式交付使用。11月13日，150吨机动驳船，装载70吨货物经澜沧江（湄公河）首航缅甸、老挝、泰国获得成功。为开辟中、泰、缅国际航线奠定了基础，此举开创了贵州设计、建造船舶走出国门的先例。1995年，试制装配式公路钢桥梁1座，获得成功。1996年和1998年分别获4座钢桥生产任务。1998年，贵州省思南船舶修造厂组织了20名持证的焊工，赴广州支援贵州省桥梁公司中标的丫髻沙大桥建设。1999年，为云南鲁布格发电总厂建造1艘双体豪华游轮。1991年至2000年，思南船舶修造厂累计完成产值2234万元。

赤水轮船公司船舶修造厂始建于1958年，1979年扩建，1980年投产。主要是为本企业建造和维修船舶，生产任务靠上级计划安排。公司占地总面积25600平方米，固定资产1428万元，有各种机器设备100多台，其中包括焊接检测探伤机和高压水除锈机、40吨油压机、剪板机等设备。厂内建有内河较为先进的水平垂直升降船台，6个修造墩地。1980年，有职工400余人；2000年，减至106人。1996年，经贵州省内河航运管理局技术科和省港航监督部门资格审核，为一类船舶修造企业，可修造船长大于30米（非机动船长大于40米）、主机功率大于110千瓦的钢质船舶，是贵州较大的造船基地之一。“七五”期间，公司逐步走向市场，承接赤水河个体船舶修造业务。“八五”时期建造了1艘双体快速客船、8艘400吨级、6艘600吨级、1艘800吨级驳船和2艘540千瓦拖轮。为了求生存，求发展，该厂除立足赤水河，承接省内外业务外，还到云南思茅、澜沧江等地造船设点；在四川省合江县成立赤水船厂贵江造船分厂，承揽长江船舶修造业务，取得了一定的经济效益。

（三）国有航运企业第二轮承包经营责任制的实施

省属航运企业第一轮承包经营责任制，从1988年1月1日开始至1990年12月31日止，承包经营期三年。

1991年，贵州省交通厅、财政厅、国有资产管理办公室作为发包方，对贵州省赤水轮船公司、乌江轮船公司、思南船舶修造厂、红枫湖轮船旅游公司实施第二轮承包经营责任制，承包期仍为三年（1991年至1993年）。第二轮采取“零”承包，即由贵州省交通厅负责落实企业上缴利润和拨补亏损指标，再由省交通厅、财政厅、国有资产办公室作为发包方与企业签订承包合同。承包形式由第一轮承包经营实行的“亏损递减包干”变为“上缴利润基数承包，超额全留，亏损自补，贷款船利润实行税前还贷。承包期不实行第二轮利改税办法，免交所得税和调节税，实行工效挂钩”。由第一轮的“经营者承包”变为“实行企业法人承包”。承包内容除了将国有资产及有关经济责任指标作为企业承包的考核指标外，还将企业管理列入考核指标。在合同中明确发包方和承包方的权利和义务、合同执行的考核与奖罚，对经营者按月从基本工资中扣交 20% 的风险保证金，完成利润指标 70% 以上，退还扣交的风险保证金；完成利润指标不足 70% 时，经营者风险保证金收归企业所有。经考核，实现或超额完成年度利润指标及全面完成相关指标，奖励企业职工年均收入的 1—3 倍；如完成年度利润，但未完成国有资产增值、归还贷款本金；无重大安全责任事故指标，按每少完成一项扣罚经营者奖励收入的 20%；当未完成合同规定的其他指标时，在经营者奖励收入做了上述扣减后的余额中，每少一项扣罚 5%。

各航运企业在第二轮承包中，进一步完善经营管理机制，着眼于内部挖潜，严格内部管理，将承包合同中的效益、安全、质量、消耗等指标层层分解，建立健全各项责任制，使每个岗位的工作内容和职责范围明确，克服“以包代管”，逐步形成整个企业的包保体系。第二轮承包，各企业均取得了较好的经济效益。

“九五”期间，按照成都军区的统一要求，由省航运局战备办公室牵头，以赤水轮船公司、乌江轮船公司为主，组建战时船舶运输大队，并通过了验收。各基层单位还根据省战备办统一部署，认真完成各项水上交通战备演练任务。

（四）推行国有资产经营目标责任制

在推行第一轮、第二轮企业承包经营责任制后，1994 年，省内河航运管理局根据《全民所有制工业企业转换经营机制条例》，对省属国有航运企业实行企业法定代表人（企业经营者）国有资产经营目标责任制。双方就企业经营目标、权利、义务、违约责任等事项，在充分协商、取得一致意见后，订立责任书。对责任书执行情况按年度考核，经审计后兑现。从责任书规定期限第一个月起，对经营者按月，从基本工资中扣交 20% 的风险保证金。未经年度考核，暂不领取奖金、津贴。考核期内，完成利润指标，退还经营者扣交的风险保证金本息，经营者的年收入（包括津贴、单项奖在内的所有收入）按本企业职工平均收入的一倍提取奖励；在全面完成年度经营目标，并超额完成利税指标时，按超额利税的 0.5% 计奖。如未完成利税指标，经营者的风险保证金本息收归企业所有。如完成利税指标，未完成其他两项主要指标（国有资产保值增值和无重大安全责任事故）时，按每少完成一项扣罚经营者奖励收入（不含超额奖励部分）的 25%，当完不成规定的相关指标时，在经营者奖励收入做出上述扣减后的余额中每少完成一项再扣罚 5%。资产经营目标责任制的推行，使省属国有航运企业从以往放权让利的政策调整进入到企业自主转换经营机制、制度创新的法人治理阶段。

实施国有资产经营目标责任制的第一年，赤水轮船公司顺利完成利税指标，确保了国有资产保值增值，实现了无重大安全事故的目标。1999 年完成客运量 18.9 万人次，比 1993 年增长 12.6%；旅客周转量完成 1353.2 万人千米，比 1993 年增长 32.5%；货运量 34.8 万吨，比 1993 年减少 0.3%；货物周转量完成 19935.6 万吨千米，比 1993 年增长 15.2%。红枫湖轮船旅游公司抓住红枫湖旅游市场旺盛，游客增多的有利条件，合理调度，狠抓服务质量，取得了较好经营效果，实现了年度经营目标。1994 年完成旅游客运量 6.49 万人，周转量 209.4 万人千米，创历史最好成绩。乌江轮船公司因 1994 年初乌江渡水电站关闸蓄水，航道水位下降而无法正常生产。1994 年 4 月 30 日，四川省武隆县（今重庆市辖）边滩岩崩造成乌江断航，导致出长江货物运输及上水物资中断，当年未实现经营目标。1996 年，对边滩整治恢复通航，但通而不畅。大宗货源（如化肥、食盐、煤炭）已弃水走陆，难以形对流格局，加之运价低，油料、成本不断上涨，船舶设备老旧，此后几年生产经营状况均不理想。

从 1994 年开始至“九五”末期，省属国有航运企业一直实行国有资产经营目标责任制，进一步扩大企业生产经营自主权，落实和完善经理（厂长）负责制，将责、权、利相统一，体现按劳分配原则，在一定程度上理顺了国家和企业、企业和职工之间的关系。

从 20 世纪 90 年代中期开始，省属各航运企业结合自身实际情况，推行人事、劳动、工资“三项制度”改革。赤水轮船公司采取对中层干部实施聘任制，管理人员实行岗位工资，生产工人取消各种津贴、补贴，实行基本工资与生产效益相结合的浮动工资分配制度。乌江轮船公司加强人事管理，实行机构改革，收入向生产一线倾斜，实行新的航行工资分配办法，将工资与生产任务完成情况直接挂钩，工资与航行津贴综合计算。思南船厂调整工资分配方案，实行生产工人工时定额。省属各航运企业推行全员劳动合同制，无论是正式工、合同工、临时工，均与企业签订劳动合同，实行新的用工制度。“三项制度”（人事、劳动、工资）改革，在一定程度上调动了职工生产积极性，但未能从根本上遏制生产下滑的局面。

（五）实施国有水运企业三年扭亏增盈目标

1997 年至 1999 年，贵州省交通厅要求省属航运企业进一步深化改革，实施三年扭亏增盈目标管理。为此，省航务管理局每年召开一至二次工作会议，确定年度生产经营任务和工作重点，总结分析省属航运企业经营管理和“扭亏增盈”存在的问题，以及技改资金的使用情况，研究落实年度扭（减）亏目标及其措施。同时，努力做好帮扶工作：一是对省属航运企业领导班子进行了调整和充实；二是拨付技改资金，对老旧船舶及设备设施进行更新改造；三是培育有序的水路运输市场和船舶修造市场，积极帮助企业扩展其他业务。

为企业营造宽松外部环境 1988 年入汛以来，长江发生百年不遇的特大洪水，赤水河汇入长江区段，受长江高水位的影响，产生大面积淤沙，严重碍航，危及船舶运输安全。企业及时向省里反映，派人赶赴现场调查了解情况。省内河航运管理局出面协调赤水河航道处疏浚工程船舶，组织力量，昼夜疏通，确保了赤天化化肥正常运输。对赤水、乌江轮船公司在 20 世纪 80 年代中期向省财政申请 390 万技改贷款，企业无力偿还的情况，省局向省经委、省财政厅做专题报告，请求贵州省财政给予再次贴息，得到了贵州省经委、贵州省财政厅的大力支持，同意企业该项贷款再次贴息 3 年。

加强企业领导班子建设 针对有的思想僵化、经营无方、内部不团结、职工反映问题大的企业领导班子，省内河航运管理局领导及有关部门多次深入企业进行协调，广泛听取职工意见，省局党委及时报厅党组对贵州省赤水轮船公司、贵州省乌江轮船公司和贵州省思南船舶修造厂领导班子进行了调整。调整后的企业领导班子团结合作、勇于开拓、敢于创新，出现了新气象。

帮助企业排忧解难 红枫湖是贵州省重点水上旅游区，被中共贵州省委、省人民政府列为 1998 年度贵州省城市“黄果树杯”竞赛主要活动场所。但水上船舶旅游秩序较为混乱，贵州省红枫湖轮船旅游公司的正常生产受到严重影响。为确保“8 • 28 活动”在红枫湖区顺利进行，加强航运行业管理，维护红枫湖水上旅游秩序，省内河航运管理局领导到清镇与清镇市政府领导进行座谈，得到了清镇市人民政府的支持，共同采取有效措施，维护了红枫湖水上船舶旅游的正常秩序。1998 年，实现营运收入 91 万元，盈利 5 万多元。贵州省思南船厂在承接船舶修造、战备钢桥生产的过程中，因管理不善，制度不健全，导致企业亏损严重。省局领导和科室专业技术人员经常深入企业，从采购材料、资金运用等方面把关，加强生产及资金监管，帮助企业解决生产中的技术难题。同时为企业提供船舶工业修造信息，企业在兴义万峰湖争得造船一席之地。

企业内练苦功外拓市场 1999 年，赤水轮船公司改革力度加大，将企业管理机构人员由原来的200多人减至80余人，撤销原二级相对独立机构，将生产经营指挥中心迁至鲢鱼溪码头，对运输、生产实行直接管理。对内大力挖掘生产潜力，健全和完善一系列内部管理制度，制定船舶燃油消耗定额，实行工资与效益挂钩，努力提高运输质量，从而调动船员节能降耗和生产的积极性，使得货运质量明显提高。对外努力争取货源，扩大化肥运输份额，该公司转变工作作风，重塑企业形象，全力以赴，参与化肥水运市场竞争。1999年，化肥水运量就占赤天化化肥水运量的46.05%，比1998年同期增加了6.61个百分点，净增3.6万吨运量，从而收复了化肥运输市场这块“失地”。实施“一业为主，多种经营”，将地处市区黄金地段的原办公大楼改建为宾馆，安置下岗职工。向内挖潜，开展节能降耗工作，制定船舶燃油消耗定额，与效益挂钩，效果明显。同时推行“三点法”，即管理的重点在现场、现场的重点在监督、监督的重点在检查。货运质量明显提高。赤水船厂在巩固省内船舶修造市场的同时，主动走出去寻找省外船舶修造市场，到云南、天津等地承揽修造船业务。1999年比1998年同期减亏120多万元，仅化肥运输就比1998年增加收入200多万元。乌江轮船公司实行机构改革，精简机关人员，整顿机关作风，严格劳动纪律，改变管理工作面貌。加强水电、办公费用管理，清理、催收历年拖欠的运输费用、票据、职工往来账。强化分配与效益挂钩的激励机制，减少固定工资部分，改变干与不干一个样的平均分配制度。开展多种经营，兴办沿河航运招待所，对涪陵、沿河的临街门面进行商业出租，安排待岗职工就业。同时，针对企业生产规模萎缩，冗员较多的状况，清退临时合同工，为企业减员增效打下基础。

实施“一厂一策”方案 1999年11月，省航务管理局在赤水市召开推进省属国有航运企业改革和发展会议，认真学习贯彻《中共中央关于国有企业改革和发展若干重大问题的决定》和《中共贵州省委关于贯彻落实党的十五届四中全会精神推进国有企业改革和发展的决定》，总结回顾了改革开放以来国有航运企业的发展历程，制定国有航运企业改革和脱困的具体目标，提出《关于推进全省国有航运企业改革和发展的意见》。随后，对赤水轮船公司、乌江轮船公司、思南船厂和红枫湖轮船旅游公司实施“一厂一策”的分类指导方案。在贵州省交通运输厅人事部门、贵州省海员工会的密切配合下，通过采取职工推荐、组织考察及职代会民主选举企业经理（厂长）的办法，及时对贵州省赤水轮船公司、贵州省乌江轮船公司、贵州省思南船厂和贵州省红枫湖轮船旅游公司的领导班子进行调整，使企业生产经营出现转机，企业内部管理得到强化。各企业领导和广大职工认真学习“邯钢经验”和“水钢经验”，加强成本核算，严格成本管理，向管理要效益，认真做好竞争上岗，努力转换经营机制，提高市场竞争力。2000 年，四家国有航运企业实现减亏目标。但从整体上看，日益激烈的水运市场竞争环境使省属国有航运企业长期积累的深层次矛盾暴露，生产经营步履维艰。由于各企业的改革和发展不平衡，生产经营参差不齐，航运企业整体减亏解困效果离上级的要求还有很大差距。

（六）实施下岗职工再就业工程

随着国有企业减员增效的推行，省属航运企业下岗职工不断增加。为解决下岗职工的再就业问题，1997 年年初，贵州省内河航运管理局成立航运企业下岗职工再就业工作指导办公室，各航运企业也成立下岗职工再就业服务中心。1997 年 2 月，贵州省航务管理局根据省经贸委《关于〈企业兼并破产、减人增效工作计划〉的若干意见》精神，制订了 4 户省属航运企业减员增效方案：赤水轮船公司富余人员分流 400 人，其中内部提前安排退休 300 人、转产 100 人；贵州省乌江轮船公司根据企业生产经营的具体情况，及时调整生产结构，立断清退全部临时工，分流富余人员 80 人，其中内部提前安排退休 50 人、转产 30 人；红枫湖轮船旅游公司分流人员 30 人，其中内部提前安排退休 10 人、转产 20 人；思南船厂分流人员 129 人，其中内部提前安排退休 79 人、转产 50 人。省属航运企业积极组织实施减员分流方案，1998 年，4 家省属国有航运企业职工总数 3326 人，下岗职工达 712 人，其中 483 人办理待岗证。

1998 年 6 月 16 日，贵州省交通厅传达贵州省国有企业下岗职工基本生活保障和再就业工作会议精神。6 月 22 日至 23 日，贵州省航务管理局进行传达。按照有关文件精神，为贵州省航运企业下岗职工每月发放 168 元基本生活费，提供基本生活保障，后增加到 208 元，直到 2003 年年底为止。为帮助航运企业做好职工下岗再就业，局党委成员深入航运企业了解情况，与当地政府有关部门进行座谈后，会同省海员工会、厅人事处、厅政策法规处联合向厅党组报告省属四户航运企业职工下岗和再就业情况，提出将直属国有航运企业列为厅特困企业，从以下几个方面解决下岗职工再就业：一是在贵州省公路建设项目中安排解决航运企业下岗职工再就业；二是增大技改资金的投入和扩大技改资金使用范围，将部分资金用于效益好、有发展前景的多种经营项目，安置企业下岗职工分流及再就业；三是如实向省有关部门反映企业困难，咨询有关企业解困的政策和措施，寻求政策方面的扶持和帮助；四是利用水运工程建设项目，开发新项目安置下岗职工；五是通过贵州省交通厅、海员工会、航务管理局协调 20 多名下岗职工分流到省交通厅所属公路工程企业、公路工程建设项目、水运工程建设项目上岗；六是帮助省航运企业600多名下岗职工办理再就业优惠证。至2000年，省航运系统下岗职工近200人实现再就业。1998年10月，通过贵州省航务管理局争取，贵州省交通厅支持，以赤水河航道处为主的工程施工队伍承接贵毕高等级公路第12合同段的施工任务，安置赤水轮船公司和乌江轮船公司下岗职工50人，将“贵毕路落脚河大桥的主塔和鞍座工程”的安装工程交由思南船舶修造厂施工安装。

四、水运工业市场竞争激烈

20世纪80年代中期，贵州水运工业仅有思南船舶修造厂、赤水轮船公司船舶修造厂、赤水市航运公司造船厂三家具有一定规模的船舶修造企业。20世纪90年代，因个体水运经营业户和事业单位及部分企业投入水路运输市场，船舶数量迅猛增加，促进了水运工业企业的发展。

（一）多种经济参与造船业

赤水河中游航道经“以工代赈”投资400多万整治后，通航条件大大改善，许多船舶需更新改造增大吨位，新增运力船舶建造量大增，原有的赤水轮船公司船舶修造厂和赤水市航运公司造船厂已远不能满足船舶更新、改造的需要。1989年，赤水河航道工程处将船舶修造车间改建后，成立赤水市航道船舶修造厂，进入船舶修造市场。1990年以前，“两江一河”没有专门的造船工业，只有盘江轮船公司岩架修船所，负责本公司100吨级以下船舶修理并对外承担小船建造。第一期复航工程结束后，盘江轮船公司营运的船舶均由思南船舶修造厂建造。二期复航工程结束后，航道等级达到六级，大量的运输船舶需要更新改造。1990年，黔西南布依族苗族自治州盘江轮船公司将岩架船修所扩建成船舶修造厂，填补了黔西南布依族苗族自治州无造船工业的空白。该厂成立时职工总人数87名，其中正式职工7人，年生产100吨级以下船舶30余艘。乌江轮船公司船舶修造厂过去只对公司内部船舶进行维修保养，后随着船舶修造市场的放开，也开展了对外修造业务，可从事二类船舶修造及一类船舶修理，建造船长小于或等于30米、主机单机额定功率110千瓦左右的钢质船舶。1988年，乌江航道处对内部进行改革，将机修车间改建为可从事三类船舶修造企业，除修理本单位二类船舶外，还对外承接建造船长小于或等于15米、主机单机额定功率小于或等于15千瓦、无专级电站、由主机驱动单机功率小于或等于3千瓦发电站或以蓄电池供电的钢质船舶。

（二）旅游业的兴起促进游艇建造业的发展

1994年，省航运开发总公司在白云区成立船舶修造厂，从事二类船舶修造业务，建造船长20米以下、主机功率70千瓦以下、单机功率容量小于或等于15千瓦的钢质船舶。红枫湖轮船旅游公司于1995年在红枫湖建设三类船舶修造厂，建造船长小于或等于15米、主机单机额定功率小于或等于15千瓦的钢质船舶。贵州航天集团伟宏机械厂成立三类船舶修造厂。贵阳市星火玻璃厂、贵阳市云岩东方玻璃厂也相继成立四类玻璃钢船舶修造厂，生产船长小于或等于10米的非机动玻璃钢船舶，填补了贵州湖泊游艇建造的空白。

1996年，省内河航运管理局根据省交通厅《关于发布〈贵州省船舶修造行业管理办法〉的通知》要求，开展对全省水运工业企业资质审核。经审核，全省水运工业企业已发展到12家，其中具有一类船舶建造资格的水运工业企业有3家，分别是思南船舶修造厂、赤水轮船公司船舶修造厂、赤水市航运公司造船厂；具有二类船舶修造资格的有4家，分别是赤水市航道船舶修造厂、乌江轮船公司船修所、省航运开发总公司船舶修造厂、黔西南布依族苗族自治州盘江船舶修造厂；具有三类船舶修造资格的有3家，分别是红枫湖轮船旅游公司船舶修造厂、乌江航道处机修车间、贵州航天集团伟宏机械厂；具有四类船舶修造资格的有2家，分别是贵阳市星火玻璃厂、贵阳市云岩东方玻璃厂。

新增个体、集体水运工业企业，包袱小、负担轻，可以适时根据市场需要、满足客户要求等灵活的经营方式参与市场竞争，其优势在船舶建造市场上凸显出来。如赤水河新增的两家船舶修造厂几乎占领赤水河系船舶修造市场份额的一半，给原有的船舶修造企业带来了极大冲击。但它们在市场经济的洪流中，大都昙花一现。

（三）主要河流船型的多样化

“七五”时期，省内河航运管理局提出，着重对现有运输船舶挖潜革新，为船舶更新换代及其营运做好准备。“八五”时期，着重新型船的研制、试航。“九五”时期，着重新型船舶的定型建造和投产。按照这一指导思想，结合航道条件的变化，各通航河流船舶船型也在不断发展、改进。“七五”时期，赤水河30吨级机驳船可常年通航，木质船舶逐步被淘汰。随后，又整治中游河段几个重点滩险，撤销别滩、元厚、堰滩绞滩站。机驳船向大吨位、大马力发展，原有木质船和钢质非机动船基本被淘汰，改为50吨级、70吨级、100吨级钢质机动驳船。1994年10月，赤水市航运公司船舶修造厂研制木质夹玻璃钢的新材料船舶获得成功。该船舶由新材料建造，虽具有船体轻、耐腐蚀、碰撞不易沉没的特点，但不易推广。

赤水河木改钢船型仍沿袭木质船的五板式结构，即平头、园舭、半隧洞船尾、人工舵、驾机分离。为减轻船尾重量，提高重载运输时的过浅能力，上层建筑多采用木质结构，当时从赤水到岔角上水需15—16个小时。到20世纪90年代中期，船型发生较大改变，平头、平底、双折舭、液压舵、驾机合一的船舶出现。许多个体经营户为增加装载，对机驳船进行改造，将船体加长2—3米，并适当加宽，安装新型6135型柴油机，不仅装载吨位增加，且航速提高，赤水到岔角上水航时缩短近3小时。由于这些船舶多数是个体户投资自主建造、自行经营管理，缺乏有力的技术引导，其发展带有一定的盲目性和无序性，尤其是船型优化、船舶技术、经济论证等方面没有进行基础性研究，仅凭经验摸索而建造，船型较差。因而，1998年以前建造的船舶多数在1999年至2002年又进行了技术改造。改造后的船舶不仅航速提高（赤水—岔角上水仅需9个小时），且装载吨位增大。

表6-6　赤水河货船船型机型

船型	主尺度（米）				主机		载量（吨）
	总长	型宽	型深	吃水	台数及型号	功率（千瓦）	
机驳	25.00	4.5	1.5	1.1	2×6 135	2×110	60
驳船	25.46	4.8	1.5	1.1			80
拖轮	25.95	5.0	1.4	1.0	2×6 135	2×110	
驳船	35.90	7.2	1.5	1.1			150

乌江　乌江滩险、流急、比降大、流态紊乱，丰、枯水位航道差别大，且在整治前多数停靠点系原始河道岩滩。为适应乌江河流特性，乌江航行的船舶船型主要为尖瘦型，单位船舶功率比平原高一倍以上。进入“九五”时期，随着各处险滩得到有效整治，航道等级不断提升，加上水电枢纽工程建设，形成区间库区航道，乌江行驶的船舶单船吨位增加，船型发生了较大变化，功率逐渐增大，主机机型一般采用95、105、110、115系列船用柴油机，部分采用135、160系列，单机功率13—220千瓦，大部分为双机双桨，船舶操纵性能好。乌江货船基本都是机动驳，一般采用半舱或深舱形式，吨位主要在100吨—300吨，有少量500吨级的航行在龚滩以下。全船采用纵流线型，

平底。圆舭，首部线型多采用平甲板船首，部分为尖头船首，尾部采用双尾隧道线型，艉机型纵通长大舱口布局，横骨架式结构，100 吨级以上货船为液压舵，小船多采用人力机械操舵装置，均配置相应的绞滩设施。乌江客船多为区间短途客船，有 20—150 客位档次，多为 70 客位以下，70 客位以上客船集中在沿河以下运行，全船采用纵流线型，平底，圆舭，首部线型多采用平甲板船首，尾部采用双尾隧道线型，驾驶室与机舱上层建筑为单层，中间的客舱下沉，乘客从船艏上下，在客舱前部进出，双机双桨，前甲板设绞滩设施。

表 6-7　乌江客船代表船型机型表

船型	主尺度（米）					主机		载客量（客位）
	总长	船长	型宽	型深	吃水	型号及台数	功率（千瓦）	
30 座客船	16	14	3.1	1.0	0.5	1×1 115	1×16	30
60 座客船	22	19	3.6	1.1	0.6	2×1 115	2×16	60
90 座客船	25	22	4.0	1.2	0.7	2×4 105	2×105	90
120 客位客船	31	28	5.0	1.5	1.0	2×4 105	2×105	120

“两江一河”及都柳江　“八五”时期，货船多是载量 10 吨—40 吨的小货船。1995 年后，随着航道条件的改善，逐步向 70 吨—100 吨货轮发展。一般船长在 14.00—29.20 米，型宽 2.46—6.59 米，型深 0.87—1.99 米。小吨位货船主要从事沿江农副产品、群众日常生产生活用品等物资运输；70 吨以上货船主要从事煤炭、木材、玉米和其他散杂货运输。客船多为沿江个体户自建，主要用于沿江群众日常生活中出行、赶集等。

（四）首艘钢质双体快速客船的研制

改革开放后，赤水与周边地区的经济交往增多，特别是 1997 年撤县建市后，受毗邻的四川省、重庆市的经济带动，与四川、重庆在文化、经济等各方面交流日渐频繁，往返于赤水、四川、重庆的客流量不断加大，对交通发展提出了新要求。“八五”时期前，赤水到重庆（400 千米）为山区公路，多蜿蜒曲折、凹凸不平，需 10 多个小时才能抵达。水路（243 千米）相对里程距离较近，但客船航速较慢，下行只能到朱洋溪，再转乘火车，需 1 天时间；上行要 2 天时间，中间还要转乘火车、汽车。往返需要 2—3 天时间，旅客迫切期待快速船舶的出现。

1988年，赤水轮船公司与武汉水运工程学院共同合作，认为双体快速客轮（介于高速和常规航速之间）适合赤水河航行条件及经济要求。1989年3月，赤水轮船公司双体快速客轮的建造方案通过审查，并列入贵州省1989年新产品开发项目计划。1989年年底，武汉水运工程学院完成双体快速客轮方案的施工图纸设计、技术数据测算、船模试验等工作。1990年6月，图纸审核工作完成。1991年4月，双体快速客轮在赤水轮船公司船厂施工建造，12月底，建造完工，并通过试运行检验，后交付使用。双体快速客船“金桫”轮，总长37.7米，水线长36米，型宽8米，片体宽2.6米，型深1.6米，吃水0.9米，设计航速30千米/小时，续航力24小时。核定载客240人，分设有二等舱、三等舱、四等舱、五等舱。具有航速快、载客多、功率小（耗能省）、造价低、运输效率高等特点，技术指标达到了国内先进水平。同时，该船型在国内尚属首创。

1992年1月，贵州省内河第一艘钢质双体快速客船“金桫”轮正式投入赤水—重庆直达航线营运。下行航行时间约10小时；上行丰水期约14小时，枯水期约16小时。因赤水—合江小河段弯道较多，实际航速低于设计航速，但仍实现了由重庆上行1天到达赤水的目标。“金桫”钢质快速双体客船活动空间较大，深受广大乘客的欢迎。通过三个月实船淡季营运，单船营运收入32.78万元，净利润8.69万元，达到了经济论证时的预测计算值。但该船由于动力系统与船体配合不佳，振动和噪声较大，以致轴隧舱船底板常出现震裂现象。赤水—重庆航线的开通，加强了两地之间的经济往来，得到了社会各界的充分肯定。1993年至1994年，赤水轮船公司“金桫”轮开辟的赤水—重庆—丰都旅游专线，一度在赤水城区引起旅游热潮，推动了赤水的旅游发展，也为自身带来了较好的经济效益。

随着高速公路的快速发展，特别是成渝高速公路的开通，赤水至泸州、合江公路条件的改善，客源分流，加之燃油料等成本不断加大，“金桫”轮营运利润下降，连年亏损，2000年退出客运市场。2005年8月，赤水轮船公司将“金桫”轮出售给重庆市地方海事局。

第四节　水上安全管理的强化和船舶检验的加强

一、水上重特大安全事故统计记录

进入20世纪90年代，随着水电枢纽建设和旅游业的发展，全省通航水域不断拓展，贵州水上交通安全事故频发。究其原因，安全责任意识淡薄，安全监管不到位，企业安全责任不落实，乡镇船舶无证无照、违章超载等都是造成安全事故频发的主要因素。

20世纪90年代，全省发生的主要重特大水上交通事故触目惊心。

1992年10月27日10时许，仁怀县合马镇（赤水河）陶洪渡口程绪钊渡工，驾驶一木质渡船，载客37人过渡（核定载客15人），因严重超载，在槽口主流难以操纵，后进水翻沉，6人获救，31人失踪。

1992年11月8时许，沿河土家族自治县（乌江）高穴乡村民张文祥租用崔光直船到黑獭小河口大沙坝装运嫁妆，载接送亲人员64人，另有（拉纤）船工7人，共载71人（准载38人），由崔光直之子崔照华（无证书）执舵，当驶离岸边20米时，进水沉没，生还50人，死亡2人，失踪19人。

1995年10月27日，晴隆县（北盘江流域）小盘江河段小盘江村民伍光思等3人驾驶一艘自用生产小木船违章载客45人，从关岭县岗乌镇小盘江岸驶向对岸晴隆县凉水营乡规模村，靠岸时由于操作不当，船舶触岸失控沉没，14人失踪。

1995年11月13日，省赤水轮船公司“遵义308”轮拖四艘驳船沿长江下行，在罗湾子水域与“江津6”客船碰撞，客轮翻沉，造成3人死亡，43人失踪，12人受伤，经济损失68万元。

1995年11月23日，省乌江轮船公司“乌江411”轮沿乌江上行至思南县乌杨树时，与一艘载有29人的木质小机船相会，小机船被浪沉，死亡3人，失踪12人。

1997年4月4日15时左右，乌江沿河土家族自治县和平镇彭学尧驾驶超过年审有效期的“沿运118”轮，私自载客航行，因严重超载，在淇滩镇猫滩船舶上浪沉没，死亡、失踪共计49人。

1997年12月8日15时30分，思南县三道水乡徐家坳村王昌华夫妇严重违反水上交通管理有关规定，擅自驾驶木质非机动农业生产自用船，在乌江干流天下渡载客38

人横渡，因严重违章超载，遇险情又未采取有效措施，导致船舶触礁翻沉，死亡、失踪共计 22 人。

2000 年 6 月 11 日，德江县桶井乡新滩渡口渡船，因严重违章超员超载驾船航行，造成船舶沉没，死亡、失踪共计 41 人。

二、水上安全的全面整顿

由于贵州水运基础设施比较落后，船舶吨位小、质量差、种类多、分布广、设施简陋，安全难以保证。加之乡镇船舶从业人员 90% 以上是农民，普遍存在操作技能、应变能力、安全意识方面的问题，水上交通安全管理难度大。

乡镇运输船舶整顿 整顿初期，针对乡镇船舶超载的事故隐患，选择玉屏、惠水、修文、清镇、沿河、金沙、大方、平坝、天柱、赤水、湄潭、兴义、安龙、六枝 14 个船舶比较集中的县开展试点工作。由各地（州、市）、县（市）领导挂帅，各试点县（市）抽调水上安全管理员集中培训，制定安全管理制度和整顿试点的具体措施。例如在所辖沿河区、乡镇、村宣讲水上交通法规；在沿河乡镇设置船舶管理员，用签订安全合同、安全协议等方式推行乡镇船舶安全管理责任制。整顿中，检验了大量乡镇船舶，培训了一批驾驶人员和渡工，建立渡口档案卡。合格的船舶，核发一牌一证一线，渡口和渡船都设立安全守则碑，并核定乘客定额。1989 年 11 月，贵州省交通厅在玉屏县召开乡镇运输船舶安全试点工作会议，对试点好的做法进行总结，并向全省推广。1990 年，按照贵州省人民政府批转的《关于水上交通安全管理责任划分的意见》，省内河航运管理局督促落实县、乡人民政府有关部门安全管理责任，重点解决渡船无证无照和违章超载航行的问题。1991 年，协助县（市）、乡人民政府和乡镇运输船舶管理员解决“管什么”和“怎么管”的问题，并开展创建文明渡口活动，加快渡船的更新、改造步伐。经过三个阶段的整顿，各乡镇运输船舶管理得到加强。

水运行业安全整顿 1991 年，全省开展了对水运企业、水运工程施工单位和县（市）交通主管部门行业的安全整顿。水运企业安全整顿主要解决五个问题：一是把安全工作放在首位，做到党政工团齐抓共管；二是落实安全生产责任制；三是解决制度上的空档问题；四是解决船舶失保、失养、失修和超载超速、拼设备的问题；五是搞好岗前岗后培训。

三、水上交通安全管理的加强

为扭转事故多发局面，贵州省安全生产委员会和贵州省交通厅要求各级政府切实抓好乡镇船舶管理，进一步明确县（市）、乡（镇）人民政府管理责任，实行“主要负责领导负第一责任人、分管领导负主要负责”制度。设置水上交通安全管理机构或专（兼）职安全管理人员；对未经船检部门检验、未办理运输许可证的船舶，采取取缔、停渡或禁止载客的办法；对强行违章超载、冒险航行、无证驾驶人员进行严肃处理。1993 年至 1996 年，贵州省水上交通安全，连创历史最高水平。

（一）打造五级安全管理责任链

安全治理整顿后，贵州省水上交通安全形势总体上有所好转。但因少数县（市）、乡（镇）政府安全管理尚有缺陷，致使水上交通事故仍时有发生。1992 年，全省发生水上交通事故 36 起，死亡 139 人，分别比 1991 年同期上升 9.9% 和 178%，造成人民生命财产损失惨重。究其原因，98% 以上是因乡镇船舶无证无照、违章超载所引起的。为扼制事故多发局面，贵州省安全生产委员会和贵州省交通厅要求各级政府切实抓好乡镇船舶管理，进一步明确县（市）、乡（镇）人民政府管理责任。1992 年，贵州省交通厅将省人民政府下达的水上交通事故死亡人数控制数分解到各地（州、市）交通局并签订安全管理责任书。各地（州、市）交通局与县（市）交通局逐级签订安全管理责任书。安全管理工作逐项细化，落实到县（市），乡（镇）。如铜仁地区有船乡（镇）87 个，签订安全责任书 72 个，签订率达 88%，涉及通航水域 390 千米。至 1996 年，全省已签订责任书的乡（镇）314 个，占应签数的 73.5%。

（二）召开现场会推广好经验

思南县地处乌江干流，乌江流经县境 69 千米，加上县境内白龙底江、六乳河，全县江航水域 137 千米。乡镇有船舶 1356 艘，渡口 61 个，分布在 21 个乡镇 163 个村。境内乌江河段滩多浪急，航道情况复杂，加之船舶多，事故多发。1990 年至 1997 年，乌江干流发生各类船舶事故共 62 起，死亡 369 人，其中乡（镇）船舶事故 59 起，死亡 353 人，事故死亡人数占全省的 55%。1998 年开始，贵州省航务管理（港航监督、船舶检验）局加大安全监管力度，在乌江干流重点选出 18 个乡（镇）、61 个航段作为重中之重来抓。思南县人民政府与港监（船检）部门通力合作，以“压事故、抓安全、促发展”为目标，加强乡镇船舶、渡口的源头管理，严格实行签证放行，充实乡镇船舶安全管理员队伍，明确县、乡（镇）、村、船主安全管理责任并签订责任书，逐步扭转水上交通安全局面。

2000 年 9 月 19 日，全省水上交通安全暨乡镇船舶安全管理现场会召开，会议向全省推广思南县水上交通安全及乡镇船舶安全管理的经验。

（三）推行水运企业安全管理新机制

1996 年年初，全省水上交通工作会议后，贵州省内河航运管理局确定赤水轮船公司为水运企业安全管理新机制试点单位。1997 年，赤水轮船公司将安全管理新机制的做法进行归纳、整理成册，随后在全省水运企业推广。省属各水运企业以安全整顿期间所建立的各项安全管理制度为基础，以实施体系化管理为目标，逐步建立起一个全员参与、全方位管理、对生产过程不断监控、逐级调整、及时反馈、有效激励的安全管理新机制。到“九五”末期，省属水运企业建立企业安全管理新机制工作取得阶段性成果，安全四项指标下降，实现了水运企业安全生产目标。

（四）推行水上交通安全的“四方责任”

1998 年，为稳定水上交通安全局面，贵州省安委会和贵州省交通厅下发《关于加强水上交通安全管理，认真落实安全措施的通知》，明确水上交通安全的“四方责任”：一是政府对乡镇船舶安全管理的行政管理责任，二是交通主管部门对水上交通安全的行业管理责任，三是港监、船检部门对水上交通安全履行国家监察职能，四是船舶所有人或经营人负全面责任。同时，贵州省交通厅提出水上交通安全“靠政府、抓管理、促硬件、重教育”的工作思路，对 1997 年未完成安全目标任务的部门及主要领导人予以处罚。在 1998 年，分别按交通和港航两条线与 9 个地（州、市）交通主管部门和港航部门签订安全目标管理责任书。各地（州、市）交通局和港航监督处及时将目标任务进行分解，再与各县（市）进行签订，使行业与监督管理纵向到底，安全管理责任和工作任务落实到具体单位和个人。

1998 年，全省 424 个有船乡（镇）与县（市）人民政府签订了安全管理责任书，占有船乡（镇）的 94%。黔南布依族苗族自治州 70 个有船乡（镇）分别与 123 个有船村签订责任书，安顺地区全部完成县（市）对乡、乡（镇）对村安全责任书的签订工作，仁怀市采取市与乡（镇）、乡（镇）与片区、片区与村委会、村委会与村民组、村民组与船主五级签订工作，到年底，全省有船乡（镇）配置船舶安全管理员 448 人，其中专职 60 人、兼职 388 人。

1999 年，贵州省水上交通安全取得 10 年来历史最高水平，与 1998 年相比，四项指数全面下降，分别下降 62.5%、100%、100%、79.2%。水上安全形势明显好转。

在推行安全管理“四方责任”的同时，贵州省航务（港航船检）管理局还开展对乌江钢质简易客船研究推广，用以替代木质客船。与此同时研制出价低、安全、可靠、实用的简易救生浮具，1998 年，首先在乌江干流推广配备，1999 年在全省推广，主要用于乡镇小型短途运输客货船。

四、船舶检验及生产许可监管的加强

1997 年以前，船舶设计资格和修造船舶工业资质审查由省内河航运管理局技术管理科负责，船舶检验及水上安全监督管理工作归港航监督处管理。1997 年 8 月，贵州省船舶检验局成立。当年，船舶设计资格和修造船舶工业资质审查职能划归省局船舶检验局管理。

（一）生产许可认证管理

为加强船舶修造工业的规范管理，1992 年，贵州省交通厅下发《贵州省船舶修造行业管理暂行办法》《贵州省船舶修造业开业标准》《关于实施船舶修造技术许可证的通知》，要求对船舶修造厂（点）实行许可证管理，严禁无证造船。贵州省内河航运管理局相继成立船舶修造许可证办公室（技术科），主要检查核实全省船舶修造厂（点）的设备、技术力量、市场条件等。为增强船舶修造工业企业造船实力和提高船舶建造质量，使其达到船舶修造工业企业开业技术标准，省内河航运管理局船舶修造许可证办公室分别于 1993 年 10 月和 1996 年 4 月，两次在遵义船检所进行持证焊工考核审验。第一次审验技术持证焊工有 31 人，其中 21 人核发证书；第二次有 12 家船舶修造厂通过核实审查，获得修造生产许可证书，并在 1996 年 10 月 11 日在《贵州交通报》登报公布。此后，开始实行船舶修造工业企业资格申报、审批及年审制度，以遏制无证造船现象。为适应新形势下船舶修造业务的需要，1999 年修订省地方标准《船舶修造企业开业技术条件》。2000 年编制《贵州省船舶修造分级技术标准》，修改《贵州省船厂生产技术资质认证办法》，规范船舶生产技术资质的管理。1999 年，换发船厂资质证书 14 家，取缔无证船厂 7 家。2000 年，结合换发船厂生产技术条件认可证书，对船厂生产技术条件进行调研与评审，新发证 1 家，换发船厂资质证书 8 家，要求整顿缓发证书 4 家，取消资格 3 家。

（二）规范船舶设计市场

1992 年，贵州省内河航运管理局成立船舶设计资格评审小组，开展船舶设计市场的清理整顿工作，对具备船舶设计的单位和技术人员，根据船舶等级分为船体、船机、船电三类，按照其技术水平和船舶设计能力，认定其船舶设计资格等级。1993 年，首次颁发相应的资格证书。1997 年，《贵州省船舶设计管理办法》实施，对船舶设计资格单位及个人进行再评审。1998 年 8 月，完成赤水片区船舶设计资格初评，由贵州省船舶检验局对初评的 2 个单位、15 位个人颁发船舶设计资格证书。1999 年 3 月，又有 2 个单位、8 位个人获得船舶设计资格证书。此举规范了船舶设计资质和设计图纸管理，维护了船舶设计市场秩序，提高了船舶的设计质量。但后因贵州省人民政府对省船舶检验局发证资格未予认可而停止。

（三）加强船检队伍建设

随着船舶修造工业的发展，船舶检验人员明显不足。1993 年以来，通过招聘、外聘等方式，扩大了船舶检验队伍。由于船舶检验工作政策性强、技术要求高，船检部门要求新进人员须经过 1—3 个月的岗前培训，经考试合格后正式录用上岗。同时，选派船检人员参加省外各种培训与交流，组织船检人员学习船检新规范、新标准，利用船舶集中检验时机，着重锻炼新进人员。1998 年 9 月，贵州省船舶检验局根据国家交通部全国交通执法人员任职资格要求，在红枫湖举办水上交通船舶检验行政执法人员岗位培训，39 名船检人员通过法制教育、职业道德和业务知识教育的培训，获得执法资格。

（四）加强乡镇船舶检验

乡镇船舶多处于交通不发达地区，其船舶的船型样式各异、船体破旧、设备简陋，存在稳性、强度、干舷不足的严重安全隐患。加之木质船舶容易改建，许多原已检验满足规范、标准和免除稳性计算的发证船舶，后经船主随意加长加高发生变化，而且互相模仿改造造成混乱，致使船舶存在安全隐患，同时部分船主对船舶检验工作一度产生抵触情绪。为推进此工作的顺利进行，在与乡镇水上交通安全管理员签订的责任书中，明确其组织船舶检验的职责，并把船舶检验工作与地方水上交通安全结合起来。1995 年，省内河航运管理局船舶检验处开展对全省乡镇船舶稳性的复查核算工作，还编写了指导文件和计算机辅助计算程序，指导帮助各单位做好此项工作，使无设计资料船舶的稳性计算简单可行。此方式在铜仁船舶检验所各站首先启动，继而在全省全面开展。1995 年至 1997 年，船检部门一方面在全省开展木质船舶的简统工作，另一方面密切与局技术部门开展防翻、防沉、防浪船舶的研究。1996 年 5 月，贵州省内河航运管理局投入 3 万元经费，以技术部门为主，船舶检验处参与，共同进行研究，推进木（船）改钢（质船）工作，引导船主建造钢质船舶。1997 年，针对乌江干流乡镇个体船舶均为木质结构，又多凭经验建造，稳性、结构强度及其技术性能不达标，且事故频发的现状，省内河航运管理局拨出专项经费，组织船舶科研人员研制适应乌江航行质优价廉、安全可靠、易于向社会推广的钢质简易客船，1998 年 3 月，完成实船建造；5 月，完成营运试验，其综合能力均大大优于民间客船。1999 年，铜仁地区召开乌江干流安全现场工作会，在干流各县推广新型客船，并给予政策优惠，使新型船型的推广取得了突破性进展，逐步取代了原有民间木质客船。

（五）船舶检验质量的提高

随着船舶数量的快速增长，船舶的检验工作十分繁重。20 世纪 90 年代初，全省船检工作实行重点区域分级管理，省船检处负责审核船长 20 米以上或船舶主机功率 29 千瓦以上的船舶图纸。遵义所、铜仁所负责辖区内船检业务，担负审查 20 米以下和主机功率 29 千瓦以下的船舶图纸以及所有船舶的建造检验工作。其他所和各基层站负责所有船舶的营运检验和本所委托的船舶建造检验任务。1996 年 6 月，贵州省内河航运管理局颁发《贵州省船舶图纸审查管理办法》，严格审图程序，防止漏审、误审，提高船舶审图质量，对不具备资质的设计人员、设计图纸不受理，对存在严重问题的设计图纸坚决退回。同时出台《贵州省船舶检验证书及检验报告管理规定》，统一印发《船舶检验及发证登记簿》。1998 年，省船舶检验部门把促进船舶安全和防止水污染作为船检行业管理的主线，坚持“一检、二帮、三把关”原则，重点加强对客船、旅游船、渡船、散化船、液化气体船、危险品船以及老旧船舶的检验，坚持统一标准、统一要求、统一办法，实施检验发证。按照“谁检验、谁审核、谁发证、谁负责”原则，加强对现场检验工作和验船师的管理，规范船检部门和检验人员的行为。对检验不合格的船舶坚决不予发证，杜绝不符合规范要求的“低标准船”过关现象。同时加大对“大船小证”“一船多证”“船证不符”的船舶进行查处力度。贵州省航务管理局还投资 50 万元，由局技术管理科和船舶检验处在红枫湖开展环保船舶研究建造及推广工作。2000 年 7 月 1 日，省船检部门按交通部海事局换发新的船检证书要求，按时启用新版船检证书。同时，按国家海事局《船检登记号管理办法》要求，颁发《贵州省船检登记号授予管理办法》，将船检登记号的授予权限收归省船检局，各地船检部门也相应对本地区的船检登记号申请权限和程序进行了规定。2000 年年底，全省船检登记号全部转换完毕，对 150 艘重点客渡船进行了稳性复查。检验发证的船舶全部按规定程序申报，获取新船检登记号，并结合换证，进行船舶安全检查和档案资料完善。

第五节　水运科技的重视和提升

一、提出实施“科教兴航”目标改善办公条件落后状况

1995 年 5 月，中共中央发布《关于加速科学技术进步的决定》，提出科教兴国发展战略，并将这一战略作为跨世纪的基本方针。这是我国科技事业的第三个里程碑。随即，省内河航运管理局提出实施“科教兴航”的目标，要求首先要改变和改善水运办公条件落后状况。

改革开放前，水运办公基本上是靠“一支笔、一张纸”。改革开放后，购入打字机，以代替手工书写、誊抄、复写和刻制蜡版的工作。进入 20 世纪 90 年代，随着微机技术的发展，水运开始使用微机技术。

“八五”计划时期，贵州省对水运特别安全监管办公设备的投资达 229 万元。1993 年后，随着船舶港务费、船舶检验费等收费标准的提高，交通部门对船舶检验工作的支持力度加大，对船舶检验工具、交通、通信设施的投入也逐年增加。1993 年，省船舶检验处配置 1 台 386 计算机。1994 年，为凯里、铜仁、遵义所分别购置“486 计算机”，赤水站、沿河站也自筹资金购置计算机。1996 年 6 月，贵州省交通厅下达“九五”时期全省船检、港监部门的设备添置计划，从返回给水运交通建设资金中每年拨款 80 万元，其中部分用于购置船检交通、办公、检测设备，装配船检部门。1996 年，交通部船检局拨给省船检处“486 计算机”1 台。1999 年，全省港航监督、船舶检验部门除增添计算机 6 台、传真机 4 台外，还投资 7 万元购置了 40 套船检工具箱和部分检测仪器。2000 年，因换发新版船检证书工作需要，补充购置 13 台计算机。贵州省船检处加大计算机操作培训和使用软件程序的编制与应用工作力度，1994 年编制“通用累加统计报表程序”，1995 年编制“船舶静水力和稳性计算数据输入程序”，1996 年 8 月编制“实船型线测量处理程序”“船舶信息管理程序”等。同时，又购买武汉规范所编制的“船

舶静水力和稳性计算程序”。现代化办公设备和软件程序的应用，检测设备和手段的改进，使得全省船检队伍的办事效率、船舶检验质量和管理水平不断提高。1995 年，为适应船舶检验工作办公现代化，先后派员参加部船检局组织的船舶信息化管理、船舶静水力和稳定性计算软件操作培训，后又到各所、站安装调试软件和培训计算机操作人员，有效提高了船检人员现代化办公水平。

到 1998 年，省局机关实现电脑微机办公。在省交通厅的支持下，各地（州、市）港航监督处和水运较发达县（市）配备了微机、打印机、复印机，为全省港航监督、船舶检验、水路运政、港口管理的信息化管理工作打下了基础。各地（州、市）在应用微机填报有关水路运政、港口管理报表的基础上，建立和完善地（州、市）特别是有水运的县（市）水运企业及船舶数据库，逐步实现数据上报软盘化，使全省水路运政、港口管理基础管理计算机化工作上了一个台阶。但由于受历史条件所限，省局与各地（州、市）港监、船检、航务以及企事业单位，不能实现信息共享互通。

二、可持续发展战略思想推动水运科技创新

地球是人类共同的家园，为了人类的未来，必须选择可持续发展的道路。1992 年 6 月，联合国环境与发展大会在巴西里约热内卢召开，会议签署了《里约热内卢环境与发展宣言》以及《21 世纪议程》，确立了可持续发展的思想。它的核心思想就是强调社会、经济的发展要与环境相协调，追求人与自然的和谐。1994 年 3 月，国务院通过的《中国 21 世纪议程》，阐明了中国可持续发展战略和对策，成为中国实施可持续发展战略的纲领性文件。①

“七五”时期以前，贵州水运工程施工机械化程度不高，人工作业较多，施工手段单一，水下炸礁，采用插炮、吊炮等施工方式，不仅施工成本高、爆破效果差、无法达到设计要求，且对环境破坏明显。到乌江工程后期基本不再采用。

（1）船用施工设备的改良。为彻底解决水下炸礁及钻孔爆破、清渣的技术问题，省内河航运管理局从广西引进钻孔船和运石船的技术资料，由贵州省思南造船厂设计制造，用旧驳船改建成钻孔船、用挖掘机改装抓石船，但钻孔船不能自航，在激流滩上定位和自然航道中调运较难，因此，“两江一河”一、二期工程仍较多采用过去的施工方式。

---

① 钱俊生：《当代科技简明教程》，当代世界出版社，2000 年 12 月第一版，第 257 页。

1996年，贵州省水运科技人员在总结钻孔船、抓石船在“两江一河”工程施工中取得技术成果后，又设计制造了两套自航式钻孔船、抓石船和运石船，交付乌江航道处、赤水河航道处使用，能适应各种急流险滩及原生坚硬石盘的施工作业。潜孔钻钻孔船在钻孔施工作业中主要采用经纬仪“前方交会”和“后方交会”施工定位，自行设计的抓运石船清渣能适应各种水流及环境。抓运石船水下清渣不怕废渣粒径大，即使是1吨左右的石块也能抓起。钻、抓、运工程船和潜孔钻的使用，使贵州航道工程施工作业机械化程度提高，施工效率和施工质量得到保证，为特殊滩险、特殊环境施工安全提供了保障。陆上潜孔钻有斜撬式和支架式两种，在水深不超过0.3米的缓水区或岸边施工作业时，与钻孔船配套使用。枯水期钻孔船无法在施工作业区域移动，故采用陆上支架式潜孔钻钻孔爆破施工。

（2）水下施工爆破的新尝试。乌江工程施工水下爆破采用的是较为先进的导爆管微差延时毫秒爆破技术，为乳化炸药，采用“并串联接”，当钻孔船沿河流方向纵向移动作业时，采用“串联”。钻、抓、运石船及导爆管的配套使用，是贵州水运工程施工技术的一次重大变革，不仅提高了机械化作业程度、施工质量和效率，而且还降低了成本。

“九五”期间，虽然在钻、爆、清渣工程施工技术上有所突破，但在筑坝、码头工程施工技术上仍沿袭过去施工方式。

（3）施工船舶及装备的改良。“西南水运出海通道中线起步工程（贵州段）”重点工程项目中，针对“两江一河”个别整治难度较大的滩险，研制的“黔西南州钻孔船、抓石船”，加快了工程进度，保证了工程质量。

针对“九五”重点工程——乌江航运建设工程的实际情况，贵州吸收消化省外先进经验和做法，自行研制的乌江航道工程自航式钻孔船、运石船、挖掘船在整治乌江重点滩险两江口、猪圈门滩时，发挥了决定性的作用。原船舶过往该滩险时，受水位变化的影响，只能通行100吨级的船舶。要将乌江航道整治提高到五级航道，满足300吨级的船舶通行，若没有钻孔船、运石船和挖掘船进行机械化施工，工程是无法按期完成的，工程质量也无法保证。经过工程技术人员到实地勘察，反复论证后，决定在靠右岸的水下板礁上开凿出宽度30米，设计扫床水深不低于1.6米，竿插水深不低于1.9米。乌江航道处、赤水航道处的钻孔船、运石船和挖掘船昼夜施工，同时在工程船定位钻孔时，采用船岸用经纬仪测控定位，使水下钻孔爆破作业更精确。由于使用了较先进的工程施工船舶进行作业，缩短了工程时间，提高了施工工作效率，确保了施工的工程质量，解决工程施工难题，保证了水运工程重点建设项目的顺利进行。

三、水运科技科研的扩大和成果转化

“九五”期间，水运科技有了长足发展。依靠科技进步，加快水运建设发展，缩小贵州水运与先进省份的差距，已成为水运业上下的共识，通过开展科技创新，水运科技工作有了较快的发展。

（一）与省外科研单位联手攻关

在贵州省交通厅的支持下，组织工程技术人员与省外科研机构合作，攻克航道滩险整治难关，对乌江龚滩、折桅子等整治难度较大的滩险，进行了物模及数模试验，对赤水河河口淤沙问题及个别整治难度较大的滩险，组织工程技术人员与省外科研机构进行联合攻关，以优化设计，提高质量，减少投资。

（二）船型的改良和技术创新

开展了“贵州省小型船舶轴系、舵系系列研究”课题。该课题解决全省小型机动船轴系、舵系长期存在的技术问题。完成了交通部下达的“内河挂桨机船舶防污、降噪实用技术推广”课题的研究，该项科研成果已被广泛应用。在吸收和借鉴原乌江 200 吨级优秀船型研究成果的基础上，开展适合乌江现有航道条件的 300 吨级机驳的研究，进一步提高船舶单位功率负载指标，逐步取代了航行于乌江上的 100 吨—150 吨级机驳。贵州省乌江“民客船”系列化船型研究工作取得了突破，着重以技术创新作保障，从源头上解决乌江事故不断的问题。

乌江船型研究出成果。思南乌江 70 客位客船“顺达一号”，经倾斜试验、系泊试验、航行试验等测试，该船各项指标均达到设计要求，投产并取得良好效益。开展适合乌江航道条件的 300 吨级机驳的研究，对乌江轮船公司“乌江 409 轮”的改造通过了最后的调试和倾斜试验并取得突破。

（三）船舶 CAD 软件的应用

2001 年，省航务管理局船检部门利用在参加第六届中国国际船艇及其技术设备会议时收集到了大量技术资料，学习吸收消化国内外先进船舶设计技术，并购买了上海造船学会和 708 所研制的船舶 CAD 软件，取长补短，为我所用，从而整体提升了贵州船舶设计水平。

（四）简易救生浮具的推广

针对乌江沿岸船舶交通事故频发，人员落水死亡时有发生的情况，1998 年，由贵州省航务管理局船检处与铜仁地区港监处共同研制的简易救生浮具，在浮力、浮态、防火等方面都满足国家有关规定，具有价格低廉的优势。在乌江大部分船舶上推广应用后，先后两次救护船上落水人员共 10 人，避免了两次重大水上交通事故。

四、水运信息管理建设的起步

贵州水运在通信保障方面，经历了由声号到高频、甚高频的发展过程。1983 年以前，船与船、船与岸之间的联系均靠声号或船用高音喇叭。1984 年，赤水轮船公司出川船舶和站点布设超短波无线接力及船舶移动通信网，开启贵州水运移动通讯历史。1985 年 11 月，赤水河航道处各信号台和航标船单边带短波电台和 FM 甚高频电台。1990 年年底，全省航运系统共有单边带短波电台 40 台、甚高频 41 台，其他设备 16 台。1991 年，乌江航道处安装高频电台，用于信号指挥。1994 年，沿河航道段部分信号台安装高频电台，龚滩、土坨子、新滩绞滩站也配备安装高频电台和对讲机。1997 年，贵州省航务管理局下拨专项资金 14.9 万元，为航道维护施工船舶配置短波单边带电台 4 台、手持对讲机 24 台、台式对讲机 2 台。2000 年 9 月，经贵州省无线电管理委员会铜仁无线电管理处批准，作为“九五”时期乌江航运建设的配套工程，组建从大乌江—龚滩 264 千米重点通航河段的信号台、绞滩站甚高频（VHF）无线电超短波航运专用通讯网。在思南手爬岩建中继台 1 个，余庆大乌江建基地台 1 个，沿河猪老岩建中继台 2 个。余庆大乌江所建基地台因风力、雷电等自然因素损坏，于 2005 年被撤除。思南水扒岩机站因山林大火遭到严重损坏，于 2008 年被撤除。沿河猪老岩中继台一直在维护使用。随着无线电移动通信技术的快速发展，甚高频（VHF）无线电航运专用通信网已逐步被取代。

南、北盘江，红水河水运通信得益于西南水运出海通道中线起步工程（贵州段）建设，利用专款建设超短波无线专用通信网。从 2003 年开始，先后在册亨板年电视差转台设置中心站，在天生桥微波站、册亨板用中继站、望谟麻山乡牛场村电信差转台设置 3 个中转站，通信设备型号为 KG110；在黔西南布依族苗族自治州交通局、州海事局、八渡码头、百层码头、羊里码头、册亨海事处、贞丰海事处、望谟海事处设立 8 个基地台，在航标 1 轮、航标 2 轮、航标 3 轮、羊里海事艇，设置 4 个船载台和 2 个车载台。整个通信工程于 2004 年 5 月全面竣工，形成岸与岸、船与岸、船与船相互联通并覆盖

“两江一河”，贵州境内 336 千米全航段的航行通信网。网络通话清晰，效果良好，船岸通信覆盖率达到 80%。

五、航海学会科技活动的开展

贵州航海学会成立于 1981 年 10 月。该学会始终坚持把学术研究、技术推广、技术咨询服务与贵州航运建设和发展密切结合，以为“科技兴航”做贡献为宗旨。20 世纪 90 年代，贵州水运建设进入振兴发展的快车道。该学会结合生产实践，积极开展学术交流、技术咨询、科普宣传等活动。采集、录制并播放《通向大海——贵州航运在前进》《愿江河畅通——南北盘江、红水河复航工程建设》等录像资料。1990 年 10 月，举办振兴贵州内河航运的学术会议，从各个不同角度提出振兴贵州水运的建议。1991 年，配合协助完成《贵州内河航运发展规划（1990—2020 年）》。1992 年，编辑出版《贵州航运》画册等，宣传贵州水运事业的发展成就，推动水运科普工作。1993 年，举办贵州航运跨世纪持续发展学术会议，围绕科技兴航、两个根本性转变、深化改革、加强管理等重要议题，有侧重地对“科技兴航”、航运改革、加强企业管理等方面达成共识，提出积极的建议意见。1996 年 4 月，会同四川、云南、重庆航海学会，联名提出和上报《关于请求解决三峡工程二期施工碍航、断航严重问题的紧急呼吁》，受到有关部门的重视。1991 年，无偿为赤水轮船公司进行企业诊断，提出企业整改方案；1996 年 11 月，再次对该公司进行实地考察，形成调查报告，分送厅、局领导参考。此外，还为乌江轮船公司、思南船舶修造厂、红枫湖轮船旅游公司等企业提供咨询服务。1990 年，该学会编辑发行的《贵州航运》杂志更名为《贵州交通科技·航运版》。1996 年，该学会有理事 46 人，会员单位 53 个，会员 345 人，比上届增加了 234 人；组织机构下设航道港口、造船与轮机、船舶驾驶、水运经济四个专业委员会。共出刊 17 期，其中连载廖国平著《“石滩整治”——贵州山区航道的整治经验》，是多年来山区航道整治的经验总结，也为培养年轻的设计、施工技术人员提供了有益的教材。1997 年 3 月，第三次理事会成员单位会议召开，选举产生第三届省航海学会理事会。新理事会执事期间，正是贵州水电枢纽建设和水运工程建设快速发展的时期，乌江和“两江一河”五级航道建设、赤水河水运工程建设、万峰湖、“两江一河”水运扩建工程相继开工，学会充分发挥科技人才优势，开展关键性技术研究，如水电枢纽过船设施、适航船舶船型设计研究等。1998 年，组织专家对“两江一河”通行 250 吨船舶进行可行性研究，并由教授级高级工程师廖国平撰文，分别从“两江一河”的河床发育、水文气候以及经济环境等多方面分析论证了通航250吨船舶的可行性，具有较高的科研价值，得到省内外科技学术界好评。

第六节　党的思想政治工作建设和水运文化建设的加强

一、解放思想大讨论的开展

1994年3月，中共贵州省委、省人民政府发出通知，针对深入开展“解放思想、振奋精神、真抓实干、加快发展”，决定在全省开展思想。3月31日，中共贵州省委召开省属直机关厅级以上干部动员会。会后省、地（州、市）、县（市）和省直部门都建立了领导小组。省航运局也成立了大讨论领导小组，指导水运直属企事业单位开展“解放思想大讨论”工作。从4月开始，“解放思想大讨论”在全省及省属企事业单位展开，分四个阶段进行：深入学习，提高认识；回顾总结，查找差距；制定对策，完善措施；抓整改，促发展。10月，水运系统的“解放思想大讨论”报告上报省交通厅。11月，中共贵州省委、省人民政府召开总结会，“解放思想大讨论”工作结束。

二、党的组织和干部队伍建设的加强

1996年6月，省内河航运管理局印发《中共贵州省内河航运管理局党委工作制度》，随后全省航运基层各单位党组织相继制定和完善相应的工作制度，指导推动全省水运事业健康、稳步发展。

（一）干部队伍的建设

加强局级领导班子和科室干部的自身建设，适时对基层单位领导班子进行调整充实，在“八五”初期，企业、事业单位在实行第二轮经营承包责任制以及中后期实行目标经营责任制中，严格按照干部“革命化、年轻化、知识化、专业化”标准和德才兼备的原则，注重领导班子成员年龄结构、专业结构，选拔勇于改革、开拓创新的干部进入领导班子。

（二）企业领导班子的整体管理水平提高

各企业领导班子认真学习邓小平理论，带头“讲学习、讲政治、讲正气”，加强业

务学习，提高了企业领导班子的整体管理水平，增强了企业领导班子驾驭市场竞争的能力。此外，还加强了企业职工民主监督，坚持职代会民主评议领导干部制度。

（三）加强党员政治思想教育

着重开展“三个基本教育”：一是马列主义、毛泽东思想、邓小平理论、“三个代表”重要思想的基本教育；二是党的基本路线教育；三是党的基本知识教育。加强基层党组织建设，特别是船队、车间、港站、工区基层党组织的建设，充分发挥基层党组织的战斗堡垒作用。

（四）加强和改进政治思想工作

贵州省属各企事业单位始终把加强思想政治工作任务，落实到车间、班组、港站、船队。在改革和发展中，进一步发挥工会、共青团、学会等群众团体的桥梁纽带作用，切实维护职工民主权利，充分发挥职代会作用，实行厂务公开、民主管理、民主监督，增强广大职工主人翁责任感，形成共同推进航运建设和发展的整体合力。

三、职工思想道德建设的加强

在全省水运职工中广泛开展立足本职岗位、爱岗敬业教育，进行热爱社会主义、坚定社会主义信念的教育。开展集体主义教育，着力抓住爱国主义教育这个主题，采取报告会、知识竞赛等多种形式，引导职工正确处理国家、集体、个人之间的利益关系，个人利益服从国家利益和集体利益。在船舶运输、工程养护、船舶修造、港监船检、港站业务等方面的职工中，加强职业道德教育，尤其重视窗口职工的职业思想、职业道德、职业纪律、职业技能建设，做到“安全优质，文明服务”，促进行业风气的好转；开展学雷锋、学严力宾活动，把“学雷锋学根本，奉献在岗位”作为开展活动的指导思想，形成学雷锋、树新风的良好行业风尚。

四、精神文明创建活动向前推进

“八五”时期，贵州省水运行业精神文明建设以职工思想道德建设、党员思想建设、领导班子建设三个方面为主。通过加强精神文明建设，为贵州水运的发展提供了精神动力、智力支持和思想保证。

1997 年 5 月，省内河航运管理局制定《贵州省水运交通行业精神文明建设“九五”规划和 2010 年远景目标》，以指导全省水运行业精神文明建设。同时根据水运行业的特点和实际工作情况，制定了 11 个“文明单位标准（试行）”及考评细则 11 个，使开展文明单位创建活动覆盖全行业，使文明单位创建工作实现制度化、规范化。

随着文明单位创建活动力度的加大，全省水运系统以“三学一创”(即个人学习包起帆“在岗位尽责，为事业奉献”；集体学习“华铜海”轮“艰苦创业、爱国奉献”；单位学习青岛港“强化管理，苦练内功，发展生产”；争创文明单位）为主要目标，把“文明科室”“文明港监处、所”“文明站、点”“文明船舶”的创建活动列入年度工作目标考核，形成学习先进、赶超先进、争创先进的良好气氛。“九五”时期，造就了一批先进个人、先进集体和先进单位，乌江轮船公司的“乌江号”，赤水轮船公司的“遵义1号”“遵义3号”获交通部“文明客轮”称号；赤水航道处“航标4轮”获1998年度全国水运系统“安全优秀船舶”称号；省航务管理局获省交通厅1999—2000年度“文明单位”称号；黔东南苗族侗族自治州港航监督处、省赤水河航道处先市航标站获省交通厅“文明示范窗口单位”称号等。全省各级港航监督部门认真抓好自身建设和行业风气检查工作，加强制度和安全法规建设以及人员的培训工作，省港航监督处组织开展所（站）间的交叉检查评比活动，使港监人员专业技能、责任感、组织纪律和管理水平有了较大提高。1992 年 7 月，交通部验收检查组到遵义、安顺两地区 4 县，对 10 个单位分别进行抽查，全部合格。其中，玉屏县人民政府、赤水县交通局、凯里港监所被评为“先进单位”。1999 年，省航务管理（港航监督、船舶检验）局党委提出“文明单位”创建要求，对港航监督和船检部门文明单位创建提出“三建设一挂钩”(抓执法队伍建设、抓基础资料建设、抓对外形象建设，把创建工作与辖区安全状况挂钩），促进了水上交通安全监管工作的提高。至“九五”末期，全省港航监督、船舶检验系统 13 个处、所获“文明单位”称号。

继续深入开展航运行业“文明单位”创建活动，按照“九五”水运行业精神文明建设的安排，1999 年，金沙县港监所、习水县港监所、贞丰县港监所、沿河土家族自治县港监所、安顺市港监所、赤水河航道征费稽查所、乌江航道处土沱子绞滩站荣获航运系统“文明单位”。并对 1998 年度开展创建“文明单位”的赤水港监所、从江港监所、思南港监所、贵阳市港监处等 8 个处、所进行验收。局机关还开展了“流动红旗”先进科室竞赛活动。

坚持“两手抓，两手都要硬”。水运工程建设是容易滋生腐败的风险源，省航务管理局党委坚持标本兼治，认真总结几年来航运建设工程实施管理的经验及教训，在项目前期工作、招投标和工程建设中建立工程项目廉政建设责任制，建立和健全廉政建设监督机制。加强对西南水运出海通道中线起步工程（贵州段）建设项目和其他新开工项目的管理，严格对水运建设项目资金使用全过程的监督管理，完善工程项目法人责任制、招投标制、工程监理制和合同制，强化工程概算、预算和竣工决算的审查和审计工作。从体制、机制、法制的结合上，加大治本的力度，从源头上遏制腐败现象的滋生蔓延。

五、举办形式多样的在职教育与水运文化宣传

（一）举办形式多样的在职教育

“国以才立，政以才治，业以才兴。”从 20 世纪 90 年代起，省内河航运管理局十分重视对专业人才的培养。特别是把实施“科教兴航”与普及科学文化知识，提高广大水运职工的素质和水平，作为建设社会主义物质文明和精神文明的重要内容来抓。对学历偏低而在职学习的干部职工，各单位在学费上给予补助、时间上给予保证，加大学历教育力度，使许多职工通过自学、成人继续教育等方式获得大专、本科学历。通过水运工程建设，着力培养技能性实用人才和复合型人才。1990 年，廖国平被评聘为教授级高级工程师。在 1992 年 10 月和 1993 年 10 月，张敦嘉、廖国平两位专家先后享受国务院政府特殊津贴。

（二）采写水运新闻获《中国河运报》好新闻二等奖

由驻站记者韦世荣采写的《贵州已开始水路批量运输烤烟》于 1992 年 1 月 10 日刊登在《中国河运报》头版头条上。在《中国河运报》工作通报中得知，由交通部政策法规司、湖北省新闻出版局以及水运相关权威专家参与该报 1992 年度好新闻评比，于 1993 年 2 月 26 日在《中国河运报》第四版公布获奖作品，韦世荣采写的《贵州已开始水路批量运输烤烟》（消息）荣获二等奖。

（三）邀请主流媒体宣传水运建设和发展

1996 年 9 月，由《中国水运报》胡乾想、程永华、韦世荣组成的记者采访组和贵州交通报记者李黔刚一行深入黔南布依族苗族自治州、黔西南布依族苗族自治州，连续登载《珠江水系在呼唤》系列报道 4 篇，即“功在千秋的事业——之一”“历史不会忘记——之二”“3700 万元投资带来的效益——之三”“贵州人民的期盼——之四”，在社会上引起强烈反响。呼唤带来了决策效应，为西南水运出海中线通道工程的立项产生了积极作用。

在采访中得知了许多感人的故事。1989 年，罗甸县交通局局长何军伍提出开发羊里港口及红水河航运建议，得到中共罗甸县委、县人民政府的支持。当年 8 月 23 日何军伍同志随队考察，前往广西东兰、岩滩、大化等地进行适航考察，8 月 26 日上午乘坐机动船逆江而上。当船行至广西天峨县境内的纳相滩时，因滩险水急发生危险，为保护国家财产和船上人员生命安全，何军伍奋不顾身与洪水搏斗，落水后以身殉职，年仅 42 岁。中共黔南州委发出《在全州范围内向为发展交通事业以身殉职的优秀共产党员何军伍同志学习的通知》。1996 年，记者又将英雄的事迹写入该系列报道“历史不会忘记——之二”登上《中国水运报》。

（四）自办期刊加强宣传

贵州省航务管理局创办的《贵州水运简报》是内部交流期刊。各单位广大职工积极向《贵州水运简报》投稿，及时宣传报道本单位的工作动态，成为各级交通部门领导和广大职工了解水运情况的窗口和广大水运职工反映、宣传水运建设和发展的阵地。同时，基层单位的职工从多角度、多层次积极给报刊投稿，宣传贵州水运新闻，让更多人了解贵州水运、关心贵州水运、支持贵州水运、发展贵州水运。

1999 年，贵州航海学会充分发挥了学会应有的作用，完成了《贵州航运史（现代部分）》的编辑工作，交由人民交通出版社正式出版发行。还完成了贵州省库区及其支流航道技术等级的编制工作。

1997 年 7 月 1 日，中国政府恢复对香港的行使主权。为迎接香港回归，贵州省内河航运管理局在当年 6 月举行登山活动，局机关干部及家属踊跃参加汇聚在贵阳黔灵公园入口处，大造声势、拉起横幅，迎接香港回归祖国怀抱。

1998 年汛期，长江、松花江、嫩江流域发生历史上罕见的特大洪灾，牵动着全省水运职工的心。省局机关积极开展献爱心活动，职工个人向灾区捐款共 11650 元，平均每个职工捐款 150 元，同时局机关职工坚守岗位，搞好本职工作，以实际行动支持灾区军民抗洪救灾。此外，局机关还多次开展捐资助学活动，资助贫困地区失学儿童。

抓好职工和家属特别是下岗职工以及离、退休职工的教育引导，提倡崇尚科学，反对各种形式的封建迷信活动，明辨是非，自觉抵制“法轮功”邪教的侵蚀。广泛开展群众性健康的积极向上的文体活动。

水运事业加快发展

（2001 年—2007 年）

2000 年 10 月，中共十五届五中全会通过的《中共中央关于制定国民经济和社会发展第十个五年计划的建议》强调：实施西部大开发战略、加快中西部地区发展，关系经济发展、民族团结、社会稳定，关系地区协调发展和最终实现共同富裕，是实现第三步战略目标的重大举措。2001 年 3 月，第九届全国人大四次会议通过的《中华人民共和国国民经济和社会发展第十个五年计划纲要》对实施西部大开发战略再次进行了具体部署：实施西部大开发，就是要依托亚欧大陆桥、长江水道、西南出海通道等交通干线，发挥中心城市的作用，以线串点、以点带面，逐步形成有中国西部特色的西陇海兰装配线、长江上游、南（宁）贵（阳）、成（都）昆（明）等跨行政区域的经济带，带动其他地区发展，有步骤、有重点地推进西部大开发。

2002 年 11 月，党的十六大胜利召开。大会提出全面建设小康社会的战略目标，把“三个代表”重要思想写入党章，与马克思列宁主义、毛泽东思想、邓小平理论一起作为党必须长期坚持的指导思想。2003 年，党的十六届三中全会做出《中共中央关于完善社会主义市场经济体制若干问题的决定》，对我国经济体制改革面临的形势和任务做出科学判断和战略部署。2007 年 10 月，党的十七大召开，大会提出了实现全面建设小康社会奋斗目标的新要求，将科学发展观写入党章。按照中国特色社会主义事业总体布局，对社会主义经济建设、政治建设、文化建设、社会建设做出全面部署。

贵州水运高举马列主义、毛泽东思想、邓小平理论伟大旗帜，全面贯彻“三个代表”重要思想，落实科学发展观，抓住机遇，乘势而上，顺势而为。

第一节　西部大开发战略的实施和水运能力的提升

中央实施西部大开发战略后，贵州实施了新一轮经济社会发展战略，贵州内河水运建设步入了新的发展时期。贵州水运上下抓住西部大开发的历史机遇，以邓小平理论和“三个代表”重要思想为指导，按照建设资源节约型、环境友好型社会的科学发展观要求，加快推进水运建设和发展，发挥内河水运在建设“双型”社会中的积极作用，促进了水运“双文明”健康发展。

一、“十五”期水运实现跨越式发展

“十五”期是21世纪开启的五年，也是水运实现跨越式发展的五年，全省水运上下认真贯彻落实十六大和党的十六届三中、四中、五中全会精神，树立科学发展观，抓住西部大开发的历史机遇，坚持用发展的眼光、发展的思路、发展的办法和奋发有为的精神，加快水运建设和发展，争取实现一年一个台阶，五年上一层楼。

（一）水运基础设施建设上了一个大台阶

水运工程建设投资大，共投入水运固定资产、资金3.99亿元，平均每年投入水运建设资金7800万元以上；比中华人民共和国成立50年水运投资总和还多43%；特别是2005年水运固定资产投资实现了历史性跨越，投资规模首次突破亿元大关。社会上普遍看好水运，纷纷投资建设码头、建造船舶，开创了由政府单一投资转变为国家、集体、个人资金投入水运基础设施建设的新局面。“十五”期间，共整治航道494.8千米，新增五级航道413.9千米，新建港口码头9个，建成300吨级泊位14个、100吨级泊位8个，新增港口货物吞吐能力293.2万吨，客运吞吐能力56万人次。主要港口码头旧貌换新颜，航道条件进一步改善，为水运业的发展打下了良好的基础。

（二）水上交通安全形势持续向好

“十五”期全省辖区安全指数与“九五”同期相比，事故起数和死亡人数分别下降45.4%和62%。事故死亡人数减少240人，平均每年减少死亡人数48人。各级海事部门以邓小平理论和“三个代表”重要思想为指导方针，牢固树立安全“责任重于泰山”

的思想，不断推进管理创新，严格执法，水上交通安全管理有了新的起色。水上安全管理队伍建设进一步强化。按照交通部的要求，经贵州省机构编制委员会办公室、省交通运输厅批准，完成了对全省的省、地（州、市）、县（市、区、特区）三级水上交通安全监督管理机构的更名，统一了机构名称、规格、编制、经费和分级管理责任，全省海事人员编制由 279 人扩充到 446 人。海事队伍的装备建设上了一个新平台。“十五”期投入资金 1219 万元向基层一线倾斜，新建和改建多处海事办公楼，配备了一批安全监督车、监督船（艇）、办公自动化设备、船舶检验设备等。省、地（州、市）地方海事局都装备或更新了车辆，配备了电脑。水上交通安全形势明显好转，2002 年为有记录以来最好水平，2004 年又上最好水平，2005 年再创历史最好水平新高。

（三）水路运输焕发青春

以前贵州的水运年货运输量在 180 万吨上下徘徊，在“十五”期间实现了三级跳跃，水路运输完成客运量 3257 万人次、客运周转量 65874 万人千米、货运量 1904 万吨、货运周转量 255140 万吨千米，分别比“九五”期间增长 65.54%、69.33%、31.17%、16.30%，实现了年均增长的奋斗目标。特别是 2005 年货运量首次突破 500 万吨大关。水运的快速增长，得益于中央实施西部大开发战略。国家重视交通基础设施建设，进一步加大水运工程建设投资，使得港口码头旧貌换新颜，航道条件进一步改善，为水运业的发展打下良好的基础，激活了水运业的健康发展。得益于“西电东送”工程的实施，高峡出平湖，原来的浅水激流，变成了深水航道，通航水域面积不断扩大。得益于乡村赶场船、民客船、乡镇运输船的省际区间短途客货运输，各风景点水上旅游客运量增速快。

（四）水运科技创新能力明显增强

在“十五”期实施“科技兴航”战略过程中，广大科技人员坚持水运科技面向生产、面向实际，把科研重点投向水运建设和发展过程中的技术难关和管理方面的难题上，博采众长，消化吸收，科技创新能力明显增强，科研硕果累累，共有 15 个科研课题通过验收。通过科技创新，实现了科技与水运发展的紧密结合。“借梯上楼”，积极与省外科技实力强、知名度较高的科研单位联手攻关，缩短了水运与先进省的差距。科研内容项目已从过去单纯研制新型船舶变为涵盖全行业的科研。

（五）水运行业管理润物细无声

贵州属非水网省份，小船检验技术和管理标准不能套用国家规范，于是船检部门集中力量编制《贵州省木质船舶检验标准》，有效地消除了船舶检验的盲区和空白点。这一科研成果已应用到实践中，社会反响好，获得了国内同行好评。探索采取全新的统计方式方法，使统计内容更加科学真实。航道行政管理力度加大。对公路建设跨河建筑物严格审批，净空高度必须符合通航标准，依法消除了新的“碍航”。

（六）办公现代化、信息化管理

过去各海事执法部门用手工笔写已成为历史，各种证件和数据报表已被微机打印所代替。省属航运企事业单位和部分航务管理部门微机办公普及率大幅度提高。

（七）水运规划法制建设取得成果

由交通部规划研究院编制的《贵州省内河航运发展规划》确定了未来二十年贵州省内河航运发展的目标，通过了贵州省人民政府批准；编制的《贵州省水上交通安全巡航救助一体化建设规划》已经省交通厅批准。《贵州省水路交通管理条例》经过反复修改，几易其稿，已列入省人大调研项目。全省乡镇渡口建设规划，列入全省农村公路建设总体规划总盘子，乡镇水运设施建设投资难的问题得以解决。

（八）国有水运企业改革取得了突破性进展

国有水运企业改革工作一直是水运工作的重点和难点。2005 年，企业改革取得了历史性突破：省红枫湖轮船旅游公司整体移交清镇市管理，思南船厂积极实施“国退民进”股份制改造和企业职工身份置换改制。

（九）水运精神文明建设稳步推进

“十五”期间，群众性的“三学四建一创”活动蓬勃开展。分别有 39 个单位通过厅、局的验收，挂上“文明单位”的牌子。

在取得成绩的同时，也要清醒地看到，全省水运面临的困难和突出问题还有很多，在今后航运建设和发展中，也还会遇到许多困难，主要是：筹集水运建设渠道偏少，建设资金缺口大、供需矛盾突出；水上安全隐患尚未从根本上消除，水上交通安全管理还需进一步加强，行业管理存在薄弱环节；在通航河流建设水电站没有同步建设过船设施，部分河流通航条件恶化，水运面临萎缩的厄运；国有水运企业改革步伐缓慢，涉及深层次的问题，单靠交通一家难以完成，需得到各级政府的重视和支持。贵州水运任重而道远，还需快马加鞭，迎头赶上。

二、水运规划编制、航道普查及省水路交通条例的颁布

（一）《贵州省内河航运发展规划》编制

2001 年，交通部印发《西部地区内河航运发展规划纲要》，明确西部地区内河航运的发展思路和目标，要求各省（区、市）结合实际情况，研究制定省（区、市）内河航运发展规划。受贵州省交通厅委托，由交通部规划研究院开展《贵州省内河航运发展规划》编制工作并成立编写组。规划基础年为 2003 年，规划水平年为 2010 年、2020 年。

2002 年 7 月，规划项目组编制的工作大纲及报告编写提纲经贵州省交通厅认可后，2002 年 8 月中下旬赴黔西南布依族苗族自治州、黔南布依族苗族自治州、黔东南苗族侗族自治州、贵阳市、遵义市、铜仁地区、赤水市等地进行现场调研，实地踏勘了南盘江、北盘江、清水江、乌江、赤水河等部分航道、港口及水电枢纽坝址。项目组对收集的运输需求进行分析，对内河运量和港口吞吐量进行预测，对主要航线船舶营运组织方案论证提出规划船型。2002 年 12 月，中间成果报告完成。2003 年 6 月，再次征求各方面意见，进一步完善。2004 年 1 月，送审稿完成。2004 年 8 月 17 日，贵州省人民政府会同交通部在贵阳市主持召开《贵州省内河航运发展规划》审查会。2005 年 4 月 23 日，贵州省人民政府予以批复。

《贵州省内河航运发展规划》总体目标为：以西部大开发为契机，以河流渠化为重点，结合水电枢纽建设，用二十年左右时间，基本建成乌江、赤水河、清水江、“两江一河”、都柳江等 5 条水运出省通道，相应发展区间和库区航运，配套建设港口和航道支持保障系统，形成港、航、船协调发展，与其他运输方式相互衔接的内河航运体系。并将全省航道划分为出省水运通道和一般航道两个层次。“两江一河”、乌江及赤水河、清水江、都柳江等五条河流为水运出省通道。出省水运通道规划总里程 1594 千米，其中四级航道 884 千米；五级航道 239 千米；六级航道 471 千米。锦江、松桃河等支流航道和水利、水电枢纽库区航道规划为一般航道，等级为五—六级。

近期目标（2010 年） 2010 年以前，根据经济发展需要，集中力量实施重点航道的整治工程和航电枢纽工程，初步形成北经赤水河入长江，南经红水河达西江的水运出省通道。到 2010 年共改善航道里程 474 千米，其中四级航道公里；五级航道 29 千米；六级航道 81 千米。

远期目标（2020 年） 到 2020 年，继续实施建设乌江、清水江、都柳江航电枢纽

工程，基本建成南下西江、北上长江的水运出省通道，相应建设大中小结合的港口群和航道支持保障系统，满足社会经济发展的需要。规划期内改善航道里程 609 千米，其中四级航道 520 千米，六级航道 89 千米。

航道布局规划 “两江一河”规划北盘江的打帮河口至红水河的曹渡河口 213 千米、南盘江纳贡至两江口 151 千米，共计 364 千米为四级航道。

都柳江 规划在 2011 年至 2020 年内，建设永福枢纽船闸和从江枢纽，使榕江以下达到五级航道标准。规划三都至榕江 104 千米为六级航道，榕江至八洛 100 千米为五级航道。

乌江 规划期内，省境内构皮滩、思林、沙沱水电枢纽，重庆市境内彭水、银盘、白马枢纽相继建成，整治水库回水变动区航道，使乌江渡以下全线渠化。规划东风水电枢纽至乌江渡 110 千米为五级航道，乌江渡至龚滩 406 千米为四级航道，在 2011 年至 2020 年内完成回水变化区的航道整治工程。

清水江 三板溪水电枢纽因没有同步建设过船设施，其上游成为区间通航河段。规划凯里至三板溪 197 千米为六级航道，三板溪至分水溪 114 千米为四级航道。在 2010 年建设白市航电枢纽工程，2011 年至 2020 年建设远口航电枢纽及凯里至剑河航道整治工程。

赤水河 2002 年，对赤水河岔角以下航道的整治工程已全面开工，岔角至狗狮子 81 千米按六级标准，狗狮子至合江 78 千米按五级标准，100 吨级船舶可到岔角，300 吨级船舶可到赤水。规划省境内白杨坪至狗狮子 170 千米为六级航道，狗狮子至鲢鱼溪 29 千米为五级航道。2011 年至 2020 年建设白杨坪至岔角 89 千米航道整治工程。

港口规划 根据贵州省内航道跨珠江、长江两大水系的特点，规划港口布局为大、中、小相结合，珠江水系以百层港、罗甸港（羊里港）、从江港；长江水系以锦屏港、开阳港、沿河港、赤水港等为重点，其他港口为基础，满足资源外运中转出口的需要。

完成以上规划目标，今后二十年航道建设工程共需投资 51.89 亿元，港口工程共需投资 3.4 亿元。

（二）贵州省第三次航道普查工作的开展

2002 年 8 月，交通部正式启动第二次全国内河航道普查工作，贵州省航道普查工作为第三次。此前，贵州省在 1956 年 3 月，首次对各河进行航道普查，于 1956 年年底提出《贵州省内河水道普查报告》；交通部在 1979 年组织开展第一次全国内河航道普查；2002 年组织开展全国第二次航道普查，贵州同步进行第三次普查。根据交通部《第二次全国内河航道普查方案》，普查以 2002 年 12 月 31 日为标准时间。2003 年 9 月，普查工作全面结束。经审定，至 2002 年年底，全省共有 7 条主要通航河流和 72 条通航支流，48 个通航库区，通航总里程 3590.84 千米。按照交通部省界河航道计 1/2 的原则，全省实有通航总里程 3321.92 千米，其中长江水系 2035.89 千米，占 61.29%；珠江水系 1286.03 千米，占 38.71%。其中五级航道 300.65 千米、六级航道 787.45 千米、七级航道 764.83 千米、七级以下航道 1468.99 千米，等级航道共计 1852.93 千米，占通航总里程的 55.78%。

此次普查全省共有大小水利、水电闸坝 99 座，主要通航河流上碍航闸坝 39 座，能通航的库区 48 座，里程 290.43 千米。另对漂流线路较长的 5 个河段共 78.1 千米进行了普查。普查跨河建筑物和临河建筑物有过河建筑物 219 座，桥梁 121 座，跨河电缆 98 座，管道 2 座，临河建筑物 83 处。与 1979 年第一次全国内河航道普查相比，新增航道里程 1828.84 千米，而且航道等级大大提高；碍航闸坝由 107 座减少为 99 座，影响通航里程比原 1149 千米（其中断航 1007 千米）增加 403.48 千米。库区回水使许多支流达到通航条件，是航道里程增加的一个重要原因。

（三）《贵州省水路交通管理条例》的颁布

自改革开放和西部大开发战略实施以来，全省的水路交通事业得到了空前的发展，通航水域面积不断扩大，通航里程不断增加，水路交通行业管理工作任务越来越繁重。在新的形势下，面临的新情况，出现的新问题也越来越多，对水上安全管理和航务管理提出了新的更高的要求，而管理滞后更是成为水运业发展的桎梏，于是制定一部符合贵州水路交通管理的地方性法规就显得十分迫切。2001 年 11 月 9 日，省航务管理局上报贵州省交通厅将《贵州省水路交通管理条例》（简称《条例》）列入调查研究项目报告，获准后即开展大量的调研，并在 2002 年完成《条例》（草案）的起草，随后几易其稿、多次酝酿，反复征求社会各界的意见，于 2006 年列入省人大调研项目，省人大调研组专程到铜仁地区实地调配后，将其列入省人大 2007 年立法计划。

2007 年 9 月 24 日，贵州省第十届人民代表大会常务委员会第二十九次会议通过并公布了《贵州省水路交通管理条例》，自 2008 年 1 月 1 日起施行。

2007 年 12 月 21 日，贵州省人大常委会在贵阳举行《贵州省水路交通管理条例》颁布施行新闻发布会。该《条例》分总则、规划与建设、运输与运输服务、航道管理与维护、港口经营与管理、水上交通安全、法律责任、附则共八章五十六条。基本涵盖了航务、海事管理工作。由此，多年来困扰水运管理盲区和执法地位的问题获得了法律明确。一是明确了航务管理机构的行政执法主体，由原来委托执法变成法律授权执法主体：即“省人民政府交通行政主管部门主管全省水路交通工作，其所属的航务管理机构和海事管理机构具体负责全省水路交通管理工作”。二是明确了闸坝建设应同步建设过船设施的法律规定，在通航水域上修建闸坝，闸坝建设单位应当同时修建过船设施，所需费用由建设单位承担。在不通航的河流上修建闸坝后可以通航的，闸坝建设单位应当同时修建过船设施或者预留过船设施建设位置。三是明确了过船设施维护管理的问题，即“过船设施由运营人负责管理，也可以委托航务管理机构负责管理。过船设施运行和管理维护费用由运营人承担”。四是明确了农业自用船的检验、登记、发证及安全管理问题，即“船长10米以上的农业自用船舶的检验、登记、发证，驾驶人员的考试、发证由县以上海事机构负责。其余由县级以上人民政府指定的部门负责”。农业自用船舶的管理授权由省人民政府制定具体管理办法，从而填补了农用船管理盲区。五是明确了营业性水上旅游漂流须经过安全认证，即“营业性漂流河段与码头的安全技术条件、漂流艇筏选型与漂流方式、安全保障等安全事项与防污染措施应当经市、州、地海事管理机构论证”。

《贵州省水路交通管理条例》是贵州省第一部水路交通综合性法规。《条例》的公布施行，对贵州省交通水运业来说，具有里程碑式意义。其意义在于在上位法规的框架内，体现科学发展观理念，结合贵州实际情况和水运特点，是独创的，且具有可操作性的，为推进水运又快又好发展提供了法律支持和保障。

三、水运管理体制进一步理顺

（一）水运管理机构的适时调整

2001年8月，贵州省机构编制委员会办公室明确省航务管理局（港航监督局、船舶检验局）为贵州省交通厅管理的县级事业单位及业务范围。编制75名，省铁水分流办5名财政全额管理事业编制划入省航务管理局，核定省航务管理局事业编80名，其中60名实行财政全额预算管理，20名实行自收自支。

2002年8月8日，贵州省地方海事局正式挂牌，标志着全省水上交通安全监督管理机构更名工作拉开序幕。贵州省港航监督局、贵州省船舶检验局合并更名为“贵州省地方海事局”，是根据交通部《关于全国海事系统统一以海事局（处）名义履行海事行政执法的通知》要求，贵州省机构编制委员会办公室、贵州省交通厅联合发出了《关于全省水上交通安全监督机构更名及有关事项的通知》(简称《通知》)，为进一步加强全省水上交通安全监督管理，保证水上交通安全监督工作与全国接轨，并结合贵州省水上交通安全管理的具体情况而进行的。更名后贵州省地方海事局与贵州省航务管理局实行两块牌子，一套人员，其隶属关系、机构级别、经费渠道不变。任命刘永凯为贵州省航务管理局（地方海事）党委书记、局长，唐金安任党委副书记，刘浩、乔晓贤任副局长。按照《通知》要求，对全省的省、地（州、市)、县（市、区、特区）三级水上交通安全监督管理机构更名，同时明确各级海事机构的职责、海事机构全称、人员编制、领导职数等。这次共有 9 个地（州、市）级港航监督处、船舶检验处合并更名为市（州、地）地方海事局，为地（州、市）交通局所属副县级事业单位；56 个县级港航监督所、船舶检验所合并更名为“地方海事处”，正科级事业单位，隶属于地（州、市）地方海事局领导。省地方海事局迅速制定《贵州省地方海事管理机构主要工作职责分工的暂行规定》，明确各地（州、市)，县（市）地方海事局（处、所）职责范围。对原有编制人员不能适应实际工作需要的，可增加人员编制，所需经费纳入当地财政预算。主要领导的配备需征求上一级海事部门的同意，按权限进行任免。

2006 年 4 月 17 日，贵州省交通厅任命唐金安为贵州省航务管理局（地方海事局）党委书记，韩剑波为贵州省航务管理局（地方海事局）局长、党委委员，副局长仍为刘浩、乔晓贤。同年 6 月，撤销省属贵阳市港航监督所，该所 5 名事业编制收编省地方海事局。

2007 年 9 月 24 日，贵州省机构编制委员会办公室《关于省地方海事局（省航务管理局）机构编制有关事项的批复》，对现有的职能配置、内设机构和人员编制重新明确，新增加的职责有负责航运信息化建设和水路运输信息发布等内容。设置 12 个科室（行政办公室、党委办公室、综合规划科〔战备办〕、安全监督科、船舶检验科、基本建设管理科、水运工程质量监督科、航道管理科、航运管理科、财务审计科、法规科、科技信息科)。为贵州省交通厅管理的正县级事业单位，事业编制仍按省编办发〔2001〕179 号和省编办发〔2006〕110 号核定的不变。

贵州是一个经济欠发达的省份，水运在综合运输体系中占比小，所收缴的规费入不敷出。这次省机构编制委员会办公室、省交通厅的通知提出，由现有的经各级编委核准的港监人员 279 名，增加到 400 名，增幅为 30.25%，同时请各地根据工作需要核定人员编制，所需经费纳入当地财政预算，做到“机构、人员、经费、责任”四落实，海事机构人员吃“财政饭”。这对水运健康发展起到了决定性作用，海事编制的核准，为稳定海事队伍建设提供了强有力的组织保障。

（二）省级地方海事、航务管理参照公务员法管理

2000年以后，交通部对水上安全管理和航务管理提出了新的更高要求，统一了全国海事系统名称，在水上交通安全生产工作监督管理上，各级海事部门不能在行政执法上缺位。贵州省地方海事局（航务管理局）系厅属二级局，受法规授权和委托，负责全省水上安全监督管理和行政执法、水路运输行业管理和行政执法、航道行政管理和行政执法、港口行政管理和行政执法、水运工程建设管理和水运工程质量监督等公共事务管理。各级海事、航务、航道管理部门依据《中华人民共和国内河交通安全管理条例》（国务院令第355号，2002年6月28日）第四条、《中华人民共和国船舶和海上设施检验条例》（国务院令第109号，1993年2月14日）第三条和第六条、《中华人民共和国水路运输管理条例》（国务院令第237号，1997年12月3日）、《中华人民共和国港口法》（第十届人大常委会第三次会议通过，2003年6月28日）和《贵州省港口管理办法》（贵州省人民政府令第5号，1993年12月30日发布）、《中华人民共和国内河航道管理条例》（国发〔1987〕78号）等，对所辖水域实施水上安全监督管理与执法、调查处理水上交通事故，对各类持证船员组织考试、发证等；船舶检验部门依法对船舶进行审查检验和船舶修造企业资质审批；航务管理部门对运输船舶审验营运证书；航道行政管理部门依法维护航道的合法权益，对桥梁通航标准和技术要求进行审批等。以上是经过国家对行政审批工作进行清理后作为保留项目，既符合《中华人民共和国行政许可法》，也符合《中华人民共和国行政处罚法》。贵州省航务管理局根据上级的统一部署，组织了海事、水路运政管理、航道管理等部门的人员学习和培训，做好规范性文件的清理工作，对不符合《中华人民共和国行政许可法》规定的有关规范性文件，已上报予以废止。根据《中华人民共和国行政许可法》的规定和要求，航务管理局各管理部门已对其《政务公开指南》内容进行清理，重新编制了适合统一要求的《政务公开指南》。

1996年10月1日，《中华人民共和国行政处罚法》施行后，全省水运各类行政执法人员分别参加了交通部和省组织的执法培训，通过考试后，共有746名行政执法人员领取了交通部统一印制的“交通行政执法证”，持用新证上岗，亮证执法。

海事、航务在依法管理、执法管理工作中遇到了“名不正，言不顺”的问题，原定的“事业”单位性质与海事、航务、航道承担的职能不相吻合，给行业管理和实施行政执法带来了诸多弊端，特别是海事部门尤为突出：现行省、市、县三级水上交通安全管理体制，实行条块结合，以块为主的管理模式。然而市、县两级海事机构人员调进调出频繁，具备专业技术、工作能力强的人员被调离，进来的人员未经专业技术培训，对海事工作不熟悉，文化程度偏低，素质参差不齐，有的乡镇领导把调进县级海事机构作为“跳板”，严重影响了海事管理工作的开展。海事管理政策性强，专业技术高，对从业人员的素质要求高，必须经过专业技术培训，考试合格发证后，才能上岗。2000 年，中央机构编制委员会办公室《关于交通部海事机构和派出机构性质问题的复函》（中编办函〔2000〕184 号）明确规定：海事机构是国家执法监督机构。海事机构履行行政执法监督职能。海事机构机关按行政机构对待。2003 年，贵州省财政厅、中国人民银行贵阳市中心支行《关于转发财政部、中国人民银行〈关于将部分行政事业性收费纳入预算管理的通知〉的通知》（黔财预〔2003〕85 号）、财政部、中国人民银行《财政部、中国人民银行关于将部分行政事业性收费纳入预算管理的通知》（财预〔2003〕470 号）文件规定：从 2004 年 1 月起，将水路运输管理费、内河航道养护费的行政事业性收费纳入财政预算管理，缴入地方国库，为海事、航务机构参与公务员管理留下了伏笔。2005 年，《贵州省水路交通管理条例》被列入省人大调研项目，旨在法规上明确航务管理机构的行政执法主体。

2005 年 4 月 27 日，《中华人民共和国公务员法》（2005 年中华人民共和国主席令第三十五号）公布。省地方海事局抓住政策机遇，据该法的第一百〇六条“法律、法规授权的具有公共事务管理职能的事业单位中除工勤人员以外的工作人员，经批准参照本法进行管理”的规定，借鉴省外的做法，拟订“贵州省地方海事局、贵州省航务管理局 60 人以及省机构编制委员会办公室批准全省海事（港监）编制 170 人，列入参照公务员法进行管理”的专题报告，报省交通厅批转上报机构编制委员会办公室。

2007 年 7 月 19 日，中共贵州省委组织部、省人事厅《关于印发参照公务员法管理的省属事业单位名单的通知》（黔组通〔2007〕71 号），贵州省地方海事（贵州省航务管理）局列入参照公务员法管理的省属事业单位。全省各级地方海事管理机构同时获准，参照公务员法管理。同年 9 月，省机构编制委员会办公室发文对省地方海事局（航务管理）职能配置、内设机构和人员编制等重新明确，局内设 12 个科室：行政办公室、党委办公室、综合规划科（战备办）、安全监督科、船舶检验科、基本建设管理科、水运工程质量监督科、航道管理科、航运管理科、财务审计科、法规科、科技信息科。事业编制仍核定为85名（其中，全额拨款事业编制65名，自收自支事业编制20名），管理人员18名，专业技术人员60名，工勤人员7名。领导职数为局长1名，副局长2名，党委书记或副书记1名，总工程师1名。内设机构领导职数19名。

贵州省地方海事局实行参公管理后，海事执法主体资格进一步明确，海事管理机构依法行政、履行法律赋予的权利和职责、履行社会公共安全管理的职能更加明显。海事队伍招聘人员“凡进必考”，纳入全省公务员统一招考范围，海事队伍结构得到进一步优化，人员素质明显提高。持证上岗、亮证执法、行政执法，合理合法，“名正言顺”。海事人员收入增加、社会地位提高、荣誉感增强，队伍建设进一步巩固。随后，各地（州、市）地方海事部门先后在所辖地参公管理。

（三）省航道管理机构扩编升格

2006年，国务院批准的“全国内河航道、港口布局规划”中，将贵州省长江水系的乌江、清水江，珠江水系的北盘江、红水河列入了全国的18条高等级重要支线航道。至此，贵州出省水运通道纳入了国家高等级航道规划布局。赤水河虽没有纳入全国航道港口规划布局，但赤水河具有距长江近的区位优势且水运发达，无论历史上还是现实中都是黔北出省水运的重要通道。

随着赤水河、乌江运输量增加，航道整治施工养护和航道行政管理业务扩大。2001年8月15日，贵州省机构编制委员会办公室《关于贵州省赤水河航道处业务范围等事项的批复》（省编办发〔2001〕178号）提出：省赤水河航道处为省航务管理局管理的副县级事业单位，事业编制按省编办发〔1999〕97号批复，核定为360名。经费实行差额补贴。同日，省机构编制委员会办公室《关于贵州省乌江航道处业务范围等事项的批复》（省编办发〔2001〕180号）提出：省乌江航道处为省航务管理局管理的副县级事业单位，事业编制按省编办发〔1999〕98号批复，核定为370名。而列入了全国的18条高等级重要支线航道的南盘江、北盘江、红水河（“两江一河”）航道则由黔西南布依族苗族自治州管理，清水江航道则由黔东南苗族侗族自治州管理。

四、水运综合管理能力的提高

（一）办公现代化水平整体提高

20世纪90年代以前，水运办公沿袭过去模式，一支笔、一张纸、一把（个）算盘（计算器），公文传递以邮政信函为主，工作效率低。随着电脑的普及，各海事执法部门用手工书写各种证件和数据报表的方式被微机打印所代替，办公质量和效率显著提高。“十五”时期，省交通厅投入1219万元，新建和改建多处海事办公楼，配备了一批安全监督车、监督船（艇），购置办公自动化设备、船舶检验设备等。贵州省、地（州、市）地方海事局都装备或更新了车辆，配备电脑，水运集中的县（市）装备了监督船（艇）。2001年，各地（州、市）水路运政、港口管理的信息报表均已使用微机填报，建立了水运企业及船舶数据库，逐步实现了数据上报软盘化。省属水运企事业单位和部分航务管理部门也应用微机办公。全系统的会计基础工作规范化达标和会计电算化工作稳步推进。省航务管理局的会计电算化管理研究列入了省交通厅科研项目，并率先在局机关及航运直属事业单位中应用。会计电算化通过了贵州省财政厅、贵州省交通厅的验收，2004年，被省财政厅确认为会计基础工作“合格单位”。船检工作能力得到整体提升。船检部门结合贵州实际，集中力量编制了《贵州省木质船舶检验标准》，船舶型线图，计算船舶稳性，编制船舶结构、稳性、干舷、吨位丈量、实船型线测量等计算程序，以及船检登记号、小船检验报告打印等12个管理程序，有效地消除了船舶检验的盲区和空白点，这一科研成果已应用到实践中，社会反响好，获得了国内同行好评。

（二）统计工作与管理的改进

统计是一项基础工作，为社会经济发展提供科学的决策依据。然而统计工作一直是水运基础工作的薄弱环节。2004年，根据贵州省交通厅的安排部署，省地方海事局深入开展水运固定资产投资全社会投入的统计工作，扩大水运建设统计范畴，要求各单位除了计算交通行业对水路交通的固定资产投入外，还要调查统计其他各行各业在水运建设方面的投入，包括国家、企事业单位、集体和个人对水运事业的资金投入；不论是投资于港航基础设施建设（含船舶建造、配套设施），还是用于水运方面的生产生活设施的建设等，均应纳入水运固定资产投资统计范围。提高水运建设固定资产投资和水路运输量统计工作的质量和数据的准确性，使统计内容更加科学真实、全面、客观地反映行业的实际发展情况。

（三）船舶检验发证管理系统的应用

2007年5月10日至16日，贵州省地方海事局在贵阳市举办了两期船舶检验发证管理系统（VIMS5.0）培训班，进行了系统安装和使用的培训，受培训者共100余人。这次培训工作得到交通部海事局船检处的大力支持和指导，船检处专门邀请了该系统编程单位，北京宝锐亿韬科技发展有限公司的专家来做面对面的上课讲授。通过培训，参加培训的人员基本掌握了该系统的安装和使用功能，为各级船检机构及时启用新系统（VIMS5.0）打下了基础并做好充分准备，为促进船检向管理信息化，工作向标准化的方向迈了一大步，整体提升了船舶检验管理工作水平。

第二节　水运建设和前期工作的开展及谋求闸坝碍航问题的解决

一、水运基础设施建设提速加快

（一）南下珠江通道起步工程建设的实施

1996 年 2 月，交通部召集黔、桂两省区交通部门在南宁参加专题讨论会，要求广西、贵州两省区立即开展西南水运出海中线通道起步工程的前期工作。西南水运出海中线通道起步工程（贵州段）主要由贵州顺达水运规划勘察设计所负责前期工作和初步设计，并邀请了四川内河设计院、长江航道规划设计院重庆测设处、南宁航道工程测设处等单位协助。

1998 年 10 月，《西南水运出海中线通道起步工程（贵州段）可行性研究报告》通过交通部审查。1999 年 2 月，由贵州省计委批复立项。11 月，省计委批复《西南水运出海中线通道起步工程（贵州段）可行性研究报告》。12 月，省计委发文同意《初步设计》。

西南水运出海通道中线起步工程（贵州段）是“九五”跨“十五”期间，贵州省的重点交通建设项目。工程内容：整治南盘江坡脚至两江口 132 千米、北盘江坝草至两江口 97 千米、红水河两江口至曹渡河口 107 千米，共 336 千米航道，使其达到五级航道通航 250 吨船的标准，计 104 处滩险；首期建设坝草、百层、八渡 3 港区 5 个泊位，缓建坡脚、蔗香、羊里 3 港区，并同步建设通讯、助航、航道管理工程。项目总投资 16274.32 万元，其中首期建设投资 13495.19 万元，缓建部分投资 2779.13 万元。建设工期四年。2000 年 12 月 25 日开工，2004 年被列入省人民政府目标考核之一，2004 年 5 月 31 日全部完工。原定四年完成的工程，在各级政府和有关部门的关心支持下，通过建设、设计、施工、监理、质监协同努力，提前半年完成。2004 年 10 月 29 日—11 月 1 日举行竣工验收，竣工验收工作由贵州省发展计划委员会主持，并成立了由贵州省计委卢达昌副主任为主任委员，贵州省交通厅副厅长吴强、交通部珠江航务管理局局长朱伟桥、黔南布依族苗族自治州人民政府副州长张宪民、安顺市人民政府龙向航、黔西南布依族苗族自治州人民政府韦国民为副主任委员的竣工验收委员会，委员有贵州省计委、交通部珠江航务管理局、贵州省交通厅、贵州省环保局等单位的领导和专家共 30 余人。竣工验收委员会于 10 月 29 日上午在贵阳观看了工程纪实录相，并听取了建设、设计、施工、监理、质监、养护等各部门的工作汇报，分成工程组和资料档案组于 10 月 29 日下午至 10 月 30 日，前往工程现场检查，并随机抽测了工程项目，查阅了各项技术资料和有关文件。会议进行了认真讨论和评议，一致认为：该建设项目符合国家基本建设程序，按照批准的建设内容和标准已建设完毕，工程质量符合国家有关规范要求，试运行情况良好，竣工决算结果真实，交竣工验收资料详实、完整，符合基本建设项目竣工验收的有关要求，同意工程项目正式竣工验收，并交付使用。建设项目通过公开招投标、优化设计、严格监理和质量监督以及加强管理等一系列措施，使建设工期和工程投资得到有效控制，工期提前 7 个月，工程实际投资较概算节省了 16%。施工期间参建单位加强工程安全管理，严格执行安全操作规程和技术规范，确保了项目安全实施，未发生重大安全事故。项目建设应用科技创新，结合科研项目研究解决山区河流航道整治技术，对复杂滩险的模型进行了试验，探索和引进土工织物沙袋坝、合金网等新材料、新工艺，研制建造适合“两江一河”特性的航道整治工程施工机具等各种技术措施，有效地解决了工程建设中的技术难题，确保了工程质量，控制并节省了工程投资。贵州省交通厅为项目主管部门，省水运工程建设办公室为建设单位，工程的勘察与设计、科研、施工、监理、质监等工作均为省内外有资质的专业队伍承担。在项目建设过程中，建设单位认真执行项目法人制、工程招投标制、合同管理制、工程监理制等国家有关基本建设管理制度，建立了“政府监督、社会监理、企业自检”的三级质量保证体系，保证了工程质量，提高和巩固了工程建设成果。按照交通部《航道整治工程技术规范》《港口工程质量检验评定技术标准》等有关行业标准及贵州省水运工程质量监督站鉴定的单位工程交工验收结果，单位工程交工验收优良率达 84.6%。工程实施后期，“两江一河”上已行驶 250 吨级船舶，码头客货运输呈现一片繁忙的景象，工程效果十分明显。综合对建设、设计、施工、监理等各部门的工作质量考量，一致同意将西南水运出海通道中线起步工程（贵州段）航运建设工程评定为优良工程。

西南水运出海通道中线起步工程（贵州段）航运建设工程的完工，极大地促进了

“两江一河”航运的发展，对带动腹地内经济发展和促进沿江两岸贫困少数民族脱贫致富具有十分重要的意义，对完善区域交通运输结构和加快贵州的扶贫攻坚步伐有着积极的促进作用，完全达到了西南地区水运出海通道中线起步工程的初始目标和效果。为了进一步管好、用好和更好地开发西南水运出海通道，使之发挥更大的经济效益和社会效益，验收委员会提出以下要求和建议。一是工程验收后，航道管理、维护部门要加强航道的管理、维护工作，确保航道畅通。二是结合红水河龙滩电站、南盘江平班电站及北盘江光照等电站的建设，建议有关部门适时组织实施缓建工程。同时，进一步做好库区及回水变动段四级航道航运建设工程的前期工作，早日实现西南水运出海中线通道的规划等级。三是各级政府及有关部门应加强协调，依托西南水运出海通道，积极做好综合开发利用，大力发展“两江一河”水路客货运输，促进区域经济快速持续发展。

从社会效益和经济效益上看，“两江一河”航运建设成果，对于进一步优化交通格局，拉动当地经济发展，带动沿江人民群众脱贫致富起到了关键性的积极作用。

新建成的北盘江百层新码头，运煤船舶云集港区，平均每天有数百吨煤炭，源源不断地运往广西天峨等地。民间兴起造船热，从100吨级到250吨级不等，沿岸许多少数民族村民，因搞水上运输而脱贫致富。

南盘江的八渡镇原来仅是一个公路渡口，由20世纪90年代南昆铁路穿过和南盘江航道整治工程建设而催生。中共册亨县委、县人民政府充分利用区位优势，将距此26千米外的乃言乡人民政府迁移至河畔成立八渡镇。2002年扩建了八渡码头，吸引了黔、桂两地的商家纷纷前来做生意，加快了该地城镇建设，形成了近万人的规模。

位于红水河与广西壮族自治区隔河相望的红水河镇是布依民族聚居地。过去该镇财政年收入不足1万元。航道条件改善后，码头上堆积农产品装船外运，每逢赶场天江面船舶穿梭，两省区的民族兄弟云集一起，促进了该镇商品经济的快速发展，财政逐年增加收入达50万元以上。

（二）赤水河（岔角—合江）航运工程的建设

20世纪90年代初期，赤水河沿河3省、11个县（市）政协多次召开联席会议，呼吁对赤水河进行渠化开发。交通部门拟定对赤水河航电枢纽工程进行可行性研究，拟建设三道航电枢纽，渠化赤水河航道。因赤水河上游是酿造茅台酒的主要水源，又是长江上游珍稀鱼类生息繁衍地，筑坝不利于赤水河生态可持续发展，贵州省交通部门重新审视赤水河航运发展定位，决定弃筑坝定整治的策略。1999年，贵州省交通厅委托交通部水运规划设计院、贵州顺达水运规划勘察设计所、交通部天津水运工程科研所开展对“赤水河（岔角—合江）航运建设工程”项目的前期工作。2000 年 5 月，完成《赤水河（岔角—合江）航运建设工程预可行性研究报告》，获省计委批准，并上报交通部，被列入“十五”期重点项目。2002 年 10 月 22 日，贵州省发改委对《赤水河（岔角—合江）航运建设工程初步设计》予以批复。

2002 年 11 月 26 日，赤水河（岔角—合江）航运建设工程开工，于 2006 年 9 月竣工，历时四年，提前两个月全面完成。该项目分两段建设：一是赤水河岔角至狗狮子段 80.9 千米航道，二是狗狮子至合江段 77.9 千米。2002 年 12 月，赤水河岔角至狗狮子段 80.9 千米航道开工建设，建设投资 2400 万元。共整治碍航滩险 96 个，修筑丁坝、顺坝 5000 米，航道宽度 22 米，弯曲半径 150 米，水深 1.3—1.5 米，由原来七级提升为六级。2004 年 4 月 27 日，由贵州省航务管理局、贵州省水运建设工程办公室的领导、工程技术人员以及重庆交通学院、重庆长江航道工程局的专家乘船而下观看后，在贵州省赤水市通过了工程竣工验收。验收组的专家和领导感慨：这次乘船从岔角港顺流而下到狗狮子看到如此多的船舶来来往往，航道通航能力高，船舶双向航行非常安全，赤水河上游枯水流量仅 60 立方米，航道整治的效果如此之好，特别是沿河岸平行公路上来回穿梭的汽车运输并没有挤掉航运，而是与船舶运输相得益彰的场景，这在全国范围内也是不多见的。他们一致认为，赤水河岔角至狗狮子段的 80.9 千米航道整治工程有三个特点。一是施工机械化程度高。各施工单位抢抓枯水期，普遍使用挖掘机、疏浚工程船清淤泥、排碎石，既缩短了工期，又保证了工程质量。二是科技含量高。对重点滩险进行数学模型试验，水位比降减小明显，水势流态进一步改善并经受了几次洪水的考验。三是航道等级提高。该段航道由原来的七级提高到六级，由只能通行 50 吨级船舶提高到通行 100 吨级，洪水期间可通行 150 吨—180 吨级船舶，所建工程项目合格率达 100%，整治效果良好。

2006 年 10 月，贵州省发改委按照交通部《内河航运建设项目（工程）竣工验收办法》和单位工程划分标准的有关规定进行验收，赤水河航运建设工程划分为航道、港口、通信、造船、航标、土建六大部分，共 168 个单位工程，质量评定合格率为 100%，优良工程 145 个，优良率 86.3%。2007 年 9 月，交通部专家组验收时给予高度评价，建议推荐为部优、国优工程。

该工程投入使用后，工程效益与社会效益十分显著。航道条件的改善，促进了赤水河造船业的发展。短短三年内，赤水河200吨级的大吨位船舶增加了200艘。贵州、四川两省的700多艘运输船舶来往于赤水河，每年完成运输量达300多万吨，接近航道年通过能力350万吨的设计高限水平，提前9年实现了项目立项的通航运输量目标。

（三）港口码头建设上新台阶

2002年，是贵州内河航运建设的高峰年份，港口建设投资在航运建设项目中比例明显提高。由省、部合资建设的水运工程项目就有3个，分别在南、北两个方向3处地方展开。

南面 西南水运出海通道中线起步工程（贵州段）项目码头建设内容主要有：新改扩建坝草码头、八渡码头、百层码头（缓建蔗香、羊里码头），共投资1464.32万元，共建成斜坡道缆车泊位1个、斜坡踏步件杂货泊位1个、斜坡踏步客运泊位1个，直立式货运泊位1个、桩承台直立式散货泊位1个、堆场9039平方米、仓储871平方米、管理站房1710.94平方米、进港公路1460.71米、岸线160米，新增客运吞吐能力6万人，货运吞吐能力14.5万吨。

百层码头列入西南水运出海通道中线起步工程（贵州段）的首批建设项目，定位为西南水运出海通道中线起步工程（贵州段）的标志性工程。百层码头位于贵州省贞丰县境内，上接贵昆铁路和贵（阳）黄（果树）高等级公路，下临红水河，区位优势明显，加之矿产资源和旅游资源极为丰富，是黔西南布依族苗族自治州各县煤炭水运南下两广的重要码头之一。经贵州省乌江航道处历时八个月的奋战，于2002年7月中旬完工。这是西南水运出海中线通道工程（贵州段）建设率先完工的5个码头。沿岸各族群众称赞党和政府给他们办了一件实事、好事。

北面 主要为赤水河（岔角—合江）航运建设工程。建成岔角码头、土城码头、赤水东门货运码头、鲢鱼溪码头、合江（长江）贵州码头5个，共增加货运吞吐能力235.5万吨。建成100吨级货运泊位7个，300吨级货运泊位7个。特别需要指出的是，赤水东门货运码头配备5吨旋转式固定起重机1台，地磅房181平方米，新造囤船1艘。鲢鱼溪码头配置60吨电子地磅1台，5吨双悬臂桥式起重机2台，叉车2台，合江（长江）贵州码头新造囤船1艘，并在囤船上配备5吨双悬臂桥式起重机1台。这标志着赤水河港口建设上了新的台阶。

涪陵 涪陵港主要为贵州货运码头复建工程。涪陵港贵州码头是贵州北入长江的主要码头之一，原名为“乌江涪陵码头”。1994年始建，1998年12月17日竣工，通过了验收并交付使用。随着三峡工程建设，贵州在涪陵的泗王庙、马脚溪、中渡口 3 个码头全部被淹没。经贵州省与重庆市有关部门多次协商，决定在涪陵城区乌江河口恢复重建，并定名为“涪陵港贵州码头”，工程总投资 2470.84 万元，分两期进行。首期工程于 2002 年 7 月 3 日开工，2004 年 5 月 30 日竣工，历时 697 天。建成岸线长 110 米的码头，300 吨级泊位 1 个及相应的港口生产辅助设施，年吞吐量为 17 万吨，陆域面积为 5300 平方米，综合办公及仓储面积为 1562 平方米。涪陵港贵州码头处于三峡库区长江与乌江交汇处，距乌江河口约 1 千米，地处三峡库区的重要枢纽港，是乌江流域最大的货物集散地。

地方港口码头建设　都柳江、榕江码头于 2001 年 3 月开工建设，2002 年 10 月底竣工，投资 140 万元，建成 50 吨级泊位 2 个，综合楼及附属设施建筑面积 1104 平方米。“十五”末期，投资 108 万元，建设台江施洞码头，建成 50 吨级泊位 2 个。

2003 年 6 月 28 日，第十届全国人民代表大会常务委员会第三次会议通过《中华人民共和国港口法》，于 2004 年 1 月 1 日正式实施。该法第五条规定国家鼓励国内外经济组织和个人依法投资建设、经营港口，保护投资者的合法权益，这有效促进了贵州港口建设投资的多元化，使许多企业和个体经济实体纷纷投资修建码头，以满足自身企业工矿产品输出需要。2004 年，各级航管部门组织人员到街上设点广泛宣传《中华人民共和国港口法》，大造声势。同时开展对现有港口（码头）的清理工作，对达到规定资质条件的，发给《港口经营许可证》，对于危险货物，作业人员须持证上岗。

2005 年，贵州港口按长江水系和珠江水系规划布局。

长江水系　有大小港口 7 个，分别为贵阳港、遵义港、黔南港、铜仁港、黔东南港、毕节港、安顺港。其中，贵阳港、遵义港、黔南港、铜仁港、黔东南港为重要港口，毕节港、安顺港为一般港口。港区 33 个，大小作业区 90 个。港口货物吞吐总量为 600 万吨，客运吞吐总量为 1000 万人。

珠江水系　按地区划分有 5 个港口，分别为黔西南港、黔南港、安顺港、六盘水港、黔东南港。按县划分的港区 16 个，作业区 26 个。客货吞吐能力分别为 371 万人、306 万吨。

在“十五”期，赤水河水运工程建设扩建岔角码头时，赤水市岔角煤矿投资 130 万元，在原设计的基础上，扩大堆场面积，增加现代化的装船设施。赤水河航道条件改善后，四川古蔺县煤炭企业迅速扩大生产规模，许多煤矿生产业主在太平渡—九溪口几千米内，修建不规范的简易码头和槽道50多处，后经赤水河航道处与古蔺县交通管理部门进行清理整顿，采取“统一规划、统筹建设、统一管理”，将沿河几千米岸线建成为规范有序的煤炭专用码头，满足了煤炭输出的需要。随着乡镇建设沙石需求量增大，在赤水河中下游，部分沙石老板自己投资修建码头，但规模较小。

2005年，社会投资水运固定资产首次超过政府投资，占总投资60%以上，改变了过去由政府单一投资局面，形成了国家、集体、个人多渠道筹措资金投入水运基础设施建设的新局面。

“十一五”期间，企业投资修建最大的码头是“两江一河”的百层码头。该码头是国家规划的西南出海中线通道“两江一河”扩建工程中的重点工程之一。由贵州百层港新港港务有限公司投资修建，根据投资协议，建成后该公司可经营管理、使用50年。百层港改扩建工程规划为两个作业区，原港址为第一作业区，第二作业区港址异地新建于原码头下游4千米处的平赖滩，两作业区共建设500吨级货运泊位4个及货运汽车滚装运输通道2条，预算总投资16000万元。项目分两期（第一期375米水位，第二期400米水位）实施，先期实施第一期工程，设计总投资5448万元，由贵州百层港新港港务有限公司自筹1089万元，占20%，申请项目贷款4359万元，占80%。第一作业区于2009年11月开工建设，2011年完工。

港口码头投资的多元化，对贵州这样的贫困省份加快水运基础设施建设具有十分重要的意义，同时也为码头的投资及经营管理提供了良好的借鉴。

（四）开启库区水运基础设施建设

库区的形成，促进了沿库区工农业生产和旅游业的发展，沿岸居民对库区水运需求增加。进入“十一五”期后，省航务管理局加大了对库区水运基础设施的建设的力度，先后开始了天生桥库区和洪家渡库区航运基础设施建设工程。

天生桥库区航运建设工程 天生桥一级电站是“两江一河”上第10级水电梯级开发的龙头电站。1994年动工修建，1998年8月竣工蓄水。库区形成后，库区旅游的发展和丰富的水产资源迫切需要建设规范的码头。2002年10月，贵州省航务管理局开展了天生桥一级电站库区港口建设工程的前期工作。2003年，完成《天生桥一级电站库区永和、巴结、白云港口建设工程可行性研究报告》，同年12月，贵州省发改委批复同意立项。2004年11月，省发改委批复将该项目列入“十五”跨“十一五”交通部和贵州省重点水运交通建设项目。2005年9月，省发改委批复了《天生桥一级电站库区永和、巴结、白云港口建设工程初步设计》。该工程建设于 2005 年 12 月底开工，2007 年 8 月全面完工，实际工期一年零八个月，比计划工期提前四个月。工程概算总投资 3548.79 万元，实用 3508.79 万元，缓建未罗兰堡管理站房建设项目 40 万元。

天生桥一级电站库区港口建设工程建成后，为库区移民提供了谋生的场所。水上运输船舶迅速增加，滇、黔、桂三省区的 1000 多艘船舶往返于库区中，促进了库区腹地的经济发展，同时方便了库区内人民群众安全便捷出行，加快了库区新农村建设步伐。天生桥一级电站形成的万峰湖，成为国家级风景旅游区和该地区新的经济增长点。

洪家渡库区航运基础设施工程　洪家渡库区是因建设洪家渡水电站蓄水而形成的水库，洪家渡水电站是乌江梯级水电开发的龙头电站。2004 年，毕节地区交通局编制的《毕节地区航运规划（2006—2020 年）》建议对库区航运进行开发利用。同年 12 月 16 日，毕节地区行政公署和省交通厅联合对规划予以批复。2005 年 3 月，贵州省航务管理局委托贵州顺达水运规划勘察设计所进行洪家渡库区航运建设工程的可行性研究，同年 12 月完成。2006 年 3 月 30 日，省发改委对可行性研究报告予以批复，同意洪家渡库区航运建设工程，由交通部和贵州省共同投资 3000 万元，将其列入“十一五”省水运重点建设项目。建设了九洞天、木空河、云盘、洪家渡 4 个码头、5 个泊位，同时按七级航道标准整治九洞天—木空河 19.70 千米回水变化段。并配套建设综合办公楼、航运信息、安全保障等设施。按客、货年吞吐能力分别为 159 万人和 35 万吨的建设规模进行设计。洪家渡库区航运建设工程，是中华人民共和国成立 60 多年来毕节地区首个实施的水运基础设施建设项目。洪家渡库区航运建设工程围绕毕节试验区“生态建设、开发扶贫”的重要建设目标，体现出了巨大的绿色航运经济效益。主要有以下几个特点。一是库区航运建设工程，在完成同样交通运输量指标的前提下，最大限度地减少了对土地资源的占用和对生态环境的破坏。二是方便了水运交通，增强了水运的“三个服务”能力。随着库区航道通航条件的改善和码头客货吞吐能力的增强，水运交通基础设施为沿岸老百姓的安全便捷出行、经济社会的快速发展发挥出越来越明显的作用。特别是库区旅游业、休闲娱乐、餐饮、住宿等服务业的蓬勃发展，缓解了库区移民的就业压力，为库区贫困群众找到了一条脱贫致富的途径，加快了库区移民脱贫致富和社会主义新农村建设的步伐，增强了库区移民的社会稳定性。三是夯实了库区旅游业发展的基础。洪家渡库区具有特殊的区位环境和得天独厚的自然条件，神秘的历史文化，造就了十分丰富的旅游资源。随着洪家渡库区航运建设工程的建成使用，库区水路交通与公路交通形成网络衔接，优化了“毕节试验区”综合交通结构，为库区旅游业发展创造了良好的交通条件，为旅游业发展打下了坚实的基础。四是提高了库区水运行业管理和安全监管救助能力。通过工程建设，库区周边4县都配备了海事搜救车、搜救巡航艇以及一艘综合救助船，并在各码头设置了综合管理办公楼以及专业的海事搜救中心。完善的水上搜救和水运交通管理设施，增强了水上交通安全管理能力，确保了库区水上交通安全形势的稳定，加强了水上运输市场的监管。

（五）渡口建设改造

渡口是道路与道路的联结点。渡口船被称为“流动的桥梁”。渡口历史久远，贵州各族人民有临水而居的习俗。渡口是广大农村地区交通驿站，渡船是广大人民群众出行的重要交通方式。中华人民共和国成立后，党和政府十分重视渡口建设，但受当时经济条件的限制，只将少数的车渡和为数不多的城镇渡口列入建设。又由于渡口建设供需矛盾大，无法满足人民群众的需求，因此2005年以前，对渡口的改造不足80道，渡口建设步履维艰。

2005年，全省交通工作会议提出把乡镇渡口建设纳入农村公路建设总体规划，一同启动。

2006年，根据省交通厅的安排，贵州省航务管理局承担了贵州省乡镇渡口规划编制的工作，当年完成了全省乡镇渡口建设规划编制，并落实了将2006年渡口码头建设项目列入部农村公路建设总体规划盘子，按每个渡口15万元资金补助，有效地解决了乡镇水运设施建设难的问题。2006年7月，省航务管理局在贵阳召开了《贵州省乡镇渡口建设渡口码定型图设计》审查会议。在会议上确定：渡运量在5万人以下为小型渡口、5万人—20万人为中型渡口、20万人以上为大型渡口，渡口建设规划按照“宜渡则渡、宜桥则桥”的原则，对河面狭窄、两岸地质条件好、渡运量较大的地方，以建设桥梁为首选，建设通行小型车桥梁为主，有利于较长时期内解决附近村寨的交通问题。对不具备建设通车架桥条件的部分渡口，建设人行桥，以桥代渡，以桥撤渡。

由于渡口建设没有统一“标准”，渡口设计图不能“批量生产”，只能对每道渡口进行“量身定做、量体裁衣”的个性化设计。鉴于乡镇渡口点多、分散、交通不便等特点，设计人员翻山越岭，走在羊肠小道上，趟过河流小溪，实地勘察渡口码头选址，“问计于民”，广泛征求当地人民群众的意见。有的渡口偏远、渡运量不大，设计人员以“一个都不能少”的责任感，认真勘查，严格实行“一渡一图”设计施工图，并结合当地的实际情况，尊重民族村寨的风俗习惯，设计出经济适用、安全可靠、造型美观的渡口。2007 年，农村渡口建设项目被列入贵州省人民政府考核省交通厅年度绩效目标考核内容，厅将农村渡口建设列入省地方海事局“重点解决突出问题”的目标项目，省局将各地（州、市）交通部门承担的渡口建设改造任务列入目标考核并严格检查验收。

自从 2006 年乡镇渡口建设改造工程实施以来，农村渡口的渡运条件逐步得到了改善和提高，乡村道路体系逐步完善，为广大人民群众提供了安全、便捷、舒适的过渡条件。已建好的乡镇渡口投入使用后，深受老百姓特别是农民群众的欢迎，他们说：“现在赶场、走亲访友、外出打工，都可以在码头上遮风避雨。他们乘上了放心船，过上了平安渡，走上了连心桥，再也不会为晴天一身汗，雨天一身湿而发愁了。”他们从心底里感谢党和政府的关怀，感谢交通部门为他们做了一件实事、好事，心中也充满了无限的喜悦和欢欣。很多地方的老百姓都自发地杀猪宰羊、燃放鞭炮，以示庆贺。有些村民还给贵州省航务管理局送来了感谢信和锦旗。

二、一手抓防范非典，一手抓工程施工

2002 年 11 月，突如其来的非典[①]在我国内地出现病例，并开始大范围流行。非典疫情的发生时期，正值西南水运出海中线通道起步工程（贵州段）和赤水河（岔角—合江）航运建设工程建设期间。这两项在建的重点水运交通建设工程分别地处广西、四川边界。而四川全部非典病例均为输入型，大多是从广东传入的，尤其是以在广东务工的农民为主。因工程施工现场分别在南盘江、红水河、赤水河沿岸，又分别是黔桂和川黔的省区交界地带，前来参加工程施工的民工都是三省区当地的农民或居民，人员流动性大，介于疫情区和非疫情区之间，如不采取有效的防范措施，一旦滋生非典疫情，后果不堪设想。贵州省航务管理局要求省水运工程建设办公室与各施工单位签订防治“非典”目标责任书，严格人员进出登记制度，凡在工地的人员一律填写详细的登记表，定期对民工进行体温测量，对工地住房、物资仓库、车船、机具设备和人员集中活动场所进行消毒，同时加强非典防控和讲卫生的宣传教育。工地除了安全文明施工警告标示牌外，还增加了“众志成城，防范非典”的标语并挂在特别醒目的位置。督促各施工、监理单位切实加强对施工现场防控非典的工作，认真做好施工人员特别是民工进出的登记

① 指严重急性呼吸综合征（英语 :SARS）

和身体健康检查，同时对工棚、就餐点定期进行消毒处理，从源头上防治，群防群控，严把关口，保护施工人员的身体健康和生命安全。赤水东门码头工地，昼夜施工，加班加点，力争抢在汛期到来之前，完成前沿墙基础工程。非典疫情期间，国家卫生部报告公布，有疫情的省份为26个，海南、贵州、云南、西藏、青海5个省份尚未发现疫情。贵州水运在非典防控期间，尽了自己的义务和责任。

三、闸坝碍航的诉权与航电枢纽前期工作的探究

贵州水电闸坝碍航始于20世纪50年代末至60年代初。国家能源结构的调整，在贵州的乌江、都柳江、红水河、清水江相继建设梯级水电站，但未同步建设通航设施，除赤水河外，其他4条主要出省水运通道均受闸坝碍航所困。

（一）闸坝碍航问题严重

进入21世纪，贵州闸坝碍航形势严峻。2001年，靠近贵州边界的红水河龙滩水电站开工建设。2003年11月8日，乌江构皮滩水电站正式开工。2006年5月，乌江沙沱水电站正式开工，距上游构皮滩电站89千米。2006年10月，乌江思林水电站工程正式开工，距下游沙沱水电站115千米，乌江干流主航道被拦腰裁为三截。相关部门在建设通航设施规模上一直争论不休，议而不决，甚至视而不闻，迟迟未建通航建筑物，断航闸坝增多，成为危及水运生存和发展的严重问题。

平班水电站位于广西壮族自治区和贵州省交界的南盘江干流上，工程于2001年10月23日开工建设。该水电站建设坝址左岸坐落于贵州省册亨县、右岸位于广西壮族自治区隆林县境内，距当时在建的西南水运出海通道中线起步工程（贵州段）工程贵州坡脚港区码头仅20千米。此前，贵州省交通部门尚未得到平班水电站建设单位在工程前期工作和设计、施工阶段有关通航设施的安排和意见。为此，交通部、水利部、国家经济贸易委员会联合以交水发〔1998〕659号批复的内河航道技术等级标准，定南盘江坡脚—两江口为四级航道，要求平班水电站按四级航道通航500吨级船舶的标准同步设计、同步建成通航设施。2002年6月25日，贵州省交通厅向省人民政府呈报的《关于南盘江平班水电站有关水运工程建设和通航设施问题的请示》指出：根据《中华人民共和国水法》《中华人民共和国航道管理条例》等法律法规，在通航河流上修建永久性拦河等工程，应事先征求交通主管部门意见，并完善有关手续，但令人遗憾的是没有收到水电站的只字片语。

（二）黔桂两省（区）经济协作强调达成解决闸坝碍航共识

2002 年 8 月，在广西召开的“黔桂两省区经济和社会发展情况交流会”上，贵州提出，敦促按标准同步建设龙滩水电站通航建筑物，妥善解决施工期的通航问题。应按交通部和黔桂两省（区）提出的四级航道标准，按 500 吨级船舶过坝的要求同步建设。妥善解决施工期间通航问题，避免造成新的碍航。大化、百龙滩两水电站复航工程的通航建筑物应尽快建设。平班水电站建设应同步设计、同步建成通航设施。要求平班水电站按四级航道通航 500 吨级船舶的标准同步设计、同步建成通航设施，避免造成一边疏浚航道，一边闸坝碍航，人为缩短通航里程现象。

都柳江是交通部规划的“西南水运出海北线通道”，然而都柳江水电站闸坝碍航问题，一直困扰着水运的健康发展。位于广西融安县浮石镇下游 3 千米处的浮石水电站，于 1995 年年初开工建设。电站建设时建时停，变成了“胡子”工程。贵州船舶只能到广西融安，不能通江达海。据悉广西的电站正在建设，但通航过闸设施没有同步建设。

2005 年 3 月 21 日—23 日，在贵州贵阳召开的“黔桂两省区经济社会发展情况交流会”上，贵州省省长石秀诗与广西壮族自治区主席陆兵签署的《关于进一步加强两省区经济社会合作的框架协议》，明确内河水运方面：一是结合龙滩水电站建成投产，广西加大对红水河通道设施的建设力度，实现红水河通航；二是抓紧协调解决平班水电站碍航问题；三是整治西南水运出海北线通道贵州、广西河段道，实现贵州船舶可以直接通往珠三角地区。

2003 年 6 月，乌江流域内贵阳、遵义、黔南、毕节、铜仁 5 地（州、市）人民政府联合向省人民政府请示，要求构皮滩电站修建时，同步建设 500 吨级过船设施。2004 年 9 月，5 地（州、市）政协再次向贵州省人民政协报告，迫切要求同步建设通航设施。2005 年 8 月，国务院参事调研乌江水电梯级开发及水资源综合利用情况，贵州省交通厅专题汇报乌江水电开发构皮滩电站缓建通航设施给乌江航运带来的影响，希望尽快建设 500 吨级过船设施，与下游思林、沙沱、彭水等水电梯级电站按 500 吨级建设的过船设施相对接，形成一条从乌江渡至涪陵河口约 600 千米四级航道标准的黄金水运通道。

（三）国家和省督促水电企业同步建设通航设施

2005 年，国家发改委办公厅《国家发展和改革委办公厅关于明确贵州乌江构皮滩水电站通航设施建设有关意见的函》（发改办能源〔2005〕2354 号）致函贵州省发改委和中国华电集团公司：“构皮滩水电站是乌江规划开发的重要梯级电站，是一座以发电为主，兼有航运、防洪等综合利用效益的水电站……按照乌江航运规划要求，认真落实国家批复的建设方案，确保构皮滩水电站通航设施按四级航道、500 吨级船型标准同步建设，同步发挥效益，促进乌江流域水资源综合利用效益的充分发挥，促进乌江流域地区经济和社会的可持续发展。”

2006 年 12 月 19 日，贵州乌江水电开发有限责任公司将《关于上报〈乌江构皮滩水电站通航建筑物可行性研究报告〉的请示》（黔乌司〔2006〕181 号）上报贵州省发改委：根据国家发改委办公厅函（发改办能源〔2005〕2354 号）以及贵州省人民政府 2006 年 2 月 5 日对构皮滩电站通航设施建设管理问题的协调意见，乌江公司委托长江委长江规划设计研究院开展构皮滩电站通航设施可研勘测设计工作。

2007 年 9 月 30 日，贵州省发改委《关于乌江构皮滩水电站通航建筑物可行性研究报告的批复》（黔发改交通〔2007〕1697 号）批复贵州乌江水电开发有限责任公司：一是同意建设标准，构皮滩水电站通航建筑物按通航 500 吨级机动船的四级航道标准建设，设计代表船型尺度参数为 55.0 米 ×10.8 米 ×1.6 米；二是同意建设方案，通航建筑物布置在构皮滩水电站大坝左岸，采用三级垂直升船机的建设方案，建设内容包括上、下游引航道，三级垂直升船机和两级中间渠道，建设线路总长度为 2181.7 米；三是估算总投资 30.55 亿元，其中资本金占 20%，由你公司自筹解决，其余资金由你公司商请银行贷款解决。

（四）交通部在贵阳召开珠江上游水运发展座谈会

2007 年 7 月 23 日，交通部在贵阳组织召开推进珠江中上游水利水电枢纽通航设施建设问题座谈会。交通部水运局领导以及来自云南、贵州、广西交通厅和珠江航务管理局的领导参加了座谈会。交通部副部长翁孟勇主持会议并强调，要统一认识，抓住内河发展难得的机遇，加大宣传力度，交通部下一步对珠江航运与长江航运同等对待，对水运市场未来发展需求，凝结更多人的智慧，要做细化分析，不能只说概念，不能只讲大道理。从国家战略高度重视水运，为区域经济发展从长远效益着想，落实到具体目标。不能停留在口头上，要找出问题症结所在，要积极培育内河航运市场。认真做好标准船型优选，学习西方先进经验控制船型主尺度，满足过船设施的要求。各省要加强水运市场的调查分析，交通部规划科学院要加强指导。加强水运行业管理工作，珠江上段与下段航运要正视困难，不回避存在的问题，加强协调达成共识，按预定的目标努力工作。在会议上，云、贵、桂两省一区交通部门参会领导和代表一致认为，要加强合作协调，要积极培育内河航运市场，未雨绸缪，做到建设与培育同步。

（五）航电枢纽工程的积极探索

在 20 世纪 80 年代末和 90 年代初，贵州水运专家及有识之士就提出了“航电结合、以电养航”的设想。随着国家西部开发战略的深入实施，贵州经济的快速发展，“航电结合，以电养航”的构想再次被提上议事日程。

交通部提倡在有条件的河流上建设航电工程，以发电收益用于航运基础设施建设和促进水运发展。贵州的邻省以及其他有条件的省份，对航电工程进行建设先行先试，国家给予 30%—40% 资本金补助，通过实践，证明能从发电效益中提取出大量资金用于投资内河航运建设。在贵州，航电枢纽还是空白时，贵州省于是抓住机遇，拟订都柳江、清水江、重安江 17 个航电枢纽，争取交通部投资优惠政策。从 2003 年开始，贵州省航务管理局曾多次派出调研组，前往四川、广西等省区开展“以电养航、航电结合”调查研究，并将清水江、都柳江纳入“以电养航”建设规划。

2007 年 1 月，珠江水运建设会议召开。在会上，省交通厅提出：都柳江是国家规划的西南水运出海北线通道，通过梯级渠化可以建成通航 300 吨级船舶的五级航道，为贵州省开辟了一条便捷的水运南下通道。都柳江是贵州省尚未进行水电开发的河流之一，根据最新的河流开发修编规划，贵州境内的高坝都调整为连续低坝，完全具备航电开发的条件。按照交通部鼓励西部地区有条件的河流实施航电工程的指导意见，都柳江是一条具有很好的航运与水电渠化开发条件的河流，由交通部门实施航电工程，不但起到开发水电的效果和作用，同时能够更好地兼顾航运的发展，开启贵州航电开发的先河，实现贵州航电开发零的突破。通过航电联合开发，能保障都柳江各级水电站按规划的五级航道建成通航设施，建成后以发电效益补充航道建设维护资金的不足，增加航道管理造血功能，保证水运持续发展。按照都柳江梯级规划，实施连续航电枢纽工程，可以使三都以下至省境 214 千米达到五级航道标准，大大提高都柳江航运通过能力，成为贵州省与两广地区联系的水运大动脉。贵州省努力争取获得都柳江航电工程开发建设或者参与合作开发的权利，计划在 2007 年至 2009 年开展前期工作，争取列入“十一五”跨“十二五”的重点水运建设项目。会上还提到，都柳江贵州段三都至从江规划 11 级电站，自上而下分别是白梓桥、柳叠、坝街、寨比、榕江、红岩、永福、温寨、郎洞、大融、从江，共装机容量 26 万千瓦，年发电量约 10 亿千瓦时，投资约 35 亿元。在资金上，航电枢纽工程 30%—55% 为资本金，其余债务性融资可以通过贷款等形式解决，筹集资本金有交通部补助、交通厅自有资金、地方政府参股、项目债券等多种形式。

四、水运前期工作的持续深入开展

2000年，中央实施西部大开发战略，水运迎来新的发展机遇，省航务管理局不失时机，加快水运工程前期工作，为水运基础设施建设持续发展提供了项目储备。按照交通部的意见要求，省航务管理局组织编写并上报贵州省长江水系、珠江水系河流的“十五”计划。2001年，赤水河（岔角—合江）航运建设工程可行性研究报告进行了审查，与此同时，贵州省环保局组织对赤水河（岔角—合江）航运建设工程的环境影响报告书的审查工作也上报省计委批复。省航务管理局帮助和指导黔东南苗族侗族自治州交通局编写的《清水江航运规划》和《都柳江航运规划》，经有关专家审查，经过多次修改后，已获黔东南苗族侗族自治州人民政府批准。

“西南水运出海中线通道”（贵州段）初步设计通过评审 “两江一河”是国家规划的“两横一纵两网十八线”的国家高等级航道之一，交通部将其命名为“西南水运出海中线通道”。2007年9月25日，就《西南水运出海中线通道（贵州段）航运扩建工程初步设计》在贵阳召开评审会。评审会由贵州省交通厅主持，参加会议的有交通部水运司、交通部珠江航务管理局、贵州省发展与改革委员会、贵州省航务管理局（地方海事）、贵州省水运工程建设办公室、黔西南布依族苗族自治州交通局、黔南布依族苗族自治州交通局、安顺市交通局等单位的代表和特邀专家等共50人。到会的专家评审认为，由设计单位编制的文件，符合贵州省发展与改革委员会的批复要求，文件所采用的技术标准、规范正确，设计深度满足交通部颁布的《内河航运工程初步设计文件编制办法（试行）》的有关规定。同意《初步设计》提出的航道建设标准和规模。专家组推荐该项目列入贵州省“十一五”规划的重点交通建设项目。由此，由交通部、贵州省共同投资4.3亿元的西南水运出海中线通道（贵州段）航运扩建工程项目进入实施阶段。

贵州省水上交通安全监管和救助一体化建设规划 《贵州省内河航运发展规划》通过了省人民政府批准，确定了未来二十年贵州省内河航运的发展目标。针对一直是海事薄弱环节的水上救援，省航务管理局编制完成了《贵州省水上交通安全监管和救助一体化建设规划》并已经获贵州省交通厅批准。

贵州省乡镇渡口规划 交通部提出要把乡镇渡口建设纳入农村公路建设总体规划，根据贵州省交通厅的安排，省航务管理局承担的《贵州省乡镇渡口规划》编制工作已完成，将渡口码头建设项目，列入部农村公路建设总体规划盘子，以解决乡镇水运设施建设难的问题。

乌江（乌江渡—龚滩〔四级航道〕）航运建设工程前期工作　随着“西电东送”的标志性工程，乌江上游洪家渡、构皮滩和下游彭水电站相继开工建设。贵州省航务管理局不失时机地委托四川省交通规划勘察设计院与贵州顺达水运工程勘察设计所共同承担的乌江（乌江渡—龚滩〔四级航道〕）航运建设工程的可行性研究报告通过了中间成果审查，为“十一五”水运建设工程项目做好储备。

洪家渡库区航运建设工程　由贵州顺达水运工程勘察设计所承担的该项目预可行性研究报告已编制完成并报省发改委审批。

“两江一河”航道（四级）建设工程可行性研究报告　省航务管理局委托天津水运工程科学研究所与贵州顺达水运工程勘察设计所合作，完成“两江一河”水运主通道（四级航道）航运建设工程的可行性研究报告编制工作，并将其列入“十一五”建设项目。

第三节　水路运输业持续发展

一、水路运输业持续健康发展

2003 年 10 月，党的十六届三中全会做出《中共中央关于完善社会主义市场经济体制若干问题的决定》，明确个体、私营等非公有制经济是促进我国社会生产力发展的重要力量。水路运输业发展势如波涛，国有、集体、股份制、私营等多种水运企业以及个体运输增长较快。至“十五”期末，全省共有水路运输经营业户 2097 家。其中，水路客货运输企业 54 家，占经营业户的 2.58%；个体水路运输经营户 2043 家，占水路运输经营业户的 97.42%。随着港航基础设施的进一步完善，水上旅游业蓬勃兴起，为水运业注入了新的活力。

随着国家对内河航运的重视和投入的增加，贵州水路运输业受益匪浅，航道等级明显提高，水运通过能力明显增强，港口设施明显完善，社会对航运的需求明显增加，各级航务管理部门因势利导积极发展“一长一短”运输策略。“一长”即出省水路长途运输，实施铁水、公水煤炭联运，提高航道通过能力。“一短”就是水路区间和库区短途运输，大力发展乡镇船舶短途客货运输，允许多种经济成分经营水路运输。从而形成了多层次、多形式发展水运的新格局。

2000 年以前，贵州水运年货运输量都在 180 万吨上下徘徊。2001 年，水路运输达到货运量 355.26 万吨，货物周转量 42 341.29 万吨千米。到 2005 年，水路运输实现货运量 520.47 万吨，首次突破 500 万吨大关；2006 年，货运量持续创高达到 581 万吨；2007 年货运量再创历史新高，达到 664.7 万吨。在“十五”期实现了三级跳跃，水路运输完成客运量 3257 万人次，客运周转量 65874 万人千米，货运量 1904 万吨，货运周转量 255140 万吨千米，分别比“九五”期增长 65.54%、69.33%、31.17%、16.30%，年均增长 8%。年均货运量达 380 万吨。化肥、煤炭、矿物质材料、农副产品等是主要货物运输种类，占 80% 以上，而各地（州、市）水路货物运输发展各具特色。

表 7-1　2001 年—2007 年全省水路运输货运量表

年份（年）	货运量（万吨）	与上年比较（%）	货物周转量（万吨千米）	与上年比较（%）
2001	355.26	0.46	42341.29	3.36
2002	357.73	0.7	45157.70	6.65
2003	366.80	2.54	44577.00	-1.29
2004	394.00	7.42	59065.00	32.5
2005	520.47	32.1	80865.26	36.91
2006	581.00			
2007	664.70		94182.15	
合计	1994.26	8.64(平均)	272006.25	15.63(平均)

（一）水上漂流成为水运新的经济增长点

贵州的水上漂流兴于 20 世纪 90 年代中期。黔东南苗族侗族自治州施秉县最早在杉木河上开发漂流经营项目，有“第一漂城”之称。随后，漂流经营项目在全省各地迅速发展。“十五”时期，有影响的主要有施秉杉木河漂流、安顺黄果树漂流、镇远高过河漂流、台江翁密河漂流、开阳南江大峡谷漂流、清龙河漂流、修文桃源河漂流、梵净山太平河漂流、务川洪渡河漂流、兴义马岭河漂流、桐梓坡渡河小三峡漂流、水银河漂流、茅台盐津河漂流、福泉蛤蚌河漂流、荔波水春河漂流、贵定洛北河漂流、黄平飞云大峡谷漂流、野洞河漂流等。1995 年，遵义市桐梓县人民政府与重庆铜鼓滩漂流有限责任公司合作，联合开发铜鼓滩漂流项目，拉开了遵义市景区漂流发展的序幕。短短几年，遵义市又相继在桐梓县羊磴河、蒙渡河，绥阳县芙蓉江，务川县洪渡河，赤水市大同河，仁怀市盐津河和正安县清溪河水域开发漂流景点。“十五”期间，贵阳市分别在渔梁河、桃源河、老榜河、夜郎谷、天河潭卧龙景区、南江公园、紫江公园、清龙河设漂流景点，漂流里程共 70.2 千米，从事水上漂流的公司发展到 8 家，拥有漂流艇筏 440 艘。黔东南苗族侗族自治州㵲阳河漂流景点拥有漂流艇筏 2720 艘、8160 客位，漂流发展较好。

（二）区间客运和旅游客运的快速发展

“十五”时期以来，全省主要河流的中长途客运基本停止，而短途客运却快速发展。乌江由沿河开往涪陵的客运航线因彭水电站修建而断航停班；赤水河由赤水开往朱杨溪、重庆客运航班因四川公路的快速发展而退出市场；都柳江从江—广西老堡等客运航线基本全线停航。旅客运输主要以区间为主，平均运距为 25 千米。

表 7-2　2001 年—2005 年贵州省各河系旅客运输量表

河系	运输量	2001 年	2002 年	2003 年	2004 年	2005 年	合计
赤水河	客运量（万人次）	25.25	24.71	40.12	8.05	19.14	117.27
	旅客周转量（万人千米）	280.26	266.78	375.70	103.53	103.93	1130.20
乌江	客运量（万人次）	253.99	309.93	298.19	344.19	433.70	1640.00
	旅客周转量（万人千米）	4971.66	5981.14	5290.92	5130.04	9025.17	30398.93
清水江	客运量（万人次）	51.29	89.46	71.76	129.51	66.74	408.76
	旅客周转量（万人千米）	1719.12	1574.47	1185.07	2999.57	1437.55	8915.78

续表

河系	运输量	2001 年	2002 年	2003 年	2004 年	2005 年	合计
㵲阳河	客运量（万人次）	48.47	13.92	8.96	18.69	18.76	108.8
	旅客周转量（万人千米）	1583.52	362.00	72.60	266.56	217.81	2502.49
锦江	客运量（万人次）	14.33	9.53	12.45	43.47	23.12	102.90
	旅客周转量（万人千米）	411.63	98.56	142.00	293.37	155.80	1101.36
南、北盘江，红水河	客运量（万人次）	36.87	70.62	79.93	78.72	135.10	401.24
	旅客周转量（万人千米）	749.17	2151.11	2895.88	2869.94	3710.98	12377.08
都柳江	客运量（万人次）	23.26	29.27	44.40	97.93	94.89	289.75
	旅客周转量（万人千米）	569.02	425.32	946.71	2467.29	2700.84	7109.18
其他河流	客运量（万人次）	40.31	7.98	27.11	54.08	53.34	182.82
	旅客周转量（万人千米）	518.31	82.91	289.19	401.07	347.10	1638.58

“十五”时期，水路客运量不但没有因中长途运输的退出而下降，反而逐年上升。山区地方交通不发达，公路不通，于是水路出行成为当地群众的首选。而公路建设步伐加快，一些道路施工影响陆路出行，也导致弃车乘船。2002 年，凯里—旁海镇封闭修路，水运每天增加了凯里—旁海 5 个客班船次；建设三板溪水电站时，锦屏—三板溪增加了 10 个客班船次。沿河沙沱—印江封闭修路，增加了乌江官舟—客田等短途客班船。受贵州旅游业发展的带动，万峰湖、红枫湖、百花湖、㵲阳湖、乌江渡、东风、索风营、引子渡、洪家渡、构皮滩等库区兴起了水上旅游热，吸引了省内外游客前来观光。

表 7-3 2001 年—2005 年贵州省主要库（湖）区旅客运输量表

库（湖）区	运输量	2001 年	2002 年	2003 年	2004 年	2005 年	合计
乌江渡库区	客运量（万人次）	29.20	54.22	21.24	37.18	46.51	188.35
	旅客周转量（万人千米）	511.89	1 097.88	443.81	660.13	889.47	3 603.18
东风库区	客运量（万人次）	32.31	9.86	10.62	4.28	4.81	61.88
	旅客周转量（万人千米）	604.71	92.78	219.95	83.91	102.50	1 103.85
万峰湖	客运量（万人次）	12.71	37.94	35.76	34.95	58.42	179.78
	旅客周转量（万人千米）	287.14	1 294.88	1 030.66	1 352.53	2 101.64	6 066.85
夜郎湖（小兴浪库区）	客运量（万人次）	22.40	6.66	8.48	7.35	13.88	58.77
	旅客周转量（万人千米）	379.38	38.25	154.15	100.92	187.22	859.92
红枫湖	客运量（万人次）	27.74	5.44	19.66	11.79	40.30	104.93
	旅客周转量（万人千米）	240.86	89.28	201.88	188.14	382.54	1 102.70
百花湖	客运量（万人次）	8.84	3.46	13.88	1.80	3.72	31.70
	旅客周转量（万人千米）	17.40	37.68	64.04	4.97	15.31	139.40
洪家渡库区	客运量（万人次）					16.16	16.16
	旅客周转量（万人千米）					351.57	351.57

（三）多种经济并存的水运企业

20 世纪 90 年代以前，集体水运企业仅有 5 户。“十五”时期集体企业新增 32 户。截至 2005 年，全省共有集体、股份、私营企业 39 家，占水运企业数的 72.22%。其中，贵阳市有股份企业2家，私营企业2家；遵义市有集体企业4家，股份企业3家；安顺市有集体企业1家，私营企业4家；毕节地区有股份企业4家；铜仁地区有集体企业1家，股份企业1家；黔南布依族苗族自治州有集体企业5家；黔西南布依族苗族自治州有股份企业5家，私营企业1家；黔东南苗族侗族自治州有集体企业6家。企业共有船舶576艘，8096载重吨，5822客位，12820千瓦，资产总额为7322.8万元，从业人员1630人。进入21世纪后，水运行业同其他行业一样，随着经济体制的结构调整，国有企业数量逐步减少，集体、股份、民营企业数量增加。

“十五”时期，个体运输户独占鳌头。2005年，个体水路运输经营业户已发展到2043户，占全省经营业户数的97.42%，拥有船舶2282艘，75118载重吨，26314客位，109822千瓦，拥有从业人员8722名，其中492艘船舶从事省际运输。

二、步履维艰的省属国有水运企业

“八五”至“十五”期间，全省先后成立国有水运企业12家。至“十五”期末，全省已有国有企业15家。其中，贵阳市8家，遵义市2家，安顺市3家，铜仁地区1家，黔西南布依族苗族自治州1家。共有船舶319艘，19881载重吨，4898客位，13872.4千瓦，资产总额为18165万元，拥有从业人员2840人。在经过改革开放市场竞争急流冲刷后，大部分企业步履维艰。

（一）企业在市场竞争中的起伏

贵州省赤水轮船公司、贵州省乌江轮船公司、贵州省思南船舶修造厂成立于20世纪50年代中期，贵州省红枫湖轮船旅游公司为国有企业，系20世纪80年代初期成立，属贵州老牌国有水运企业。进入21世纪，随着市场进一步放开搞活，企业全面实行市场化运作，国有企业在计划经济中的优势地位已不复存在，企业的“危机感”与日俱增。

省赤水轮船公司　由于受历史、政策、地域影响，以及生产运输工具老旧、货源严重不足、生产经营资金长期紧缺、富余人员多包袱沉重等多重因素的困扰，企业长期处于亏损状态，职工收入微薄，近300人长期待岗。2001年，公司对长期离岗人员进行清理，理顺企业与职工的劳动关系。对在职职工按在岗、待岗、内部退养和自交“两金”（养老保险金和医疗保险金）进行分类管理。对在岗人员按工作岗位和职级发放工资待遇，对待岗人员和内退人员发放基本生活费，对于不愿留在企业工作又不愿交“两金”人员，签订协议解除劳动关系，按政策给予经济补偿。对通知后置之不理，拒不来完善手续人员，按照国家相关法律法规和企业管理办法，通过相应的合法程序予以除名。为解决职工人员分流和就业问题，公司制定“一业为主，多元经营”的发展模式，投资10多万元，在赤水大同河开辟首家漂流项目。1999年，企业腾出办公大楼，改建成宾馆。同年，组建成立赤水市旅游开发有限公司，将宾馆、餐饮、漂流、旅游实行一体化管理。2002年，与赤水市元厚镇人民政府合作，拟对五柱峰景区进行前期开发建设，因无后续资金投入完善安全设施和道路改造，并未投入营业。2003年9月，改建赤水东门客运码头趸船，建成适合餐饮的水上酒楼，取名“锦绣渔港”，对外租赁经营。2001年，重新策划出川运输方案和经营思路，启用技术改造后的“遵义601”轮，开辟合江—盐井的煤炭运输航线，后因船队的驳船不能适应长江中下游的装卸作业而停运。2002年11月，利用上级技术改造资金184万元，将“黔驳08号”800吨的货驳改建为1200吨的自航机驳，取名“遵义506”轮，2003年6月，投入长江煤炭运输，因自身吨位较小，营运成本较高，经营效果不理想。2002年5月，公司通过争取，获得贵州民缘实业公司黄磷运输业务通过汽车运至鲢鱼溪港，由船队中转运输至长江下游江苏省江阴港。但2003年国家将黄磷列入剧毒化学品，禁止通过内河封闭水域运输，因此黄磷运输中断。2001年至2005年，企业累计亏损2110.62万元。

省乌江轮船公司　“九五”时期，乌江航道通过整治后，民营、个体运输运力发展较快，对乌江轮船公司的冲击较大。2001年4月，成立裕民多种经营分公司，对所属沿河、涪陵、思南、余庆4片区实行承包经营管理。2002年，将机关18个管理科室精简为9个，管理人员38人精简为20人。5月，按照相关政策，将子弟学校移交地方教育局管理，使16名教师（含退休教师1名）顺利转到地方工作，减轻了企业负担。2005年，分三批裁员170人，支付补偿金423.25万元。同时将与单位解除劳动合同人员的档案移交沿河土家族自治县社保部门，实行社会化管理。

省思南船舶修造厂　2000年以后，水运市场竞争激烈，波及造船业务。省思南船舶修造厂经济效益滑坡，企业生存和发展遭受前所未有的冲击和威胁。2002年，在积极拓展省内外造船业务的同时，调整企业内部生产结构，实施下岗职工再就业工程，发展第三产业，厂和职工个人共同投资，组建思南船厂客车运输股份有限责任公司，购置了豪华客车投入“思南—贵阳”公路客运，经济效益明显，当年不但完成了年度经营目标任务，还实现了扭亏为盈。思南县地处乌江的中点，东北临铜仁地区5个县，西接遵义市4县，具有较强的区位优势。随着公路客货运输发展迅速，企业瞄准市场，盘活企业资产，利用现有的土地，拆除原陈旧的厂房，建设占地面积近万平方米的汽车综合检测站。2004 年 11 月 8 日，铜仁地区思南汽车综合检测站在贵州省思南船舶修造厂落成，被思南县人民政府列入当年十件实事之一。检测站是贵州省交通厅、省航务管理局为帮助思南船舶修造厂实施企业改制选定的项目，全部采用当时国内先进的检测设备和仪器，整个检测过程完全由计算机自动控制完成，技术资质为国家 A 级，当时在贵州省处于领先水平。与此同时，公司选派了一批有经验、有文化的职工到铜仁、贵阳等地参加专业技术培训，并请生产检测线的厂家派技术人员来厂进行技术指导。该站的建成使用，既方便了铜仁地区、遵义地区邻近的县客货运汽车进行技术性能检测，也为贵州省思南船舶修造厂注入了新的活力，极大提升了企业市场竞争力。

省红枫湖轮船旅游公司 贵州省红枫湖轮船旅游公司成立于 1983 年，前身为贵州省红枫湖航运联合服务公司，1988 年，更名为“贵州省红枫湖轮船旅游公司”，隶属于省赤水轮船公司。1990 年，收隶省航运局管理。1988 年，国家批准红枫湖列入国家级风景名胜区后，个体旅游运输船舶急剧增加，于是出现运力过剩，公司旅游业务受到严重影响。2000 年后，红枫湖旅游市场一度出现无序竞争的局面，当地人民政府决定将所有国有、集体、个体船舶组成联合船队，依次排队承接游客，后因其他景点、景区发展较快，红枫湖游客逐渐减少，生产经营陷入困境。2002 年 11 月，贵州省交通厅、省航务管理局同意将航运宾馆（原省航务管理局清镇劳动服务部）交由该公司经营，形成了船队、船舶修造厂、宾馆三位一体的格局，为企业提供了新的发展机遇和更大的空间和平台，增强发展后劲。

（二）企业的改革改制推行艰难

2001 年，贵州省交通厅和航务管理局组成直属航运企业改革领导小组，负责组织指导协调企业改革工作。一是到省经贸委、省劳动、省社保、省国资等部门咨询有关企业改革政策。二是到湖南常德、津市交通局了解学习航运企业改革的经验。三是在资金上进行帮扶，从 1996 年起至 2001 年，贵州省交通厅投入技改资金共 4000 多万元，才使四户航运企业勉强维持。由于企业生产经营困难，不能按时足额发放职工工资，无力按时足额缴纳养老保险金，导致退休职工生活没有保障。2002 年，在省管大中型企业中，水运企业属中小型企业，在省扶持计划盘子内排不上号，加之隶属关系问题，国家和当地的有关企业改革和发展的优惠政策未能享受和落实， 便处于两头落空的境地。

2004 年，省国有航运企业改革改制有了转机，赤水轮船公司、乌江轮船公司、红枫湖轮船旅游公司、思南船舶修造厂列入省级特困企业并作为改制单位。贵州省航务管理局成立国有企业改制指导小组，负责对省属航运企业改革改制工作的指导、协调，并帮助解决有关问题和困难，相继制定了《对省属国有航运企业改制工作意见》《省直属国有航运企业改革改制总体方案》等。根据自身情况对各改制单位，制定不同的改制方案，选择不同的改制方式。至 2005 年，完成了两家企业的改革改制工作。

省红枫湖轮船旅游公司整体划转地方管理　2005 年 5 月 10 日，贵阳市人民政府与贵州省交通厅商定省交通厅将省红枫湖轮船旅游公司整体移交贵阳市管理（筑府办函〔2005〕2 号），并分别授权清镇市人民政府与贵州省航务管理局就移交接收具体事项协商。2005 年 8 月 10 日，贵州省红枫湖轮船旅游公司整体移交贵阳市人民政府签约仪式在清镇市人民政府会议室举行，贵州省交通厅副厅长吴强与贵阳市人民政府副市长罗筑云在移交协议上签字。自此该公司整体移交贵阳清镇市人民政府管理。

思南船舶修造厂改制重组　2005 年 12 月，贵州省思南船舶修造厂实施整体改制，职工不再保留国有企业职工身份，并解除与原企业的劳动关系，企业对不同情况的人员按政策给予一次性安置费及相应安置待遇。对在职职工（除五年内退休职工）83 人，按工龄用企业国有净资产进行一次性安置；对内退、离退休职工和各类抚恤人员进行妥善处理和安置。动员原企业职工在自愿的原则下，用个人所得的一次性安置费和自筹资金，整体购买思南船舶修造厂国有资产，投资入股组建新的有限责任公司，成为新企业的股东。原企业职工有 38 人参与企业重组，用置换金和自筹资金共 690 万元集体购买原企业资产，重新组建贵州思南兴黔船业有限责任公司，并于 2006 年 1 月 9 日，在思南县工商局登记注册，思南船舶修造厂国有资产自此退出。

三、水运工程施工企业的成长

随着“两江一河”一期复航工程的开展，贵州水运工程建设进入恢复发展时期，航道整治和港口码头建设步伐加快，工程施工任务加重，水运工程施工队伍也随之得到快速发展。“七五”期以前，除省赤水河航道工程处、省乌江航道工程处两支省管港航工程施工专业队伍外，黔西南布依族苗族自治州和黔东南苗族侗族自治州各有一支地方航道工程队，分别负责“两江一河”和清水江航道维护管理。经过近二十年的水运工程建设，省内水运工程施工专业队伍得到较快发展。2001 年，通过省交通厅资信登记复审，符合水运工程施工条件的企业有：贵州省赤水河航道处（公路工程施工二级、航务航道工程施工三级），贵州省乌江航道处（公路工程施工四级、航务航道工程施工三级），贵州省黔东南苗族侗族自治州交通建设工程公司（航道工程施工四级），黔西南布依族苗族自治州江海航务工程公司（航道工程施工四级）。通过复审并变更资信登记的有：黔西南布依族苗族自治州航道工程处，资信登记变更为航务、航道工程施工三级（航务工程经营范围限制为500吨级以下码头）。2002年，省赤水河航道处组建了“贵州黔航交通工程有限公司”，其经营范围为公路工程二级总承包、港口航道二级、房建三级，成为贵州省唯一具有公路、港口航道二级资质的施工企业；省乌江航道处成立了“贵州远航交通工程有限公司”，资质为港口航道工程二级，房建工程三级。

第四节　水上交通安全支持保障系统的建设与加强

一、海事监管能力的提高

2002年，全省地方海事工作会议在安顺召开，这次全省地方海事工作会议是省港监、船检机构更名后的第一次会议。贵州省交通厅厅长彭伯元出席会议。会议认真总结了三年来水上交通安全工作。自1999年以来，贵州省各级港航监督、船舶检验部门根据交通部的统一部署和省交通厅的具体要求，结合各地水上交通安全工作的特点及具体情况，连续开展和深化水上运输安全管理年活动，标本兼治，全面落实安全管理责任制。三年间，共清理取缔“三无”船舶1334艘；取缔单机客船230艘；231艘安全无保障客船被勒令退出客运市场，准入市场新型客船117艘；开展各种通航环境治理82次，清除水下网箱等碍航物374处，取缔挖沙船、淘金船37艘；处罚各类违章船员5387人次；滞留各类船舶423艘。与活动开展前三年相比，事故件数下降了25%。其中，特大事故下降了78%、死亡人数下降了49%、沉船艘数下降了50%，直接经济损失减少了46%。2002年以来，水上交通安全形势基本稳定，辖区内共发生各类船舶交通事故10起。其中，运输船舶事故3起，死亡失踪13人，沉船2艘。各类船舶事故死亡人数为省人民政府下达目标控制数的48.2%，特大事故和重大事故分别为目标控制数的50%。总体取得了较好的成绩。

会议采取以会代培的方式，学习贯彻《中华人民共和国安全生产法》《中华人民共和国内河交通管理条例》，以提高海事人员的管理水平和执法水平。

二、海事监管船舶检验工作管理制度的完善

（一）海事依法监管力度加大

2002 年，贵州省地方海事局成立后，先后制定《贵州省渡口设置技术条件》《贵州省乡镇自用船检丈试行办法》《贵州省地方海事局业务工作档案建设规范》《贵州省地方海事局现场监督检查工作制度》《海事行政执法督察制度》等制度。

（二）海事现场监管加强

由于乡镇船舶发展较快，水上交通安全管理难度加大，存在薄弱环节监管不到位的问题。2003 年 3 月至 6 月，连续发生 4 起特大船舶交通事故，死亡失踪 25 人，给人民生命财产安全造成重大损失。特别是 6 月 7 日，黔东南苗族侗族自治州剑河县南寨乡清水江猴子滩段乡镇客船翻沉，造成 15 名学生失踪的特大事故，引起国务院，中共贵州省委、省人民政府的高度重视，为了认真吸取事故教训，防止类似特大事故的再次发生，根据国务院，中共贵州省委、省人民政府领导的指示，贵州省各级海事、航务部门及所属轮船公司、航道处、船舶修造厂立即开展安全生产大检查，主要内容包括水上交通安全、运输市场管理、运输企业安全、工程施工安全四个方面。此后，各级海事、航务机构持续深入开展安全生产大检查，通过“水上安全运输管理年”、打击“三无”船舶等活动及专项整治，排除事故隐患，扭转全省水上交通安全不利的局面。

2003 年整改后，全省海事部门继续深化对新形势下水上交通安全管理规律的认识，重新定位，以建立长效管理机制为根本，以完善水上安全责任体系为主线，以稳定水上交通安全形势为目标，把预防预控作为安全工作的首要任务，将关口前移。积极依靠当地人民政府，不断充实和完善责任制及监管方式，逐步构建起以县、乡人民政府负责制为核心，以交通和相关部门行业管理为重点，以海事监管为保障的水上交通安全管理体系。县、乡建立健全乡镇以运输船舶为主、行政村以做好教育为主、海事部门依法监督管理和企业全面负责的安全责任制。在内部管理上，推行“市局管业务、县处管现场”的监管模式。各级海事部门以“杜绝特大事故，减少重大事故”为安全监管目标，在重点水域、船舶、时段、隐患上实施重点监控，加大专兼职乡镇船舶管理员工作力度，采取适合当地经济发展水平和客观条件的有效管理方法，对船舶进行分类管理。开展“把好三道关口、加强三项监管”（村管人、乡管船、海事监督巡查）工作。推行渡口“六

个一”安全标准，制定限制船舶最小吨位和限制航段规定，开展现场监督“三不准”和“三防一打”活动。

（三）船舶检验管理进一步规范

2001 年，根据交通部哈尔滨会议精神，贵州省地方海事局开展船舶检验质量自查活动，制定《贵州省船舶检验工作质量检查管理办法》，规定了检查的形式、时间、内容，使船舶检验工作质量检查实现制度化、规范化。2002 年 8 月，按照交通部《关于开展验船质量检查活动的通知》要求，又在全省组织开展船舶检验质量工作检查活动，主要是现场实船抽查船舶主尺度、船舶载重线、船舶安全设备、机电设备等，将检查情况进行“验船质量现场检查表”填写，并与船舶证书进行核对。

2003 年，按照交通部继续开展船舶建造质量检查活动的要求和《贵州省船舶检验工作质量检查制度》，重点检查建造（初次）检验的工作程序，以及船舶使用废旧钢材和设备等情况。2003 年，贵州省地方海事局成立船检机构资质认可领导小组，开展对全省船舶检验机构资质认可工作。按照资质认证要求，首先进行省内相关法规清理，整理出有效法规文件 63 个，制定《贵州省船舶检验证书专用纸管理办法》等 4 个管理制度，编印了船检文件汇编，补充、印制和修改台账表格 11 种，下发各基层单位。各地（州、市）海事机构根据省地方海事局要求，对照武汉船舶检验管理处下发的《华中、西南片区船检机构资质认可细化条件》，设置档案室，添置现代化的办公设备和船舶检测设备。在机构认可准备工作中，全省共清理和制定规章制度达 304 个，建立台账表格 20 余种，清理档案近 3000 份。同时，派员参加在上海举办的船检机构资质认可暨船舶法定检验管理体系审核员培训班。2004 年，在武汉船检管理处的指导下，省船检机构资质认可领导小组确定具有船舶检验资格的 10 个海事局（贵州省地方海事局、贵阳市地方海事局、遵义市地方海事局、安顺市地方海事局、黔南布依族苗族自治州地方海事局、黔东南苗族侗族自治州地方海事局、黔西南布依族苗族自治州地方海事局、毕节地区地方海事局、铜仁地区地方海事局、六盘水市地方海事局）。同时，16 个海事处设置船检职能（清镇市地方海事处、修文县地方海事处、开阳县地方海事处、花溪区地方海事处、遵义县地方海事处、习水县地方海事处、湄潭县地方海事处、赤水市地方海事处、罗甸县地方海事处、天柱县地方海事处、剑河县地方海事处、从江县地方海事处、铜仁市地方海事处、沿河土家族自治县地方海事处、德江县地方海事处、思南县地方海事处），取消 39 个地方海事处的船检职能。获得武汉船舶检验管理处的认可，由国家海事局发给船检机构资质证书，此次船检机构资质认可工作获得交通部海事局审查组的好评。

2001 年，为适应市场经济环境，规范船舶建造源头的管理，开展了船舶修造厂生产技术资质条件认可换发证书工作，对船厂生产技术条件重新考察、评审。评审后，新发证 1 家，换发船厂资质证书 8 家，要求整顿缓发证书 4 家，取消资格 3 家。

2005 年 4 月 21 日，全国低质量船舶专项整治电视电话会议后，贵州省成立了由交通厅、国防科工委、农业厅、安全监管局组成的领导小组，在全省展开低质量船舶专项治理活动。各地方海事机构对非法违规建造的船长 20 米以上客船、30 米以上货船进行清查，将 2002 年 1 月 1 日后建造的 9 艘船长 50 米以上船舶列为治理重点。2005 年，对重点治理的 57 艘船舶进行附加检验，取缔非法违规建造船舶修造厂（点）5 家。2005 年 10 月，开办全省船厂质检员业务知识培训班，聘请资深船舶设计、建造和检验人员授课，规范船舶修造厂（点）船舶建造行为，提高船舶建造质量。对在赤水建造的 300 吨级机驳船首次引入监理机制，严格把关，为赤水河建造优质船舶起到了示范性作用。

2003 年年底，针对小型船舶发展较快的现状，省地方海事局立项开展对小型船舶检验技术规定研究。于 2004 年编写《贵州省小型船舶检验补充规定》，使小型船舶检验工作更加规范、完善。

三、海事机构人员素质的提升及基础工作的加强

（一）海事专业技术与船员培训的开展

2001 年，省地方海事局开展对船检机构和验船人员的资格认可工作。2001 年 9 月，对全省 43 名船检人员进行限制类小船检验的培训。2002 年 4 月，在武汉船检管理处专员的严格监督下，贵州 43 名验船人员参与船体、轮机、电气、小型船舶、船用产品 5 个专业的过渡考试，43 名验船人员全部合格并取得国家海事局认可的船舶检验资质。2003 年，省地方海事局先后派出 33 名未持证验船人员，分三期参加培训和考试，全部获得交通部海事局颁发的验船人员资质证书。“十五”时期，全省获得资质的验船人员共 76 人。其中，高级资质 6 人，中级资质 13 人，初级资质 57 人。

2006 年 10 月 18 日，贵州省地方海事局助理海事调查官培训开班典礼在贵阳花溪举行。全省 9 个地（州、市）地方海事局及 55 个县（市）地方海事处共 127 人参加了资格培训，按照交通部海事局《海事调查官管理规定（试行）》和考试大纲的要求，实行全封闭培训，考试由交通部海事局出题，经过考试合格后才能取得任职资格。这次海

事官培训，提高了全省海事调查处理水平和人员整体素质。

（二）海事基层建设的加强

2004 年，省海事局要求各级海事机构以建立长效管理机制为根本，确立了以推行全方位的水上安全责任制为主线，完善基层“四个建设”。一是完善管理档案建设。在已建立的 6 种档案基础上，增加《海事行政处罚档案》《海事行政强制措施档案》《海事执法人员管理档案》。同时，按照“谁批准、谁建档”的原则，严格《档案管理制度》，完善局、处档案分级管理和档案交接工作。二是完善管理数据库建设。在已建立的 6 种数据库基础上，增加《海事执法人员管理数据库》。完善《信息管理制度》，保证管理数据的可靠性和唯一性。三是完善业务工作制度建设。结合辖区业务受理、初审、审批、发证、送到等具体情况，完善各项许可、审批工作程序，应用现代科技手段，提高工作效率和依法行政能力。四是完善基础资料建设。要本着精简、统一、实用的原则，建立监督、管理台账，制定台账、报表管理制度，做到监督项目有台账，监督内容有记录，完备基层单位数据支撑。对使用微机的单位，要建立电子台账和报表，并实现以电子邮件方式报送各种业务报表。由于海事基础工作加强，信息化建设完善，2004 年全省发生海损事故 6 起，其中重大事故 2 起，死亡 13 人，为死亡目标控制数的 19%。与同期相比，事故起数下降了 45.5%，死亡人数下降了 67%，创 30 年来最好的平安年历史。

四、水上交通安全应急预案的修订

2004 年，根据国务院办公厅《国务院办公厅关于印发〈省（区市）人民政府突发公共事件总体应预案框架指南〉的函》（国办函〔2004〕39 号）和《华建敏国务委员在部分省（市）及大城市制定完善应急预案工作座谈会上的讲话》的精神和要求，贵州省人民政府办公厅《突发公共事件应急预案起草工作方案》将《水上交通安全应急预案》列为《省政府总体预案》体系中的专题（子）预案之一。而原制定的《水上交通安全应急预案》已不适应新形势的发展需要编制。按照省人民政府办公厅的要求，贵州省交通厅确定由分管厅领导为组长，厅安全监督处、省地方海事局领导为副组长的组织负责协调班子和起草工作，加强对《水上交通安全应急预案》修订工作的组织协调，结合水上交通的特点，学习先进省（区、市）好的做法，吸取以往行之有效的经验，确保该专题预案顺利完成。新修订的《水上交通安全应急预案》于 2004 年 8 月上报省人民政府办公厅并批准，成为《省政府突发公共事件总体应急预案》体系中的专题（子）预案之一。

五、水上应急反应演练的开展

随着水路运输的快速发展，水上交通安全事故的风险和威胁也随之增加，由于贵州省水上搜救工作滞后，与先进省份相比有明显的差距，已不能适应加快水上巡航救助一体建设，因此如何更加有效应对水上突发事件，全面提高海事监管和救助水平，切实保障人民生命财产安全，保护水上生态环境，显得十分迫切和重要。

2005 年 6 月 29 日，由贵阳市交通局主持，贵阳市地方海事局主办，在红枫湖举行水上消防救助演习，参演单位有清镇市公安局、清镇市消防支队、清镇市卫生局，组成单个方队。这是首次由海事联合公安、消防、卫生等部门举行的较大规模的水上消防演习。

2006 年 9 月 13 日，由广西海事局、贵州省地方海事局、云南省地方海事局联合在天生桥库区共管水域举行水上应急反应演练。这是贵州海事局首次与省外海事部门协同演习。

以上两次规模较大的水上救援应急演练，改变了过去海事救援“孤军作战”的局面，从而进一步提高了海事应急救援能力，增强了合成作战统一指挥能力。

第五节　水运科研成果的应用与前期工作的重视

一、水运论文发表和科普开展以及科研向全行业辐射

（一）水运论文被收录进西部科技专家论坛文集发表

1998 年，中国科学技术协会和中国工程院创建了“中国西部地区科技经济与社会发展专家论坛”。2003 年，由中国科学技术协会、中国工程院和贵州省人民政府联合举办的“科技进步与西部优势产业发展——第六届中国西部地区科技经济与社会发展专家论坛”在贵阳召开。本次论坛共收到西部 12 省（区、市）科协及相关 16 个全国性学会的论文 364 篇，为历届论坛论文总数之最。论文经专家评审后，决定全文发表 180 篇，摘要发表 101 篇，题录 65 篇，编辑《科技进步与西部优势产业发展——中国西部地区科技经济与社会发展论坛专辑（六）》。全文收录有贵州省航务管理局韦世荣撰写的《浅谈加强内河航运行业法制建设 依法治航的迫切性》、李作良撰写的《山区河流航运开发的成

功探索——对赤水河航运发展的认识》、李万松撰写的《水电与航运结合开发 促进贵州持续发展》。摘要收录有贵州航海学会张敦嘉的《综合利用水资源 航电结合共同发展》。

（二）开展科普知识教育

2003 年，中国工程院、中国科协在贵州举办“中国西部科技进步与经济社会发展专家论坛”活动，中国工程院院士梁应辰应邀到省交通厅作了学术报告。2003 年，省航务管理局组织贵州航海学会贵阳地区会员参加了中国科协主办的《中华人民共和国科学技术普及法》知识竞赛活动。

（三）科研重点解决建设和发展的重点、难点

科技是水运实现跨越式发展的动力和支撑点。从“十五”期开始，贵州水运就通过科技创新，实现了科技与水运发展的紧密结合，并制定“借梯上楼”的策略，积极与省外科技实力强、知名度较高的科研单位联手攻关，缩短了贵州水运与先进省（区、市）的差距。“十五”期，广大水运科技人员坚持科技面向生产、面向实际，把科研的目光投向水运建设和发展过程中的重点和难点问题，以正在实施的水运工程项目为依托，积极与省外研发实力强、知名度高的科研单位及大专院校联手攻关。研究内容从过去单纯研制新型船舶，转变为涵盖全行业的科研。先后开展部、厅、局水运科研项目达 26 项，参与科研项目专业技术人员 60 多人。其中，交通部西部交通建设关键技术研究项目有：《山区河流航道整治关键技术研究》《赤水河航运建设关键技术研究》《构皮滩枢纽三级垂直升船机研究》《构皮滩枢纽通航关键技术研究》《红水河能源运输组织方式及节能环保工艺研究》《龙滩库区航运建设关键技术研究》《乌江（乌江渡—龚滩）梯级渠化条件下的航道建设技术研究》。

贵州省交通厅的科研项目有《赤水河新型船舶运输组织方式研究》《赤水河中游船舶通航管理研究》《赤水河中游船舶通航信息服务系统研究》《赤水河中游浅水船型研究》《贵州省库区通航水域海事巡航救助船艇研究》《贵州省内河船舶动态监控信息系统研究》《龙滩库区滚装船舶运输关键技术研究》《山区急流乘简易扫床技术研究》《铜仁地区库区机动旅游船型研究》《乌江多枢纽梯级航道通航环境风险挖掘与运输模式安全评估研究》。

省航务管理局科技研究项目有《乌江构皮滩枢纽回水变动区二维非稳定流数学模型研究》《乌江彭水水电站回水变动段二维非稳定流数学模型研究》《乌江下游近坝段航道整治物理模型试验研究》《乌江构皮滩变动回水区乌江铁路桥到漩塘航区通航交通组织规划研究》《沙沱电站变动回水区航道整治计算与分析》《沙沱枢纽下游口门区、连接段及近坝段航道整治物理模型试验研究》《乌江思林枢纽下游近坝段航道整治物理模型试验研究》《乌江高等级航道高效船舶货运关键技术研究》《赤水河、两江一河和乌江货运船舶标准船型主尺度系列标准项目》等。

以上科研课题均通过验收。由贵州省承担的交通部西部交通建设科技项目《山区河流航道整治关键技术研究》项目中的《赤水河口航道浅水疏浚船的选型研究》《山区河流建筑物坝体土工织物材料应用研究》《散抛石坝冲毁原因调查研究》等6个子课题，还获得了2005年中国航海学会科学技术一等奖。此外，省航务管理局牵头承担的交通部西部交通建设科技项目《赤水河航运建设关键技术研究》，总经费为1060万元。其中，交通部拨款500万元，工程配套经费560万元，历时3年。

由省航务管理局与交通部水运科学研究院合作承担的《赤水河5吨浮式双悬臂桥式起重机研究》和与交通部天津水运工程科学研究所等单位合作完成的《赤水河航道整治关键技术研究》均已通过交通部西部交通建设科技项目管理中心组织的专家组验收，并得到了专家们的充分肯定。

1993年1月，贵州省赤水港东门客运码头建设荣获贵州省第7次优秀工程设计三等奖。

贵州顺达水运规划勘察设计所获奖诸多。1996年12月，《盘江近期复航第二期工程重点滩险整治施工设计图》获贵州省第九次优秀工程设计三等奖；2001年和2004年，《西南水运出海通道中线起步工程（贵州段）航运建设工程预可行性研究报告》分别获贵州省年度优秀工程咨询成果二等奖、交通部年度优秀水运工程咨询成果三等奖；2005年，西南水运出海通道中线起步工程（贵州段）航运建设工程获交通部水运工程优秀设计三等奖、优秀勘察三等奖；2007年7月和9月，《西南水运出海中线通道南盘江、北盘江、红水河航运建设工程预可行性研究报告》分别获交通部优秀水运工程咨询成果三等奖、省优秀工程咨询成果二等奖；赤水河（岔角—合江）航运建设工程获交通部优秀勘察三等奖、设计三等奖。

经过二十多年的发展，贵州水运培养了一大批具有现代化专业知识的工程建设专家和勘察设计人员，勘察设计硬件设施也在不断更新。

二、船舶船型研究领域的推广

“十五”初期，贵州省航务管理局牵头组建新型船型研究开发课题组，积极开展对两大河系新时期适航船型标准化的研究工作。

（一）长江水系船舶船型研究

赤水河、乌江船舶船型研究与时俱进，成为贵州长江水系船舶科技研究中心和实验基地。

1. 赤水河

2002 年，赤水河航运建设工程开工时，贵州省地方海事局和遵义地方海事局开展对赤水河新型船舶的研究。2004 年，遵义市地方海事局通过对赤水河船型、航道、港口、通航条件及通航管理、水文气象、运输市场、经济社会发展等情况的调查，先后向贵州省交通厅申报《赤水河中游浅水船型研究》《赤水河中游浅水船舶标准化系列化船型研究》两个科研项目。在研究中游货船船型时，以 20 世纪 90 年代性能较好的 80 吨级机动驳“黔河 28 号”作为母型船，进行优化。经反复调研确定，土城—太平航段设计 60 客位的浅水客船船型，推进客船“单改双”。茅台至大锣滩航段设计 30 客位的浅水客船船型，淘汰原有木质单挂桨机客船，推进“木改钢，单改双”。综合对赤水河船舶船型的研究，最终选定岔角至赤水段以 100 吨—250 吨级、赤水—合江段以 200 吨—300 吨级货船为最佳船型；合马以上以 30—50 客位、太平—土城段以 40—60 客位、丙安以下以 60—100 客位为客船最佳船型。土城—丙安段因航道条件较差，不宜客船航行，所以未作新型船的研究。

2002 年年初，赤水河航运建设工程启动，省航务管理局将“赤水河 300 吨机动货船”建造项目报经交通部批准，作为西部交通建设科技项目《赤水河航运建设关键技术研究》课题之一。2002 年 2 月，赤水河下游主要研究 300 吨级自载机驳，由武汉理工大学参与 300 吨级船舶的研究和设计。武汉理工大学船舶工程设计所设计出对称椭圆形双尾加浅隧道机动货船船型，应用高性能的带制流板组合舵专利技术，提高船舶的操纵性，船型具有载量大、吃水浅、下沉量小、大方型系数、快速性和操纵性好等特性。5 月 10 日，经过招投标，省赤水河航道处、赤水市航道船舶修造厂获得首艘 300 吨级机动货船“遵义 301”轮建造资格。5 月 16 日，赤水市航道船舶修造厂建造 300 吨级机动货船正式开工。由于 300 吨级驳船技术标准、施工工艺相对较高，赤水河航道处成立项目经理部，设立技术总监、质检、材料、安全、财务、后勤等部门。为确保建设工期和建造质量，该厂从四川聘请经验丰富的技术人员，参与 300 吨级船舶建造工作。10 月 28 日，经省地方海事局船舶检验科、省航务管理局技术管理科、武汉理工大学船舶工程设计研究所、贵州兴航水运工程监理事务所、赤水市地方海事处、贵州省赤水轮船公司及建造方通过对实船进行设备性能测试，测试结果达到设计标准，交赤水轮船公司营运，并命名为"遵义 301"货轮。

通过实载航行测试，"遵义 301"货轮从鲢鱼溪至合江采取"一拖二"（160 吨级半舱浅水驳船）、合江以下实行顶推的运行方式，其主机功率和操控性能基本满足赤水河航道要求。随后，赤水轮船公司船厂相继建造"遵义 321""遵义 322"号 2 艘 300 吨级货拖机驳，在操纵性、主机功率方面做了一些改进，运行组织上（赤水河）鲢鱼溪至合江段采取"一拖三驳"，合江（长江）以下顶推驳。

2. 乌江

"十五"时期以来，研究乌江河船型时基本上沿袭"九五"时期的船型，货船仍以单船为主，主要考虑的是发展大吨位、大功率船舶，如 500 吨级货船、48TEU 集装箱船；客船以中小客船为主，更注重的是舒适性和旅游观光性。

由于乌江沿江一些地方尚未通公路，滚装船舶在乌江流域较为实用。在新型船舶研究中还重点研发滚装船。滚装船主要是为库区大坝建成后，能实现上起开阳港，下至涪陵连接长江的滚装线路，其间需跨越构皮滩、思林、沙沱、彭水等水电大坝，然后在坝上下游与建成的滚装码头接运，再在彭水电站起岸，通过陆路方能直抵涪陵。可突破水电站大坝通过能力瓶颈，充分发挥库区水运量大的优势。考虑到乌江峡谷航道特点，研究采用 1000 吨—2000 吨级滚装船舶进行运输。但无试制实船，仅"纸上谈兵"。

3. 锦江

"十五"时期，锦江旅游发展较快，船舶研发以美观大方、舒适经济、有利环保、方便游客的客船为主。新研制的船舶为钢质船，动力采用高效、低噪、低排放的发动机，以减小振动和噪音，船体采用常规纵流线型，上层建筑以双层为主，船体落舱设为客舱，第二层设为游步甲板，方便游客观光，核定载客在 30—50 客位之间。

（二）珠江水系船舶船型研究

"十五"期前，"两江一河"水上运输船舶几乎是当地老百姓凭经验建造，多为尖瘦，水线面为柳叶形状，因此又称其为"柳叶型船舶"。船舶大多数是载量十多吨到几十吨的传统小机船。"十五"期后，"两江一河"航道已提升等级成为五级，有的航段已达四级，此时原有的船舶已不适应水域航行，需要对船舶进行升级改造。在分析原有船型优缺点的基础上，吸收其他水系优秀船型特点，研究出航行性能优良、安全可靠、适用于“两江一河”的100吨级、200吨级、250吨级、300吨级船型。都柳江船型与“两江一河”船型发展基本同步，同样向大吨位发展。

（三）库区运输船舶和渡口船的改造

2005年，在对库区新型船舶船型进行研究时，考虑到已形成的库区营运的船舶各式各样，很不规范，而且还存在一些安全隐患，因对库区船舶的船型尺度进行了重新规划。

1. 旅游船的改造进入快速期

“十五”时期，贵阳市地方海事局通过“木改钢”“挂改座”“滑改滚”等一系列技术引导，完成主要旅游景区船舶改造70余艘。同时还研制经济环保的小型游船、生态环保旅游船和防风小型游船等科研项目，经有关部门组织验收合格后，在各库区进行推广使用。通过船舶技改，提高了船舶安全性能，同时保护了水资源环境。

2. 渡船改造步伐的加快

20世纪70年代之前，贵州渡船发展严重滞后，船舶多以木质船、人力横渡为主，船舶的建造既不规范，又存在重大安全隐患。改革开放后，贵州省地方海事局采取“省里补助一点、地方拿出一点、群众自筹一点”拼盘的措施，重点将老旧木质渡口船更新改造成钢质渡船，而对于渡口乘船点，则只能在原来的自然坡岸修补踏步石。由于渡口建设供需矛盾大，无法满足人民群众的需求。2000年以后，贵州省地方海事局加大对渡口船舶“木改钢”的整改力度，改造后渡船为钢质船，分人力和机动操作两种，其中人力船占95%，机动船占5%。人力钢质船过渡主要靠人力划、撑、拉过河，比木船摆渡费力，但由于建造成本较低，且不受燃油料影响，比较受渡船主欢迎。渡口船舶根据各河流自然条件差异，其船型尺寸大小设计也有所区别。渡船更新改造主要有7客位、20客位、25客位、35客位、50客位、60客位、68客位，船型的长、宽、吃水深分别在7.5—22.93米、1.5—3.1米、0.57—1.1米之间。其中使用20客位的居多。过河渡船又分为横江渡船和顺江渡船。横江渡船一般载客在30客位以下，基本上为非机动船；顺江渡船一般载客也在30客位，但由于航程较远，且需逆流航行，所以以机动船为主。至“十五”期末，全省共有各类渡船997艘，共计更新改造和新建渡口船614艘，投入资金938万元。

（四）船型标准化的推广

“皮之不存，毛将焉附。”随着航道条件的改善，船舶的科研也在不断跟进，船舶标准化的推广，率先在赤水河、乌江开展。

赤水河　2003 年 12 月至 2006 年 12 月，贵州省地方海事局（航务管理局）开展标准化船舶的推广。赤水河推广的主要新型标准化船型有 80 吨、100 吨、120 吨、140 吨、160 吨、180 吨、200 吨、220 吨级货船船型和 30 客位、45 客位、60 客位客船船型。2006 年，遵义市地方海事局、四川省泸州市地方海事局在赤水市召开“推广应用赤水河标准船型座谈会”，邀请四川省泸州、南充、乐山、宜宾等地船主参加。由于赤水河新船舶性能优良，具有吃水浅、载量大、操纵灵活等特点与安全、快速、上滩、环保等性能，因此，除本省个体船主积极建造使用新型船外，四川省合江、古蔺籍船主共引进购买 99 艘。其中，100 吨级货船 8 艘、120 吨级货船 8 艘、140 吨级货船 16 艘、180 吨级货船 18 艘、200 吨级货船 22 艘、220 吨级货船 27 艘。随后，又有几十艘赤水河标准船舶卖到四川南充、乐山、宜宾等地，航行在岷江、金沙江、嘉陵江上。“十五”时期后，标准化船舶占赤水河新建船舶的 90% 以上。

乌江　乌江主要是淘汰以前的单机客船，推广民用客船。这种船型为纵流压浪式平甲板船首，折角、圆舭、平底、双机双隧道船型，横骨架式单甲板结构。同时，还对红枫湖库区旅游船、南北盘江客渡船、清水江客船进行了推广。

在推广方式上，根据不同区域主要采取低价或免费提供图纸方式，引导船主建造新型船舶。据统计，已专门研究设计的推荐船型有 31 种。各河系船舶船型标准化的推广应用，遏制了以前船舶边设计边施工和无图建造船舶的现象，规范了船舶建造和检验程序，极大提高了船舶技术和建造能力，促进了船舶运力结构调整，从源头上消除了船舶安全隐患，促使运输船舶向标准化、系列化、规范化迈进。

三、水运工程新材料新技术的应用

（一）筑坝工程的技术创新

“九五”时期，土工织物和合金网石兜（箱）在筑坝中广泛应用。贵州省水运工程人员在西南水运出海通道中线起步工程建设中，针对南盘江、北盘江岩石风化严重，筑坝用石料难取的现状，开展了对筑坝工程施工技术的创新研究，选择在坝韦滩、乐园滩尝试钢筋连锁坝，不但投资省、质量好，而且减少了石料开采造成的植被破坏；土工织物沙袋坝技术应用到坝草滩、洒若滩、坝油滩等重点滩险，坝体采用土工织物袋装沙或卵石，按设计堆砌，并在其表面铺设一层无纺布，取得了良好效果；在北盘江坝草滩、坝油滩进行导治建筑物工程中，采用高强度、耐腐蚀、防锈的合金网丝编制网兜、网箱，装填块石在筑坝工程直接筑成导治建筑物，获得成功，此举解决了多年来该河段整治建筑物水流冲毁严重，滩险反复治理不成功的疑难问题。

（二）施工工艺的优化

施工工艺的优化主要体现在赤水河河口段淤沙集中坝群治理上，赤水河香炉滩以下至河口段23千米，在洪水期间，受长江水位顶托，淤积河沙碍航十分严重。2003年，赤水河（岔角—合江）航运建设工程施工过程中，施工单位按照经过水工模型试验优化后的设计方案要求，改变过去抛石筑坝的方法，采取竹笼装卵石（块石）做坝芯，水泥块连锁做坝面以及广泛使用土工布筑坝的施工工艺，使坝体形成整体，不易随流沙的移动而位移。在23千米河段修筑丁坝、顺坝、勾坝、格坝等坝型，连续多根丁坝相互作用，使所有导治建筑物未发生位移和冲毁，完全达到了设计要求。仅河口23千米淤沙航段治理，优化的施工图设计方案与《工可》《初步设计》相比，不但工程量减少，而且还节约投资近30%，直接的经济效益近2000万元。通过工程完工后的观测，坝田淤积正常，航道稳定，航道边线圆滑，航道淤积现象消除，再未出现航道淤浅碍航现象，工程效果极为明显。

（三）新技术的应用

采用新技术，使香炉滩化险为夷。香炉滩位于四川省合江县境内，距河口23千米，河中有一江心洲将水流分为两汊，左汊河床是石盘，右汊为砂卵石滩，两汊于洲尾鸡翅膀滩处相汇。曾在20世纪50年代和70年代中期，分别对左右两槽进行过整治，但由于施工技术和设备的局限，航道淤积难题尚未攻克。1998年，曾因长江回水造成大面积淤积，致使航槽断航7个月之久。在赤水河（岔角—合江）航运建设工程施工过程中，香炉滩是航道整治工程投资规模最大的滩险，也是唯一一个采取围堰施工并使用水下钻孔、抓石、运石等多种成套施工机具设备配合施工的滩险。为了彻底解决香炉滩航道淤积问题，勘测设计部门精心设计论证，决定改走左槽，加宽顺直进口段，在江心洲尾与左槽交汇处筑一个顺坝，以归顺水流，增强冲刷力，避免淤积。承担工程施工任务的贵州黔航交通工程有限公司，组建项目经理部，选调精悍的施工队伍，调集现代化的施工机械设备，制定“在左槽采取围堰施工，变暗礁为明礁，先开槽后筑坝，机械船舶平行施工，明礁工程和暗礁工程齐头并进，钻、爆、清、运流水作业”的施工方案。施工时尽可能避开船舶运输高峰时段，充分利用夜间进行钻爆、清渣作业，在每天运输的高峰期到来之前，将通航航道废方清除，以保证过往运输船舶的安全通行。左槽围堰开挖施工中，采取在进口段河底与岸坡用麻袋装黏土铺底，围堰坝体两侧用麻袋装沙土堆砌，中间用黏土加稻草填塞，切断渗透水流的方法。当坝体形成后，迎水面铺设塑料油布至河底深水区，同时用黏土压住油布，使之紧贴河底和坝脚；在背水面用黏土堆砌，达到防漏止水的目的。上下围堰阻水面积较大，渗水量多，在上围堰下方增设一道围堰，以减小渗透水流，采用麻袋和编织袋围下堰，并用15台水泵同时抽水，当水抽干后，集中所有钻孔设备和工程施工人员突击进行钻爆，钻爆一段，清理一段，钻孔爆破与清渣互不干扰。工程于2004年11月14日开工，至2005年4月25日导治工程完工。比合同工期提前140天，实现了良好的工期控制目标，完工后的航槽顺直圆滑，质量优良，船舶航行顺畅，再无淤积现象发生。

（四）挖掘机的使用

2002年11月，在赤水河大河扁滩的施工中，黔西南布依族苗族自治州航道处率先使用履带式挖掘机，开入河中疏浚开挖，开创了陆用挖掘机下水施工的先例，降低了工程费用，提高了工程质量，加快了工程进度。此后，黔航交通工程有限公司和其他项目部相继推广，尤其在西南水运出海中线通道扩建工程施工中，陆用挖掘机发挥了较大作用。南盘江、北盘江施工河段属库区尾水段，工程施工受上游库区发电关放水的影响，各个标段施工时间各不相同，有的在晚上或凌晨，有的在白天，而且每次水位涨幅3—4米，水位退落至可施工水位时间仅有3—4个小时，给施工和安全带来一定困难。黔航交通工程有限公司和贵州远航交通工程有限公司项目部均采用陆用挖掘机和载重汽车下河施工。白天在水位恰当时，用挖掘机的冲击钻将航槽中的板礁和大石头进行破碎。晚上则派人到施工点观察水位退落情况，发现水位退落时，立即用对讲机告诉项目部，项目部立即组织人员和机械设备进场施工；而接到观察点报告水位上涨时，立即组织人员和设备退到安全地带。黔航公司施工时使用的挖机台数最多时达到23台，但在交通不便的河谷区段挖掘机调运较难。为此，贵州黔航公司专门建造了一条运输船，有效地解决了挖掘机调运难题，为较快完成所承担的工程施工任务奠定了坚实的基础。

（五）码头建设的新技术、新工艺、新材料

过去，贵州码头工程建设前沿墙基础施工一般采用水上开挖抛石奠基或水下围堰开挖抛石奠基方式。在西南水运出海通道中线起步工程施工中，重庆交通学院在施工图设计和重庆航道工程局在施工中采用机械钻孔浇筑钢筋混凝土排桩作为支撑，桩顶浇筑钢筋混凝土承台，承台上砌筑块石挡土墙，墙后抛石菱体和泥土填方，形成后方陆域货场。百层港桩基承台码头前沿墙施工工艺是贵州港口码头建设施工技术的一次重大突破。

鲢鱼溪码头是贵州省有史以来建设规模最大的货运码头。此次改扩建是根据赤天化20万吨纸浆厂兴建的需要而临时增加投资的项目。设计300吨级货运码头泊位4个，岸线长247.57米，堆场面积10250平方米，仓库改建1710平方米，修建综合办公楼2460平方米，新建过境公路407米，港区道路303米，配有两台5吨双悬臂桥式起重机，投资资金规模近2900万元。该码头开创了贵州码头建设“五个第一”：一是成功地实施水下机械成孔灌注桩桩基施工和大体积混凝土桩基承台的施工，二是大规模地实施高标号水泥连锁块预制铺砌堆场地面，三是安装大型桥式起重机装卸作业机械，四是在全省重点港区安装电子监控安全系统，五是在港口仓库中安装大跨度轻钢屋面。创下了当时“六个之最”：码头建设规模和工程投资最大，码头岸线最长，货物堆场面积最大，装卸工艺最为先进，港区环境治理及绿化面积最大，工程施工中采用的机械化施工程度最高。2006年6月2日，两台5吨龙门吊运至鲢鱼溪码头进行安装调试。6月15日，安装调试完毕。至此，鲢鱼溪码头工程全部完工。码头建成后，为赤天化纸浆厂大型设备和原材料的装卸发挥了重要作用。同时，也标志着贵州港口码头工程施工技术达到了一个新水平。

（六）水运勘测设计新科技的运用

“七五”时期以前，水运规划勘察设计工作均由贵州省交通勘察设计院第三测设队担任。1984年，贵州省内河航运管理局成立勘察设计室后，分别在乌江航道处、赤水河航道处测设队和赤水轮船公司技术科成立3个设计分室。1998年10月，贵州顺达水运规划勘察设计所（简称“水规所”）注册登记，2003年3月，经贵州省建设厅审定为工程勘察乙级资质；2006年，获国家发展和改革委员会咨询丙级证书；2007年5月，获建设部水运行业（航道）乙级资质证书。“两江一河”二期复航工程、乌江航运建设工程、西南水运出海通道中线起步工程（贵州段）的勘察设计工作，均由水规所担任。

2000年以前，贵州水运工程勘察设计仍是采用传统测量方法和技术手段，设备仪器主要是经纬仪、平板仪、水准仪和回声测深仪，采取三角平差和水准控制方法。工作强度极大，且效率不高。2000年后，水规所引进GPS全球卫星定位系统NGS-200型和NGD-60型、拓普康GTS-311S型全站仪、无锡SDH-13D型数字回声测深仪、南方测绘仪器公司NCD-60LS动态实时差分定位系统、S3TWOP自动安平仪以及夏普PC-E500S

地籍测绘专用记录手簿 NFSB 等先进的测量设备，使外业测量工作劳动强度大大降低，工作效率极大提高，测量精度进一步提升。2000 年 4 月，首先在赤水河河口模型段进行测量，为模型试验提供准确翔实资料。新测量设备的使用，使得工作效率极高，整个赤水河岔角—合江 158.8 千米河段仅用两年半时间就完成了勘测设计工作（包括模型滩的资料的收集测量工作）。此后，在西南水运出海通道中线扩建工程（贵州段）和乌江水运工程勘测及其他水运工程测量中均使用了新设备。随着水运工程建设的快速发展，测量任务日益繁重。为加快测量设计工作进度，西南水运出海通道中线起步工程（贵州段）先后邀请四川内河设计院、长江航道规划设计院重庆测设处、南宁航道工程测设处等协助开展测量和设计工作。赤水河、乌江水运工程勘测中，还采取邀标和招标方式，使水运工程勘测工作进度加快、质量和技术水平提高，为贵州水运工程建设及项目储备打下了坚实的基础。

1998 年以前，当外业测量结束后，内业全靠人工计算器计算和手工制图，不仅工作效率低，而且还需配备一定数量的内业设计人员。1998 年以后，水运工程设计开始尝试用电脑程序计算和电脑绘图。2000 年，在赤水河航运建设工程的勘察设计工作中，水规所购置南方地形地籍与海洋测绘软件，采用电脑 CAD 软件绘图技术，不仅在计算、设计上减轻了劳动强度，而且大大提高了工作效率。特别是 CASS 地形地籍测图软件以及 CAD 成图软件为平台开发的自动化成图软件，1 人便可完成以前 3—5 人的工作量。2000 年以后，又引进 Autodesk Civil 3D、全国内河工程概预算软件、理正结构等软件。Autodesk Civil 3D 三维动态工程模型有助于快速完成道路工程、港口系统以及场地规划设计。这些软件的运用，减少了人工计算的时间和错误率，提高了设计质量，节约了设计成本。

为提高设计水平和效果，从乌江航运建设工程开始，水规所就委托交通部天津水运工程科学研究所、重庆西南水运工程科学研究所、重庆交通学院等进行了物理模型或数学模型试验。通过数学模型和物理模型研究，特别是河工物理模型试验，检验整治方案的准确性和实用性，并在模型上对各种不同的整治方案进行流速、流向、流量验证，经过综合、比较、分析，最后确定切实可行、经济合理的整治方案。在此后的设计实践中，模型试验取得了较好效果，节省了工程投资，保证了工程质量，提高了整治效果，开阔了设计人员思路，也使设计人员业务技术水平得到提升。

模型试验研究较好地解决了工程设计中的技术难题，以前多次整治未果的滩险得到根治。乌江龚滩、小滩子曾经过三次大的整治，但仍需三绞过滩，按模型试验设计整治后，只需一绞过滩。赤水河河口段23千米河段，由于受长江水位的顶托，每年进入枯水季节后淤沙碍航问题十分严重。许多专家认为，河口段的整治成功与否，是赤水河航运建设工程的关键。交通部天津水运工程科学研究所通过物理模型试验研究，提出了科学、合理、经济、实用的束水攻沙、冲淤平衡技术方案，方案全部以科研成果为依据，彻底解决了河口段淤沙问题。

经过二十多年的发展，贵州水运培养了一大批具有现代化专业知识的工程建设专家和勘察设计人员，勘察设计硬件设施也不断得到更新。水规所主要设计人员每人配备一台笔记本电脑和台式电脑，实现了办公自动化。

四、水运助航设施建设的进步

绞滩站撤销与建设　赤水河中游在20世纪70年代中期有滚滩、落妹老、堰滩、元厚、黄泥滩、别滩绞滩站，经“七五”时期的航道整治，撤销了滚滩、落妹老、黄泥滩、别滩绞滩站。1996年，堰滩、元厚绞滩站撤销。至此，全河系绞滩站全部撤销。

1989年前，乌江有潮砥、新滩、土坨子、小滩子、龚滩绞滩站。1990年，对潮砥滩进行系统整治后，于1992年撤销。1996年，乌江水运工程建设对新滩、土坨、龚滩绞滩站进行改造。2001年，大乌江水油滩打通后，增设大乌江绞滩站。

航标更新换代　贵州航道航标设置始于20世纪50年代末期。到60年代初，只有乌江、赤水河两条河流设有航标。1976年以前，航标设置主要是以棒标为主，分设于航道的左右两边，左岸为白色，右岸为红色。1976年，赤水至合江航道整治工程竣工后，分别在鲢鱼溪、先市、实录、合江设置航标站，并在鲢鱼溪、先市、实录三个航标站配置了航标维护艇。2003年，新建“航道6号”“航道8号”航标艇，分别投放在鲢鱼溪航标站和先市航标站。1993年，鲢鱼溪—赤水航段发光航标改为杆形浮标。此后，杆形浮标保持配布到2005年。乌江的船舶运输方式多为单船航行，船舶航行对航标需求不大，故没有设置专门的航标站和专职的航标设置人员，而是由有丰富行船经验的船长指引航道维护人员完成投放棒标。

“两江一河”的航运虽然开发较早，但航标设施系统从西南水运出海通道中线起步工程（贵州段）才开始配布。2003年，开始建设百层、八渡航标站以及北盘江龙渡、岩架和南盘江百浩信号台。

信号指挥　赤水河自1976年起，设有鲢鱼溪、水堤滩、先市、庄椟湾、黄岩、实录6座信号台，每台有信号员4人，均为女职工。1988年，更换为男职工。“十五”时期，对鲢鱼溪、先市、庄椟湾、黄岩、实录5座站台进行全面改建。2000年前，乌江设有信号台18座。2000年，在乌江两江口鬼错路滩，新开辟航槽，在两江口设立1座信号台。2001年增加到19座，信号台多建在山顶上，职工的生活条件较艰苦。

航道维护管理能力不断提升　经过“八五”“九五”“十五”时期较大规模水运工程建设后，赤水河、乌江、南盘江、北盘江、红水河航道等级得到较大提升，支持保障系统的保障能力得到增强。南盘江、北盘江、红水河虽属地方管理河流，但随着通航能力的提高，水运发展优势明显，受到黔西南布依族苗族自治州人民政府和省人民政府的高度重视，1986年5月，黔西南布依族苗族自治州航道工程队恢复，航道维护管理工作力度加大。

赤水河　上游白杨坪—岔角89千米，可季节性通航10吨以下机动船。赤水河航运建设工程开工前，航道维护施工机具设备仅有“黔疏1号”“黔疏5号”“黔疏6号”疏浚船和3艘航标船，均为1978年以前建造。2006年，赤水河航运建设工程完工后，新建造的黔航道1号交通船、“黔测1号”、“黔抓5号”、“黔运5号”、黔航道疏浚1号航道维护船舶，为航道维护能力的提升奠定了基础。

乌江　自1978年乌江渡水电站建成后，上游乌江渡至野纪河52千米成为库区深水航道，可通行500吨级以上机动驳船，野纪河—六广段17千米可通航50吨级船舶，六广以上不通航。“九五”时期，乌江水运工程建设完工后，大乌江—龚滩264千米全线提升为五级航道，可通行300吨级船舶，通航保证率90%。2000年以后，船舶需施绞次数锐减一半。2005年，乌江思林电站截流，大乌江—龚滩航道被分为大乌江—思林、思林—龚滩两段，变成区间通航。

五、运用互联网发布水运工程建设项目公告

2005年10月，党的十六届五中全会明确提出，要建设资源节约型、环境友好型社会，要以人与自然和谐相处为目标，以环境承载力为基础，倡导环境文化和生态文明，构建经济社会环境协调发展的社会体系，实现可持续发展。贵州是长江、珠江上游的生态屏障，切实做好长江珠江上游的环境保护至关重要。2007年1月10日，贵州省航务管理局发布“西南水运出海中线通道南盘江、北盘江、红水河航运建设项目”“乌

江（乌江渡—龚滩）航运建设工程项目”两个环境评价公众参与公告信息。其主要工作内容：工程污染分析，环境质量现状评价，环境影响预测、评价、公众参与，污染防治措施及其技术经济论证，环境可行性论证等。同时公布建设单位（贵州省航务管理局）、环境影响评价单位（贵州省交通科学研究院和中交第二航务工程勘察设计院）及其联系方式。针对公众是否支持本项目建设，公众对环境现状的满意程度，认为本项目建设可能带来的环境问题，公众对本项目污染防治对策和措施的建议，以及对环保部门的建议和要求等，可通过电子邮件、电话和信函等方式向建设单位或承担环境影响评价单位反映。同时还可在贵州省交通厅网站上查询本项目环境影响评价工作开展情况。西南水运出海通道中线起步工程（贵州段）项目，在国内报刊和互联网发布工程招标公告，对参加投标的单位，坚持“公开、公平、公正”的原则，认真进行了资格预审、评标、定标工作，严格报批程序，坚决杜绝了“暗箱”操作，增加了工程建设项目的透明度，使水运工程建设管理水平上了一个新台阶。

第六节　党风廉政和精神文明建设的全面加强

一、党风廉政建设和反腐败工作的加强

（一）加强党风廉政建设

从20世纪90年代初期开始，按照《中共中央关于县以上党和国家机关党员领导干部民主生活会若干规定的通知》要求，贵州省内河航运管理局党委建立每半年一次的领导班子民主生活会制度。20世纪90年代中期，省属企业赤水轮船公司、乌江轮船公司建立党员领导干部民主生活会制度。2000年后，将党员领导干部民主生活会制度扩大到省直属航运系统各单位。

“十五”时期，省地方海事（航务管理）局认真贯彻落实中央颁布的《建立健全教育、制度、监督三者并重的惩治和预防腐败体系实施纲要》精神，坚持标本兼治，加大预防力度，采取有效措施，建立和完善监督管理制约机制，把党风廉政建设和反腐败工作的各项任务细化分解，明确廉政目标，落实具体责任，结合商业贿赂、小金库、水运工程建设领域突出问题等专项治理，继续加强对招标投标、材料采购、设计变更、资

金拨付等关键环节的监督力度。在水运工程建设中，施工队伍在与业主方签订施工合同时，必须同时签订廉政建设合同。通过加强工程建设项目“双合同”制，不断推进党风廉政建设和反腐败工作制度化、规范化，从源头上遏制了腐败现象的滋生蔓延。5 年中，贵州省地方海事（航务管理）局没有腐败案件发生。

（二）开展党员先进性教育

2005 年，中央开展保持共产党员先进性教育活动，贵州省地方海事（航务管理）局按照《关于做好第一批先进性教育活动学习动员阶段工作的通知》（先组发〔2005〕3 号）要求和省交通厅具体部署，抓紧开展学习培训工作。组织局机关党支部、局离退休党支部、贵州省红枫湖轮船旅游公司党支部等 55 名党员，从学习动员、分析评议、整改提高三个阶段入手开展教育活动。省局领导班子及直属单位，针对群众反映强烈的党风、政风、行风方面存在的突出问题，以及影响贵州水运改革、发展、稳定和存在的其他突出问题，多层次、多渠道、多形式广泛征求党员群众和社会各界的意见 168 条，经归纳整理为五个类别 59 条，均提出了整改措施和落实意见。

党员先进性教育活动的开展使广大党员受到一次深刻的马克思主义理论教育，深化了对“三个代表”重要思想的时代背景、科学内涵、精神实质、落实地位的认识，提高了树立正确的政绩观和构建和谐社会的认识。同时找准了党员在党性、党风方面存在的突出问题，明确了努力的方向，增强了党员的先进性，使党组织的创造力、凝聚力和战斗力进一步加强，战斗堡垒作用进一步发挥。各级海事和航务管理部门在巩固保持共产党员先进性教育成果的基础上，深入开展民主评议行风活动。一方面采取上评下的方法，主动到当地纠风办听取意见；一方面用下评上的办法，向群众发放行风问卷调查表，虚心接受群众批评和意见，及时改进工作作风。

二、职工思想教育和人才队伍建设

“十五”时期，贵州省水运系统通过广泛学习贯彻《公民道德实施纲要》，扎实开展社会主义荣辱观和公民道德建设工程，“文明伴我行、满意在航运”等主题实践活动，切实加强干部群众的思想道德教育、法制教育。采取“走出去、请进来”的方式，多次派员外出学习、培训，邀请中共贵州省委讲师团、中共贵州省委党校老师前来举行讲座，以提高干部群众的思想道德素质。

大力培育贵州特色的海事（航务）文化，提出以“文明、专业、规范、高效”的执法精神为主旋律，提出了以人为本、方便群众的服务，规范精细、工作有痕的管理，依法行政、执法必果的执法，让航行更安全、让水域更清洁的理念。用先进的文化理念促进行业作风的转变，并树立了良好形象。

“十五”期，省地方海事（航务管理）局把加强海事、航务人才队伍建设作为水运兴业之本，为贵州水运发展提供了人才保证。2005 年，省局委托武汉理工大学举办了为期三年的船舶工程大专班，共有 57 人参加学习，其中 49 人获得毕业证书。同时，建立执业资格培训制度，积极开展资格性岗位技术培训，许多职工参与了建造师、监理工程师、试验工程师、爆破工程师、安全员、船舶检验员等执业资格证的培训考试，并获得了相应的资格证书，有的获得多项执业资格证，成为多技能的复合型人才。

2004 年开始，贵州省水运系统全面实行专业技术职务资格评聘分离制度，由个人申报职称，经评审或参加考试获得职称资格，单位自主聘任，不搞“论资排辈”，变身份管理为岗位管理，并打破职称终身制，实行能上能下原则。对业绩突出、成绩显著的专业技术人员，开辟“绿色通道”，破格申报高、中级专业技术职务。

通过继续教育、培训、执业资格认定、职称评聘等措施，贵州省水运系统专业技术队伍结构发生了明显变化，中青年技术骨干增加，整体实力增强。“十五”时期，有韩剑波、李万松、欧汗谣、李作良、沈雁等 5 人入选交通部水运工程质量管理专家库。

三、行业精神文明建设上新台阶

在 20 世纪 90 年代末，贵州省地方海事（航务管理）局党委重视精神文明建设，坚持两手抓、两手都要硬的方针，制定了《贵州省水运交通行业精神文明“九五”规划和 2010 年远景目标》和《贵州省水路交通行业精神文明建设“十五”规划》，推进水运行业精神文明建设健康向前发展。

2002 年 11 月，党的十六大强调，要大力发展社会主义文化，建设社会主义精神文明，坚持弘扬和培育民族精神，切实加强思想道德建设。贵州省地方海事（航务管理）局按照中央、省和厅的安排部署，把水运文化建设、精神文明建设、职工思想道德建设，推向新的高度。率先在局机关先后制定了《局机关创建“文明机关”暂行办法》《机关文明建设公约》《机关干部职业道德行为规范》《机关干部工作守则》《岗位职责》《工作职责》等 66 个制度，并汇编成册，分发到各科室，作为每个职工的行为规范。2002 年，贵州省地方海事（航务管理）局投入精神文明建设专项经费达 50 万元在创建活动中，2000年至2002年度，被省交通厅直属机关党委授予先进基层党组织称号。在制定了《省水路交通行业“十五”时期精神文明建设工作的总体规划和任务目标》时，制定《省水路交通行业文明单位管理办法》和《省水路交通行业文明单位标准和考评细则》，将精神文明建设和物质文明建设的重点落实到基层，实行交通行业与地方人民政府条块结合，通过向属地各级文明办和交通行业各级主管部门逐级申报、创建的办法，有力推进了文明单位的创建。2003年，在交通系统目标考核中，贵州省地方海事（航务管理）局的业务目标和共性目标双双名列前茅，荣获一等奖。同年，贵州省地方海事（航务管理）局荣获贵阳市云岩区人民政府授予的“文明单位”铭牌，这是水运系统开展文明创建活动以来，首次经地方人民政府严格考核后获得的奖励，这标志着水运精神文明建设跨上了一个新台阶。2005年，贵州省赤水河航道处荣获全国“模范职工之家”称号，赤水河航道处先市航标站被交通部授予“全国交通行业文明示范窗口”称号，赤水河航道处家属区被评为赤水市安全文明小区、遵义市文明楼院。逆水行舟，不进则退。2007年，水运行业精神文明建设迈上新台阶。贵州省地方海事（航务管理）局机关被贵阳市人民政府授予“贵阳市文明单位”，同时列入交通部2007年“全国交通行业文明单位”候选名单在《中国交通报》上公示；贵州省赤水河航道处获得“遵义市文明单位”称号。

2004年，贵州省交通厅组织了“纪念邓小平同志诞辰100周年歌咏比赛”，要求每个参赛单位的登台人数不得少于50人。由于省局机关人少、职工年纪偏大，局领导做了动员，号召大家重在参与，领导带头，认真排练近两个月。正式比赛那天，演员个个穿着海事服装，精神饱满，怀着对一代伟人邓小平同志崇敬的心情，用歌声缅怀了邓小平同志的丰功伟绩，上台演唱，并获得优秀奖。

2004年，在赤水市举办了首届水运杯羽毛球赛，水运职工欢聚一堂，切磋球艺，展现了水运职工的精神风貌。

四、航海日活动的开展

中国是世界航海文明的发祥地之一。郑和是世界航海的先驱，曾率船队七下西洋的创举，揭开了人类认识海洋、征服海洋的序幕，这是中华民族对世界航海做出的杰出贡献。为纪念伟大的航海家郑和对世界航海做出的重要贡献，经国务院批准，航海日成为我国的法定节日，从2005年开始，以郑和出海之日，将每年的7月11日定为“中国航海日”，同时也作为“世界海事日”在我国的实施日期，成为由政府主导、全民参与的活动日。

2005年6月28日，贵州省地方海事局转发交通部《关于交通行业开展“航海日”活动的通知》，要求各单位联系实际情况，精心安排，认真组织，将首届“航海日”活动与郑和下西洋600周年纪念活动紧密结合，突出“热爱祖国、睦邻友好、科学航海”的主题，开展形式多样的活动，寓航海日活动于教育之中。按照交通部（2005年第3号）通告要求，省属水运企事业单位的船舶和各海事、航务部门管辖的所有船舶于7月11日，当天日出至日落挂满旗，上午9时统一鸣笛，持续时间为1分钟，以示庆祝活动。

珠江片区“航海日”活动是全国“航海日”活动的重要组成部分。2006年开始，分别在广东、广西、云南三省区举行。贵州省地方海事局领导及有关部门前往参加。

2006年6月23日，交通部航海日活动组织工作委员会办公室通知，云南的郑和家乡——晋宁青年团队驱车于7月初途经贵州前往上海，在7月11日中国“航海日”庆祝大会上，献签字旗。贵州省交通厅副厅长吴强做了具体安排。提前在省界竖立“热烈欢迎伟大航海家郑和家乡——晋宁青年赴沪献签字旗车队光临贵州”红色横幅，分别由贵州省交通厅宣教中心主任黎华珍、贵州省海事(航务)局副局长刘浩及黔西南布依族苗族自治州交通局局长张成刚率队前往贵州与云南省省界迎接车队，当车队进入贵州时，黔西南布依族苗族自治州少先队员向车队献花，现场召开简短欢迎会；车队在湘黔交界处离黔时，在竖立“热烈欢送伟大航海家郑和家乡——晋宁青年赴沪参加中国‘航海日’庆祝大会”的红色横幅衬托下，贵州省海事（航务）局及黔东南苗族侗族自治州交通（海事）局领导与车队话别，顺利完成了交通部航海日组委会交办的迎送任务。

五、水运文化建设的深入和计划生育工作责任制的推行及转隶

（一）采用新媒体宣传

2002年，贵州省地方海事（航务管理）局自办《贵州水运简报》在水运系统内部传阅，2005年停刊。但水运对外宣传未停止。

2005年，贵州省地方海事（航务管理）局委托贵州电视台交通记者站制作完成《贵州航运新面貌》DVD光碟，这是第一次用先进宣传形式，整合该记者站平时随水运建设发展采访报道的新闻影像资料，配合省局提供的文字资料，生动形象地宣传了水运发展成就，在2005年全省航运工作会议上首映后，受到了参会者的称赞。该水运宣传

光碟分发给各地（州、市）交通主管部门和水运企事业单位。同时赠送给国家有关部委和省有关厅局。使用光碟宣传水运，全方位多视角展现改革开放以来，特别是在中央实施西部大开发战略的机遇下，贵州水运建设取得的历史性突破，这在当时是“超前时尚”的。

2005 年第 3 期《贵州画报》用 6 页刊登了《内河航运的崛起——纵横贵州交通》，由韦世荣撰文、画报社策划提供照片，图文并茂宣传从中华人民共和国成立到“十五”期间，贵州水运的发展轨迹。

2004 年，《中国河运报》正式改名为《中国水运报》。当年贵州省新闻出版局《关于开展报刊社记者站清理整顿及重新登记工作的通知》（黔新出报刊〔2004〕3 号），开展各报刊社驻贵州记者站的清理工作，对符合条件的记者站进行重新登记。《中国河运报》贵州记者站经省新闻出版局认真审查，更名为《中国水运报》驻贵州记者站，获得批准，2004 年 5 月 1 日正式颁发贵州省新闻出版局制的《报刊社记者站登记证》〔贵州省（报刊）记者站字第 052 号〕，并于 6 月 1 日在《贵州日报》上公告。记者站充分利用水运报刊行业媒体窗口，积极写稿，通过电话传真以第一时间传送到报社，保障了新闻的时效性和有效性，让省内外社会各界进一步了解了贵州航运建设和发展新闻。

（二）赤水河航运历史展览馆的建立

赤水河航运历史悠久，为赤水河留下了许多珍贵文物。土城镇设置较早，系千年古镇。1935 年 1 月，中国工农红军长征经过此地，留下了许多珍贵遗迹。2006 年 5 月，“红军四渡赤水战役旧址”作为近代重要史迹由国务院确定为第六批全国重点文物保护单位，清末民初由船民所建的“船帮”旧址也被列入其中。2005 年，习水县人民政府决定在土城镇筹建“四渡赤水纪念馆”“赤水河航运历史展览馆”“赤水河盐运文化馆”等各种馆藏文化。“赤水河航运历史展览馆”于 2006 年开始筹建，馆址设于“船帮”旧址内，2009 年 9 月建成。

（三）计划生育工作责任制的推行及转隶

计划生育工作是国家的一项基本国策，在目标责任管理中具有一票否决权。贵州省地方海事（航务管理）局党委对此工作极为重视，要求省属各单位均设立专、兼职机构和人员负责此项工作，定期或不定期进行检查。多年来，省地方海事（航务管理）局组织党员和职工认真学习和贯彻《贵州省人口与计划生育条例》。根据贵州省交通厅人口与计划生育工作综合治理目标管理责任书的有关要求，每年与局直属单位签订年度贵州省海事（航务）系统人口与计划生育工作综合治理目标管理责任书，多年来水运系统没有未出现违反计划生育现象的人和事，得到上级部门的表扬。

2013 年 11 月，《中共中央关于全面深化改革若干重大问题的决定》提出“启动实施一方是独生子女的夫妇可生育两个孩子的政策”。各企事业单位的计划生育机构和专职人员完成其历史使命，随企事业改革而撤销，人员转岗。2015 年 12 月 27 日，全国人大常委会表决通过了《人口与计划生育法修正案》，全面二孩政策于 2016 年 1 月 1 日起正式实施。计划生育工作移交地方管理。

六、水运“双拥”工作的开展

党的十一届三中全会以来，贵州省赤水轮船公司、赤水河航道处和贵州省乌江航道处在地方双拥办的领导下，积极开展“拥军优属，拥政爱民”工作，结合自身的生产管理实际情况，寓“双拥”于活动之中，开展了内容丰富的军民共建活动，使“双拥”工作取得了一定的成绩，职工的国防意识得到明显增强，爱国主义思想有了普遍提高，水运交通战备、民兵预备役、战时应急分队等组织建设得到进一步加强。

每逢清明，各单位都要组织本单位干部职工以及家属到革命烈士陵园扫墓，凭吊革命先烈，并邀请老红军、老八路讲述红军长征的艰难岁月，回忆解放战争硝烟弥漫的战场。使职工接受生动形象的爱国主义、英雄主义教育。

1994 年，暴雨连续不断，致使乌江水位陡涨，超过警戒水位，思南县城沿江低洼的职工宿舍、物资仓库将遭受灭顶之灾之际，出现了最令航道职工及家属难以忘怀的一幕，在抗洪抢险中，出现了解放军的身影，他们与航道职工一起，奋力抗洪抢险，保住了国家财产和人民的生命财产安全，把洪灾损失降到了最低。后来才知道，他们当中有的是回家探亲，有的是路过的，看到洪水来临，便自发投入到抗洪抢险队伍中来。时过境迁，参加抗洪抢险的人民子弟兵，航道职工虽说不出他们的名字，但他们镇静自若的眼神，满是泥水的身躯，以及不怕牺牲、勇于拼搏的大无畏革命英雄主义精神，却永远留在了航道工人的心中。

赤水河、乌江连通长江，自古以来就是贵州通向省外的重要水路交通要道。赤水河航道处和乌江航道处分别担负赤水河、乌江航道的养护和管理工作，为使这两条通航河流成为拖不垮、炸不烂的水上运输线，该航道处遵照上级战备办的指示精神，按照平战结合的要求，在广大职工群众中深入开展国防宣传教育，组织职工学习《中华人民共和国国防法》《中华人民共和国兵役法》《中华人民共和国人民防空法》《中华人民共和国国防交通法》的同时，进一步做好航运战备工作，组建航道交通战备应急队伍，在当地人武部的支持指导下，按照平战结合的要求，结合本单位生产工作实际，请解放军当教官帮助军训操练，开展防空、排障、消防和抢险应急保障模拟实战演习等。赤水轮船公司充分发挥专业航运企业的优势，以适应新时期交通战备工作的需要，对原组建的航运交通战备船舶运输大队，按实战要求，相应组建了"舟桥分队""水上应急分队""船舶运输分队""船舶修理分队"。自2000年以来，在省交通战备办、遵义市交通战备办、遵义军分区和赤水市人武部的领导和指导下，派来优秀的军事干部开展军事训练，指导船舶运输"战备军事物资"模拟演练，锻炼了一支训练有素的交通战备队伍。

在当地人民政府的关心支持下，"一人参军，全家光荣"的氛围浓厚。1978年至2005年，航运职工子女近80名应征入伍，履行保家卫国的义务。自党的十一届三中全会以来，各单位还认真落实转业干部和退伍军人接收安置政策。赤水轮船公司、赤水航道处、乌江航道处就优先接受安置转业军人26人、退伍军人321人，共计347人。同时注重对他们的业务技术培训，并腾出较好的岗位，发挥他们的专长，使他们安心工作，其中已有8人担任过单位领导职务。航运单位与当地驻军关系融洽，相互支持，互办实事。航道处在自身经费较紧张的情况下，仍按时足额上缴优抚金。值得一提的是赤水轮船公司在自身包袱重，企业经济效益差，生产经营亏损的情况下，仍然挤出资金累计上缴优抚金7万多元，有力地支援了国防建设。每逢"八一"建军节、"春节"等节假日，各单位党政领导都会组织拥军慰问组到当地驻军营房，送去节日问候，并与部队官兵促膝交谈，还曾多次与他们联欢，情意融融。据不完全统计，从1999年以来，赤水航道处多次被赤水市人武部授予"民兵预备役工作先进单位"和"征兵工作先进单位"称号。2004年，"八一"建军节被中共赤水市委、赤水市人民政府授予"拥军优属先进单位"称号。赤水轮船公司、乌江航道处也多次被当地人武部授予"民兵预备役工作先进单位"和"征兵工作先进单位"称号。2003年，赤水轮船公司还被中共遵义市委、遵义市人民政府、遵义军分区授予"先进民兵应急分队"称号。

当年中国工农红军在贵州突破乌江，四渡赤水浴血奋战，写下了光辉的历史诗篇。在这具有光荣传统，红军曾经战斗过的地方，贵州水运广大职工与解放军亲密无间的故事数不清，也讲不完。在新形势下，贵州水运职工将一如既往，继承和发扬红军长征精神，弘扬拥军传统，共筑军民钢铁长城，铸成铜墙铁壁。

水运加快迈向现代化

（2008 年—2019 年）

2008 年至 2010 年，贵州水运遭受凝冻灾害，市场物价走高，油价、施工费用飙升，国际金融危机等因素影响。水运上下以邓小平理论和“三个代表”重要思想为指导，深入贯彻实践科学发展观，坚持发展是硬道理，以“两加一推”[①]主基调为主旋律，以“三个建设年”[②]活动为契机，全面推进水运经济又好又快发展，较好地完成“十一五”规划，并实现了“十二五”时期良好开局。

2011 年，国务院《关于加快长江等内河水运发展的意见》（国发〔2011〕2 号），明确将水运发展上升到国家战略，提出利用十年左右时间，建设畅通、高效、平安、绿色的内河水运体系。2012 年，国务院《国务院关于进一步促进贵州经济社会又好又快发展的若干意见》（国发〔2012〕2 号），明确提出贵州水运建设发展目标任务：“积极发展水路运输，规划研究打通西南地区连接长三角、珠三角地区水运通道，重点推进红水河龙滩、乌江构皮滩等水电枢纽通航设施建设，支持都柳江干流航电结合梯级开发，因地制宜发展库区航运特别是旅游客运。”贵州水运上升为国家战略。2013 年，中共贵州省委、省人民政府出台三个政策措施，召开全省水运发展大会，举全省之力支持水运。2014 年至 2016 年，实施了史无前例的贵州水运建设三年大会战，取得了“十二五”重

① 2010 年 10 月，贵州省委十届十次全会通过《关于制定贵州省国民经济和社会发展第十二个五年规划的建议》，提出要“突出‘加速发展、加快转型、推动跨越’的主基调”。

② 贵州省提出 2011 年为“作风建设年、环境建设年、项目建设年”。

大胜利，加快了贵州水运现代化进程，在贵州水运史上写下了浓墨重彩的一笔，同时为“十三五”规划的开启打下了坚实的基础。

2017 年 10 月，党的十九大提出“新时代中国特色社会主义思想”，习近平新时代中国特色社会主义思想写入党章。2018 年 3 月 11 日，习近平新时代中国特色社会主义思想载入宪法。中国特色社会主义进入了新时代。2019 年，贵州水运在习近平新时代中国特色社会主义思想的指引下，不忘初心、牢记使命，砥砺前进，奋力实施“十三五”规划各项目标任务。

第一节　水运进入综合发展的战略机遇期

一、改革开放 40 年水运建设与发展

（一）“十一五”水运事业实现跨越发展

“十一五”时期（2006 年—2010 年），是我国发展史上极不平凡的五年，也是贵州水运增长速度快、发展质量好、行业进步显著、基础设施面貌变化大、改革力度最大、各项事业发展成果最多的五年。水运里程不断延伸。到 2010 年，航道里程达 3847 千米，建成高等级航道 360 千米，改写了贵州省无高等级航道的历史。水运固定投资力度大。“十一五”期间，部省共投入政府资金 8.51 亿元，为“十五”期投资的 2.28 倍，是中华人民共和国成立以来政府投入资金最多的五年规划期。其中，2009 年，创下单年投资超亿元历史。2010 年，出现单个建设项目投资超亿元。新的水运投资模式正在形成。社会投资水运建设港口、造船的热情高涨，打破了由政府单一投资的模式。水运大建设促进各项事业大发展。建成的“西南水运出海中线通道（贵州段）”高等航道，经受了百年一遇特大干旱的考验，通过 500 吨级装载煤炭船舶的安全航行，这条高等级航道为水运经济可持续发展，提供了宝贵经验；赤水河水运工程项目经过三年多的运行，促进了沿江工业的合理布局，沿岸的煤矿开采企业林立，航道条件和信息建设的不断改善，使赤水河上运煤船川流不息，已安全运输货物 1300 万吨，成为名副其实的黔北水运出省大通道。水上交通形势和谐稳定。“十一五”期间，全省各类船舶事故起数和死亡人数与“十五”期同比分别下降了 46.5% 和

50.4%，连续在2006年、2007年、2008年、2010年创下事故最低水平。积极推进海事管理体制参公定位。全省各级海事机构基本上完成参照公务员法管理工作，使海事机构从事业管理走向行政管理，实现了海事组织机构向正规化建设迈进的历史跨越。海事组织建设实现双增。一是机构人员增加。全省已建立了省、地（州、市）10个海事局，85个县（市）海事处，正式编制877人，海事人员比“十五”期增加2倍。县级海事机构比“十五”期增加33%。二是装备建设增加。共投入资金5500万元，是“十五”期的11倍。建设了一批基层海事办公用房，配备了巡航船艇86艘、执法车130辆以及办公设备等，基层海事机构基本上达到了“巡航有船艇、执法有车辆、办公有场所”的预期目标。海事信息化建设发展迅速。建成了天生桥库区、赤水河视频监控系统。开工建设“两江一河”和红枫湖视频监控系统。启动了全省水域航道图、建立水上交通GIS系统工作，实现了传统监管方式和手段上的突破。海事管理不断创新。水上交通突发事件应急演练本领明显，处置水上应急反应能力进一步增强。实施传统管理与现代管理并重，加大现场监管力度，重心向下，监管前移，视频监控、严防死守，以坚定的责任心，用过硬的举措，建立起了安全管理长效机制，走出了一条符合科学发展、切合贵州实际安全生产、和谐发展的新路子。水上交通事故逐年下降，人民群众对水上交通的安全感、满意度增强。水路运输逆势增长。在运输市场竞争激烈的情况下，全国水运量下滑，贵州省水运却止跌反增，共完成水路客运量7202万人次，客运周转量16.32亿人千米，货运量3727万吨，货运周转量52.98亿吨千米，分别为“十五”期的2.21倍、2.45倍、1.87倍、1.95倍，年均递增率分别达17.96%、20.76%、11.84%、9.53%。特别值得一提的是，贵州是一个非水网地区，但水路客运量跃居全国第六位，足以证明水运在社会经济中的地位明显增强，服务人民群众安全出行的水平和能力明显提高。尤其是广大农村地区人民群众对水路交通的依存度明显增加。水路运输抗击自然灾害、防范极端天气的能力明显增强。经受了冰雪凝冻灾害、金融危机带来的冲击影响，经历了百年一遇的干旱严峻考验，仍保持平稳较快发展。水运管理推陈创新。各级航务、海事部门建立了船舶安全、船舶建造、船舶营运许可资料数据库，实施数字化管理，信息互通、资源共享、工作有痕，实现了由静态管理向动态管理的转变。航道部门依法对临河、跨河建筑物通航技术要求评估及挖沙取石的行政审批已常态化、规范化；绩效目标管理引入水运工程重点建设项目，工程建设有目标、有进度；海事、航务系统财会实现电算化管理。坚持科技面向生产攻克发展难题。交通运输部西部科技重大项目之一的《乌江构皮滩三级垂直升船机关键技术研究》《龙滩库区航运建设工程关键技术研究》等一批具有前瞻性的科研课题已取得了阶段性研究成果。为在建的乌江思林电站发电所需的大型设备水路而编制的《思林电站重大件设备水路运输可行性研究报告》已将船载大型发电设备从长江涪陵经乌江安全运抵思林，为今后水运超大设备运输组织、调度管理等提供了科学依据。水运各类人才培养有了质的提高。海事人员“逢进必考、择优录取”。船检人员参加“全国统考”。航务管理人员集中业务培训，合格上岗；工程技术人员考试要过部省两级考试关；省局机关率先进行科级岗位竞争上岗，把一些想干事、会干事、能干事的人选拔到中层领导岗位，为机关人事管理制度改革注入了新的活力。地方法制建设取得历史性突破。《贵州省水路交通管理条例》《贵州省大中型水库库区水域全管理办法》《贵州省乡镇自用船舶安全管理办法》等地方法律法规的相继出台，填补了水路交通管理的空白点和体制上的盲区，确定了水路交通在经济社会发展中的重要地位和作用，促进了水路交通全面步入法制化管理轨道。制度建设得到加强。制定了涉及党建工作、政务公开、行政执法和行政、工程、质量、财务、安全管理等内容的制度共 90 个。自主开发的海事业务管理（水上交通安全监管、海事公文管理、隐患排查治理管理）软件，已广泛应用，并收到实效。党的建设、党风廉政建设和反腐败工作扎实有效推进。“十一五”时期，水运取得的成绩前所未有，积累的经验弥足珍贵，提炼了贵州航运人“不放弃、不退缩、勇往直前”的坚强精神难能可贵。为在“十二五”时期实现贵州水运可持续发展，打下了坚实的基础。

（二）“十二五”水运发展取得的成绩前所未有

“十二五”时期，贵州省凭借“天时、地利、人和”，抓住内河上升为国家战略，国家全方位支持贵州发展的历史机遇，围绕加速发展、加快转型、推进跨越的主基调，实施工业强省和城镇化带动主战略，在加速构建现代化综合交通运输体系的同时，优先“补齐”水运发展的基础，使水运实现了大建设、大发展、大跨越。这五年也是水运支持力度最大、资金投入最高、项目建设最多、效益成果最佳的五年。

政策支持前所未有　《贵州省水运发展规划（2012—2030 年）》就势修编完成并经贵州省人民政府常务会议审议通过。2013 年，出台了《贵州省人民政府关于加快全省水运发展的意见》，首次提出“以航为主、航电结合、综合利用、协调发展”的理念，其核心是“以航为主”的发展新思路，这在全国省级层面来看尚属首次。

组织保障力度强大　2011 年 11 月，贵州省人民政府成立贵州省内河航运通航领导小组，贵州省人民政府主要领导任组长，省发展改革委主任、省交通运输厅[①]厅长任副组长。2013 年由省人民政府组织召开了全省水运发展动员大会，分管省长到会部署工作动员，由省人民政府办公厅主持。这在贵州水运发展史上是第一次。

统筹实施定位精准　贵州省人民政府制定了《贵州省水运建设三年会战实施方案》，提出构建“两主四辅”的出省水运通道体系，建设“三出省、二达海”的水运大通道。

实施水运三年会战，取得了“六个新突破”“三个新提升”的优异成绩，实现了“十二五”水路交通发展圆满收官。

水运固定资产投资取得新突破。完成水运固定资产投资 63.3 亿元，超“十二五”规划目标 37.5 亿元，是“十一五”完成投资的 7.45 倍，年均增长 56%。

水运基础设施建设取得新突破。开工建设水运项目 11 个，重点实施了 3 条水运通道、6 个库区航运、80 个城乡便民码头及 1480 道乡镇渡口。实现了贵州水运史上“三项零的突破”：建成南北盘江—红水河和乌江高等级航道 791 千米，实现了贵州高等级航道零的突破；建成乌江构皮滩翻坝运输系统工程，实现了翻坝运输零的突破；都柳江从江、大融航电枢纽首台机组发电，实现了贵州航电一体化开发建设零的突破。

水上短途运输量榜列全国前 10 位。“十二五”期，共完成水路客运量 10376 万人次，旅客周转量 26.38 亿人千米，货运量 6136 万吨，货物周转量 124.49 亿吨千米，分别是“十一五”期的 1.44 倍、1.62 倍、1.65 倍、2.35 倍。

水上交通安全监管取得新突破。水上交通安全形势持续稳定向好，水上交通连续六年取得事故起数、死亡人数“双零”的好成绩。

争取政策支持资金取得新突破。中共贵州省委、省人民政府高度重视水运发展，出台了《关于加快水运发展的意见》，明确省财政每年安排不少于 3 亿元预算用于水运建设发展。国家大力关心支持贵州水运发展，并将 9 个项目纳入“十二五”规划范围，将乌江航运工程、清水江高等级航道工程，2 个项目纳入中央预算范围，5 年共争取国家资金补助 12.4 亿元，是“十一五”期的 3.98 倍。

水运体制机制改革取得新突破。行业体制机制改革不断深化，直属所属事业单位实

① 2009 年 5 月 13 日，贵州省人民政府关于机构设置的通知（黔府发〔2009〕19）、“贵州省交通运输厅”与省人民政府组成部门之一。

现事企脱钩，分别在贵州省地方海事局（贵州省航务管理局）和贵州省乌江航道管理局加挂“通航管理局”牌子，新组建了贵州省南北盘江红水河航道管理局；组建了贵州省航电开发投资公司。赤水、乌江两个航道管理局转为财政全额预算管理的正县级公益一类事业单位，完成了贵州省赤水轮船公司改制，省财政预算 150 名海事人员移交地方管理。

科技创新信息化建设取得新突破。研究和完成了水路交通科技项目 33 项，同比增加了 267%。

水运治理能力取得新提升。全省现存营运船舶录入率达 98%。各航务管理部门已通过“贵州省水路运政管理信息系统”开展日常行政许可和行政服务工作。强化航道保护与养护工作，争取国家应急抢通资金 1608 万元，省应急抢通资金 440 万元，保障了航道安全畅通。规范了全省农村水路客运油补发放工作，“十二五”期间，全省共发放岛际水运油补 7617 万。

构筑“精神高地”取得新提升。行业精神文明建设蓬勃开展，赤水河狗狮子至合江段被交通运输部授予“全国文明样板航道”称号，省赤水河航道管理局获得了“全国文明单位”称号。全省水路交通系统有 4 个单位先后获得“省文明单位称号”，有 2 个单位获得交通运输部授予的“安全畅通文明航区先进单位”称号。续编出版《当代贵州航运发展史（1991—2010）》。廉政建设有效持续推进，在全行业推行廉政风险防控管理，使行风、机关作风明显好转。

改革开放 40 年来，贵州水运紧扣时代脉搏，改革务实，抓住战略机遇，拼搏奋进、苦干实干，水运建设发展取得了历史性突破。

据不完全统计，国家、贵州省投资水运资金在 250 亿元以上，涵盖水运基础设施建设、安全监管、航务管理、党务工作、文化建设、精神文明创建、科技、科研等方方面面，促使贵州水运面貌焕然一新。内河航道里程已由 1700 多千米提升到 4000 千米，建成国家四级高等级航道 851 千米，水运交通有效连接了 37 个产业园区、230 个小城镇，42 个旅游景区，46 个现代高效农业示范园区和 29 个城市综合体。涵盖了全省长江、珠江水系各主要通航河流和有航运价值的支流和库区。2018 年，全省水运固定资产投资 13 亿元，位居全国非水网省（区、市）第六位。

数据是最好的表达方式。用一组统计资料作个比较：2018 年，全省水路客运量完成 1568 万人次，是中华人民共和国有统计资料的 1951 年的 392 倍，比改革开放初 1978 年增长了 27.85 倍；旅客周转量完成 43808 万人次，是 1951 年的 259.22 倍，比 1978

年增长21.38倍；货运量完成1027万吨，比1978年增长16.05倍，货物周转量完成318939万吨千米，比1978年增长43.80倍，分别是1951年的320.94倍和560.53倍。

坚持“包容发展”的理念，“临渊羡鱼，不如退而结网”①，实现水电水运共赢，填补贵州水运的空白，乌江构皮滩、思林、沙沱3个500吨级升船机的建设都是按四级标准建设，与乌江高等级航道相辅相成，相得益彰。其中，构皮滩由三级垂直升船机和两级中间渠道组成，总长2181.7米，最高通航水头199米，单级最大提升高度达127米。

改革开放40年来，航电建设从无到有，截至2019年年底，航电枢纽在建和建成的共有6个，其中都柳江航电枢纽4座，清水江在建航电枢纽2座，实现了贵州航电一体化开发零的突破，为水运可持续发展找到了金钥匙。

探索尝试水运开发扶贫的新路子，打造库区“绿色航运”经济圈12个，分布在贵州东西南北中；建成便民码头140座、渡口960道，遍及全省乡镇，成为贵州水运打造的公共服务品牌，解决了贫困地区交通最后一道“关卡”和“空白点”，不断提升水运基本公共服务均等化水平，使人民群众共享改革发展成果和更多“获得感”。

改革开放40年来，水运行业在实践中积累了许多宝贵的经验。主要有：认真贯彻落实党和国家方针政策，始终与党中央保持高度一致，保证在前进的道路不会迷失方向；坚持实践是检验真理的唯一标准，解放思想，大胆探索；坚持发展是硬道理，牢牢把握发展主动权；依靠科技兴航，增强发展后劲；坚持改革开放，健全和完善适应水运发展规律的管理机制；坚持“绿水青山就是金山银山”的理念，促进水运绿色可持续发展；坚持水运供给侧改革，推进结构调整，扩大有效供给，满足社会需要，促进经济持续健康地发展。这些成为水运行业共有的精神财富，并在落实“十三”规划各项目标任务中得到进一步巩固和发展。

二、中共贵州省委、省人民政府把水运摆在优先发展地位

（一）成立贵州省内河航运通航领导小组

2011年1月21日，国务院出台《国务院关于加快长江等内河水运发展的意见》（国

---

①《淮南子·说林训》原文说：“临河而羡鱼，不如归家织网。”而流传至《汉书·董仲舒传》里，话语就整理成：“故汉得天下以来，常欲治而至今不可善治者，失之于当更化而不更化也。古人有言曰：‘临渊羡鱼，不如退而结网。’”2012年2月20日，习近平在中国—爱尔兰经贸投资论坛上的讲话中，提到了这样一句古语。

发 2 号）。中共贵州省委、省人民政府提出了“加快转型、加速发展、推动跨越”的主基调，大力实施工业强省战略和城镇化带动发展战略，以及交通优先发展的思路。提出要成立省级层面的闸坝碍航协调机制，加快水电站通航设施建设，建成畅通、高效、安全、绿色的水运通道。

2011 年 11 月 28 日，贵州省人民政府办公厅下发《省人民政府办公厅关于成立贵州省内河航运通航领导小组的通知》（黔府办发〔2011〕125 号）。王晓东（省委常委、常务副省长）任组长，慕德贵（省长助理）、刘远坤（省发展改革委主任）等任副组长，成员：陈少波（省人民政府副秘书长）、吴勇（省人民政府副秘书长）、陈熵（省发展改革委党组成员、省铁建办专职副主任）、王扬（省水利厅副厅长）、范开忠（省能源局副局长）、熊宇（贵州乌江水电开发有限责任公司总经理）、戴波（广西桂冠电力股份有限公司总经理、龙滩水电开发有限公司总经理）、戴德新（贵州清水江水电有限公司总经理）。领导小组下设办公室，办公室设在省发改委，由刘远坤兼任办公室主任。领导小组的主要职责：以打通出省水运通道，实现航运加快发展为目标，协调省内通航河流水电站及水库各方业主，按国家和省的航运发展规划共同推进通航设施的规划、设计和建设；及时解决通航设施建设过程中出现的重大问题；研究制定内河航运可持续发展的有关政策；根据工作需要，召集会议讨论有关事项。领导小组办公室的主要职责：（1）认真贯彻落实国家发改委、交通运输部等国家有关部委和中共贵州省委、省人民政府关于内河航运的各项政策措施及工作部署，按时完成领导小组交办的各项工作任务；（2）对口联系国家发展改革委、交通运输部的有关司局和设计单位，做好与有关省区和各有关部门的信息沟通工作，根据通航设施建设情况及时编报工作动态信息，及时向领导小组反映需要中共贵州省委、省人民政府和领导小组帮助解决的重大问题；（3）督促省有关部门、相关地方政府及项目法人等认真贯彻落实省委、省政府和领导小组的决策部署和工作安排；（4）负责领导小组会议的筹备、组织和会务工作，及时落实领导小组会议确定的各项工作事项，督促各方加快通航设施建设；（5）完成中共贵州省委、省人民政府和领导小组交办的其他工作。

2012 年 5 月 4 日，孙国强副省长、慕德贵副省长在贵州省交通运输厅主持召开了“加快内河水运发展专题会”。在会议上，明确了水运发展一揽子工作计划，提出了用时间换空间战略决策，确定了乌江水电枢纽通航设施建设时间表：构皮滩水电枢纽过船设施于 2017 年建成，下游思林水电枢纽过船设施于 2015 年建成，沙沱水电枢纽过船设施于 2016 年建成。贵州省交通运输部门于 2015 年同步建设和完善港航基础设施项目，2017 年，实现贵州乌江通江达海。

（二）中共贵州省委、省人民政府领导多次到省内实地考察水运

2012 年 6 月 14 日至 16 日，中共贵州省委书记栗战书深入铜仁市西部地区印江土家族苗族自治县、沿河土家族自治县、德江县、思南县、石阡县调研。在调研中，他强调要大力推进乌江航道建设，并尽快形成 500 吨级通航能力。为认真贯彻落实栗战书在铜仁调研时要求加快乌江通道建设，打通北入长江乌江黄金水道的目标，贵州省交通运输厅拟定乌江全线调研的方案，2012 年 7 月，重点考察调研乌江水电枢纽通航设施建设情况和扩能方案，并邀请了中国工程院院士梁应辰，南京水利科学研究院所长、博士胡亚安，湖南湘江航运建设开发公司副总经理、教授杨锡安，交通运输部天津水运科学研究院副总工程师李一兵等国内知名专家，实地考察乌江各级水电枢纽通航设施情况，为乌江水运发展提供科学决策。贵州省交通运输厅书记、副厅长陈志刚，副厅长韩剑波，乌江水电开发有限责任公司总工程师段伟以及贵州省航务管理局领导等陪同考察。

2012 年 10 月 31 日，中共贵州省委常委、副省长秦如培，在贵州省交通运输厅党委书记陈志刚、副厅长韩剑波的陪同下，专程到黔西南布依族苗族自治州调研北盘江、红水河水运发展建设情况。秦如培来到白层港区，考察了港区的基础设施建设，他指出：白层港港区吞吐能力扩大、航道等级提高，具备了较好的发展条件，在此基础上，要加快港区连接高速公路建设，尽快形成公水联运通道，要科学布局港口临港物流和产业园区，完善配套服务设施，带动区域经济快速发展。秦如培一行在蔗香乘船察看北盘江、南盘江、红水河航道，实地察看了蔗香港口的选址。在望谟县召开的现场办公会议上，秦如培听取了望谟县关于蔗香港区和城市建设发展规划的汇报后指出，要把蔗香港区与城市和产业进行一体化建设，将望谟县城灾后重建统筹规划，走出一条以港兴城之路。秦如培说，要抓住内河发展大建设、大发展的重要机遇期，举全省之力，共同推进水运发展。交通部门要积极对接广西交通部门，尽快建设龙滩翻坝运输码头，形成 250 万吨—500 万吨年运输能力，促进北盘江—红水河水路运输快速发展；黔西南布依族苗族自治州人民政府要加快蔗香港区进入实质性规划建设，黔源电力公司要立即启动北盘江董箐、光照水电站通航设施的设计与建设工作，促进北盘江—红水河这条国家高等级航道早日延伸到上游资源腹地。

2013 年 3 月 6 日，中共贵州省委常委、副省长秦如培在省交通运输厅党委委员、

副厅长张群力和省地方海事（航务管理）局党委委员、副局长李万松等人的陪同下，来到罗甸县调研交通基础设施建设、民营经济发展情况。在罗甸县，秦如培深入到罗甸港八总、羊里和罗妥港区进行了实地调研。秦如培说，罗甸县是贵州的南大门，罗甸港是贵州通达南海最近的港口，区位优势十分明显，抓住这一优势尽快构建罗甸水、陆、空立体综合交通运输体系，对罗甸县经济社会发展有着重要意义。秦如培强调，尽快打通红水河南下珠江连接珠三角经济区的水运通道，是中共贵州省委、省人民政府主要领导提出的明确要求，要重点督促电站建设业主加快红水河龙滩水电站通航设施建设，以尽快发挥水运通道物流成本低、运能大、能耗低的比较优势。

2013 年 5 月 4 日至 5 日，中共贵州省委常委、副省长秦如培到仁怀至赤水高速公路建设工地和赤水河航道进行了考察调研，仔细了解了高速公路工程建设、赤水河水运规划等情况。在赤水市举行的座谈会上，随同考察的贵州省交通运输厅党委书记、厅长陈志刚汇报了遵义市高速公路建设和赤水河水运发展情况，要求加班加点做好赤水河扩能改造前期工作，抓紧编制赤水河水运发展与生态保护规划，统筹做好港区公路、货运港口改造和客运码头建设，实现与工业园区、旅游景区、陆路通道等的无缝连接，构建综合交通运输体系。

秦如培对仁赤高速公路建设取得的重要进展给予充分肯定和高度评价。秦如培强调，要充分发挥赤水河水运通道优势，围绕将赤水河打造成为贵州北入长江的重要水运通道的目标，坚持开发与保护、水路与陆路、货运与客运相结合，加快推进航运扩能工程建设，切实提升水运能力，努力打造促进黔北经济发展的黄金水运大通道。

（三）贵州省领导与国家部委领导商谈协调水运发展事宜

2012 年 11 月 4 日，中共贵州省委书记赵克志在北京与交通运输部部长、党组书记杨传堂举行会谈。赵克志书记代表中共贵州省委、省人民政府感谢交通运输部一直以来对贵州发展的大力支持和帮助。他说，长期以来，交通是制约贵州经济社会发展的瓶颈。恳请交通运输部一如既往地关心支持贵州发展，对贵州省高速公路建设、国省干线改造、内河水运发展等继续给予大力支持。杨传堂高度评价了贵州经济社会发展特别是交通建设取得的成绩。他表示，交通运输部将以加快贵州交通事业发展、助推贵州与全国同步小康为己任，进一步深化部省合作，加大对贵州交通基础设施建设的支持力度，加快贵州高速公路建设、国省干线改造、水运通道建设等，推动贵州现代综合交通运输体系建设取得更大突破。中共贵州省委副书记陈敏尔，中共贵州省委常委、常务副省长谌贻琴，中共贵州省委常委、副省长秦如培，交通运输部副部长高宏峰、冯正霖、徐祖远，党组成员何建中出席会议。

2014 年 11 月，交通运输部党组成员、副部长翁孟勇与中共贵州省委常委、副省长秦如培一行进行了会谈，会谈纪要明确：“支持贵州省上游通航复航，贵州省要做好相关前期研究工作，已建水电站改造涉及下游省份，需协调各方利益，统筹测算建设、运营、管理成本，充分分析投入与产出，充分论证可行性。”

2015 年 3 月 7 日，交通运输部部长杨传堂参加十二届全国人大三次会议贵州代表团全体会议时表示，支持贵州水运建设。积极贯彻落实《国务院关于依托黄金水道推动长江经济带发展的指导意见》，重点对列入长江经济带的项目给予支持。支持贵州开展乌江航道升级改造工程相关研究论证工作。

2015 年 5 月 5 日，中共贵州省委常委、副省长慕德贵专程到北京，与中国大唐集团公司副董事长、总经理、党组副书记王野平就红水河龙滩水电站通航设施建设规模等有关问题进行商谈并交换意见。双方一致认为，红水河不仅是我国西南地区主要的出海通道，更是贵州和周边省（区、市）南下珠江连通珠三角及东盟的水运主通道，加快打通红水河水运通道对推动区域经济社会发展、加快沿河贫困地区脱贫致富进程具有重要意义。一是推进区域协调发展的迫切需要。加快恢复红水河全线通航，能够有效补充和完善现有交通运输网络，扩展贵州出省运输通道，更好地连接泛珠三角经济圈，发挥水运成本低、运量大的优势，实现区域产需衔接、优势互补。二是少数民族地区稳定和谐发展的迫切需要。加快红水河水运主通道建设，形成新的物流走廊，将给沿岸地区带来发展机遇，促进矿产资源和旅游的开发，加快推动产业调整、推进城镇化建设、带动少数民族地区和贫困地区脱贫致富，对实现民族团结和社会稳定、推动沿岸地区经济加快发展、改善人民群众生产生活条件具有重大意义。三是生态文明建设的迫切需要。红水河流域是国家确定的珠江上游生态防护林工程建设区域，生态环境的保护十分重要。尽早恢复红水河全线通航，打通红水河水运主通道，符合建设资源节约型和环境友好型社会的科学发展要求。慕德贵代表中共贵州省委、省人民政府感谢中国大唐集团公司为贵州经济社会发展做出的贡献。慕德贵提到针对 2014 年 12 月水利水电规划设计总院受国家能源局委托对红水河龙滩水电站可行性研究阶段通航建筑物设计专题报告，《审查意见》同意龙滩水电站通航建筑按照通航 1×500 吨级船舶进行设计，单向通过能力 197 万吨 / 年，双向不足 400 万吨 / 年，同时计划在 2015 年上半年开工建设的情况，但按此标准建设将带来一些问题和缺陷。一是通过能力严重不足，将成为红水河永久性的运输瓶颈。二是不能满足国家内河通航标准四级航道船闸（通航设施）最小尺寸120米（长）×12米（宽）×3米（深）、通过2吨×500吨级船舶的要求。三是与下游已建成的大化、乐滩、百龙滩、桥巩等水电站通航建筑物的船闸尺寸120米（长）×12米（宽）×3米（深）不一致，造成通过能力的浪费。为打造红水河“黄金水道”，促进地方经济社会发展，希望中国大唐集团公司积极协助加快红水河龙滩水电站通航设施建设并提高通航能力。王野平对中共贵州省委、省人民政府长期以来给予中国大唐集团公司的关心和支持表示感谢，对贵州省充分发挥红水河水运通道能力，促进流域经济社会的发展表示支持，并表示将依据国家有关部门相关文件指示精神，进一步研究红水河龙滩水电站通航设施建设规模。

2015年12月11日，中共贵州省委副书记、代省长孙志刚在福州市出席2015年泛珠三角区域合作行政首长联席会议期间，参加了珠江水运发展高层协调会议，与广东省省长朱小丹、广西壮族自治区主席陈武、云南省省长陈豪和交通运输部珠江航务管理局局长王建华等，共同研究了珠江水运建设发展大计。

孙志刚指出，珠江作为仅次于长江的第二大黄金水道，对促进沿江地区经济社会的发展、加快脱贫攻坚步伐、全面建成小康社会具有重要作用。“十三五”时期是珠江水运发展的重要时期，随着泛珠江三角区域合作纳入中央“十三五”规划建议和珠江水系四省（区）经济社会的加快发展，珠江水运建设发展迎来新的重大机遇。贵州将在交通运输部等国家有关部委的指导和支持下，用好珠江水运发展高层协调会议机制，进一步深化与粤、桂、滇三省（区）的交流合作，共同建设水运大通道，促进珠江水运更好更快发展。孙志刚并就加快珠江水运发展提出三点建议。一是将南北盘江—红水河全段航道等级由四级提升为三级，纳入珠江水运“十三五”发展规划，并积极争取纳入国家“十三五”规划。二是加快红水河各级枢纽按照通航1000吨级船舶标准建设改造，对龙滩等水电枢纽通航设施建设改造加强统筹协调和支持。三是加快推进都柳江航电一体化建设，按照通航500吨级船舶标准同步推进相关枢纽建设和升级改造通航设施，提高通航能力。会议审议通过了《珠江水运发展高层协调机制工作规则》《2015年珠江水运发展高层协调会议纪要》，对《珠江水运“十三五”发展规划》（草案）进行了认真讨论。

2016年，珠江水运发展高层协调会议在江西省南昌市召开。中共贵州省委副书记、省长孙志刚，广西壮族自治区党委副书记、主席陈武，中共广东省委常委、常务副省长徐少华，云南省副省长刘慧晏等领导出席会议并讲话，会议由广西壮族自治区副主席张秀隆主持。交通运输部，国家发改委，珠江航务管理局以及贵州、广东、广西、云南四省区有关部门负责同志参加会议。孙志刚在互动讨论时表示，贵州将积极履行相应职责，不遗余力地推进珠江黄金水道建设各项工作，并就加快珠江黄金水道建设提出三点建议：一是积极协调龙滩水电站通航设施早日按通航1000吨级船舶标准开工建设；二是力争将红水河由四级航道提升到三级标准，将黔西南港列为全国主要内河港口；三是同步加快都柳江航电枢纽工程建设，打通都柳江出省水运通道。

2017年9月25日，在2017年泛珠三角区域合作行政首长联席会议期间，珠江水运发展高层协调会议在湖南省长沙市召开。中共贵州省委副书记、代省长谌贻琴主持会议并讲话。中共广东省委副书记、省长马兴瑞，广西壮族自治区党委副书记、主席陈武，中共云南省委副书记、省长阮成发讲话。中共广东省委常委、常务副省长林少春，广西壮族自治区党委常委、常务副主席蓝天立出席，国家发改委基础产业司、交通运输部水运局、珠江航务管理局有关负责人介绍情况。

谌贻琴在讲话中指出，近年来，贵州深入贯彻落实习近平总书记系列重要讲话精神和对贵州工作的重要指示要求，牢牢守住发展和生态两条底线。当前，贵州正加快建设“南下珠江、北进长江”国家规划高等级航道，从而更好地融入“一带一路”和长江、珠江经济带的发展。随着泛珠江三角区域合作上升为国家战略，珠江水运发展迎来了新的重大机遇。贵州将着力推进通航设施建设，力争早日实现红水河、都柳江全线通航，加快港口建设，形成一批专业化、规模化和现代化的港口枢纽，促进沿江经济带发展。

谌贻琴就加快破解红水河通航“卡口”和“瓶颈”、加快都柳江航电枢纽建设及通航设施改造、完善珠江水系干线航道管理协调机制等提出相关建议。她表示，贵州愿与各方一道，全力推进各项工作，携手推动珠江黄金水道加快建设。

2019年9月6日，2019年泛珠三角区域合作行政首长联席会议在广西壮族自治区南宁市召开。中共贵州省委副书记、省长谌贻琴率团出席会议，与泛珠各方行政首长围绕“利用泛珠三角平台加强对接粤港澳大湾区建设”“共建西部陆海新通道，共同推进‘一带一路’有机衔接”“共促泛珠三角区域与粤港澳大湾区现代服务业融合发展”等议题，进行了深入讨论。贵州省副省长卢雍政出席。

谌贻琴说，西部陆海新通道建设是中央深入实施区域协调发展战略的重大决策，是推动新时代西部大开发形成新格局的重大布局，是高质量、高标准、高水平共建“一带一路”的重大举措，是泛珠江三角区域合作发展的重大机遇。并提出四点建议。一是共同把西部陆海新通道打造成为通畅快捷的交通大道。加快推进贵阳至南宁等高速铁路建设，共同争取加快黔桂铁路增建二线、黄桶至百色等项目前期工作并开工建设，启动泸州至遵义等铁路项目研究，扩大公路网覆盖面，强化“十四五”规划编制对接，共同谋划一批重大项目，构建更加快捷的通道体系。二是共同把西部陆海新通道打造成为高效、便利的物流大道。推动中欧班列、陆海新通道班列常态化运营，支持冷链物流发展，降低综合物流成本，促进人流、商流、信息流、资金流加速汇聚。三是共同把西部陆海新通道打造成为开放融合的贸易大道。营造市场化、法治化、国际化的营商环境，提升贸易便利化水平，加强加工贸易、跨境物流、跨境旅游等合作，推动优势企业、产品沿着“一带一路”走出去。四是共同把西部陆海新通道打造成为合作共赢的产业大道。支持更多东部地区产业向通道沿线转移，做大做强一批跨省产业园区，打造具有国际竞争力的新兴产业集群。贵州将充分发挥区位优势，全力打造衔接“一带”与“一路”的重要枢纽、粤港澳大湾区与成渝经济区的重要枢纽、长江经济带与珠江—西江经济带的重要枢纽、大西南与中东部的重要枢纽，为区域和全国发展大局贡献力量。

2012 年以来，中共贵州省委、省人民政府主要领导多次与国家部委进行座谈，争取国家支持贵州水运发展，这在贵州水运发展史上是前所未有的。

三、一批新的水运法规和指导文件相继颁布实施

（一）水运法制建设推陈出新

自 2008 年以来，相继颁布了《贵州省水路交通管理条例》《乡镇自用船舶安全管理办法》等法规、规章，制定了《贵州省渡口设置安全技术条件》等规范性文件，为水运发展创造了良好的法制环境。

地方法律、法规的颁布实施　《贵州省水路交通管理条例》于 2008 年 1 月 1 日施行（2007 年 9 月 24 日贵州省第十届人民代表大会常务委员会第二十九次会议通过）；2009 年 9 月 14 日，贵州省人民政府办公厅印发《贵州省大中型水库库区水域全管理办法》（黔府办发〔2009〕87 号）；2010 年 11 月 17 日，贵州省人民政府第 35 次常务会议审议通过了《贵州省乡镇自用船舶安全管理办法》（贵州省人民政府令第 120 号），自 2011 年 3 月 1 日起施行。这些地方法律、法规的相继出台，填补了贵州省水路交通管理的空白点和体制上的盲区，确定了水路交通在经济社会发展中的重要地位和作用，促进水路

交通全面步入法制化管理轨道。

修改政府规章和决定废止、失效的规范性文件 2008年8月4日，《贵州省人民政府修改废止部分政府规章的决定》（省政府令107号）第二次修正：将第三条、第五条、第十一条、第十八条、第十九条中的“省交通厅”“交通厅”修改为“省人民政府交通运输行政主管部门”；第五条、第七条、第二十条中的“省航运局”“航道管理部门”“航道主管部门”修改为“省航务管理机构”；第十八条、第十九条中的“省财政厅”修改为“省财政部门”。将第六条中的（客货运输收入）“8%”修改为“6%”。将第十五条修改为：“省管赤水河、乌江及地方管理航道的航养费须纳入财政预算管理。”删除第十七条中的“养护职工住房修建费”和“征收业务费”。删除第二十三条、第二十四条。这一省级法规性文件的重新颁布，为维护航道费用不足和稳定航道队伍等问题的解决发挥了重要作用。

2012年，贵州省人民政府《关于废止、宣布失效部分规范性文件和公布现行有效规范性文件（1979年—2010年）的决定》（黔府发〔2012〕6号），决定废止的257件规范性文件中，涉及水运的有：1980年1月7日《贵州省革委会颁发〈贵州省水库船舶航行安全管理的暂行规定〉》（黔发〔1980〕04号）。宣布失效的746件规范性文件中涉及水运的有：1985年12月3日《转发省交通厅关于立即制止客（渡）船违章超载确保旅客安全的意见的通知》（黔府办〔1985〕250号），1988年1月27日《省人民政府批转省经委、交通厅等八部门关于加强贵州省乡镇船舶安全监督管理的意见的通知》（黔府〔1988〕4号），1989年7月25日《省人民政府办公厅转发省交通厅关于治理整顿道路水路运输市场意见的通知》（黔府办〔1989〕93号），1990年3月23日《省人民政府办公厅转发省交通厅关于全面开展乡镇运输船舶安全整顿报告的通知》（黔府办〔1990〕25号）。这些规范性文件对当时加强水库和乡镇船舶航行安全管理、放宽搞活、治理整顿水运市场等曾发挥了重要的历史作用。

2019年8月，贵州省交通运输厅组织召开了《贵州省水路交通管理条例》立法调研座谈会，厅法规处、航务处、省地方海事局、贵阳市交委、省赤水河、乌江、南北盘江红水河航道管理局、省航电开发投资公司等相关单位参加调研座谈。结合“放管服”深化改革，做好省人大关于《贵州省水路交通管理条例》立法调研工作，对《贵州省水路交通管理条例》执行过程中存在的职责划分、水污染防治、水上漂流游乐活动、岸线审批、农林生产自用船管理、法律责任等问题提出了修改和补充意见。

（二）省人民政府批复新的水运发展规划

2011 年，国务院下发了《关于加快长江等内河水运发展的意见》（国发〔2011〕2 号），内河水运上升为国家战略。2012 年，国务院下发了《关于进一步促进贵州经济社会又好又快发展的若干意见》（国发〔2012〕2 号），明确指出要“积极发展水路运输，规划研究打通西南地区连接长三角、珠三角地区水运通道，重点推进红水河龙滩、乌江构皮滩等水电枢纽通航设施建设，支持都柳江干流航电结合梯级开发，因地制宜发展库区航运特别是旅游客运”。这是国家对贵州省水运发展提出的总体要求。

2007 年，国务院出台了《全国内河航道及港口布局规划》，长江、珠江流域综合规划基本修编完成。与比邻的有河流水运贯通的重庆、湖南、广西、四川等省（区、市）都已先后完成编制或正在编制内河航运发展规划。

2003 年，编制的《贵州省内河航运发展规划（2003—2020 年）》已有 10 年，经济社会形势发生了很大的变化，已不能满足水运建设发展的需要。新的形势对水运服务全省经济社会发展的能力提出了更高要求。然而 2003 年编制的《贵州省内河航运发展规划（2003—2020 年）》是根据当时贵州省经济社会发展水平编制的。其规划到 2020 年全省水路客运量达 830 万人次，但在 2008 年提前 12 年就突破了，货运量 1300 万吨也于 2013 年提前 7 年突破。而且，规划水平年仅到 2020 年，不能指导中远期的水运发展，也不能满足新时期经济社会发展的需求，对水运的建设发展失去引领指导作用，因此必须结合新形势、新要求重新编制，不失时机地补齐水运“短板”，与全国内河水运现代化建设发展同步。

2008 年，圆满完成交通运输部部署的流域水运规划修编、水路运输量调查、港口普查三项工作。其中，通过对全省水路运输量的调查，摸清了船舶数、水路客货运输量和渡口、渡运情况，特别是通过这次调查，刷新了客运量的统计数据，增加幅度达 50% 以上。创建了港口普查信息库，港口普查首次采用电脑录入数据库，从而提高了普查工作的质量，为重新编制水运规划，提供了科学依据。

2012 年，作为贵州省人民政府提出的全省 50 项重点工作任务之一，全省内河水运发展规划修编工作列入其中。2012 年年初，贵州省交通运输厅开启了《贵州省内河水运发展规划》修编工作，委托交通运输部规划院为规划编制单位。2 月，确定了规划编制大纲，6 月底完成了《贵州省内河水运发展规划（2012—2030 年）》及《贵州省内河水运发展规划水运量预测报告》《南盘江、北盘江、红水河（贵州段）航运扩能专题研究》《乌江航运扩能专题研究》《贵州省重要港口进港公路发展规划》等四个专题的送审稿。7月4日，召开了规划预审会议，邀请了贵州省发改委、省住建厅、省国土厅、省水利厅、省环保厅、省财政厅、省林业厅及各市（州）交通运输局的相关负责同志参会，在充分听取各方意见的基础上对规划进行了修改完善。完成了《贵州省水运发展规划（2012—2030年）》及《贵州省水运发展规划运量预测报告》《乌江（贵州段）水运扩能专题研究》《南盘江、北盘江、红水河（贵州段）水运扩能专题研究》《贵州省港口集疏运公路发展规划》四个专题的报批稿，于9月24日上报省人民政府。

2012年11月14日，贵州省人民政府（黔府函〔2012〕270号），《省人民政府关于贵州省水运发展规划（2012—2030年）的批复》（以下简称《规划》）批准实施。《规划》提出贵州省水运发展的总体目标是：用二十年左右的时间，建成乌江、南盘江、北盘江、红水河，两条出省水运主通道，建成赤水河、清水江、都柳江三条出省水运辅助通道，形成北入长江、南下珠江、干支相通、江海直达的水运通道布局；力争水运年完成货物运输量达到1亿吨，港口布局合理、功能完善，运输船舶标准化、专业化、大型化、环保化、结构合理化，支持保障系统设施设备先进、保障有力，与其他运输方式及周边省（区、市）水运有效衔接、协调发展的全省水运体系，为贵州省后发赶超、跨越式发展提供畅通、高效、绿色、安全的水运服务。

新修编的《规划》，经贵州省人民政府批准后，成为“十二五”期以及今后贵州水运发展建设的指导性文件，是落实国家、区域规划的“作战图”和“发展线路图”，具有前瞻性指导意义。

（三）省人民政府出台加快水运发展的意见

2012年12月28日，贵州省人民政府出台了《省人民政府关于加快水运发展的意见》（黔府发〔2012〕44号），提出了水运发展的指导思想、基本原则、发展目标、主要任务、政策措施、保障措施共21条意见。该意见提出了贵州水运发展的指导思想、基本原则、发展目标、主要任务、政策措施内容。在政策措施方面，特别明确，建立水运发展专项资金，加大省级财政投入，在现有成品油税转移支付的增量中每年继续安排1亿元资金用于水运建设的基础上，从2013年起，每年在预算中安排不少于2亿元的财政专项资金用于水运基础设施建设，并逐年增长。市（州）及县（市）级人民政府相应加大对水运建设发展资金的投入。

《省人民政府关于加快水运发展的意见》（简称《意见》）出台后，在社会上引起了巨大反响。《意见》中明确提出，以航为主、航电结合、综合利用、协调发展的创新模式，在全国省级层面尚属首次，起到了积极示范作用。明确每年安排 3 亿元省级财政资金用于水运建设，并逐年增长。要求市、县级财政也要加大水运建设的财政资金投入力度。此举为水运可持续发展，提供了资金保障。

（四）贵州省通航管理办法的公布

2018 年 1 月 10 日，贵州省代省长谌贻琴签发《贵州省通航设施管理办法》省政府令第 182 号（以下简称《办法》）。《办法》于 2017 年 12 月 15 日省人民政府第 111 次常务会议通过，自 2018 年 3 月 1 日起施行。该《办法》是根据《中华人民共和国航道法》《贵州省水路交通管理条例》等法律、法规的规定，结合本省实际情况而制定的，共三十六条。第六条规定：省人民政府交通运输部门主管全省通航设施的监督管理工作，省人民政府交通运输部门负责航道管理工作的机构承担全省通航设施的管理工作。市、县级人民政府交通运输部门主管所辖通航设施的监督管理工作，市、县级人民政府交通运输部门负责航道管理工作的机构承担所辖通航设施的管理工作。省管航道通航设施的管理工作由省直属航道管理机构具体负责。通航建筑物是指船闸、升船机、水坡、航运渡槽、隧洞等为保证船舶过闸而建造的设施。第十条规定：在通航河流上建设永久性拦河闸坝时，建设单位应当按照航道发展规划技术等级建设通航设施，通航设施应当与主体工程同步规划、同步设计、同步建设、同步验收、同步投入使用。闸坝建设期间难以维持航道原有通过能力的，建设单位应当采取修建临时航道、安排翻坝转运等补救措施，所需费用由建设单位承担。在不通航的河流上建设闸坝后可以通航的，建设单位应当同步建设通航设施或者预留通航设施建设位置。

2018 年 2 月 26 日，贵州省人民政府新闻办公室召开了《贵州省通航设施管理办法》（以下简称《办法》）新闻发布会。会议由中共贵州省委宣传部副部长、省委外宣办（省人民政府新闻办）主任哈思挺主持。贵州省交通运输厅党委委员、副厅长韩剑波，省法制办党组成员、省人民政府行政复议办公室专职副主任冯小山，贵州省地方海事局党委副书记、局长许湘华出席，他向媒体介绍，贵州处在长江、珠江两大水系的分水岭地带，境内河流众多，具有发展水运的良好条件。但受闸坝碍航的影响，导致水运发展不平衡、不充分问题凸显，成为综合交通运输体系的一块短板。近年来，贵州省通航设施建设已经取得了重大进展，该《办法》的出台，对于依法规范通航设施管理，提高通航效率，促进水运发展具有十分重要的现实意义。在通航设施管理机构及职责方面：《办法》明确通航设施管理分为监督管理和运营管理。其中，政府交通运输部门主管通航设施的监督管理工作，并承担通航设施的管理工作。省管航道通航设施的管理工作由省直属航道管理机构具体负责。第十五条明确了，通航设施的运营管理由建设单位负责。同时，为确保船舶有序过闸，提高船舶过闸效率，《办法》第十四条明确了，航道管理机构承担船舶过闸调度和锚泊区管理职责。在通航设施投融资建设及收取船舶过闸费方面，《办法》第九条明确了，通航设施投融资建设及船舶过闸收费规定，采取公益和有偿相结合的办法，加快通航设施的建设。具体来讲，就是借鉴高速公路融资模式，可以采取和社会资本合作等方式。并且，通航设施收取船舶过闸费仅适用于增建的二线通航设施以及不通航河流上修建通航设施后通航的情形，在《办法》施行之前已建成或在建的一线通航设施不收取过闸费。在通航设施运行、维修、保养费用方面，《办法》根据《中华人民共和国航道法》《贵州省水路交通管理条例》的相关规定，并参照外省关于通航设施运行、维修、保养、技改等方面的做法，明确了“谁建设，谁负责”的原则，避免出现建设单位将通航设施交给通航设施运营机构管理后，不承担运行、维修、保养等相关费用的情况。在介绍后，当场回答记者的问题。

2019 年 5 月 10 日，贵州省交通运输厅“乌江通航管理体制协商讨论会”在贵阳组织召开。贵州省发改委、国资委、财政厅、能源局等省直属有关单位，贵州乌江水电开发有限责任公司，贵州省交通运输厅及有关处室，贵州省地方海事局（航务管理、通航管理局）（简称“省海事〔航务、通航〕局”）相关科（室）以及省乌江航道（通航）管理局相关负责人参加会议。这次商讨会是为贯彻落实省人民政府领导关于乌江构皮滩等通航设施运营管理问题的批示精神，进一步理顺乌江通航管理体制而召开的。省海事（航务、通航）局、贵州省乌江航道（通航）管理局、贵州乌江水电开发有限责任公司就乌江构皮滩、思林、沙沱通航设施有关情况进行介绍并就管理体制的模式提出建议，参会单位对体制机制、主体责任、资金保障等方面进行深入讨论，针对各项问题提出意见建议，一致认为，乌江是贵州北上长江的水运大通道，对贵州融入长江经济带具有重要意义。乌江通航是贵州省的一件大事，必须管好、用好、运营好。由于通航设施是公益性项目，从全国通航设施管理情况和长江三峡运营管理模式来看，通航设施的建设管理以及后期的运行维护，应以电站为主。运行维护资金的来源，建议从电价疏导、政府对国企返利等方面的政策中寻求解决问题的办法，确保乌江在发电、水运等方面实现综合协调发展。

四、水运体制改革的深化

（一）管理机构领导班子调整充实

2008 年，全国交通工作会议提出，交通行业要由传统产业向现代交通业转型。同时明确继续扶持非水网地区和少数民族地区的水运发展。2009 年，国际金融危机蔓延，中央制定了扩内需、保增长、调结构，刺激经济平稳较快发展的战略部署，把加快交通基础设施和民生工程建设作为扩大内需的重要举措。中共贵州省委、省人民政府将“抓机遇、扩内需、打基础、保增长”作为全省首要工作，以现代交通建设为切入点，把水运纳入新的发展规划，进一步开创新的发展机遇和开拓新的空间。

“正确的路线确定之后，干部就是决定的因素。”2010 年 10 月，贵州省交通运输厅对省地方海事局（航务管理局）领导班子再次进行调整：局长为韩剑波（党委委员，主持党委工作），纪委书记为陈英之（党委委员），副局长为李万松（党委委员）、欧汗谣，调研员为乔晓贤，副调研员为曲海鹏、甘定明。新班子迎接新任务，接受新的考验，积极谋划贵州水运建设发展。

2011 年 6 月 27 日，贵州省机构编制委员会办公室《关于贵州省地方海事局（省航务管理局）调整人员编制的批复》（省编办发）明确，鉴于燃油税费改革后“六费”取消，自收、自支事业编制失去经费来源，编制调整后，事业编制由财政全额预算管理。

为加强省地方海事局领导班子建设，2013 年 4 月 3 日，贵州省交通运输厅党委任命陈英之同志任贵州省地方海事局（贵州省航务管理局）党委书记。2013 年 5 月 31 日，贵州省交通运输厅调任徐仕江同志任贵州省地方海事局（贵州省航务管理局）局长、党委委员、副书记。2013 年 12 月 16 日，贵州省交通运输厅任命黄强同志为贵州省地方海事局（贵州省航务管理局）副局长、党委委员，李作良同志任贵州省地方海事局（贵州省航务管理局）总工程师、党委委员，韦世荣同志任贵州省地方海事局（贵州省航务管理局）副调研员。2014 年 11 月 12 日，贵州省交通运输厅根据省人民政府下达的 2014 年军队转业干部安置计划，李军同志被任命为贵州省地方海事（航务管理、通航管理）局调研员。2016 年 7 月 27 日，徐斌同志任贵州省地方海事（航务管理、通航管理）局党委委员、纪委书记；2016 年 3 月 22 日，李作良同志任贵州省地方海事（航务管理、通航管理）局副局长。

2017 年 3 月 23 日，贵州省交通运输厅党委会议对省地方海事（航务管理、通航管理）局（简称“省海事〔航务、通航〕局”）领导班子再次进行调整：蔡光莲同志任贵州省海事（航务、通航）局党委委员、书记，许湘华同志任贵州省海事（航务、通航）局党委委员、副书记、局长。2017 年 8 月 11 日，张启建同志任贵州省海事（航务、通航）局党委委员、纪委书记。11 月 13 日，张明武任贵州省海事（航务、通航）局副调研员（转业干部安置）；11 月 22 日，欧汗谣同志任贵州省海事（航务、通航）局调研员；12 月 20 日，李云峰同志任贵州省海事（航务、通航）局党委委员、副局长，吴鹏同志任贵州省海事（航务、通航）局党委委员、总工程师。

不同时期，省局领导班子成员的年龄、文化、专业、技术等方面结构合理，优势互补，成为水运发展的带头人。

（二）航务管理和航道管理经费由财政全额拨款

“十五”期以来，全省水运规费征收分为两类。一是海事规费征收，由贵州省地方海事局协商地方海事处征收，其征收项目为交通发展基金、船舶港务费和船舶船检费，规费均全部上缴省交通运输厅，用于水运基础设施建设和水运事业单位经费开支。二是水运规费征收，其征费项目为水路运输管理费、航道养护费、水运客货附加费。水路运输管理费，属各航务管理所（事业）自收自支经费。省管赤水河、乌江航道养护费则全额上交省航务管理局汇总后上交省交通厅，用于航道养护及港口维护。水运客货附加费由起运港的航运企业代收，实行专户管理，采取“专户存储，存款计息，汇款收费”的办法，所收款项用于内河航道及其配套设施的建设和改造。随着国家财税体制改革的深入，2009 年 1 月 1 日，成品油价格税费改革实施，2009 年起取消了航道养护费、水路运输管理费、水运客货运附加费。

2012 年 6 月 28 日和 7 月 2 日，贵州省机构编制委员会办公室分别批准贵州省赤水河航道处更名为“贵州省赤水河航道管理局”、贵州省乌江航道处更名为“贵州省乌江航道管理局”，两个航道管理局均为贵州省航务管理局管理的正县级事业单位，所需经费由财政全额预算管理。

南盘江、北盘江、红水河是国家规划在贵州的“高等级航道”，又是中共贵州省委、省人民政府部署的贵州水运“南下珠江”水运大通道。2010 年，“西南水运出海中线通道（贵州段）航运扩建工程”完工，成为贵州省第一条通向省外的高等级航道。为确保南盘江、北盘江、红水河主航道畅通提供保障，2012 年 6 月 28 日，省机构编制委员会办公室办《关于同意设立贵州省南盘江北盘江红水河航道管理局的批复》（省编办发〔

2012〕170号），同意设立贵州省南盘江北盘江红水河航道管理局，为贵州省航务管理局管理的正县级事业单位，核定事业编制120人，分别从贵州省赤水河航道处划转人员100名，贵州省乌江航道处划转人员20名。所需经费由财政全额预算管理。至此，贵州省管三条通航河流，赤水河，乌江，南北盘江、红水河均设置省属航道管理机构，为正县级单位，财政全额预算管理。据此，各市县级航务管理机构也由自收自支的事业单位转变为地方财政管理。

（三）贵州省乌江、赤水河航道管理局所属企业完成脱钩

过去贵州省乌江、赤水河航道管理局属差额拨款事业单位，可以通过市场化的方式自筹资金弥补航道管理养护资金的不足。2012年后，属财政全额预算管理的公益一类事业单位，按照国家政策规定和要求，实现政企分开。根据贵州省人民政府关于经营性资产剥离和企业脱钩的工作部署，2016年9月，移交工作会议先后在贵阳举行。会议宣读了《贵州省交通运输厅关于同意贵州远航交通工程有限公司划转贵州省航电开发投资公司管理的批复》和《省交通运输厅关于同意贵州黔航交通工程有限公司划转贵州路桥集团有限公司管理的批复》文件。贵州省乌江航道管理局所属的贵州远航交通工程有限公司划转贵州省航电开发投资公司，贵州省赤水河航道管理局所属的贵州黔航交通工程有限公司划转贵州路桥集团有限公司。这标志着省航道管理局所属国有企业改革工作画上了一个圆满的句号。

（四）省属国有水运企业整体改工作制基本完成

“十五”时期，贵州省航务管理局完成了两家水运企业的改革改制工作，根据省人民政府的统一部署，“十一五”时期继续深化国有企业改革改制。

贵州省乌江轮船公司　随着乌江流域电站建设步伐加快，贵州省乌江轮船公司长途水运中断，只能区间运输，公司营运收入大幅下滑，企业运营举步维艰。2009年年底，企业拥有职工495人（其中在职职工167人，离退休职工328人），企业资产总额2428.04万元，负债总额589.91万元，净资产1838.13万元。经过公司职代会决定，进行企业改革。即以现有资产、场地、规模成立国有独资有限责任公司，按照《公司法》的要求对法人治理结构进行调整。2010年1月，经贵州省交通运输厅批复，成立“贵州沿河乌江轮船有限责任公司”，以1800万元为注册资本，在沿河县工商局登记注册，将原“贵州省乌江轮船公司”更名为“贵州沿河乌江轮船有限责任公司”。

贵州省赤水轮船公司　由于受体制、机制等诸多因素影响，企业经济效益每况愈

下，生产经营难以为继，连年亏损。2004 年，被贵州省经贸委列为特困企业。多年来一直依靠省交通厅、省航务管理局的技术改造资金维持企业简单再生产。2008 年下半年，赤水轮船公司改制工作启动。2009 年 2 月，省交通厅同意赤水轮船公司进行改制。2010 年 6 月，赤水轮船公司经审计，公司拥有资产总额 5207.99 万元，负债总额 2261.06 万元，净资产 2946.93 万元。 2010 年 5 月，贵州省赤水轮船公司召开职工代表大会，审议《贵州省赤水轮船公司企业改制方案》和《贵州省赤水轮船公司企业改制职工安置方案》的主要内容："一是将退休职工移交赤水市社保局实行社会化管理，内退职工（即五年内即将正式退休人员）委托赤水市社保局代管，退休后实行社会化管理。二是正式职工置换国有企业职工身份，领取置换金，与企业解除劳动关系。三是解除企业聘用的合同工，给予经济补偿。四是解决企业长期拖欠职工的工资、职工住房公积金、职工住房存量补贴、独生子女费等一些历史遗留问题。"经过无记名投票表决：97.59% 的代表同意上述两个方案。2010 年 8 月 31 日，贵州省赤水轮船公司的一切经营活动终结。公司各类人员依法与单位签订了相关协议，兑现了各项费用，国有资产全部退出，职工身份予以置换。随后该公司资产在贵州阳光产权交易平台挂牌进行产权交易。由于多种因素影响，未能如愿出售资产，新企业重组工作又未及时跟上，给部分置换身份职工的再就业带来了一定的困难。贵州省航务管理局"改革改制指导小组"，一方面加快资产变现工作，另一方面积极开展思想政治工作，并给予适当生活援助，缓解职工情绪，避免矛盾激化。2012 年 4 月 27 日，贵州省赤水轮船公司改制工作签字仪式在贵阳举行。省交通运输厅党委书记、副厅长陈志刚，党委副书记陈骏（正厅级领导），厅法规处处长方延旭，财务处邢建华（主任科员），贵州省经信委企改处处长邝继宇，财政厅企业处处长李文斌、副处长祝能万，贵州省航务管理局局长韩剑波，纪委书记陈英之，副调研员甘定明，遵义市交通运输局局长李凌，遵义市海事局局长罗登伦，赤水市市长张集智、赤水市市委副书记李贵平、赤水市副市长谭海、赤水市政协副主席、赤水市交通运输局局长任明高以及赤水市国投公司、市司法局、市人大办、市经贸局、市交通运输局、市财政所，赤水轮船公司、赤水市鸿锐电冶公司，贵州阳光产权交易所、贵州与之律师事务所、赤水申张律师事务所等领导和代表参加仪式。贵州省航务管理局局长韩剑波与赤水市国投公司总经理徐光勇在协议书上签字。至此，四户省属国有水运企业——赤水轮船公司、乌江轮船公司、思南船舶修造厂和红枫湖轮船旅游公司的改革改制工作全部结束。

（五）贵州省航电开发投资公司的成立

2009 年，航电一体化前期工作启动。贵州省交通运输厅积极与水电、水利部门和地方政府合作，走“航电结合、联合开发”之路。2010 年 12 月，贵州省交通运输厅、贵州省航务管理局及有关部门与黔东南苗族侗族自治州人民政府多次协商，达成共识。12 月 20 日，黔东南苗族侗族自治州人民政府批准由交通部门建设都柳江、清水江、重安江上的 17 个航电枢纽工程。贵州省航务管理局未雨绸缪，先启动了都柳江航电建设项目的前期工作。2011 年，都柳江航电枢纽可行性研究报告委托黔东南苗族侗族自治州交通运输局承担，但因开发权属未定，工作搁置。国务院国发〔2012〕2 号文明确支持都柳江航电一体化建设，交通运输部将其列入“十二五”规划建设项目。为落实国务院和交通运输部决策部署，2012 年，贵州省人民政府组织召开“加快水运发展专题会议”，明确都柳江航电枢纽开发以贵州省交通运输部门为主，水利部门参与。贵州省交通运输部门筹建投资公司，办理企业工商登记手续等。2012 年 3 月 21 日，贵州省交通运输厅文件批准成立“贵州省航电开发投资公司”（黔交人〔2012〕12 号）。该公司是在贵州省航运总公司的基础上组建的。明确公司主要领导，暂由贵州省航务管理局副局长李万松兼任，兼职不兼薪，以航运总公司人员为基础，严格控制公司人员规模，公司进人必须经贵州省交通运输厅批准同意。公司按照副县级规格管理。随后，因政策安排，贵州省航务管理局领导不再兼任该公司领导，由贵州省交通运输厅任命。

（六）新增设通航管理机构

随着乌江水电枢纽通航设施的建设，通航管理纳入水运行业的管理范畴。2014 年 6 月 20 日，贵州省机构编制委员会办公室根据《关于研究加快推进水运建设三年会战及乌江水运通道建设等有关问题的会议纪要》（黔府专议〔2014〕31 号）精神，批准设立贵州省通航管理机构，在贵州省地方海事局（贵州航务管理局）加挂“贵州省通航管理局”牌子，增加“负责全省通航河流水电站通航设施的指导工作”职责，增设通航管理科。同意在贵州省乌江航道管理局加挂“贵州省乌江通航管理局”牌子，设立沙沱通航管理处、思林通航管理处、构皮滩通航管理处等均为省乌江航道管理局（贵州省乌江通航管理局）管理的副县级事业单位，由财政全额预算管理。

（七）渔船检验机构及人员的划转

根据《贵州省机构改革方案》和《中共贵州省委 贵州省人民政府关于贵州省省级机构改革的实施意见》，将农业农村部渔船检验和监督管理的职责划入交通运输主管部门。2019 年 3 月，贵州省交通运输厅、省农业农村厅印发《关于贵州省渔船检验和监督管理工作的指导意见》（黔交航〔2019〕3 号），明确渔船登记、渔船船员管理仍由农业农村部管理。渔船在航道上航行，由双方共同管理。至此，省航务管理局增加渔船检验职责。按交通运输部海事局统一安排，已经具备交通运输船舶检验资质的检验人员通过培训考核，可获得内河渔船检验适任资质。2019 年 7 月 24 日至 26 日，贵州省交通运输厅组织渔船检验业务培训考核，全省持证验船人员 118 人和非持证 84 人，共计 203 名人员参加此次培训考核。广东省海事局叶青等一行 8 名专家组成监考组对此次培训考核进行监考。

五、对外联系与沟通的加强

（一）贵州省受邀参加长江水运发展协调领导小组会议

2009 年 5 月，受贵州省人民政府领导委托，贵州省交通厅党委委员副厅长刘扬率队参加长江水运高层论坛，在会上提出贵州水运发展方案和意见。提出要在“借”字上下功夫，做好两篇文章。一是借势，借国家在“十一五”期间，实施整体推进长江黄金水道建设的战略，沿江七省市合力建设黄金水道，促进长江经济发展之势。贵州未雨绸缪，竭尽全力加快乌江国家高等级航道建设，与长江黄金水道对接，同时充分发挥赤水河黔北水路桥头堡作用，把贵州北入长江出省大通道运输潜能充分发挥出来。二是借力，贵州矿产资源丰富，又是资源输出大省，水路运输具有运量大、能源消耗和污染低，适合长途运输的特点。通过水运将贵州的资源优势转化为经济优势，以长江水运大发展、大建设作为支点，科学合理、优化工业布局，建立乌江、赤水河沿河产业经济带。

2013 年 9 月 14 日，交通运输部在武汉组织召开长江水运发展协调领导小组第四次会议。交通运输部办公厅会议通知（厅水会〔2013〕4 号），特邀贵州省分管领导、国家发改委、财政部、水利部、国务院三峡工程建设委员会办公室等部门有关领导。贵州省人民政府领导、国务院有关部门领导发言。受中共贵州省委常委、副省长秦如培的委托，省人民政府办公厅副秘书长吴强代表贵州省参加会议。在会议上，吴强简要介绍了贵州水运基本情况和发展现状，阐述水运发展总体思路：坚持“航电结合、综合利用、协调发展”的原则，围绕“一条主线”（即全面提升水运服务经济社会发展能力），着眼“三个立足”（即立足联动协调发展、立足科学统筹发展、立足适度超前发展），突出“五大重点”（即规划引领、航道建设、闸坝通航、创新机制、筹资融资），认真处理好“三个关系”（即水运基础设施建设与经济发展、水运基础设施建设与安全发展、水上开发利用与环境协调发展关系），使航道基础设施建设明显提速，通航条件得到明显改善，水上运输增长迅速，安全和应急保障能力不断提高，形成出省长途运输、省际区间运输、水上旅游运输等多元化水运格局。制定水运发展目标，拟用三年时间投资 100 亿元以上，加快构建“两主四辅”的出省水运通道、适应经济发展水运经济港口枢纽、服务民生的三大水运体系。到 2016 年，全省高等级航道达到 700 千米以上，水运能力达到 2000 万吨以上，港口码头吞吐能力突破 3000 万吨。到 2020 年，水路货运能力超过 5000 万吨 / 年，客运能力达到 3500 万人次 / 年，船舶制造生产能力达 10 万载重吨 / 年，建成乌江、红水河三级航道，全面建成赤水河、清水江、都柳江水运通道，形成适应经济社会发展需要的现代化水路运输体系。随后，吴强介绍了贵州省水运发展的主要做法：一是强化政策支撑。自 2008 年以来，相继颁布《贵州省水路交通管理条例》《乡镇自用船舶安全管理办法》等法规、规章，制定了《贵州省渡口设置安全技术条件》等规范性文件，为水运发展创造了良好的法制环境。出台了《省人民政府关于加快水运发展的意见》（黔府发〔2012〕44 号），指导全省水运工作。制定《水运重点工作年度任务分解督办通知》《水运工作年度要点》等文件，将水运工作目标任务分解细化，明确工作时限，将责任落实到单位和个人。二是强化组织领导。成立由分管副省长为组长，省有关单位和地方政府分管负责同志参加的加快水运发展领导小组，定期或不定期召开会议，具体负责解决水运发展中的重大问题，研究扶持水运发展的措施和办法。同时，主动赴重庆、广西等区市对接沟通，建立省（区、市）水运发展联动机制，重点开展省际水运规划对接等问题，合力推动省际水运大通道建设。主动与水电枢纽业主单位协商，建立政企协调沟通机制，共同化解闸坝碍航、航电发展矛盾等问题，共同推进航运、水电统筹协调发展。三是强化规划引领。充分发挥水运优势和潜力，在大量调查研究和评估论证的基础上，及时修编完成《贵州省水运发展规划（2012—2030 年）》，以规划为引领，突出干支相通，江海直达，统筹航电发展，港航建设，协调产业布局，水陆衔接，加快推进乌江、红水河航道规划等级由四级提升为三级，实施都柳江和清水江航电一体化枢纽工程。围绕形成大通道，加快建设大港口、大物流，建设临港经济区，积极推进大型港口建设，重点建设红水河望谟港、贞丰港、册亨港、罗甸港，乌江开阳港、遵义港、瓮安港、思南港，清水江锦屏港及都柳江从江港等结合产业园区、城镇建设等规划一批港口，推动港口、产业、城镇联动发展工作。四是强化机制创新。理顺水运管理体制，推进海事机构参公管理，确定航务管理机构执法主体资格。健全出省水运通道省级航道管理机制，成立了红水河等航道管理局，实现出省主要航道养护管理全覆盖。目前，全省88个县（市）中，有72个县（市）设置有航管、航道、港口、海事等机构，初步形成了适应贵州水运发展的管理体系。六是强化筹资融资。加大财政投入力度，省级财政每年安排3亿元以上资金用于水运基础设施建设，并逐年增长。市县级人民政府相应加大水运建设发展资金投入。全省近五年完成水运固定资产投资达14.13亿元，是前五年的3倍；充分发挥市场配置资源的基础性作用，组建贵州省交通建设集团公司等投融资平台，承担事关全省经济社会发展的重要水运项目的开发、建设、经营、管理；加大招商引资力度，采取多种建设模式，积极引导和支持社会资本参与水运经营性基础设施建设和水运市场开发，强力推进水运又好又快地发展。六是强化科学统筹。国发〔2012〕2号文件将贵州定位为长江、珠江上游重要的生态安全屏障。坚持安全、可持续发展，在水运开发中保护资源、优化生态，在环境保护中有序开发、综合利用，努力打造长江、珠江上游重要的生态安全屏障是水运的责任和担当。坚持港航基础设施与安全保障设施同步建设，落实县、乡人民政府水上交通安全生产主体责任，进一步健全水上交通安全责任体系，加大安全监管设施设备投入，做到建管并举。近五年水上交通安全形势持续稳定，截至2012年年底，水上交通连续三年实现零事故、零死亡。对于加快建设长江流域黄金水道的建议，恳请同意将贵州省调整进入长江水运发展协调领导小组，与其他成员单位共同推进长江干流、支流水运建设的发展；贵州省已完成乌江航道提升为三级标准的论证、评审和上报审批工作，恳请国家尽快批复，并在乌江通航设施扩能、重要港口、航电枢纽等水运工程项目建设上给予倾斜支持；恳请国家加大对长江支流上水电枢纽通航设施扩建的支持力度。由于历史原因，长江许多支流通航设施标准不统一、能力不足，严重制约了水运发展，为充分发挥这些水运通道的能力，建议国家有关部门和地方政府共同督促水电枢纽建设业主，实施水电枢纽通航设施扩建，统一通航设施建设标准，并对水电枢纽通航设施扩建给予适当补助。

2014年9月，国务院下发《国务院关于依托黄金水道推动长江经济带发展的指导意见》（国发〔2014〕39号）提出，长江经济带覆盖上海、江苏、浙江、安徽、江西、湖北、湖南、重庆、四川、云南、贵州11省市，面积约205万平方千米，人口和生产总值均超过全国的40%。长江经济带横跨我国东、中、西三大区域，具有独特的优势和巨大的发展潜力。贵州列入长江经济带，加快乌江等8条支流高等级航道建设也在其中。

（二）与部属机构及周边省（区、市）签订水运发展协议

乌江是贵州省第一大河，历来是渝、黔两地区对外交通的主通道。随着贵州工业化发展进程加快，乌江流域的遵义、贵阳两市生产的氧化铝 1200 万吨、电解铝 600 万吨，开阳、息烽、瓮安三地磷矿石加工的磷酸二铵产量已经达到 1200 多万吨，都希望能通过乌江水运输出。

与重庆市交通委员会签订合作协议　2012 年 8 月，贵州省交通运输厅与重庆市交通委员会签订了《共同推进乌江水运通道扩能建设合作协议》，达成修编乌江航运规划，推进乌江航道由四级提升为三级，争取进入顶层设计和总体规划，把乌江水运规划纳入长江黄金水道的重要组成部分和武陵山区交通扶贫规划里，争取得到中央支持。

与交通运输部珠江航务管理局签订共建协议　珠江作为我国第二大水系，也是连接东西部地区的黄金水运通道，建设、打通这一水运大通道，对于西南落后地区与珠三角发达地区互补发展，建设全流域，全面建成小康社会具有十分重要的作用。

2013 年 7 月 4 日，在珠江片区“中国航海日”活动中，交通运输部珠江航务管理局与贵州省交通运输厅签订了《关于加快贵州水运发展的共建协议》(简称《共建协议》），这是此次活动主要内容之一。《共建协议》主要内容有：一是建立工作沟通协调机制。双方联合成立珠江水系贵州水运发展协调小组，采取定期和不定期召开会议的方式，研究和协调解决加快贵州省珠江水系水运发展建设中的重大问题。二是共同推进贵州珠江水系航道开发建设。珠江航务管理局加强对珠江贵州段航道资源管理、保护、开发的指导工作，积极协调云南、广西等省（区）及部综合规划司、水运局等部门，加快推进南盘江、北盘江、红水河、都柳江等水运通道的开发建设工作。(1）推进红水河航道等级提升。为满足贵州对红水河水运通道超过 2000 万吨 / 年的运输需求，珠江航务管理局大力支持贵州开展红水河白层至广西来宾 700 千米航道由四级提升为三级的论证工作，协调广西壮族自治区共同向交通运输部申报调整规划，协调促进龙滩、岩滩等水电枢纽通航设施扩大通过能力建设。(2）共同推进都柳江航电枢纽和水电枢纽过船设施建设。都柳江贵州段 214 千米，11 座航电枢纽中的丛江、大融航电枢纽工程已于 2012 年开工建设，为实现 2020 年前 500 吨级船舶直通柳州出西江进南海的目标，协调都柳江下游广西段尽快实施下游梅林、洋溪航电枢纽建设工程和麻石、浮石等水电枢纽通航设施的提级改造工作。(3）支持贵州水运建设项目纳入部“十二五”规划中期调整。为适应贵州经济社会加快发展的需要，贵州启动了加快水运建设的三年会战

工作，将都柳江航电工程和北盘江董箐、光照库区航运工程、荔波樟江旅游航运等项目列入了建设目标，交通运输部珠江航务管理局积极协调争取将贵州水运项目纳入交通运输部“十二五”中期调整规划。（4）协调红水河龙滩翻坝运输工程尽快实施。龙滩水电站通航设施迟迟未建造成红水河断航，目前上游贵州境已按四级航道标准完成了水运工程建设，并正规划蔗香、罗妥等较大规模的新港区建设。为推进红水河尽快复航，交通运输部珠江航务管理局积极协调龙滩水电站翻坝运输工程启动建设，并在2015年前建成300万吨翻坝运输能力。三是大力培育水路运输市场。交通运输部珠江航务管理局积极支持贵州水路运输业的可持续发展。贵州省交通运输厅积极推进南盘江、北盘江、红水河航道扩能及沿江大型港口设施建设，促进沿江冶金、化工、钢铁、造船等产业的合理布局，培育发展南盘江、北盘江、红水河水路运输市场。四是推进船型标准化。交通运输部珠江航务管理局和贵州省交通运输厅共同推进南盘江、北盘江、红水河标准船型的研发和推广工作，多渠道筹集资金、制定措施，加快现有非标准船型和老旧落后船舶的更新改造和淘汰，着力推进船舶的标准化、大型化、专业化。五是推进珠江干支流航运信息化建设。交通运输部珠江航务管理局统筹规划和逐步推进珠江干支流航运综合信息平台建设，贵州省交通运输厅加快贵州支流港航信息平台建设，逐步实现与珠江航运综合信息平台对接，促进贵州主要港口、航道、运输船舶和安全监控数字化管理，提升港口、航道的建设、运行和养护水平，提高港口和航道的综合利用效率，增强航运安全保障能力。六是加强人才培养与交流。交通运输部珠江航务管理局与贵州省交通运输厅共同采取人才交流培养、挂职锻炼等方式，促进水运行业航务、航道、港口、海事等领域人才培养工作。七是促进交通运输部珠江航务管理局云贵办建设。为更好推动珠江水系云南、贵州水运发展，交通运输部珠江航务管理局在贵阳设立云贵办事处。贵州省交通运输厅对该办事处在工作、人员及其他相关方面提供大力支持。根据协议安排，2013年11月20日，交通运输部珠江航务管理局云贵办事处在贵阳市观山湖区省赤水航道管理局黔航公司办公楼挂牌成立。交通运输部珠江航务管理局副局长祁军辉和贵州省交通运输厅副厅长韩剑波为交通部珠江航务管理局云贵办事处成立揭牌。

与广西壮族自治区交通运输厅达成共识　2013年11月，广西壮族自治区交通运输厅和贵州省交通运输厅协商，共同加强水运交通建设发展的合作，完善流域综合交通运输体系，其既是贯彻落实党的十八大精神和继续深入实施西部大开发战略的重要举措，又是推动流域集中连片贫困地区经济社会协调发展的具体措施。要共同加快建设衔接两省区的西南水运出海中线通道和北线通道的水运基础设施，努力解决闸坝碍航问题，加快水运通道的形成，推进沿江产业布局，丰富完善两省区的交通运输体系。到 2015 年，建成龙滩水电站翻坝运输系统工程，缓解红水河上游交通压力。到 2020 年，努力按通航 1000 吨级船舶标准建成红水河龙滩和岩滩水电站通航设施，打通西南地区水运出海中线通道；积极推进都柳江航电一体化开发进程，加快融江和柳江通航设施改造，打通西南地区水运出海北线通道。

与交通运输部长江航务管理局签订共建协议 随着长江经济带国家战略的实施，为有效实施长江黄金水道“连支流”战略，提高长江支流航道对干流水运发展的贡献能力，共同推进长江干流、支流协调发展。2014 年 4 月，在武汉，贵州省交通运输厅与交通部长江航务管理局（简称“长航局”）达成《交通运输部长江航务管理局贵州省交通运输厅关于加快贵州水运发展的共建协议》。协议主要内容：一是建立工作沟通协调机制。双方联合成立长江水系贵州水运发展协调小组，重点协调解决水电站闸坝碍航、通航设施扩能问题，加强与贵州相邻的四川、重庆、湖南等省（市）沟通，共促长江水系水运发展。二是共同推进赤水河、乌江、清水江航道建设。“长航局”作为长江流域航道行业主管部门，积极支持将贵州长江水系航运发展纳入国家实施的长江黄金水道建设体系，协调四川、重庆、湖南等省市及部规划司、水运局等部门，加快推进贵州赤水河、乌江、清水江等水运通道的开发建设工作。特别是根据乌江贵州段年预测运输量达到 1500 万吨—2000 万吨的需求，支持乌江乌江渡至涪陵 594 千米干线航道由原规划的四级航道标准调整提升为三级标准。三是大力培育水路运输市场。“长航局”根据长江水系船舶运力发展规划，优化行政审批手续，积极支持贵州支流船舶通往长江干线和水路运输的可持续发展。贵州省交通运输厅积极推进乌江、赤水河、清水江沿江大型港口设施建设，促进沿江冶金、化工、汽车、造船等产业沿江布局，增强长江干线水路运输量。进一步规范运输市场秩序，进一步增强航运服务能力，提升航运服务品质，增强长江干线水运对支流沿江经济的推动和促进作用。四是共同推进船型标准化。双方共同推进进入长江干线及三峡库区标准船型的研发和推广工作，促进长江干线船舶运力结构调整，着力推进船舶标准化、大型化、专业化。加快现有非标准船型和老旧落后船舶的更新、改造和淘汰步伐，满足长江干线运输对船型的要求。五是共同推进长江干支流航运信息化建设。“长航局”统筹规划和逐步推进长江干支流航运综合信息平台建设，贵州省交通运输厅加快贵州支流港航信息平台建设，逐步实现与长江航运综合信息平台对接，促进贵州主要港口、航道、运输船舶和安全监控数字化管理，提升港口、航道的建设、运行和养护水平，提高港口和航道的综合利用效率，增强航运安全保障能力。

与交通运输部水运科学研究院举行座谈 2016年6月16日，交通运输部水运科学研究院史世武副院长带领水运科学研究院相关处室负责人一行到贵州调研。贵州省交通运输厅党委委员、副厅长韩剑波同志主持，厅规划处、安全处、科教处相关同志，贵州省航务管理局党委书记陈英之和局党委委员、副局长黄强同志以及相关科室负责人参加座谈会。会议就贵州水运“十三五”水运建设规划、水运建设和科技创新以及技术需求和发展重点、双方联合开展科技创新的领域和方向等方面进行座谈交流。双方表示，在政策研究上开展合作，把库区航运、水运支持产业发展、水运体制机制、水运投融资研究等方面纳入政策支持的研究视野，并争取有所突破，促进水运发展。联合开展科技创新加强合作。在运输方式、物流、港口机械、船型、船舶标准化以及信息化等方面开展合作研究，尤其是在构皮滩翻坝运输形式上深入研究。围绕贵州大数据对智慧水运进行顶层设计研究。对乌江提等扩能、船型标准化、老旧船舶改造等方面保持双方良好的合作。

与重庆市港航管理局签署备忘录 随着乌江梯级开发步伐的加快，在建的水电枢纽同步配套的船闸、升船机等通航设施却未建成，只能分段通航。2014年11月，贵州省航务管理局与重庆市港航管理局签署备忘录，两地将携手开发乌江水运大通道，促进流域经济社会健康发展。备忘录显示：双方将加强乌江航道建设，力争使乌江航道在2015年底前按四级标准全线复航；鼓励两省（市）港口与运输企业加强合作，支持涪陵港贵州码头建设，纳入重庆市港口规划，解决贵州物流运输周转需求。备忘录提出，按照国家三级航道标准加快乌江通道建设，彭水电站按照三级航道标准通过1000吨级船舶，增建第二线船闸。贵州省发改委规划处处长张志宏说：“签署备忘录是贵州主动加强与长江经济带各省市的战略对接，共同推进区域内重大交通等基础设施建设的重大决策。”

重庆涪陵水运资源丰富，境内长江、乌江交汇，区位优势明显。2014年12月24日，贵州省交通运输厅与重庆涪陵区人民政府签订了《战略合作协议》。2015年4月24日，中共涪陵区委副书记、区人民政府区长李洪义，率区委常委、区委秘书长夏艺，区人民政府副区长卓大林，区政协副主席杨平及区交委、经委、港航局等单位负责人一行到贵阳，与贵州省交通运输厅党委书记、厅长王秉清，副厅长韩剑波以及省航务管理局领导举行座谈，就进一步深化双方的合作，特别是推动三峡二线过船设施建设、乌江航道等级提升和贵州在涪陵的水运中转基地等的战略合作开展讨论。双方表示要抓住长江经济带战略的机遇，省市共同推动，并争取交通运输部的支持。积极推进乌江水运发展，争取融入国家“一带一路”发展战略。要把乌江航道提等升级工作作为当前工作的重中之重来抓，以乌江航道等级提升，敦促水电业主按照三级航道标准改造扩建1000吨级过船设施。通过多种方式完善贵州在涪陵的水运中转码头，实现互惠互利。

与湖南省交通运输厅达成共识　2015年9月，贵州省交通运输厅与湖南省交通运输厅在贵阳召开了座谈会。清水江是沅水上游，从三板溪至省界是纳入国家规划四级航道的，从凯里至三板溪是贵州省规划的五级航道。清水江凯里至省界目前建有三板溪、挂治和白市三座水电枢纽，其中三板溪和白市水电枢纽没有建设通航设施，白市水电枢纽通航设施仅按可通过50吨级船舶标准建设，不能满足通航500吨级船舶标准。双方就以上问题，达成共同推进清水江—沅水通道互联、互通的共识。

（三）同中央企业和省外企业密切合作

与中国水利水电九局签署合作框架协议　2017年10月11日，贵州省交通运输厅与中国水利水电第九工程局有限公司（以下简称“中国水利水电九局”）在省交通运输厅39楼会议室举行合作框架协议签署仪式。贵州省交通运输厅厅长王秉清、中国水利水电九局总经理徐鹏程出席仪式并讲话。贵州省交通运输厅党委委员、副厅长韩剑波主持仪式，省交通运输厅所属相关部门、单位负责人及中国水利水电九局相关负责人参加签署仪式。仪式上，徐鹏程介绍了中国水利水电九局的成长历程和未来的发展方向，并表示将会以此次签署为起点，充分发挥技术和人才优势，积极推进协议的落实，并进一步深化合作，服务好贵州交通建设。中国水利水电九局副总经理王力介绍了《合作框架协议》的有关情况。王秉清说：“近年来贵州交通取得跨越式的发展，公路、铁路、航运都有了翻天覆地的变化，水运建设虽然也取得了一定的成绩，但发展依然还是滞后。”此次与中国水利水电九局的合作，希望水利水电九局发挥自己的优势、特长为水运交通建设探索出一个新的发展模式，使贵州水运建设更上一个新台阶。省交通运输厅将与中国水利水电九局在贵州省水运通道项目建设、港口设施、航电项目、通航建筑物、旅游航道等领域加强合作，着力推动贵州水路交通运输加快发展。

长江大型港口企业来黔与企业座谈物流合作　2014年6月4日至5日，交通运输部长江航务管理局副局长朱汝明领队，中国港口协会长江港口分会、南京港（集团）有限公司、江苏省扬州港务集团有限公司、泰州港务集团有限公司、江苏江阴港港口集团股份有限公司、张家港港务集团永嘉公司、南通港口集团有限公司、中国民生银行内河航运经营部等一行21人，在贵州省交通运输厅副厅长韩剑波的陪同下，深入开磷集团、乌江洛旺河码头进行实地考察调研。考察组达成共识达成五点意见：一是贵州水运的后发优势比较明显。贵州省委、省政府及省交通运输厅对水运发展高度重视，给予了很多政策上的扶持，贵州企业对水运有着很大的需求，种种因素均表明贵州水运有着巨大的发展潜力。二是长江上、下游地区进一步交流合作的空间很大。贵州本土企业和长江下游主要的港口企业应在原来的基础上进一步巩固、发展与深化良好的合作关系。三是对接交流能够进一步深化。目前，贵州水运发展相对长江中上游地区比较落后，行业管理水平也有着巨大的差距，而贵州又是一个资源大省，如能够充分挖掘水运发展的潜力，提升行业管理水平，便可以实现上下游地区的平衡与互补，进而实现合作共赢。四是长江航务管理局将进一步按照与贵州省交通运输厅签订的战略合作协议相关要求，进一步支持贵州水运发展。五是建议贵州一方面加强港口、航道等水运基础设施建设力度外，另一方面还要从税收、财政等方面出台更多促进水运发展的优惠扶持政策，吸引更多的外来企业投资贵州水运。

与中海华东物流有限公司举行座谈　2013年8月，乌江流域物流发展座谈会在贵阳组织召开。散杂件货业务中心负责人说，贵州有的大型企业在沿海有生产基地，业务在贵州不断拓展，愿为贵州经济社会发展出点力，把运输成本节约下来，提高产品的市场竞争力，在贵州找到契合点，设想在适合的地点建立基地。开磷集团有近2500万吨产品运输需求，到“十二五”末期，将达到2800万吨，我们对产品进行市场分析，黄磷、硝酸铵、氟硅酸钠等产品远销华东地区，硝基复合肥、三元复合肥等主要供应“三北”地区，辐射中南地区，涵盖全国各地。通过水运的产品可达800万吨/年，我们迫切希望乌江水运早日打通，企业可与中海物流公司合作，方法是多种多样的，关键是能通江达海。贵州省发改委副处长黄道斌说，乌江沿岸有6个县盛产茶叶，有200万吨/年外运的需求。全省物流发展布局、建设物流基地规划，正在开展乌江经济走廊规划的前期工作，本年10月上报省人民政府。当前正在进行的产业发展布局规划，下一步形成的经济走廊对交通物流的作用显现。贵州省商务厅代表表示，制定贵州无水港规划，主要地点设在贵阳，可吸纳周边200千米的区域货物从铁路、公路分流，乌江开阳港将建成，贵阳、遵义的货物都可通过乌江水运外运，打通乌江航道，打造港口，选好连接高速公路到港口的节点，做到无缝衔接。若乌江水运不通，企业有的产品可能远走他乡，请省发改委做好乌江工业布局，引导工业园区集中在航道边上，形成经济走廊。要做好跟踪服务，选择好切入点，将宜走水路物种运输规划启动起来。加快适应升船机示范船舶建造，加强复航宣传，让企业看到水运的希望，坚定信心。

六、水电站闸坝碍航倍受关注

（一）全国政协联合调研组考察“两江一河”

由全国政协提案委员会牵头，提案委副主任王显政担任组长，部分政协委员及国家发改委、财政部、水利部、交通运输部、国务院法制办的相关负责同志参加的联合调研组，于 2009 年 11 月 10 日至 11 日，赴广西、贵州等地进行了调研。调研组一行到贵州考察北盘江百层港，乘船考察天生桥库区航道。贵州省政协副主席刘鸿庥陪同调研考察。2009 年 11 月 19 日，全国政协提案委员会形成的《关于内河航运资源的综合利用与开发调研报告》指出，2008 年，国家发改委《关于珠江中上游梯级枢纽通航设施建设情况的报告》中对推进龙滩和岩滩枢纽通航设施提出了意见，但存在落实报告进度不够理想，措施仍有难度等问题，协调任务仍然相当艰巨。并对贵州省继贵（阳）广（州）快速铁路、高速公路通道建设后，规划航运北入长江、南下珠江的战略，开工建设了第一条国家规划的高等级航道——南盘江、北盘江、红水河航道，形成了贵州到广州交通运输水陆并进的格局，并予以肯定。考察组通过本次调研，提出加强内河航运资源保护与开发的建议。一是把航运资源保护纳入国家战略。内河航运资源作为国家水利资源、交通资源、国土资源的重要组成部分，应将内河航运资源的开发和保护上升到国家战略的高度。二是加强水资源综合利用。严格按照《水法》要求，对在通航河流上新建水电枢纽的通航设施进行专项审批。确保通航设施同步规划、同步设计、同步建成，并且要考虑保障施工期间的通航；理顺通航设施的长效管理体制机制。三是建立部际高层协调机制。水资源的综合开发利用涉及水利、交通、能源等多个部门，江河的开发更涉及跨区域的协调问题。建议建立由国务院或发改委牵头，水利、能源、交通等部门参加的部际政府高层合作协商制度，成立机构，定期研究水资源开发和保护事宜，真正实现水资源的综合开发利用。四是加速相关法规建设。水资源管理的法律有《水法》和《防洪法》，涉及航运资源管理的仅有 1987 年国务院发布的《航道管理条例》，根据水运发展的实际需要，急需国家出台“航道法”来调整、保护和促进新的发展。建议加快立法进程，争取尽早出台，为内河航运资源提供法律保障。“加强内河航道资源的保护和开发，促进江河水资源综合开发利用”是全国政协 2009 年选取的五个重点调研提案之一。五是珠江重点需要解决的问题。主要是“不通不畅”。当前要抓紧解决瓶颈问题：红水河龙滩、右江百色水利枢纽通航设施建设严重滞后，已经制约了国家规划的西南水运出海中线、南线通道的如期完成。影响上游地区贵州、云南两省经济社会的发展。建议在 2—3 年内建成龙滩水利枢纽 500 吨级升船机，并按照通航 500 吨级标准改造岩滩水电枢纽过船设施。

（二）媒体记者采写乌江构皮滩通航设施建设实况

2010 年 8 月，《中国交通报》记者张向东、李黔刚，特约记者韦世荣，到构皮滩水电站进行实地采访，刊登了《乌江构皮滩水电站通航设施“搁浅”》的述评文章。文章摘要：（1）立项几经波折建设进度缓慢。构皮滩水电站可行性研究报告基本完成于 20 世纪 90 年代。2001 年 12 月，“考虑到下游梯级在构皮滩水电站投入运行的 5 年内完工的可能性不大”，中国水电顾问有限公司主持的乌江构皮滩水电站可行性研究报告审查会同意前期缓建通航建筑物。但是在国家发展和改革委员会 2003 年和 2005 年的批复中，均要求构皮滩水电站通航建筑物与电站同期建设，同时发挥效益，但现在电站已蓄水发电，通航设施建设却陷入僵局，电站成为碍航闸坝，导致沿江群众物资运输困难。然而，现在构皮滩水电站已蓄水发电，几经周折开工建设的电站通航设施，却由于种种原因导致工期一拖再拖。2006 年 2 月 16 日，乌江水电开发有限责任公司（以下简称“乌江水电开发公司”）正式向长江水利委员会勘测设计研究院（以下简称长江委设计院）发出邀请，委托其展开构皮滩水电站通航建筑物可行性研究报告勘察设计工作，并明确了设计任务及时间要求。之后不久，长江委设计院在可行性研究报告中就明确，构皮滩水电站通航建筑施工总工期为 85 个月，投资 30.38 亿元。2007 年 7 月 12 日，乌江水电开发公司所属的构皮滩水电站建设公司正式进场施工。但直到 2010 年 7 月 14 日，仅完成第一级升船机的水下施工部分。尽管资金没有问题，但由于现在施工图纸还没有出来，何时开工无法预计。从技术、需求等角度分析，待发电设施建成后再建设通航设施，恐对发电设施造成破坏，不仅增加施工难度，投入也将增多（施工方也坦诚，原有的 30.38 亿元总投资会扩大至 45 亿元以上）。施工方对通航设施建设不积极的真实原因确实耐人寻味。（2）沿江百姓等不起。乌江渡以下至龚滩（省界）406 千米河流范围内，目前，仍无铁路和高速公路，航运仍是沿江地区的主要交通运输方式之一。据统计，2009 年，仅乌江贵州段水路运输货运量就达 107.07 万吨以上、客运量达 221.22 万人次以上，呈现出快速增长的态势。然而，由于水电站建设断航，当前乌江航道处于分段通航状态，只有区间零星货物和乡镇客运，沿岸的磷矿、铝矿、煤矿等企业只能通过极短区间的铁路或公路向长江中下游需求地运输产品，而且基本处于“以运定产”的局面，极大地制约了当地经济的发展，很多群众都过着“守着金饽饽，就是不致富”的生活。武汉理工大学的研究表明，贵州的水运发展对上下游地区的经济拉动作用巨大，每万元水运建设投入对国内生产总值的贡献达 336.24 万元，可提供就业岗位 86.21 个。构皮滩水电站通航设施一旦建成，尽管设计年通过能力仅为 142.5 万吨，但通过对船型的研究，利用乌江水运通道，辅以相应翻坝设施，通过能力将大大提升，每年可运输 1000 万吨物资进出省。余庆县人大的一位工作人员说：“沿江两岸的老百姓天天盼着乌江早日通航，大家已经等不起了。”亟须建立国家层面协调机制。在获知构皮滩水电站缓建通航设施时，贵州省交通部门在省人民政府的协调下，与乌江水电开发公司签订了《关于建设和管理构皮滩等电站通航设施问题的协议》，主动承担了通航设施建成后的管理责任，并对构皮滩上游腹地过坝运输的需求进行了深入调查，委托科研单位围绕一些关键技术进行研究，将预测过坝水运量和技术攻关成果无偿提供给电站设计单位和建设业主参考。然而，由于国家和省级没有可以使交通部门参与到通航设施建设的协调机制，交通部门无法参与通航设施建设，这也将对通航后的运行造成巨大影响。遵义市政协一部分委员建议，应当把构皮滩水电站通航设施建设项目作为国家重点督办项目。在国务院有关部门督办的前提下，贵州省应当与建设方建立一个协调督办机制，要求乌江水电开发公司制定出工期进度表，定期向中共贵州省委、省人民政府和交通部门通报工程进展情况。另外，应当组成由交通行业专家参与的联合专家组，共同对通航设施建设中的技术问题展开攻关。贵州省交通部门也建议，当务之急是要成立一个共同参与电站通航设施建设的机构，与作为建设方的乌江水电开发公司进行对接，只有提早介入，才更有利于通航设施建成后发挥最大作用。水电企业应承担社会责任。采访中，一些省市人大代表和政协委员提出，如今，构皮滩水电站已经蓄水发电，在要求水电站业主按照既定工期方案加快建设通航建筑物的同时，下游的思林、沙沱、彭水、银盘水电站通航设施也应加快建设和调试，确保乌江渡以下水电站通航建筑物在“十二五”期间全部建成投入使用，实现千里乌江黄金水道的贯通。部分人大代表还提出，今后国家应严格按照法律法规对水电站项目进行审批，要求通航河流上建设水电站时应同步建设通航设施，不同步设计通航设施就不予审批，一定要让水电企业在享受发电带来的经济效益的同时，肩负起相应的法律责任和社会责任，促进水利资源综合开发利用。对于一些已存在的碍航闸坝，国家可从水电站发电收益中征收相应税收来专项建设通航设施，逐步消除碍航闸坝，尽快复航。①

（三）人大代表关注乌江构皮滩水电站闸坝碍航

2011 年 2 月 24 日，由贵州省人大常委会副主任傅传耀，部分全国人大代表、省人大代表组成的专项视察组，对乌江构皮滩水电站通航建筑物建设情况进行视察，通过实地查看现场，听取电站建设公司、设计、监理、施工单位情况汇报以及当地人大代表、群众意见和建议，与各参建单位共同分析了构皮滩水电站通航建筑物建设中存在的主要问题：一是与国家法律法规不一致。国家法律规定对在通航河流上修建闸坝，建设单位应该同步建设通航设施。而今水电站已经建成发电，而通航设施预计要到 2019 年 8 月才能建成运行，同步建设、同步发挥效益的目标已经不可能实现。二是与人民群众的呼声不相和谐。近年来，每年人大代表和政协委员都在通过各种形式强烈呼吁，引发社会关注。乌江沿江群众盼望早日通航，加快脱贫致富的步伐。三是与国家批复工期不相衔接。按照国家和省发改委的批复，工程施工总工期为 85 个月，应该在 2014 年 10 月底完成，而现在却处于停工等待施工图纸状态。四是与当前贵州经济社会发展不相适应。“十二五”时期，省委、省政府明确了加速发展、加快转型、推动跨越的主基调，提出了“好中求快、快中保好”的总体要求，加快乌江构皮滩水电站通航建筑物建设势在必行。视察组提出了加快通航建筑物建设的意见和建议。一要进一步提高认识，加快通航建筑建设。要从落实科学发展观的高度，以及依法行政和加快发展的角度，加快这条政治、经济、社会、生态效益俱佳的黄金通道建设。二要加快协调，共同努力，优化方案，倒排工期，在保障安全和质量的前提下加快工程进度。三要加强对该项目的服务，省直有关部门、工程所在地政府及其相关部门，要为加快工程建设提供一个良好的外部环境。四要乌江公司建立工程建设进度信息报送制度，按季度以书面形式向中共贵州省委、省政府以及省人大专项视察组报送工程进展情况，必要时向社会公布，加大社会舆论监督力度。视察结束时，乌江公司董事长表示，诚恳接受视察组的意见和建议，并会站在国有企业履行政治、经济、社会三大责任的高度，以修一座电站、造福一方百姓的

① （《中国交通报》2010 年 9 月 1 日第二版头条）。

要求，制定切实措施，超常工作，尽早实现乌江构皮滩水电站的通航。这次人大视察组是贯彻落实贵州省委副书记王富玉《关于乌江构皮滩水电站通航问题建议及有关情况的报告》的批示，办理好人大代表的建议、批评和意见而进行的。

（四）人大代表提交加快红水河龙滩电站通航设施建议

2011 年 3 月，在十一届全国人大第四次会议上，全国人大代表彭伯元提交《关于加快红水河龙滩水电站通航设施建设，恢复红水河通航的建议》。该建议提出，红水河是珠江水系西江上游的主干流，是国务院批准的《全国内河航道与港口布局规划》“两横一纵两网十八线”骨架航道之一，是贵州南下珠江和出海最便捷的水运通道。自 1975 年，大化水电站未建设通航设施造成红水河断航以来，黔、桂两省区经过长期不懈努力，在国家有关部委的协调下，红水河碍航闸坝复航有了实质性进展，并确立了 2010 年全线复航的目标，目前，红水河龙滩以下的岩滩、大化、百龙滩、乐滩等水电枢纽通航设施均已建成。然而 2001 年开工建设的龙滩水电站又再一次阻断红水河航道，尽管国家发改委对龙滩水电站项目的批复，要求建设通航设施，但建设业主却没有按照批复要求，不遵守国家法律法规、不按规划同步建设通航设施。如今电站已蓄水发电两年多，大坝及发电工程已接近完工，而通航设施主体工程却迟迟未动工建设，龙滩水电站已成为红水河全线贯通的唯一障碍。建议全国人大针对龙滩水电站通航设施建设进度滞后的情况，敦促国家发改委等相关部门加强对龙滩水电站通航设施的监督检查，促使水电站建设业主尽快按规划航道标准建成通航建筑物，为流域经济社会的发展注入可持续发展动力。建议尽快出台“航道法”，更加有效地保护珍稀的航道资源，促进河流综合开发利用。

（五）全国人大财经委调研组调研乌江构皮滩通航设施情况

2014 年 3 月 26 日至 28 日，全国人大财经委法案室副主任钟真真，率全国人大财经委调研组到乌江构皮滩水电站通航设施建设工地考察，交通运输部水运局副局长解曼莹、贵州省交通运输厅副厅长韩剑波陪同考察。据乌江构皮滩水电站负责人介绍，乌江构皮滩水电站通航设施，按照通航 500 吨级船舶的国家四级标准建设，设计了三级垂直升船机加中间渠道通航，垂直升船机提升高度分别为 52 米、127 米、79 米，线路总长 2306 米，工程概算投资近 30 亿元。调研组在实地考察后，了解到通航设施建设进度稳步推进，累计完成土石方开挖 530 多万方，投资 8.7 亿元，工程形象进度达 30%。对贵州乌江水电开发有限责任公司积极推进水电站通航设施建设给予了充分肯定，同时为加快国家“航道法”立法审议工作提供了依据。

（六）国务院参事对龙滩过船设施建设建议

2012 年 5 月 25 日，贵州省人民政府办公厅在贵阳召开了“国务院参事‘加快珠江航运发展’调研座谈会”，国务院参事郭廷结、张元方、傅传恺、张纲听认为现在龙滩水电站迟迟不建通航设施，主要原因是大唐公司缺乏约束力。围绕龙滩水电站按 375 米，还是 400 米标高水位建设进行分析，建议贵州省认真做好经济调查，优选方案，如果按照 400 水位建设龙滩二期工程，贵州受淹国土面积有多少、损失费用有多少、移民有多少、异地安置费用需要多少等形成翔实材料，用数据说话，与大唐集团公司进行协商，才能积极有效地推进龙滩二期工程研究论证。同时建议龙滩过船设施建设最好一次到位，建设 1000 吨级船闸。

（七）贵州省领导考察构皮滩通航设施建设

2012 年 9 月 22 日，中共贵州省委常委、副省长秦如培在省交通运输厅书记陈志刚、副厅长韩剑波等的陪同下，冒雨专程到乌江构皮滩水电站考察通航设施建设情况和乌江航运扩能项目进展情况，并主持召开专题会议研究加快乌江航运发展问题。会上，秦如培在听取了构皮滩水电站通航设施建设进展情况和翻坝运输系统的前期工作开展情况的汇报后指出，乌江是贵州省最早的通航河流之一，距今已经有 2000 多年的历史，乌江水运曾在历史上的不同时期，对沿江经济社会的发展都发挥过巨大作用。各部门要从经济社会发展大局出发，围绕乌江航运发展目标，精心组织、克服困难、千方百计扎实推进各项工作，充分利用水运占地少、运能大、成本低、节能环保等优势，加快推动乌江水运发展，提升乌江黄金水运通道年运输通过能力，降低与长江沿岸和长三角经济发达地区大宗货物互通交流的运输成本，促进工业强省、城镇化带动战略的实施。秦如培针对 2015 年建成乌江一期 500 万吨 / 年通过能力的目标，对下一步加快推进乌江构皮滩、思林、沙沱水电站过船建筑物和构皮滩水电站翻坝运输系统的建设工作提出了具体的要求。一是要加快构皮滩水电站翻坝运输工程的前期准备工作，确保 2013 年上半年开工建设，2015 年，建成投入使用。沿江地方政府要全力配合乌江翻坝运输系统建设工作，在港口和公路项目征地拆迁、施工建设等方面给予支持。二是要加快思林、沙沱、构皮滩水电站通航设施建设，确保 2015 年上半年建成思林、沙沱水电站通航设施，2017 年前，建成构皮滩水电站通航设施。三是要开展通航设施管理体制调研，尽快提出建立通航设施管理、营运和维护新机制的方案和意见。四是要加快发展沿江产业，编制沿江产业发展布局规划，引导沿江产业科学布局，加快发展，更大地发挥乌江航运效益。

（八）龙滩水电站 1000 吨级通航设施建设取得新进展

1. 贵州省发改委致函大唐龙滩水电公司

2013 年 6 月 14 日，贵州省发展和改革委员会在贵阳主持召开了“龙滩水电站通航设施一期工程按照 1000 吨级船舶标准尽快启动建设”专题会议。这次会议是为贯彻落实贵州省人民政府专题会议纪要《关于研究加快推进北盘江红水河通航设施建设有关问题的会议纪要》（黔府专议〔2013〕55 号）精神专门召开的。贵州省交通运输厅、省水库移民管理局、省国土资源厅、省水利厅、省环境保护厅和沿江黔西南、黔南布依族苗族自治州人民政府以及水电站建设业主中国大唐龙滩水电公司等单位派代表参加会议。根据会议研究结果，由贵州省发改委、贵州省交通运输厅、贵州省水库移民管理局联合行文《关于请提供龙滩水电站 1000 吨级通航设施比选方案的函》给中国大唐集团龙滩水电公司，对龙滩水电站通航设施按照通航 1000 吨级船舶标准建设提出三项要求。一是鉴于龙滩水电站原设计 500 吨级通航设施通过能力双向仅 460 万吨，不能满足上游贵州地区每年至少 1500—2000 万吨的过坝运输量需求，请大唐龙滩水电公司委托原通航设施设计单位尽快提出通航 1000 吨级船舶标准通航设施建设比选方案，提交成果时间为 6 月 30 日前。二是大唐龙滩水电公司应对通航 1000 吨级和 500 吨级船舶标准通航设施建设方案提出具体的建设性意见，如通航设施建设、运行成本增加费用、上游已建靠船设施改造等。三是根据龙滩库区贵州省境内已经建造营运的 1000 吨级运输船舶尺度及《贵州省地方标准》（DB52/T 809-2013）推荐的南、北盘江、红水河 1000 吨级货运船舶标准船型主尺度，建议龙滩 1000 吨级通航设施的船舶尺度为 67.5 米 ×10.8 米 ×2.4 米（总长 × 型宽 × 设计吃水）。

2. 国家发展改革委两次下文、两次会议给龙滩通航设施定调

2017 年 10 月 9 日，国家发展改革委下发《关于加快推进龙滩枢纽通航建筑物建设方案调整前期工作的通知》（发改办基础〔2017〕1641 号）；2019 年 12 月 17 日，国家发改委下发《国家发展改革委办公厅关于加快推进龙滩枢纽通航建筑物设计方案调整相关工作的通知》（发改办基础〔2019〕1158 号）。2019 年 5 月，国家发改委组织召开了红水河龙滩水电站 1000 吨级通航设施建设项目评估会议；2019 年 7 月 17 日，国家发改委又在北京组织召开了红水河龙滩水电站 1000 吨级通航设施建设专题研究会议，明确了项目建设模式、建设主体、资金筹措方式等，并形成报告上报国务院总理李克强批示。

3. 贵州联合广西等两次与大唐公司会商形成备忘录

2018 年 3 月 7 日，为认真落实《国家发展改革委办公厅关于加快推进龙滩枢纽通航建筑物建设方案调整前期工作的通知》的要求，贵州省交通运输厅会同大唐集团广西分公司在贵阳组织召开了《红水河龙滩水电站通航建筑物由通航 500 吨级船舶调整为 1000 吨级建设方案可行性研究大纲》（以下简称《大纲》）评审会议，参加会议的有交通运输部珠江航务管理局，贵州省发展和改革委员会、航务管理局，龙滩水电开发有限公司龙滩水力发电厂和《大纲》编制单位中国电建集团中南勘测设计研究院有限公司等单位的代表，会议还特邀了交通运输部解曼莹，交通运输部天津水运工程科学研究所郝品正，水利水电规划设计总院彭才德、党林才、陈敬之、王惠明等 6 名交通和水利水电方面资深专家。会议在听取《大纲》编制单位的汇报后，进行了深入讨论和认真审议，形成了《红水河龙滩水电站通航建筑物由通航 500 吨级船舶调整为 1000 吨级建设方案可行性研究大纲评审意见》。

2018 年 7 月 9 日，贵州省航务管理局邀大唐集团广西分公司在贵阳召开龙滩枢纽通航建筑物由 500 吨级船舶标准调整为 1000 吨级船舶标准的内部审查会议，敦促大唐公司抓紧落实龙滩水电站通航设施由 500 吨级调整为 1000 吨级建设工程的安全、环保、资金等各项建设条件后，黔、桂两省（区）要尽快上报工可报告。

（九）贵州省交通运输厅党委书记、厅长高卫东到乌江构皮滩调研

2019 年 10 月 10 日，贵州省交通运输厅党委书记、厅长高卫东到乌江构皮滩水电站，对乌江通航设施、航道、码头建设情况进行调研。高卫东要求，贵州水运建设要大提速、大推动，要强力推进“四个水运”建设。一是强力推进“黄金水运”。当前贵州水运航道等级不高，下一步要大力推进航道升级改造工作，让黄金水道产生黄金效益。在“十三五”及“十四五”规划期间，把“黄金水运”建设作为一项重点工作来抓，大力提高贵州水运发展的高度，确保全省三级航道要达到 20%，四级航道要达到 30%，力争四级航道达到 40%。乌江 1000 吨级第二线通航设施建设要全力加快建成，2020 年，必须开工建设，这是一项硬任务。二是打造“绿色水运”。要落实习近平总书记关于长江经济带“共抓大保护，不搞大开发”的重要指示精神，在建设和营运过程中，要坚持生态优先原则，着力打造“绿色水运”。三是发展“智慧水运”。要依托大数据管理，加快水运信息化建设力度，特别是在通航管理、调度、运行等工作中，要提升信息化管理水平。四是抓好“安全水运”。要筑牢红线意识、底线思维，着力提升安全意识，

确保水运交通安全持续稳定发展。厅党委委员、副厅长韩剑波，厅总工程师、厅规划处、厅建管处、厅航务处、省地方海事（航务）局、省乌江航道管理局、省航电开发有限公司、贵州乌江水电开发有限责任公司、贵州中材环境科技有限公司等单位相关负责同志参加调研。

水电枢纽闸坝碍航是个老生常谈而又难以解决的议题。在国家、省、部的关心支持下，国家规划的乌江、红水河高等级航道提等升级将消除限制瓶颈，成为贵州通江达海的黄金水运大通道。

第二节　水运建设持续健康快速发展

一、国家规划贵州高等级航道的布局和建设

2007 年 7 月，交通部发布《全国内河航道与港口布局规划》，在水资源较为丰富的五大水系（长江、珠江、淮河、黑龙江、松辽）和京杭运河，形成高等级航道网，18 条干支流高等级航道布局（两横一纵两网十八线）。长江水系的贵州乌江（〔乌江渡—涪陵〕594 千米）、清水江（〔三板溪—常德〕667 千米）；珠江水系的贵州北盘江、红水河（〔百层—来宾〕678 千米）列入布局规划。

历史和现实告诉我们，机遇总是留给有准备的人。根据国务院办公厅转发水利部《关于开展流域综合规划修编工作意见的通知》和交通部《关于配合修编流域综合规划抓紧做好水系水运规划修编工作的通知》，应珠江流域、长江流域规划办的要求，编修工作由省航务管理局具体负责。2007 年 11 月开始，2008 年 5 月完成《贵州省珠江水系航运发展规划报告》；2008 年 7 月完成《贵州省长江水系航运发展规划报告》两个报告编修规划期均为 2005 年至 2030 年。

（一）西南水运出海中线通道开工建设

贵州省第一条开工建设的国家规划的高等级航道。

2001 年 7 月 1 日，龙滩电站正式开建，为南盘江、北盘江、红水河航运建设带来新的机遇。贵州省交通厅决定重点建设“两江一河”四级航道。2005 年 5 月 25 日，省航务管理局委托交通部天津水运工程科学研究所、贵州顺达水运工程规划勘察设计所开

展西南水运出海中线通道南盘江、北盘江、红水河（贵州段）航运建设工程可行性研究。2006 年 9 月 26 日，贵州省交通厅向省发改委呈报《关于报请审批西南水运出海中线通道南盘江、北盘江、红水河（贵州段）航运建设工程项目建议书的函》。2007 年 1 月 12 日，贵州省发改委批准项目建议书，要求编制项目可行性研究报告，并落实建设资金、土地、环保、水土保持等相关建设条件。2007 年 2 月，工程可行性研究报告完成并报交通部获批准在“十一五”期间实施。2007 年 1 月 10 日，西南水运出海中线通道南盘江、北盘江、红水河航运建设工程在贵州省交通厅网站公告环境评价公众参与信息，2007 年 9 月 18 日，省发改委对可行性研究报告予以批复。

西南水运出海中线通道（贵州段）航运工程建设（国家规划的高等级航道十八线之一），于 2008 年 5 月 28 日开工建设。这是贵州省第一条开工建设的国家规划的高等级航道，也是中华人民共和国成立以来贵州水运建设史上，首个投资规模最大、航道等级最高、建设里程最长的水运建设工程。工程总投资达 4.29 亿元，实际完成投资 4.09 亿元，节约投资 0.2 亿元，整治 360 千米航道达到国家四级航道标准，可通行 500 吨级运输船舶。新建和改扩建板坝、八渡、岩架、白层、蔗香 5 个码头，共 8 个 500 吨级泊位，码头设计新增货运年吞吐能力达 467 万吨，年客运吞吐能力 325 万人；配套建成 360 千米航段的航标、通信、航道管理、航运安全支持保障系统等设施，建成贞丰、册亨、望谟三县海事搜救中心和板坝、岩架养护基地，配备海事、航道、航务工作船 40 余艘，配备海事、航道、航务执法车辆 40 余辆，建设便民停靠点及海事趸船进出通道共 24 处。2008 年，西南水运出海中线通道航运扩建工程被交通部列为全国 7 个水运建设项目绩效考核试点之一，并顺利通过了试点考核。工程在建期间，即 2009 年 10 月 12 日，两艘广西籍机动船各满载 500 吨，共 1000 吨煤炭，从贵州北盘江百层港起航，当天安全抵达广西天峨县龙滩电站码头，航距 226 千米，实船试航达到预期效果。交通运输部珠江航务管理局、贵州省交通运输厅、贵州省航务管理局、广西壮族自治区港航管理局、黔西南布依族苗族自治州人民政府、安顺市人民政府、黔南布依族苗族自治州人民政府、三州市交通、海事、航务等部门领导，工程相关建设业主、设计、监理、质监、施工、审计、投资商代表及特邀专家参加了验收会议。验收组于 2013 年 12 月 19 日，从贞丰县百层码头乘船沿途现场查验了航道、码头、管理设施等建设工程实物，一致同意，西南水运出海中线通道（贵州段）航运扩建工程全面通过验收。标志着贵州没有高等级航道的历史将一去不复返。

（二）乌江（乌江渡—龚滩）航运建设工程建设

乌江（乌江渡—龚滩）航道是贵州省第二条开工建设的国家规划的高等级航道。在实施工程以前，过程曲折。

2007 年，《全国内河航道与港口布局规划》，规划乌江（乌江渡—涪陵段 594 千米）列入国家高等级航道（两横一纵两网十八线）布局。《贵州省长江水系航运发展规划（2005—2030 年）》，规划乌江渡—龚滩干流 407 千米为连续通航的四级航道，与之连通的清水河开阳港区—河口 25 千米为四级航道；乌江渡以上的各库区为分段通航的区间库区航道。为落实国家规划布局和中共贵州省委、省人民政府的决策部署，贵州省航务管理局在省交通厅的领导下，抢抓机遇，在组织人力对沿岸做了大量的经济调查、广泛搜集沿岸地方政府建议和意见的基础上，与贵州顺达水运规划勘察设计所、四川省交通厅交通勘察设计研究院联手编制了《乌江（乌江渡—龚滩）航运建设工程可行性研究报告》。2006 年 6 月，向省发改委提出《关于乌江（乌江渡—龚滩）航运建设工程项目建议书》及预可行性研究报告。2007 年 6 月，完成《乌江（乌江渡—龚滩）航运建设工程可行性研究报告》并报省发改委。时值《全国内河航道与港口布局规划》公布，该段被列入国家“十八线”高等级航道之一。2007 年 11 月，贵州省发改委批复同意该工程可行性研究报告，并列入“十一五”跨“十二五”时期国家和省重点项目予以实施。2007 年 1 月 10 日，乌江（乌江渡—龚滩）航运建设工程在贵州省交通厅网站公告环境评价公众参与信息。2009 年 4 月 2 日，乌江（乌江渡—龚滩）航运建设工程可行性报告评审会在贵阳召开，工程通过了省内外专家及沿江市、县人民政府及有关领导的审查。审查会由省发改委、铁建办副主任（副厅级）陈熵主持，交通运输部高级工程师荣学文、工程师冯宏琳应邀参加了审查会。会议还邀请了交通部三峡办教授级高工刘书伦，交通部长江航道局原局长、教授级高级工程师周冠伦，重庆交通规划勘察设计院教授级高工柳恩梅等共 6 人。省交通厅副厅长刘扬到会并祝词。审查会召开之前，柳恩梅等专家乘车沿乌江进行了实地考察。《乌江（乌江渡—龚滩）航运建设工程可行性研究报告》工程预算为 6.6 亿元，建设内容包括整治 401 千米航道到达四级标准航道，建设乌江渡、楠木渡、河闪渡、开阳、江界河，思南、沿江渡、德江共和 8 处港口码头，相应建设海事安全、航务管理支持保障设施等。2009 年年初，贵州省人民政府省长林树森做的政府工作报告指出，要加大内河航运建设的部署，中共贵州省委常委会在学习实践科学发展观整改落实方案中，要把“启动乌江航运工程、建设西南水运出海中线通道航运工程”列为整改督办项目。该报告顺利通过审查，使乌江航运建设提前进入大建设、大发展的新时期，并待省发改委批准后，争取列入 2010 年计划实施，从而使贵州省第二条国家高等级航道由规划变成现实，使贵州省委、省政府提出的建设北入长江水运大通道的战略部署如期完成。

乌江（乌江渡—龚滩）航运建设工程于 2009 年 12 月 18 日，在余庆开工，2014 年底竣工通航。建设工期为 5 年。建设构皮滩、思林、沙沱、彭水四个枢纽回水变化段共 407 千米四级航道，整治航道 84 千米，68 个滩险；建设遵义港乌江渡码头、楠木渡码头、湄潭沿江渡码头、凤冈河闪渡码头、贵阳港开阳洛旺河码头、黔南港瓮安江界河码头、铜仁港思南太平码头、德江共和码头共 8 个码头，建成 500 吨级船舶停靠泊位 17 个；建设大塘口等 14 座小型码头和构皮滩等 19 个船舶停靠点以及相应的航运支持保障系统，包括助航、通信和航道管理等设施，项目预算总投资 5.69 亿元。通过招投标，层层筛选，贵州黔航交通工程公司、贵州远航交通工程公司、广东省基础工程公司、长江重庆航道工程局、湖南中源航务工程有限公司、江西路港工程公司等省内外专业施工队伍中标，并分别承担了乌江水运工程项目的航道、港口、站点建设项目。为有力地推动乌江航运工程建设，各项目经理部针对合同段部分河段为原始河流、沿岸悬崖峭壁、峡谷恶劣施工环境、特殊水情等，制定专项施工方案，克服了水流变化频繁湍急、环境恶劣、工期紧迫、库区移民难度大等困难。在项目建设期间，交通运输部、中共贵州省委、省人民政府、省交通运输厅以及国内水运建设方面的有关领导、专家多次深入乌江通道调研和指导工作，现场办公。项目法人单位，贵州省航务管理局成立了项目业主办，按照国家基本建设管理的要求，对整个工程的质量、工期、投资等各个环节进行有效的监督控制，取得了良好的效果。

经过参建单位的共同努力，乌江（乌江渡—龚滩）航运建设工程，共整治回水变化段航道 108 千米，重点滩险 68 处，完成炸礁、筑坝、疏浚、险滩等航道石方工程 103.9 万立方米，431 千米航道由原来的五级提升为四级，通航船舶吨位由 300 吨提高到 500 吨，设计航道通过能力达到 770 万吨。码头工程建成 500 吨级泊位 15 个，码头设计货运吞吐量新增 329 万吨，客运量新增 168 万人次。同时，项目还建造了海事航道航务管理工作船 55 艘，工程维护船 3 套，并在全河段共设置 43 座岸标、灯标以及水上搜救中心等一批航道维护附属设施。

乌江航运建设工程的实践，使贵州省航务管理局把发展方向重点放在培养各类人才上。设计、施工、监理、质量监督等各参建单位工程技术人员，业务能力和技术水平都得到了普遍提高。特别是通过与省外科研单位和大专院校的科研合作，为贵州水运培养了一批科技人才，也为贵州省水运事业的协调、可持续发展提供了强大的人才保障。

（三）清水江（锦屏—白市）高等级航道工程开工建设

清水江（锦屏—白市）高等级航道是贵州省第三条开工建设的国家规划的高等级航道。

清水江是贵州省重要的东出省水运通道，且不受长江三峡大坝限制，可以直接进入洞庭湖直达长江中下游。《全国内河航道与港口布局规划》规划清水江（〔三板溪—常德〕667 千米）为国家高等级航道“十八线”之一；《贵州省长江水系航运发展规划（2005 年—2030 年）》规划剑河—分水溪 220 千米为四级航道。2003 年编制的《贵州省内河航运发展规划（2003—2020 年）》将清水江列为水运发展的重要辅助通道，在《贵州省水运建设三年会战实施方案》中，明确加快建设清水江等水运出省辅助通道，推进清水江航电一体化建设。2014 年 6 月，清水江（锦屏—白市）高等级航道工程开工建设，按四级航道标准整治锦屏至白市电站段航道 49.81 千米，建设 5 处大型停靠点、33 处小型停靠点，大型停靠点分别建设 500 吨级货运泊位和 50 客位客运泊位各一个。工程投资 1.26 亿元，总工期 24 个月。2016 年 12 月已交工验收。

从 2008 年到 2016 年，国家规划在贵州建设的三条高等级航道，全部落实建成。

二、实施史无前例的水运建设三年大会战

贵州实施水运建设三年大会战，在贵州历史上是前所未有的，在全国非水网省份也无先例。

（一）全省水运发展动员电视电话会议的召开

2013 年 1 月 18 日上午，贵州省交通运输工作暨水运发展动员电视电话会议在贵阳召开。中共贵州省委常委、副省长秦如培在主会场出席会议并做讲话。谈到水运发展时他强调，要紧紧围绕水资源综合开发利用、产业发展优化布局、构建综合交通运输体系，坚持“以航为主、航电结合、综合利用、协调发展”的原则，加快形成畅通、高效、平安、绿色的现代水运体系。会议还确立了未来八年水运的发展目标：到 2015 年，全省水路运输货运量突破 2000 万吨；到 2020 年，全面建成五条出省水运通道，航道里程达到 4500 千米，港口吞吐能力达 6200 万吨，货运船舶运力超过 100 万载重吨，全省水路运输货运量超过 5000 万吨。原定全省水运发展动员大会单独由省人民政府主持召

开，为转变会风，减少开支，节省时间，方便基层，便采用电视电话会议方式，经省人民政府同意将全省交通运输工作会、水运发展动员会、安全生产工作会和党风廉政会“四会合一”，全部会议议程控制在3小时以内。主会场和各分会场没有悬挂会标，没有摆放花草绿植，也没有规定着装要求。省各有关部门、中央驻黔有关单位负责人，省交通运输厅二级局及直属单位党政主要负责人、纪委书记，交通设计、施工、营运企业党政主要负责人、纪委书记，贵州省交通运输厅副处级以上干部在主会场参会。各市（州）人民政府分管交通运输工作的负责同志，交通运输局班子成员，运管处、海事局、客管局、公路处负责人，各公路管理局、高速公路管理处、高速公路营运中心党政负责人、纪委书记；各县（市、区、特区）人民政府分管交通运输工作的负责同志，交通运输局班子成员，运管所、海事处、客管局、公路管理所主要负责人，省管航道管理局、公路管理段、水运企业、高速公路项目办党政主要负责人，地方水运企业负责人等就近在分会场收听收看。

（二）设置水运建设三年会战组织机构

2014年，交通运输部提出集中力量加快推进“四个交通”发展（即综合交通、智慧交通、绿色交通、平安交通）的战略任务。贵州省将交通运输部“四个交通”战略任务贯穿到水运建设三年会战建设水运中。2014年1月16日，贵州省交通运输厅成立水运建设三年会战领导小组及办公室。由陈志刚厅长任领导小组组长，韩剑波副厅长、潘海总工程师、邱祯国总规划师任副组长。成员有省海事（航务）局、厅规划处、厅财务处、厅基建处的领导和负责人。领导小组下设办公室，设在贵州省海事（航务）局，由徐仕江局长担任主任，李作良总工、韦世荣副调研员任副主任。由局基建科、规划科、财务科负责人为组员，分工负责。2014年3月6日，省海事（航务）局相应成立领导小组，由徐仕江局长任组长，由局基建科（会战办）负责会战日常工作。这旨在为加强水运建设三年会战作指导，有序、有力落实中共贵州省委、省人民政府重大决策部署，确保完成三年会战的目标任务。

（三）制订项目督办任务分解表

贵州省交通运输厅水运建设三年会战领导小组及办公室把所有会战项目制作成“贵州省水运建设三年会战（2014—2016年）建设项目督办任务分解表”，明确责任、明确时间节点，加大督办力度。

表 8-1　贵州省水运建设三年会战（2014—2016 年）建设项目督办任务分解表

序号	项目名称	建设规模	批复概算或估算（亿元）	2014—2016 年年度投资任务（亿元）				开工时间（年）	完工时间（年）	牵头责任单位	项目业主
				小计	2014 年	2015 年	2016 年				
	合计		214.04	100.27	22.82	33.03	44.42				
1	乌江（乌江渡—龚滩），航运建设工程	四级航道 431 千米，500 吨级泊位 15 个，停靠点 33 个及支持保障系统	5.85	0.16	0.16			2010	2014	省交通运输厅	省航务局
2	清水江三板溪库区航运建设工程	五级航道 85 千米，停靠点 41 个及支持保障系统	0.97	0.12	0.12			2012	2014	省交通运输厅	省航务局
3	乌江构皮滩水电枢纽翻坝运输系统工程	坝上港区 30 车位滚装泊位 2 个，坝下港区 500 吨级泊位 6 个，港区连接公路 17.25 千米	6.99	5.49	2.80	2.69		2013	2015	省交通运输厅	省航电公司
4	都柳江从江航电枢纽工程	装机容量 4.5 万千瓦，500 吨级船闸，五级航道 13.7 千米	10.44	8.24	2.80	2.90	2.54	2012	2016	省交通运输厅	省航电公司
5	都柳江大融航电枢纽工程	装机容量 3.6 万千瓦，500 吨级船闸，五级航道 14.2 千米	9.04	6.74	2.40	2.50	1.84	2012	2016	省交通运输厅	省航电公司
6	贞丰港百层港区建设工程	500 吨级泊位 4 个	1.00	0.80	0.40	0.40		2012	2015	黔西南州政府	州交通运输局

续表

序号	项目名称	建设规模	批复概算或估算（亿元）	2014—2016年年度投资任务（亿元）				开工时间（年）	完工时间（年）	牵头责任单位	项目业主
				小计	2014年	2015年	2016年				
7	册亨港岩架港区建设工程	1000吨级滚装泊位2个	1	0.80	0.40	0.40		2012	2015	黔西南州政府	黔西南州交通运输局
8	乌江构皮滩通航设施工程	500吨级升船机	29.5	20.00	6.00	7.00	7.00	2011	2017	省发改委	乌江水电公司
9	乌江思林通航设施工程	500吨级升船机	6.10	1.70	0.90	0.80		2011	2015	省发改委	乌江水电公司
10	乌江沙沱通航设施工程	500吨级升船机	5.00	2.00	1.00	1.00		2011	2015	省发改委	乌江水电公司
11	乡镇渡口建设工程	1080个	1.62	1.62	0.54	0.54	0.54	2014	2016	各市（州）政府	各市（州）交通运输局
12	城乡便民码头建设工程	120个	1.20	1.20	0.40	0.40	0.40	2014	2016	各市（州）政府	各市（州）交通运输局
13	北盘江光照库区航运建设工程	五级航道69千米，停靠点30个及支持保障系统	2.07	2.07	0.50	0.77	0.80	2014	2016	省交通运输厅	省航务局
14	都柳江郎洞航电枢纽工程	装机容量2.2万千瓦，500吨级船闸，五级航道15.5千米	5.70	4.00	1.00	1.00	2.00	2014	2018	省交通运输厅	省航电公司

续表

序号	项目名称	建设规模	批复概算或估算（亿元）	2014—2016年年度投资任务（亿元）				开工时间（年）	完工时间（年）	牵头责任单位	项目业主
				小计	2014年	2015年	2016年				
15	都柳江温寨航电枢纽工程	装机容量2.7万千瓦，500吨级船闸，五级航道16.5千米	7.10	5.00	1.00	2.00	2.00	2014	2018	省交通运输厅	省航电公司
16	清水江（锦屏—白市）高等级航道建设工程	四级航道57千米，停靠点50个及支持保障系统	1.43	1.43	0.40	0.53	0.50	2014	2016	黔东南州政府	黔东南州交通运输局
17	铜仁锦江航运建设工程	七级航道49千米，停靠点8个	5.00	4.50	0.80	1.20	2.50	2014	2017	铜仁市政府	铜仁市交通运输局
18	荔波樟江航运建设工程	七级航道30千米，停靠点6个	6.00	5.00	1.00	1.50	2.50	2014	2017	黔南州政府	黔南州交通运输局
19	湄潭湄江航运建设工程	七级航道40千米，停靠点8个	2.00	1.50	0.20	0.60	0.70	2014	2017	遵义市政府	遵义市交通运输局
20	赤水河航运扩能工程	六级航道58千米，159千米夜航助导航设施，300吨级泊位7个	5.13	3.50		1.00	2.50	2015	2017	遵义市政府	遵义市交通运输局
21	乌江乌江渡库区航运建设工程	四级航道113千米，500吨级泊位3个，小型停靠点27个	2.30	1.50		0.50	1.00	2015	2017	省交通运输厅	省航务管理局

续表

序号	项目名称	建设规模	批复概算或估算（亿元）	2014—2016年年度投资任务（亿元）				开工时间（年）	完工时间（年）	牵头责任单位	项目业主
				小计	2014年	2015年	2016年				
22	北盘江董箐库区航运建设工程	四级航道63千米，停靠点33个	0.72	0.50		0.20	0.30	2015	2017	省交通运输厅	省航务管理局
23	洪渡河石垭子库区航运建设工程	五级航道51千米，停靠点14个	0.55	0.30		0.10	0.20	2015	2017	遵义市政府	遵义市交通运输局
24	清水江平寨航电枢纽工程	装机容量4.2万千瓦，300吨级船闸，五级航道22.6千米	8.60	4.00		1.50	2.50	2015	2019	省水利厅	省水投公司
25	清水江旁海航电枢纽工程	装机容量4.5万千瓦，300吨级船闸，五级航道28.8千米	11.17	5.00		2.00	3.00	2015	2019	省水利厅	省水投公司
26	望谟港蔗香港区建设工程	500吨级泊位8个	3.00	2.50		1.00	1.50	2015	2018	黔西南州政府	黔西南州交通运输局
27	罗甸港罗妥港区建设工程	500吨级泊位6个	3.00	2.00		0.50	1.50	2015	2018	黔南州政府	黔南州交通运输局
28	北盘江董箐通航设施工程	500吨级升船机	16.90	1.00			1.00	2016	2020	省发改委	黔源电力公司
29	北盘江马马崖一级通航设施工程	500吨级升船机	11.15	0.80			0.80	2016	2020	省发改委	黔源电力公司

续表

序号	项目名称	建设规模	批复概算或估算（亿元）	2014—2016年年度投资任务（亿元）				开工时间（年）	完工时间（年）	牵头责任单位	项目业主
				小计	2014年	2015年	2016年				
30	北盘江光照通航设施工程	500吨级升船机	32.40	1.50			1.50	2016	2020	省发改委	黔源电力公司
31	乌江索风营等五库区航运建设工程	五级航道302千米道，停靠点102个	2.90	1.00			1.00	2016	2018	省交通运输厅	省航务管理局
32	桐梓河库区航运建设工程	六级航道70千米，停靠点20个	0.65	0.50			0.50	2016	2017	遵义市政府	遵义市交通运输局
33	芙蓉江库区航运建设工程	五级航道82千米，停靠点30个	1.21	0.50			0.50	2016	2018	遵义市政府	遵义市交通运输局
34	格凸河库区航运建设工程	六级航道20千米，停靠点10个	0.35	0.30			0.30	2016	2017	安顺市政府	安顺市交通运输局
35	贵阳南明河航运建设工程	七级航道13千米，停靠点4个	6.00	3.00			3.00	2016	2019	贵阳市政府	贵阳市交通运输局

（四）水运建设三年会战调度会制度化常态化

2014年3月5日，全省水运建设三年会战第一次调度会在贵阳召开。中共贵州省委常委、政法书记、副省长秦如培出席并讲话。水运建设调度会由贵州省人民政府副秘书长、铁建办主任吴强主持。省人民政府督查室、省编办、省发改委、省财政厅、省国土厅、省交通运输厅、省航务管理局，贵阳市人民政府、遵义市人民政府、铜仁市人民政府、黔南州人民政府及交通运输局、乌江水电开发有限公司、省航电开发投资公司、省水利投资（集团）能源公司、省黔源电力有限公司、湖南五凌电力贵州清水江水电公司、省开磷（集团）公司的领导和代表参加并作简要汇报。秦如培听取各位代表汇报发言后，充分肯定了水运建设三年会战开局良好，总体进展顺利，各市、州人民政府相继出台了加快水运发展的意见。财政支持有保障，但发展不平衡，要求进一步加强调度和协调，乌江构皮滩翻坝运输建设项目于2015年6月完工，思林水电站过船设施于2015年10月完工，沙沱水电站过船设施于2015年11月完工，贵州北入长江的出省通道——乌江将实现全线贯通，这是具有划时代意义的重大历史事件。请贵州省交通运输厅抓紧与重庆协调乌江全线通航问题。加快乌江水运企业的引进、组建工作，客货运输都要搞，增强水运能力。抓紧落实乌江通航管理机构设置。确定思南等水陆枢纽，与产业园区结合起来，各级政府部门抓紧规划旅游产业，解决“运什么、看什么”的问题，以带动沿江产业发展。同时要加强沿江生态环境的保护，做到一不破坏，二不污染。贵州省交通运输厅党委书记、厅长陈志刚在会上要求，一要争取国家对乌江提等升级的政策和资金支持，齐心协力打通乌江水运通道。全力以赴，研究新型船型的设计，对接三峡通航标准和能力。各级海事、航务部门要与当地签订协议，加强调度，加强协调。贵州省交通运输厅汇报水运建设发展情况，2013年，全省完成水运投资13亿元，在全国排名第六位，实现水运跨越式发展。涉及水运建设三年会战项目的前期工作全面启动，大部分已获得批准通过。各市、州人民政府重视水运的热情度明显高涨，形成合力，2014年，水运将开工建设8个项目，力争开工10个。

此后，领导小组每季度召开一次调度会议，已形成制度化和常态化。各市州交通运输局、水电业主参会，汇报工作情况，总结经验，找出存在的问题，集中研究解决水运会战推进过程中的重大事项，形成会议纪要。贵州省交通运输厅水运建设会战领导小组成立以来，着实解决了在会战中出现和存在的问题和困难。省海事（航务）局会战办认真履职，加强督查督办，确保项目有序推进。与此同时，坚持每月出会战简报，上报省人民政府、交通运输部及各市州人民政府及有关部门，让各级领导及有关部门了解掌握会战最新战况。

（五）水运建设三年会战新闻发布会

2017 年 3 月 31 日上午，由中共贵州省委外宣办（省政府新闻办）新闻发布处举行并主持的“贵州省水运建设三年会战新闻发布会”，在贵州饭店国际会议中心第五会议室召开。新闻发布会介绍：贵州省人民政府制定了《全省水运建设三年会战实施方案》，从 2014 年至 2016 年实施水运建设三年会战以来，以达到通航道、优港口、增运力、兴产业、补短板的目的，全省水运发展取得重大突破，上了一个新的台阶，实现了新的跨越。中央及省多家新闻媒体记者参加新闻发布会。贵州省交通运输厅党委委员、副厅长韩剑波，贵州省地方海事（航务管理、通航管理）局党委委员、副局长黄强参加并回答记者提问。

（六）水运三年建设会战取得的成果

贵州水运三年大会战启动以来，在国家部委大力支持和省委、省政府的高度重视下，会战成果丰硕，成绩优异，主要体现在以下七个方面。

投资增速最快。截至 2016 年年底，累计完成固定资产投资 75.27 亿元，是会战前贵州省水运投资总和 37.25 亿元的 2 倍，位居全国 14 个非水网省（区、市）第一，是贵州历史上水运投资增速最快的时期。

建成项目最多。三年会战共规划项目 35 个，实现了涉及水运项目的全覆盖。基本建成项目 13 个，相当于“十五”期的 13 倍、“十一五”期的 4.3 倍。建成乌江沙沱、思林水电站 500 吨级升船机；建成都柳江从江、大融两个航电枢纽，第一台机组并网发电，实现贵州航电一体化开发建设零的突破；建成西部第一个翻坝运输系统工程——乌江构皮滩翻坝运输系统工程，破解了乌江闸坝碍航的困境；建成贵州第一条旅游航道工程——湄江旅游航运建设工程，作出了“航运 + 旅游”产业的新探索。建成全国第一个省级航运博物馆——贵州航运博物馆（习水土城），实现了航运文化的新提升。

建成航道里程最长。建成乌江（乌江渡—龚滩）四级高等级航道 431 千米，南北盘江红水河四级高等级航道 364 千米，清水江（锦屏—白市）四级高等级航道 56 千米，四级高等级航道达 851 千米，位居非水网省（区、市）第一，改写了贵州无高等级航道的历史。

建成港口泊位最多。三年会战，港口 500 吨级泊位新增 40 个，全省港口泊位数达490个，新增数量占2008年以来新增泊位数比例达35%。贞丰百层港4个500吨—1000吨级、册亨岩架港1000吨级滚装泊位，望谟蔗香、罗甸罗妥1000吨级货运泊位等，还在加紧筹划建设中。

距离民生最近。实施20个重点通航库区便民水运工程，整治库区航道800千米，全省新建城乡便民码头120座，新建乡镇渡口600道（含“渡改桥”69座），全省乡镇渡口达2466道，极大地改善了沿江、库区周边人民群众的出行条件，提升了水运基本公共服务均等化水平。

带动产业最强。长江水系乌江建成思南县邵家桥200万吨石材工业园区，瓮安建成磷复合肥化工基地，遵义正在推进漩塘港钢绳等制造业工业园区建设，贵阳拟建开阳港磷化工业园区。珠江水系北盘江建成贞丰县百层造船工业园区，正在打造罗甸循环经济港口和望谟蔗香港经济开发试验区。

安全形势最好。加大对全省水上交通安全基础设施及应急搜救管理设施的投入，创造了水上交通形势持续稳定的新局面。截至2016年年底，全省未发生水上交通安全事故，连续七年实现事故起数和死亡人数“双零”的目标，刷新了中华人民共和国成立以来贵州水上交通安全的最好成绩。

实施水运建设三年会战，使各级党委政府进一步提高了对水运发展重要性的认识。提升了水运的社会地位，使社会各界更加了解关心支持水运。通过水运建设三年会战，国家规划在贵州的高等级航道得到切实落实完成，进一步延伸了“国网”高等级航道里程，极大改善了贵州水运基础设施条件，切实提高水运服务贵州经济社会发展的能力。加快构建畅通、高效、平安、绿色的现代水运体系，缩小贵州与发达省（区、市）的差距。

三、水运重点项目和其他基础设施建设齐头并进

（一）乌江构皮滩水电站翻坝运输系统建设工程建设

乌江上连遵义、贵阳两个中心城市，下接长三角，连接武陵山区集中连片贫困地区。乌江构皮滩水电站扼守了贵阳、遵义的咽喉，构皮滩水电枢纽未建过船设施，水运受阻。贵州省交通运输厅学习省外成功经验，对航道“肠梗阻”动手术，突破闸坝“封锁”线，实施乌江构皮滩翻坝运输系统工程建设，实现翻坝运输，优化物流走向效果，打破制约贵州经济社会发展的“瓶颈”，得到了省、部的支持。

2013年4月3日，乌江构皮滩水电站翻坝运输系统建设工程资金筹措专题会议在

贵阳召开，贵州省发改委、省交通运输厅、省航务管理局、贵州乌江水电开发公司、省航电开发投资公司负责人参加。为确保乌江构皮滩水电站翻坝运输系统工程，在 6 月开工建设，会议达成该项目总投资 71162 万元的资金筹措方案，项目由贵州省航电开发投资公司负责实施，资金由三个部分组成：一是乌江水电开发公司承担工程总投资的三分之一；二是申请交通运输部补助；三是由省交通运输厅补助。建设周期三年，按项目进度逐年安排。该项目为贵州省首个翻坝运输工程，提前半年开工建设，在解决资金问题上，与水电业共同出资建设，实现水运与水电业主包容性发展新的历史性突破。

2013 年 5 月 16 日，乌江构皮滩水电站翻坝运输系统工程施工图设计审查会在贵阳召开。审查会由建设单位——省航电开发投资公司主持，省航电开发投资公司和省乌江水电开发公司，设计单位——武汉长江航道规划设计院和贵州省交通勘察设计院，审查单位——重庆交通规划勘察设计院，贵州省公路局、省航务管理局、省水运质监站、省乌江航道局、遵义市交通运输局、余庆县人民政府等单位主要负责人参加会议。审查会首先听取了设计单位——长江航道规划设计院对该项目水工建设部分设计情况汇报和贵州省交通勘察设计院对陆路公路建设部分设计情况汇报；听取了审查单位——重庆交通规划勘察设计院对设计图纸的审查意见。在施工图纸审查期间，充分听取了专家意见和有关单位负责人意见。经过认真、科学、精细的审查与会同志认为：设计图纸比较完整，深度满足要求，设计内容符合规范，结构安全得到保证。设计单位在审查意见基础上进行了完善后。建设单位对中标单位提出了工艺创新要求：一是采用筑岛回填与钢平台相结合的桩基钻孔作业平台解决水上钻孔难题。本工程桩基共 534 根，数量大。由于前平台桩基位于江水中，且水位日最大变幅达 3 米，正常水深高达 15 米，要进行桩基施工必须首先搭设桩基钻孔作业平台。为了满足桩基成孔的要求并考虑到节约工程成本，在深水区搭设钢平台和在浅水区采用土石回填筑岛作为桩基钻孔平台施工工艺，保障水上钻孔施工的顺利进行。二是采取有效措施解决复杂地质条件下的桩基成孔施工难题。由于本工程地质条件复杂，自桩基开始施工以来，钻孔施工中时常发生塌孔、缩颈、卡钻、埋锤、桩孔偏斜等现象，严重影响桩基成孔质量。针对该地质状况，采取低锤密击、粘土块石回填再成孔、下钢护筒、孔内小型钻爆等措施解决桩基成孔难题。

廉政建设要求：一是推行廉政履约金制，制定奖惩办法，强化廉政监管；二是建立廉政合同制，明确廉政职责范围及内容，制定廉政预控措施，认真施行合同管理；三是运用跟踪回访制，设立举报箱，建立廉政信息网络平台，细化廉政督查工作实绩；四是开展廉政警示教育活动，提高从业人员拒腐防范意识和能力；五是全面完善廉政管理机制，打造阳光工程，建立从业单位和从业人员信用评价体系，开展季年度廉政工作督查，规范从业人员行为准则，防止违规违纪行为发生。

2013 年 6 月 28 日，乌江构皮滩水电站翻坝运输系统建设项目开工。乌江构皮滩水电站翻坝运输系统建设工程被贵州省人民政府列入 2013 年重点建设项目，也是西部地区最大的、贵州首个翻坝运输工程。起点选定余庆县樱桃井，建设坝上港区 30 车位、滚装泊位 2 个，终点在沙湾，建设坝下港区 1000 吨级多用途泊位 1 个、件杂泊位 3 个，散货泊位 2 个。公路工程将建双车道二级公路 17.13 千米，全线共有涵洞 58 个，平均 3.4 千米就有一个涵洞。利用原涵洞 36 道，新建盖板涵 21 道、箱涵 1 道，工程总投资 7.1 亿元，其中码头工程 5.7 亿元，公路工程 1.4 亿元。通过公开招标，勘察单位为贵州省交通规划勘察设计研究院股份有限公司，设计单位为长江航道规划设计研究院（港口工程）、贵州省交通规划勘察设计研究院股份有限公司（公路工程），监理单位为广西八桂工程监理咨询有限公司（港口工程）、贵州科达公路工程咨询监理有限公司（公路工程），施工单位为云南路港工程公司（坝上港区）、长江航道局（坝下港区）、中铁五局集团第一工程有限责任公司（连接公路工程）。全部工程于 2015 年 6 月底如期完成。

回顾乌江构皮滩水电站翻坝运输系统建设工程过程，完成前期工作效率之快，相关部门审批时间之短，当地政府配合之缜，施工单位进场之速，成为“贵州”速度的一个缩影。

（二）库区水运基础设施建设

在封闭水电站库区实施水运基础设施建设，让“死水变活水”，是贵州水运的“独创”。从乌江渡库区形成发展库区水运以来，有效解决了周边移民生计问题，库区交通布局和运输结构得到有效优化，库区内生经济源得到有效发掘，让水运获得新生，成为贵州水运破解困惑，创新发展的名片。

1. 三板溪库区航运建设工程

三板溪库区航运建设工程是继天生桥库区、洪家渡库区航运建设工程后贵州省的又一个重点库区航运工程。

三板溪库区位于清水江中段。2006 年，建设水电站下闸蓄水，淹没了原有大部分的乡村公路，出现高峡平湖景观，形成了 500 千米干、支连通的通航水域，水上交通成为库区周边人民群众出行的首选，船舶成为库区的主要交通工具。从 2007 年以来，水运短途中巴客班船发展迅速，但港航基础设施严重滞后，无固定停靠点，加之库区水位变幅大，旅客上下船极不方便，水上安全隐患突出。这些情况引起了贵州省、交通运输部的关注。

2012 年 4 月 26 日，三板溪库区航运建设工程在黔东南剑河县柳川镇开工。它是“十二五”期第一个开工建设的重点水运基础设施项目。由交通运输部、贵州省共同投资 9658 万元，该工程项目按五级航道标准整治干流三板溪至柳川镇段 85 千米航道，整治柳川镇至革东镇段 28 千米航道，可通行 100 吨级船舶，按六级标准整治库区内各支流航道 79.8 千米航道。建设柳川、南加、三板溪、八受 4 个大型停靠点，革东等 7 个中型停靠点以及小型停靠点 30 个。同时配套建设相应的水上安全监管、助导航、航道管理等支持保障系统设施。该工程项目建成后，极大改善库区周边三县十多万人民群众的交通出行条件。

2015 年 8 月 5 日，是三板溪柳川镇当地约定俗成的赶场天。码头上有 10 多艘客船停泊，来来往往的旅客，有的肩挑背负，有的手提肩扛，人流中有不少穿戴民族服饰发髻的妇孺。坐船的人很多家就在水边上或距水边不远的村寨，上下方便。从柳川镇到南加镇有 40 千米，船票只要 40 元，只需 3 小时多一点，坐船平稳，携带的物品可大可小，不受限制。若乘坐客车从柳川镇到南加镇有 60 千米，走盘山公路，绕道多、弯道多、坡道也多，耗时 4—5 小时，车票 50—60 元，车厢空间小，携带的行李物品受到限制。加之周边群众依水而居，都有坐船的传统，因此所以绝大多数群众首选乘船出行。

2. 乌江干流库区航运基础建设

（1）索风营、引子渡库区、小兴浪库区、阿珠库区航运建设工程。乌江索风营等四库区腹地处于省会贵阳及黔中经济圈的边缘地带，即索风营库区、引子渡库区、小兴浪库区、阿珠库区，直接经济腹地辐射六盘水市的六枝特区、安顺市的二县（普定县、平坝县）、毕节市的二县（织金县、黔西县）、贵阳市的修文县和清镇市。2013 年 4 月 18 日，乌江索风营等五个库区航运建设工程环境影响评价网上公示（东风库区公示后因环保问题未上建设项目），该项目列入“水运建设三年会战”项目。2017 年，贵州省发改委批准该项目工可报告（黔发改交通〔2017〕954 号），省交通运输厅于 2018 年 1 月 16 日批准该项目初步设计，2018 年 10 月，省交通运输厅批准该项目施工图设计。工程内容包括航道整治和配套工程建设，航道整治 198.5 千米，其中按照五级航道标准建设常年库区航道 169.5 千米。零星整治各水电站库区变动回水段及支流 29 千米。配套工程建设大型停靠点3处、小型停靠点40处，总计建设停靠点43处。项目投资10853.25万元，建设期为三年，属公益性的基础设施项目。项目资金来源于交通运输部和省配套资金。通过招投标，中标施工单位有长江重庆航道工程局、贵州远航交通工程有限公司、贵州黔航交通工程有限公司。工程于2019年1月29日开工，2022年1月29日完工。乌江索风营等四个水电站库区航运建设工程具有明显的经济效益、社会效益和环境效益。工程建成后，库区通航条件将得到很大的改善，充分发挥了水运优势，对于促进流域航运事业发展、经济快速增长及人民生活水平不断提高具有重要的意义。

（2）乌江渡库区航运建设工程。乌江渡库区是20世纪70年代兴建乌江渡水电站而形成的库区，连接贵阳、遵义、毕节三地五县，水域总面积65平方千米，1983年建成，库容量23亿立方米。由于该水电站未建设通航设施，致使乌江渡与下游航运中断。而库区周边分布着丰富的煤矿资源，为使资源优势转换成经济优势，从20世纪90年代起，库区兴起短途水运煤炭高潮，毕节地区的煤炭通过近60千米的水路运达金沙县的三沙码头，转汽运到小寨坝火车站，再运往全国各地，比公路汽运节省运距100多千米。此前曾进行过码头建设。工程于2016年2月开工建设，按四级标准建设乌江渡电站库区113千米航道。建设三沙1个大型停靠点、建设28个小型停靠点；并配备助导航、支持保障系统等设施。工程概算投资1.4597亿元，总工期36个月。截止到2019年6月，累计完成投资1.35亿元，总体形象进度达93%。

3. 北盘江库区航运建设项目

（1）董箐电站库区航运建设工程。工程属北盘江水运延伸项目。按四级航道标准建北盘江董箐电站库区航道62千米，其中，干流35千米，支流打帮河27千米。整治滩险数量2处，通航500吨级机动驳，保证率为95%。建设内容为整治干流回水变动区3千米航道，重点整治滩险2处，主要以炸礁切嘴为主。配套建设大型停靠点3处、小型停靠点22处，配置助航标牌共计43块。建设支持保障系统及信息化工程。项目总投资7252.08万元，其中交通运输部补助资金2200万元，省自筹5052.08万元。工程于2016年2月开工建设，总工期24个月。2019年6月，累计完成投资0.69亿元，总体形象进度达96%。

（2）光照电站库区航运建设工程。北盘江光照电站库区位于黔西南布依族苗族自治州与安顺市的河界上，涉及黔西南、安顺、六盘水三个市州的晴隆、六枝、水城、普安、盘县和关岭6个县。北盘江光照电站库区航运建设，是《贵州省水运发展规划（2012—2030年）》的重点建设项目，也是纳入公路、水路交通“十二五”发展规划的项目。2014 年 5 月 22 日，贵州省交通运输厅在贵阳组织召开了《光照电站库区航运建设工程初步设计》审查会议。2014 年 5 月 16 日，贵州省发展和改革委员会（黔发改交通〔2014〕861 号）批复了贵州顺达水运规划勘察设计所编制的《光照电站库区航运建设工程可行性研究报告》；2014 年 6 月 6 日，贵州省交通运输厅（黔交建设〔2014〕151 号）批复贵州顺达水运工程规划勘察设计所编制的《光照电站库区航运建设工程初步设计》。工程项目总投资 13642 万元，其中：交通运输部补助资金 4260 万元，省配套资金 4348 万元，地方配套资金 5034 万元。项目于 2014 年 7 月开工建设，到 2019 年仍在建设中。建设单位为贵州省航务管理局。项目按四级航道标准建北盘江光照电站库区航道 73.2 千米，通航 500 吨级机动驳，保证率为 95%。清炸龙头寨至格所河口 17 千米航道凸嘴、零星孤石，重点整治格所河口至老龙场 19.3 千米及支流格所河以上 4.2 千米变动回水区的碍航滩险。配套建设大型停靠点 4 处、小型停靠点 19 处，配置航标共计 91 座；建设支持保障系统及信息化工程。

4. 格凸河库区航运建设工程

格凸河流域位于贵州中南部，跨安顺、黔南两市州，流域南北长 80 千米、东西宽度 30 千米，是为数不多的流经长江、珠江两大水系的通航河流。航道工程有黄花寨—小穿洞 22 千米按六级航道、大穿洞—天星洞按七级航道标准建设。有大河苗寨、大穿洞、小穿洞、鼠场、金春 5 个停靠点，并配备相应支持保障系统。工程概算投资 3262.53 万元，总工期 24 个月。工程于 2014 年 7 月开工建设，2017 年完工，2019 年 1 月 25 日交工验收。

5. 洪渡河石垭子库区航运建设工程

洪渡河系乌江一级支流，发源于正安县谢坝仡佬族苗族乡，流经湄潭、正安、凤冈、务川、德江、沿河等县，在沿河县洪渡镇汇入乌江。石垭子水电站位于务川县大坪镇和柏村镇交界的梅林峡谷河段中，是洪渡河干流水电梯级开发的第六级。按五级标准建设石垭子库区 51.26 千米航道。新建杆子园、龙潭、天祖坳 3 处大型停靠点，洋岗河、下深溪等 11 处小型停靠点，并配备相应支持保障系统。工程概算投资 5608.65 万元，总工期 24 个月。工程于 2015 年 9 月开工建设，2016 年完工。

加快库区电站水运基础设施建设，打造库区水运经济圈，是水运在充分利用封闭库区和支小河流通村达寨的自然条件，解决库区周边群众交通出行不便的难题，因地制宜发展水上运输旅游增加收入的问题的表现。

（三）旅游航道建设

1. 湄江水上旅游航运建设

湄江旅游航运建设项目是贵州水运建设三年会战项目之一，列入省重点水运建设督办项目，投资6000万元。2015年10月开工建设，2016年竣工。整治航道里程7.8千米，停靠点22个。建成七级船闸1座，可同时容纳2艘船舶过闸。6月28日，贵州省湄潭县湄江旅游航道通过贵州省交通运输厅、省航务管理局验收并正式投用。

2. 荔波樟江航运建设工程

荔波樟江风景名胜区位于贵州省黔南布依族苗族自治州荔波县境内，是贵州首个世界自然遗产地。樟江由东向西贯穿整个景区。按七级航道标准建设回龙阁至拉柳31.04千米航道，通航50吨级船舶。拆除回龙阁平桥、朝阳平桥1（右）、朝阳平桥2（左）、拉香桥、板麦平桥、寨马平桥、脚村平桥等7座桥梁，复建的回龙阁、朝阳、拉香、板麦、脚村等5座桥梁，建4个大型便民停靠点，7个小型便民停靠点，并配备助导航、支持保障系统等设施。工程概算投资25527万元，总工期36个月。工程于2016年9月开工建设，截至2017年，累计完成投资1.1亿元，总体形象进度达42.4%。因环评未通过，2018年停工。

（四）农村渡口建设惠及“三农”

渡运是广大人民群众生活、生产和出行交通的重要方式。自2006年，交通部把乡镇渡口建设纳入农村公路建设总体规划，贵州渡口建设进入建设高峰期。2008年，贵州省交通厅下达的230个渡口建设任务，比2007年增加76.92%。面对乡镇渡口建设时间紧、任务重、涉面宽、战线长的特点，在总结两年来实施经验的基础之上，突出“早”字，狠抓“三早”(即：早设计、早安排、早落实)。集中在第一季度枯水期间，将所有渡口建设任务安排到各地交通局，在时间上争得先机。落实“保”字（即保工程质量、保工程安全、保工程进度和保工程廉政）。实际完成239个渡口建设，其中撤渡建人行桥5个，超额完成省交通厅下达的目标任务。渡口码头建成后，极大地方便了人民群众安全出行，他们纷纷写来感谢信，称赞交通部门为他们办了实事、好事。2009年完成254个渡口建设，超计划24个，其中实施撤渡改桥10座，有的还可通行小型车辆，博得广大群众的赞誉。建成的渡口和人行桥已成为当地新的地标。到2010年年底，全省已先后累计安排渡口建设920余道、完成渡口建设改造工程786道（含建设渡改人行桥23座）、新建渡船323艘，五年间累计完成渡口建设改造投资1.26亿元。财政部驻贵州专员办对该项目进行检查时，充分肯定水运在农村渡口建设项目管理模式、资金监管等方面所取得的成绩。2013 年至 2018 年，累计建成乡镇渡口 960 道。2016 年至 2018 年，建成渡改桥 30 座。建成的渡口和人行桥已成为当地新的地标。2016 年至 2018 年，建成便民码头 140 座。改善了周边库区各族群众出行条件，提高了水运公共服务均等化能力。

四、航电开发新模式的探索

航电枢纽是人类征服自然、改造自然的智慧结晶。航电枢纽在国内外已取得成功案例，其所产生和发挥的经济社会效益已经逐步在行业内外得到了广泛认可，成为我国内河水运新兴发展方向。而在 2011 年前，航电枢纽在贵州仍是一片空白。

都柳江是贵州省规划的五条主要水运出省通道之一，同时也是国家规划的西南地区水运出海北线通道，系国家航道主骨架网的重要支线。由于都柳江干流的航道狭窄弯曲，多处河段坡陡流急，河床多为岩石和砂卵石，浅滩和险滩众多，浅滩水浅，险滩流急，单纯用航道整治办法，航道等级难以提高，难度大，因此省交通管理部门提出拟建设都柳江航电一体化，采用梯级渠化结合库尾航道整治办法，可提高航道等级来实现都柳江航运规划目标，并开展此项的前期工作。

2001 年，交通部召开“西部开发加快内河航运建设”座谈会。在会上，贵州省交通厅提出：“都柳江航运建设工程，争取航运部门建设从江梯级，实现航电结合，滚动发展；按五级标准整治从江至八洛 33 千米航道，按六级标准整治三都至榕江 104 千米航道。扩建八洛、从江港口，新建榕江、三都两个港口，计 300 吨级及 100 吨级泊位 10 个。”2002 年至 2008 年的七年间，航电建设成为社会关注的焦点，赞扬、反对、怀疑之声皆有。2009 年，省航务管理局提出：“开发建设航电枢纽是提升内河航运水平、实现水运可持续发展的重要之举，以地方政府为投资主体，支持地方交通主管部门启动该项工程前期工作。”2009 年，黔东南苗族侗族自治州交通局委托广西电力工业勘察设计研究院进行大融、从江航电开发梯级项目可行性研究工作。2011 年，内河水运发展上升为国家战略。在中共贵州省委、省政府和交通运输部的关心支持下，贵州水运发展提速加快，都柳江航电一体化建设被列入国发〔2012〕2 号文明确支持的建设项目，列入交通运输部“十二五”规划建设项目。

2012 年 12 月 8 日，都柳江从江、大融航电枢纽工程提前一年开工建设。该项目建设填补了贵州无航电枢纽的空白。

（一）都柳江航电枢纽工程

1. 从江航电枢纽工程

从江航电枢纽工程是都柳江干流（三都县以下）17个梯级中的第10个梯级，坝址位于从江县城上游约1.2千米，工程规模为三等中型，总装机容量4.5万千瓦，库区正常蓄水位193米，相应发电调节库容289万立方米。通航船舶吨级为500吨，四级标准船闸1座，整治五级航道13.7千米。是一座以航运、发电为主，兼顾防洪、灌溉、供水、旅游及其他综合利用的航运枢纽。从江航电枢纽工程概算总投资104402.56万元，项目资本金为40%，其中交通部专项建设资金23520万元，省级配套资金18241万元，剩余60%建设资金通过向银行融资贷款解决。2015年10月首台机组启动，2017年12月从江航电枢纽工程完成下闸蓄水验收，2018年5月发电机组正式投入商业运行。

2. 大融航电枢纽工程

大融航电枢纽工程是都柳江干流（三都水族自治县以下）17个梯级中的第9个梯级，坝址位于从江县城上游约16千米处，工程规模为三等中型，总装机容量3.6万千瓦，库区正常蓄水位208米，相应发电调节库容292万立方米。通航船舶吨级为500吨，四级标准船闸1座，五级航道18千米。是一座以航运、发电为主，兼顾防洪、灌溉、供水、旅游及其他综合利用的航运枢纽。大融航电枢纽工程概算总投资90441.36万元，项目资本金为40%，其中交通部专项建设资金21890万元，省级配套资金14286万元，剩余60%建设资金通过向银行融资贷款解决。2015年12月30日，都柳江大融航电枢纽首台发电，比原定首台机组发电目标提前4个月工期，这是继从江航电枢纽首台机组发电后，都柳江航电梯级第二个枢纽开始发电。

3. 郎洞航电枢纽工程

郎洞航电枢纽工程是都柳江干流梯级规划中贵州境内的第5梯级，坝址距从江县城约30千米，距榕江县城约50千米，是一座以航运、发电为主，兼顾防洪、灌溉、供水、旅游及其他综合利用的航运枢纽。工程规模为中型。枢纽工程正常蓄水位217米，相应库容1191万立方米，总库容3655万立方米。电站总装机容量22兆瓦，按四级标准建设通航500吨级船闸一座，整治五级航道12.45千米。工程建设投资7.035亿元，总工期48个月。

工程于2014年11月开工建设，截止到2019年6月，累计完成投资6.99亿元，总体形象进度达 99.38%。

4. 温寨航电枢纽工程

温寨航电枢纽工程是都柳江干流梯级规划中的第 4 梯级，工程等别为三等工程，工程规模为中型。枢纽工程正常蓄水位 230 米，相应库容 2565 立方米，总库容 5274 万立方米。电站总装机容量 27 兆瓦。按四级标准建设通航 500 吨级船闸一座，整治五级航道 18 千米。工程建设投资 8.47 亿元，总工期 48 个月。工程于 2014 年 11 月开工建设，截至 2019 年 6 月，累计完成投资 8.35 亿元，总体形象进度达 98.47%。

（二）清水江航电枢纽工程

1. 平寨航电枢纽工程

平寨航电枢纽工程是位于凯里市施秉县双井镇平寨村。项目电站总装机容量 42 兆瓦。按四级标准建设通航 500 吨级船闸一座，按五级航道标准整治库区航道 22 千米。工程概算投资 15.72 亿元，总工期 48 个月。2016 年 9 月开工建设，截至 2019 年 6 月，累计完成投资 8.33 亿元，2019 年 12 月 18 日，航电枢纽工程顺利实现二期截流。

2. 旁海航电枢纽工程

旁海航电枢纽工程是位于凯里市旁海镇。项目电站总装机容量 42 兆瓦。按四级标准建设通航 500 吨级船闸一座，按五级航道标准整治库区航道 29 千米。工程概算投资 14.92 亿元，总工期 48 个月。2016 年 6 月开工建设，截至 2019 年 6 月，累计完成投资 10.25 亿元，总体形象进度达 68.69%。

到 2019 年 7 月，贵州在建航电枢纽项目达 6 个（都柳江 4 个、清水江 2 个），从江航电枢纽自 2018 年 5 月 23 日并网发电以来，截至 2018 年 12 月 5 日，已发电 8000 多万度。大融航电枢纽 2015 年 12 月首台机组启动，2018 年 9 月并网发电以来，截至 2018 年 12 月，已发电 5000 多万度。经济效益开始显现，成为贵州水运发展新的里程碑，从此结束了贵州无航电枢纽的历史，标志着贵州水运发展进入一个新阶段。

都柳江航电一体化开发规划 10 级航电枢纽，自上而下建设白梓桥、柳叠、坝街、寨比、红岩、永福、温寨、郎洞、大融、从江 10 级梯级航电枢纽，是贵州第一条以航运为主，兼顾发电的枢纽项目。都柳江全面渠化后，榕江至省界 110 千米的航道由原来的等外级提高到可通行 500 吨级船舶四级高等级航道，榕江至三都 104 千米航道提升到通航 300 吨级船舶的五级航道，为黔东南、黔南民族自治地方增加一条南下珠江水运出海通道，必将推动沿江工业合理布局，推进城镇化建设，促进当地经济社会和民族文化旅游的发展。贵州省航电公司与银企合作共获得银行贷款4亿元，实现贵州水运贷款建设零的突破。同时实施“水光电互补”模式，以从江、大融航电枢纽为试点，既增加了发电收入，又可解决通航建筑物运营维护经费不足及还本付息的问题。

五、社会资本投资水运，港航建设持续推进

随着水运工程建设步伐加快，航道通航条件的改善，各通航水域沿岸工农业生产快速发展，国家投资修建的港口码头也远不能满足社会经济发展需要。《中华人民共和国港口法》颁布实施后，国家鼓励国内外经济组织和个人依法投资建设、管理港口，保护投资者的合法权益，促进了贵州港口建设投资的多元化，许多企业和个体经济实体纷纷投资修建码头，以满足自身企业工矿产品输出需要。“十五”期间，赤水河水运工程扩建岔角码头时，赤水市岔角煤矿投资130万元，在原设计基础上扩建码头，打破了由政府单一投资的模式。随后，四川省古蔺县煤炭企业产量激增，在太平渡至九溪口间修建简易码头和梭槽50多处，但规模较小。

2005年，社会投资水运建设港口、造船等，首次超过政府投资，占总投资的60%以上，成为水运经济新的增长点。

（一）港口码头建设

1. 八总作业区项目

八总作业区项目为西南水运出海中线通道建设项目的重要组成项目，位于罗甸县，由贵州省佳禾港务有限公司融资1726.75万元建设。码头建成500吨级客货运泊位各1个，客运吞吐量40万人次、货运吞吐能力16.9万吨；泊位总长141米，堆场面积8000平方米，管理用房280平方米，进港和港区道路1156米。2008年5月开工建设，2011年8月投入试运行。2013年12月由贵州省交通运输厅组织竣工验收，交通运输部珠江航务管理局，贵州省航务管理局，广西区港航管理局以及黔西南布依族苗族自治州人民政府，安顺市人民政府，黔南布依族苗族自治州人民政府，及三州市交通、海事、航务等部门及工程参建单位参加了验收。

码头建成后运输的物资主要有煤炭、沙石建材及农用物资等。码头的运行明显地带动了罗甸县的城镇建设，成为罗甸县的一道亮丽风景线。但受龙滩电站未通航的影响，货物主要运往龙滩坝上及上游黔西南蔗香、岩架作业区，农用物资主要为与周边各乡镇小码头间的交流，运量相对较小。

2. 百层码头

百层码头是西南水运出海中线通道（贵州段）航运扩建工程中重要的码头建设工程，位于北盘江贞丰县境内，由贵州百层港新港港务公司投资建设。百层码头改扩建规划为两个作业区，建设 500 吨级货运泊位 4 个、货运汽车滚装运输通道两条，预算总投资 16000 万元。原港址为第一作业区，第二作业区港址异地新建于平赖滩。项目分两期实施，第一期总投资 5448 万元，企业自筹 1089 万元，占比 20%，申请项目贷款 4359 万元，占比 80%。第一作业区于 2009 年开工建设，2011 年完工。

随着码头的建成投产和航道条件的改善，为册亨、安龙等地煤炭和矿产资源外运创造了良好条件，有效地带动了地方小城镇建设和三产发展，为库区移民脱贫提供了途径。但是，由于龙滩水电站未同步建设通航设施，红水河航线未通，码头运输航线仅限于库区区间运输，无长途大宗货运，码头效益未能得到充分发挥。

3. 乌江民营煤炭专用码头

2015 年 11 月 19 日，由贵州飞尚能源有限公司投资 2000 万元，建成乌江库区竹林湾岩岗皮带传输一体化码头。永晟煤矿位于金沙化觉乡，已形成年产 60 万吨规模，煤矿距乌江库区岸边仅 4 千米，但因山高谷深，若建公路，要蜿蜒 10 多千米才能到达水边。沿山脊建设为煤炭输出量身定一条长达 1.5 千米的皮带运输机，直接在竹林湾修建码头，该皮带运输机可选送精煤原煤，由电脑秤量，实现全机械化自动化控制，整条皮带传送机安装有遮盖罩，全天候作业，能遮风挡雨，符合环保要求。由飞尚集团的全资子公司金沙县聚力能源有限公司经营，于 11 月 9 日正式投产。据该公司洗煤厂负责人介绍，船舶在竹林湾码头运输煤炭，分别运往库区 50 千米外的三沙码头转公铁联运，销往重庆、四川、云南、广西四省（区、市）。库区水运煤炭成本优势明显，煤炭交货折合价汽车运输为 480 元 / 吨，而水运折合价格为 400 元 / 吨，已有数十艘 500 吨级货船投入煤炭水运，水运比较优势十分明显。由于效益好，社会资本投资造船热度持续升温，库区水运呈现快速发展态势。

（二）大型船舶建造

2011 年 4 月 28 日，北盘江白层码头，贵州第一艘千吨级机动船“金州一号”正式下水，改写贵州高等级航道无贵州自己建造的千吨级船舶的历史。有 4 艘同类船年内下水，这批船由贵州最大的民营水运企业——贵州金州港船舶运输有限公司投资建造。全部投入运营后，主要从北盘江白层码头装运煤炭到广西龙滩大坝，再通过翻坝运往各地。

（三）“航运 + 旅游”产业的新探索

湄江水上旅游航运建设项目创造了贵州水运多个“第一”：首次采取“建设—经营—移交”的 PPP 模式建设，通过招商引资承建，项目建成后，由企业使用经营管理，时限 28 年，期满后无偿移交政府；首次采取创新运营模式，旅游航道建设后，其水上旅游开发与湄潭县城各风景点旅游点结合，发挥各自功能，并达成风险共担、利益共享协议；贵州首条旅游航道——湄江水上旅游的投入使用，其建设和营运模式成为贵州水运建设的样板。

第三节　管理的创新和水上救援应急演习及实践

一、水运管理的改进与创新

2008 年以来，各级海事、航务部门积极应对水运快速发展，水域管理面迅速扩大的新情况、新问题，积极创新管理，加强规章制度建设，省地方海事局制定涉及党建工作、政务公开、行政执法、行政、工程、质量、财务、安全管理等内容的制度共 90 个，实现法制管理全覆盖。

（一）机关公文运行处理规范化

针对省航务管理局机关公文办理存在运转不畅，行文不规范的问题，2014 年 4 月省航务管理局制定《贵州省航务管理（地方海事）局机关公文处理办法》（以下简称《办法》）。它是根据《国务院关于发布〈国家行政机关公文处理办法〉的通知》（国发〔2000〕23 号）、交通部《关于印发〈交通部公文处理办法〉的通知》（交办发〔2001〕170 号）规定，结合水运实际情况而制定的。本《办法》第一章总则、第二章公文种类、第三章公文格式、第四章行文规则、第五章发文办理、第六章收文办理、第七章公文归档、第八章公文管理，共五十八条。规定省航务管理局行政办公室，是公文处理的管理机构，主管局机关的公文处理工作。公文处理工作，始终贯彻“党政分开”的原则。行政公文统一由行政办公室负责收发、登记、分办、传递、用印、立卷和归档。党务方面的公文由党委办公室负责处理。

（二）海事、航务系统实现数字化管理

绩效目标管理引入水运工程重点建设项目。各级航务、海事部门建立了船舶安全、船舶建造、船舶营运许可资料数据库，实施数字化管理、信息互通、资源共享、工作有痕。实现由静态管理向动态管理的转变。

海事结合工作实际，研究开发一批提高海事工作效能、规范海事工作程序的管理软件（海事水上交通安全监管信息系统、海事公文管理信息系统、隐患排查治理管理信息系统），极大地提高了海事工作管理水平。

航务管理部门加强市场引导。在国家实施成品油税费改革的新形势下，各级航务管理部门把工作重点由原来征收规费转向做好市场引导，规范经营行为，严格行政许可、港口资质审批。把管理重心转向研究规划封闭水域交通发展。组织有关人员到大型封闭库区进行调研，制定了近期、中期和远期水路发展规划，提出了库区水运管理意见，为建立统一、有序的水运市场打下坚实的基础。

（三）航道行政管理能力不断提高

航道部门依法对临河、跨河建筑物通航技术要求评估及挖砂取石的行政审批已形成常态化、规范化。贵州省管赤水河、乌江两条航道通航保证率达到维护标准，保证了“赤天化”农用物资、思林电站大型设备的正常运输。开展了临河、跨河建筑物通航技术要求评估及挖砂取石的审批工作。内河航道养护管理得到加强。各级航道部门以保畅通、保安全为已任，加大了航道维护、养护管理力度。

（四）节能减排工作初见成效

2008 年以来，针对资源环境约束加重的严峻形势，党和国家明确提出了建设资源节约型、环境友好型社会的要求，并在“十一五”规划纲要中确定了节能减排指标。贵州省委、省政府提出保住青山绿水也是政绩的战略部署，各级海事、航务部门联手，坚持把治理水污染与节能减排结合起来，淘汰了 30 多艘能耗高、污染超标的老旧船舶，有效地减少了油污、废气的排放。并提供船舶设计图纸、推广示范船舶，在重点水域推广环保、节能、安全标准新型船型，使运输船舶在安全性、舒适度、节能等方面有了本质的提高。同时做好油污收集统一处理工作，港口码头生产、生活污水垃圾未经处理不得直接倾倒排放到河中。2018 年，港口码头防污染建设进度均达到 50% 以上。完成全省营运船舶防生活污水污染改造 433 艘，占比 54.81%；完成老旧运输船舶拆解 16 艘，占比 64%。

（五）依托水运工程建设项目解决基础办公条件

如何加快改善水运基层办公条件，贵州省航务管理局在规划编制水运重点工程项目之时，尽力帮助解决基层水路运输、港口管理机构管理设施和管理工作中急需解决的一些交通行政管理车船和办公设备等问题。

二、互联网站的开通与涉密保密工作的加强

（一）开通互联网站

贵州省航务管理局网站创建于2008年，是交通系统中最早创建的单位之一。在局党委的关心重视下，指定专人管理与维护，省地方海事局网页内容新、信息量大，社会各界上网点击“www.gzhshw.com”即可了解全省航务、海事工作动态，同时在网上实行办事公开、信息公开，接受监督，博得社会广泛赞誉。互联网的快速发展和广泛应用，提高了工作效率，同时也对保密工作提出了新的更高要求。

（二）政府信息网站的开通

2009年5月，贵州省航务管理局按照《政府信息公开条例》规定和要求，开通了政府信息网站，挂靠在贵州省交通运输厅主网站上，制定并下发了《贵州省地方海事（航务管理）局网站管理制度》。旨在反映航务、海事工作动态和政务公开及政府信息公开内容，为群众办事提供便利。

（三）网上涉密教育的加强

贵州省海事（航务）局依据国家有关法律法规履行对水上交通安全管理、水运基础设施建设、编制水路运输中长计划、调处水上交通事故等职责，其中有的文书资料涉及国家机密不能予以公开。但如何区分公开与不公开、界定涉密与保密，这就有必要对机关干部进行保密工作教育，进一步提高机关干部在处理日常公务中的保密意识，以保管好涉密资料。2009年8月17日，贵州省海事（航务）局机关在世贸广场6楼会议室举办《中华人民共和国保守国家秘密法》（以下简称《保密法》）讲座，邀请贵州省国家保密局法规处处长刘荣德主讲。刘荣德在讲授《保密法》的同时，还结合实际工作中出现的失密泄密案例进行讲解，这些案例触目惊心，后果严重，令人不寒而栗。有的是明知故犯，更多的是无知失密。他还专门对照国家水路交通工作涉密界定做了进一步解析和强调，涉密资料信息，如果通过网上传递，就会有泄密的可能。通过一堂生动而有意义的保密教育课，局机关广大干部纷纷表示以后不再通过网上传递

相关涉密资料及数据。

（四）网上涉密工作规范化

2010 年 5 月，贵州省交通运输厅下发《关于开展涉密载体清理情况检查工作的通知》(黔交办〔2010〕37 号）后，贵州省航务管理局立即组织相关领导、相关部门认真学习，提高对涉密载体清理工作重要性的认识，按照通知精神和要求，安排布置，落实工作，明确责任，限时完成。省航务管理局成立了由党政主要领导负责的工作领导小组，具体由局行政办公室负责日常工作，分管领导亲自抓，做好协调工作，要求各科室认真负责地完成这一工作。重点检查涉密文件的登记、传阅、归档情况。一直以来，省航务管理局对涉密（机要）文件，都是指定专人登记、专人传阅、专人归档。严格控制阅读范围，按照《保密法》的要求，对涉密文件不允许与非保密文件混存归档，设置专用铁质文件柜保存。通过自查没有发现涉密文件遗失、泄密现象。在办理公文时，在发文稿右上角印有“是否公开载体”一栏，无论是上行文、平行文还是下行文，如涉密或不公开的，都必须在“是否公开载体”里填写“不公开”的字样，从源头把守保密关。这次对局网站公布的内容进行的检查，按照《保密法》的规定，提高了干部职工保密意识，牢固树立“保守国家秘密人人有责”的观念。使广大干部职工认识到，贵州省航务管理局机关现有文件、科技、规划、统计等有关文字、图像等属国家档案的组成部分，单位和个人有履行保管、爱护档案资源和保守机密的义务。对局机关现存的水运工程建设项目计划图表、船舶建造设计图纸、港航基础设施施工图、船舶运输统计资料、人事档案、图片、影视资料、财务报表等按照《保密法》的规定和要求，界定保密与非保密图文资料，属保密范围内的，重新制定密级，防止泄密和失密，不允许个人擅自携带涉密文件及资料外出。在日常工作中要求全体职工遵守保密纪律，管住嘴、守好眼，不该知道的事和不该看的文件资料，不要乱打听、不要乱窥看。由于制度严格，未发生任何文件失窃、泄密事件。平时加强对涉密人员进行保密工作的培训，增强其保密观念。在平时工作中，涉密工作人员不能随意议论涉及保密范围的文档资料。建立健全涉密文档资料登记、借阅、保管、归档制度，不能擅自扩大涉密范围。不准在互联网上擅自下载资料存入涉密电脑中，更不准擅自将单位涉密的情况发布到互联网上。通过检查没有发现违规现象。完善建立既可充分发挥现有文档资料作用，又能增强保密防范的新机制和泄密失密责任追究制。加强涉密文档资料保管的硬件建设，做好防火、防盗、防霉变，逐步使涉密档案资料纳入微机管理，刻制成光盘，统一存档。通过清理检查，相关科室都能按保密要求做好这一工作。

2014 年 12 月，经上级批准，省航务管理局网站被列入政府网站，将原省航务管理局域名（gzhshw.com）更名为“gzhshw.gov.cn”。2018 年 11 月，经省有关部门梳理，重新分配的域名为 hshw.guizhou.gov.cn，将原“gzhshw.gov.cn”集中反馈国家域名注册管理机构进行注销。2019 年 1 月，贵州省人民政府办公厅同意省航务管理局使用省人民政府门户二级网站域名。2019 年 11 月 30 日，省航务管理局正式在“贵州省政府网站集约化平台”上线运行，网站域名为“hshw.guizhou.gov.cn”，原网站域名“www.gzhshw.gov.cn”停止使用。

三、水上应急救援演习主题因情势而设

随着水路运输的快速发展，水上交通安全事故的风险和威胁也随之增加。“福兮祸所伏，祸兮福所倚。”事前预防，为水上交通安全保驾护航，是水运人的使命和职责所在。

（一）赤水河举行“奥运反恐、人命救助”水上演练

2008 年 7 月 11 日，贵州省地方海事（航务管理）局、赤水市人民政府和遵义市交通局在赤水市联合举行了主题为“奥运反恐、人命救助”的水上交通应急演练。有 30 多家单位协同作战演习，共投入船舶 20 艘、各种车辆 24 辆、参演人员 500 多人，其中交通、海事、航务、航道执法人员 160 人，公安、消防、武警 130 人，民兵应急分队 60 人，卫生、医护 20 多人，赤水航运企业船员 60 多人、赤水游泳协会 25 人，其他人员 95 人，演练活动服务人员 100 多人。这是首次由政府主导，跨行业、军警民参与的一次规模大、阵容齐、科目多的水上演练，在社会上引起强烈反响。其主要原因：一是领导重视。经贵州省交通厅、遵义市人民政府同意，拨出专款用于这次演练活动和宣传工作。赤水市人民政府、人武部调动军警参与。省交通厅、遵义市人民政府及赤水市人民政府领导亲临活动现场观看。二是准备充分。赤水市人民政府、省地方海事局、遵义市交通局的领导多次对演练活动内容的排兵布阵进行指导，使这次活动“险象环生”，扣人心弦，有惊无险，场面宏大。并演练活动开展前召集前来采访报道的媒体提前介入，通报了活动内容和目的。三是选择时机特别。定在全国第四次航海日以及北京奥运会召开前举行，提高处理突发事件快速反应的能力。四是宣传阵容大。贵州电视台、遵义电视台、赤水电视台、中国交通报、中国水运报等多家媒体派出记者到现场进行采访报道，遵义市广播电台采用现场实况转播。五是声势浩大。演练活动引来了赤水河两岸的群众观看。同时还邀请重庆海事局、四川省泸州市交通局、海

事局的领导和代表到现场观摩。

（二）构皮滩库区举行三地同域水上演练

构皮滩库区流域面积 43250 平方千米，涉及贵阳、遵义、黔南三个市州的余庆、湄潭、遵义、开阳、息烽、瓮安 6 个县。库区水上运输、旅游、水产养殖等迅猛发展，给水上交通安全监管及水上应急救援工作带来了新的挑战和机遇。多年以来，三地六县海事管理机构虽建立了共管库区水域水上交通管理联席会议制度，开展了海事、安监、渔政、公安、乡镇政府等部门跨地区、跨部门的水上联合执法行动，但水上应急处置突发事件的演习演练还没有开展过。可以说，这次水上交通安全应急救援演习由纸上谈兵，转入实地练兵。6 月 26 日，“贵州省 2015 年度水上交通安全应急救援联合演习”在乌江构皮滩库区—瓮安江界河码头举行。这次演习现场设在当年红军突破乌江天险的战斗遗址旁边。正值本月初发生“6・01”长江“东方之星”客轮翻沉事件，教训深刻。重点把“宁可防而不来，不可来而不防”的意识融入此次演习中，演习科目设置“事故接警及应急响应、人命救助和弃船、船舶消防灭火、水上漂浮物打捞、水上溢油围控和清除”等项目。突出了“强化应急处置、共创平安库区”主题，提高应急演习和应急预案的针对性、科学性、有效性，确保提高应急搜救、处置突发事件的指挥能力，确保应急队伍关键时刻“拉得出去”“救得下来”。参加演习的单位有瓮安县部分乡镇政府、公安、消防、卫生、气象、安监等 23 个部门，及 3 家水运企业。参加人数 150 名，执法车约 20 辆，海事执法船 8 艘，民用船 9 艘。这次水上联合演习是由贵州省交通运输厅、黔南布依族苗族自治州人民政府共同主办，瓮安县人民政府、贵州省地方海事局、黔南布依族苗族自治州交通运输局、遵义市交通运输局和贵阳市交通运输局共同承办，贵阳市地方海事局、遵义市地方海事局和黔南布依族苗族自治州地方海事局协办。省政府应急办、省安监局、省交通运输厅安监处、省交通运输厅信息中心、省交通运输厅信息与应急救援指挥中心、瓮安县政协，瓮安县人武部、黔南布依族苗族自治州安监局的领导出席了此次演习。黔东南苗族侗族自治州地方海事局、黔西南布依族苗族自治州地方海事局、铜仁市地方海事局、安顺市地方海事局、毕节市地方海事局、六盘水市地方海事局的领导前来观摩演习。

（三）乌江思南远程应急指挥和现场救援指挥同步

2016 年水上交通事故应急救援演练水上救援演习于 10 月 9 日上午，在乌江思南县新港区域举行。本次水上救援演习设计策划紧扣乌江即将全线通航现实，针对水运快速发展，船舶增多、发生船舶碰撞的概率增大现状，以抢险救灾、救助人命、清除水源污染等为重点演习科目，同时检验省、市、县三级水上突发事件应急预案的实用性和可操作性，提高水上救援的组织、协调和指挥水平以及船员自救、互救能力，建立和巩固“统一领导、综合协调、分级负责、属地为主”的应急管理体系，迅速、有序、高效地应对水上交通突发事件，最大限度地降低水上交通事故损失。上午10时开始，11时35分结束。最后，省应急指挥中心宣布，此次水上救援演习获得成功。

本次应急演练设立远程应急指挥部和现场救援指挥部，为贵州水上交通应急演习的第一次。此次水上救援演习的亮点是通信设备现代化、传输信号数字化。远程指挥部设在贵阳的省应急指挥中心。观摩演练的有：贵州省人民政府应急办、交通运输厅、公安厅、民政厅、财政厅、国土资源厅、环境保护厅、农委、水利厅、卫生计生委、旅游发展委、安全监管局、气象局、通信管理局、政府新闻办、电力公司等部门的负责同志。现场指挥部设在思南新码头。演习调用9艘海事巡航救生艇、3艘客船、2艘工程船、2艘冲锋舟、120救护车2辆、各类参演人员近千人。贵州交通应急特种技术专用车开到现场，现场一侧树立超大LED屏幕，在不同的位置布设4台摄像机，无人机高空拍摄，构成全方位、立体视角，通过数据传输到位于贵阳的省应急指挥中心，指挥中心通过大屏幕实时观看语音指挥水上演习全过程。现场观众既可直观又可通过LED屏幕观看水上救援实况。这次水上救援演习由贵州省人民政府主办，省交通运输厅、铜仁市人民政府承办，思南县人民政府、贵州省地方海事局、铜仁市交通运输局、铜仁市地方海事局、贵州省乌江航道管理局协办。贵州省人民政府应急办专职副主任王洪斌任远程应急指挥长、铜仁市人民政府副市长夏虹任现场总指挥长。

（四）省际和工程施工现场应急演练

水上应急救援演习除由政府主导举行大型活动外，地方和工程施工单位也有针对性地进行水上应急演练。

（1）2013年3月29日，广西区柳州海事局与贵州省黔东南苗族侗族自治州地方海事局在三江县、从江县交叉共管水域联合举办水上船舶碰撞、人员落水搜救、船舶浪损、人员伤亡急救等科目突发事件应急搜救演练活动。

（2）2016年3月31日，中国能建广西水电工程局有限公司都柳江温寨航电枢纽施工项目部在工地现场举行了防洪度汛专项应急预案演练。参演人员有贵州省航电开发投资公司都柳江郎洞温寨航电枢纽工程建设指挥部全体人员、水利部丹江口水利枢纽管理局建设监理中心都柳江温寨航电枢纽工程项目建设监理部全体人员、广西水电工程局有限公司都柳江温寨航电枢纽施工项目部全体人员及各抢险小组。演习取得了良好的效果。

（3）2016 年 4 月 1 日，都柳江大融航电枢纽工程二期项目部组织各部门、各抢险队伍开展防洪应急演练。演练场景设定：都柳江河水持续上涨，下游围堰充水缺口面临翻水的危险，基坑还有人员在施工，施工用电设备（配电箱）还在基坑。针对场景设定，组织防洪应急演练：抢险人员及设备迅速到指定位置就位；沙包装填，围堰加高；配电箱拆除迅速搬离；人员安全撤离。这次应急演练，提高了项目部应对汛期洪水灾害的能力，强化了应急预案保障措施的落实，教育员工在洪水来临时如何准确、迅速采取相应行动，确保自身及机械设备安全，落实了汛期抢险人员的分工，为汛期抢险应急实战积累了宝贵的经验，达到了预期的目的。从江大融航电工程建设指挥部、广州新珠监理公司大融航电枢纽工程监理部、广东水电二局股份有限公司都柳江大融航电枢纽工程土建施工及金属结构安装 II 标项目经理部等单位参加本次演练。

（4）2016 年 6 月 7 日，董箐库区航运建设工程项目各参建单位开展防洪、防汛、触电、消防应急救援演练，有贞丰县地方海事局、贞丰县中医院、贵州兴航水运工程监理事务所、重庆市渝航交通工程有限公司、中国葛洲坝集团第五工程有限公司、广西华硕建设工程有限公司等共 50 人参加。演练提升了各参演单位及单位全体员工对突发事件的正确处置能力，对溺水人员、触电人员、火灾被困人员现场救治及疏导印象更加深刻，同时找准了项目安全生产中所存在的差距与不足，促使各项应急救援预案更具可操作性，为安全生产提供有力的技术保障。

贵州省地方海事局以水上应急救援为抓手，多管齐下实施创新措施，2010 年至 2018 年，水上交通安全连续八年取得了“零事故、零死亡”的好成绩。

四、水上应急救援体系的建设和完善

贵州水上交通应急体系建设，源于 21 世纪初，当时仅限于水上交通安全管理方面，而且面窄、内容少、措施简单。随着水运事业的发展，从事水上活动的行业不断扩大，国家、社会对水上突发事件应急反应工作要求越来越高。2004 年 6 月，《贵州省航务管理局贵州省地方海事局重特大安全生产险情及事故应急预案》公布。

《中华人民共和国突发事件应对法》于 2007 年 11 月 1 日正式实施。贵州省航务管理（地方海事）局重新修订公布《贵州省水路交通突发事件应急预案》。按照省厅的要求，要把加强应急体系建设融入平时的工作管理中，列入目标考核内容，使该项工作步入规范化管理。2008 年，贵州省地方海事（航务管理）局将《贵州省水上交通安全应急体系建设》列入重要科研课题。着重建立健全三个体系：一是以政府为主导，由海事指挥、社会力量参与的水上交通应急救助体系；二是对事故灾难、自然灾害的预防预警和应急处置体系；三是依托海事管理机构，建立健全全省水上应急救助体系，完善水上交通安全应急预案。同时在全省推广《库区水域海事应急处置预案（范本）》。航务管理部门结合水域特点，建立和完善各级水路运输、港口管理机构的水上应急处置机制和预案，提升加强应急处置能力。在厅党委的领导下，各级地方政府的关心支持下，贵州省航务管理局在加强应急体系建设方面已迈开步伐，应急反应机制能力有所提高，应急管理工作取得了一定成绩。作为巡航救助一体化的重要组成部分的 CCTV 视频监（遥）控系统已在赤水河、天生桥、三板溪、洪家渡库区安装，通过一段时间的运行测试，达到预期效果，使水上安全管理上了新的台阶。同时加强应急救援人员业务培训，应急指挥水平能力有所提高。与时俱进，不断修订完善各类应急预案。力求做到遇险不惊，快速反应，处置有效。在硬件建设上，加大基层海事机构投入。2012 年，又建成德江、余庆、遵义、石阡、瓮安、思南、沿河、开阳等水上搜救中心。

2009 年，贵州省地方海事（航务管理）局完成了《贵州水上交通安全监管救助一体化建设规划（2009—2020 年）》的修编并获得批准。全省已有 62 个海事局、处“离事归政”，参照公务员法管理，监管救助体系进一步健全。在主要通航河流、库区水域建立了 11 支以海事为主、社会力量参与的水上交通应急搜救队伍，为水上安全提供保障。

2013 年 8 月 22 日，交通运输部规划院及有关专家到贵州调研应急处置指挥平台开展建设工作，对于水上应急救助队伍建设中建立的日常监管与人命救助相结合的水上专业救助力量予以了肯定。全省建成 10 个海事局、85 个海事处、65 个海事所，海事人员达 2647 人，建立水上应急搜救中心 20 个，水上救助力量明显增强。贵州省地方海事（航务管理）局按照省人民政府颁布的《水上交通事故应急预案》，通过与气象部门合作，建立了水路交通安全气象服务合作机制，加强暴雨、凝冻、大风等灾害性天气的预警发布。海事机构运用 CCTV（视频监〔遥〕控系统）监控技术，建立了赤水河、万峰湖、三板溪库区电子监控系统，实现了客船、旅游船实时监控。但由于省级水应急指挥中心尚未建立，开通的 12395 水上遇险求救电话，仅限于省地方海事局安全监督科与交通部海事局的联系，省地方海事局与各州市海事机构未能建设互联、互通网络，公共水上搜救电话作用不明显。

应急队伍布局采取点线结合的模式，海事机构实施《海事巡航救助一体化建设规划》，提高主要通航河流和大型水域的海事监管与搜救能力，社会各界给予较高评价。"十二五"中期，省地方海事局持续加大水上救助硬件投入，在主要通航河流、重点库区水域建成更多的监管救助基地、救助站和救助巡查点。按行政区域、河系布局添置巡航救助艇、应急指挥车辆、探测设备和通信器材。按河系储备救生衣、救生圈、太平斧、灭火器、高压水泵、燃料油等物资。以上准备基本满足应急处置需要，实现了水上救助"工作有车辆、救助有船艇"的建设目标。

贵州水上应急管理虽取得成绩，但与先进省份相比，仍有较大差距，离社会对水上交通应急救援的期望，还有较长的距离。主要存在以下问题和困难。一是增加应急管理的硬件投入。加强水上应急体系建设，是新形势下落实科学发展观的具体实践，也是树立负责行业形象的重要手段之一。海事、航务承担公共安全的职能，但因海事、航务管理面临点多、线长、面宽的实际情况，加快水上应急体系平台建设，加大巡航救助一体化建设力度，完善应急管理长效机制便任重道远。二是海事装备建设继续向基层一线倾斜。全力解决执法车、巡航船（艇）等交通工具缺乏、性能薄弱问题，提高基层单位的安全监管能力。三是加强应急体系软件建设。深化安全风险评估工作，深入开展隐患排查整改工作，逐步落实分级管理制度。巩固渡口渡船专项治理成果，深化渡口渡船专项治理活动。四是提高防范工作的能力。认真抓好"重点水域、重点船舶、重点时段、重要环节"和重大节假日的安全监管，坚持关口前移，重心向下，安全监管"横到边、纵到底"的理念。落实安全责任制，提高人员素质，推进管理创新，加强基层管理。同时要做好"两防"（防船舶碰撞、防泄漏）专项治理。五是加强海事信息化建设。利用互联网技术，完善海事、航务信息平台，保证一旦发生水上交通事故，出现各种险情，能迅速、有序、有效地组织水上突发事件的应急反应行动，救助遇险人员，控制水上突发事件扩展，最大限度地减少水上突发事件造成的人员伤亡和财产损失。

五、水上应急体系建设在实际工作中经受考验

（一）凝冻天气疏导滞留公路旅客

2008 年年初，贵州省遭遇了几十年以来最为恶劣的凝冻天气。随着凝冻低温天气

范围不断扩大，已演变成一场灾害。位于乌江边的铜仁地区的沿河、德江、思南等县因凝冻结冰，汽车客运相继中断，返乡农民工回家心切，顶严寒、冒大雪徒步返乡。铜仁地区地方海事局下属的沿河、德江、思南的海事及航务部门立即组织运力，疏导返乡农民工和旅客改走水路，及时将这批准备步行回家的农民工转乘船舶回家。贵州省乌江轮船公司承担沿河至龚滩短途客运，客流量猛增，该公司在确保安全的前提下，做到人歇机不停，增加客船班次，运送旅客比平时增加了近 5 倍。黔南布依族苗族自治州海事、航务部门得知情况后，主动与广西壮族自治区河池地区海事、航务部门联系，搭建互动信息平台，启动省际车船联运，点对点疏导应急预案，及时用客车将滞留在广西天峨县的贵州农民工改由红水河龙滩库区乘船进入贵州罗甸八总临时码头上岸转乘客车回家。从 1 月 13 日到 2 月 4 日，龙滩库区水路成为这次凝冻低温返乡旅客的安全通道，共分流因公路受阻改走水路的旅客达 1 万多人次。

在抗击低温凝冻的艰难日夜里，各级海事、航务管理部门在当地交通部门的领导下，加强常规管理的同时，特事特办，为因公路受阻旅客到港口码头提供食宿方便。水路分流疏导集中在遵义、贵阳、黔南、黔东南、黔西南、铜仁等地（市、州），乘船人员主要是寒假回家的学生和外出打工返乡的农民工。据统计，在凝冻期间，全省共安全运送旅客 4.2 万人次，没有旅客滞留现象，也没有发生水上交通安全事故。这得益于省地方海事局在此前早已做好准备，制定好应对突发自然灾害应急预案，所以针对凝冻肆虐对水路交通的影响，能立即启动水路交通突发事件应急预案，做到了六个“及时”：一是发布水上交通安全和水上运输预警；二是派出检查组分赴凝冻重灾区督促检查现场监管；三是及时实施 24 小时全天候值班；四是督导各运输企业及时备足运力，应对骤增的客流；五是各航道管理机构对各客运较为集中的航段进行重点管理维护；六是及时反馈相关信息沟通，保障信息畅通。在凝冻天气期间，省航务管理局启动的应急预案，所采取的应对措施，环环相扣，有序有效，成为贵州水运前所未有的一次应急“教案”。

为颂扬这次抗凝保畅事迹，贵州省交通厅筛选收录了 61 篇纪实新闻，编辑《情满冰雪路——贵州省交通系统抗雪凝保畅通纪实》一书。其中，由《中国水运报》驻贵州记者站记者、贵州省航务管理局办公室主任韦世荣采写的纪实新闻《突破凝冻封锁 改走水路回家》被收录进本书，由人民日报出版社出版发行。

（二）抗击百年大旱确保运输正常

2009 年 9 月至 2010 年 4 月 2 日，赤水河、乌江、南盘江、北盘江、红水河久旱不雨，河流干涸，水运受到很大影响，部分地区被迫停航。面对旱情，贵州海事、航务部门工作人员迅速行动起来，同心协力，各司其职、各负其责，共同应对百年大旱。为确保化肥运输，支援农业生产，赤水市海事、航务部门组织载重 30 吨的机动船合理配载维持航行，航道部门组织力量坚守在碍航滩险，进行及时疏通。南盘江、北盘江、红水河和乌江辖区的海事、航务、航道部门严阵以待，齐心协力，加强了现场安全监管，杜绝船舶超载和冒险航行，将贵州水运的损失降到了最低限度。

（三）及时化解国企改革矛盾

2008 年，国有航运企业改革进入攻坚阶段，为应对改革可能造成的不稳定因素，乌江轮船公司、赤水轮船公司相继成立了维护稳定工作领导机构，制定了应急预案。省航务管理局成立了维护稳定工作领导小组，贵州省航务管理局党政领导担任正副组长，下设办公室设在党委办公室负责日常工作。制定了应急处置群访预案，保持上下沟通联系，密切关注不稳定苗头的出现。另外在 2008 年“两会”和北京奥运圣火在贵州传递期间没有水运职工群众上访、非法游行事件的发生。

（四）圆满完成全国大型水上体育活动安保工作

红枫湖是国家级风景区，水域面积有 57 平方千米，为贵州中部最大人造湖，比北京的十三陵水库大 12 倍，相当于 6 个杭州西湖。距省会贵阳仅 28 千米，有“高原明珠”之誉，被指定为 2011 年第九届全国民族运动会水上体育比赛地点。贵州省交通运输厅要求省地方海事重点布局，增大水上巡航次数和水上安全检查力度。3 月，红枫湖提前进入旅游旺季，游客数量比往年同期有明显增加。省地方海事局要求贵阳市地方海事局加强民族运动会期间，红枫湖水上安全保卫工作，守好门、护好船。贵阳市地方海事局事前对载客旅游船进行检验，查验证书，核对持证船员，做到船舶适航，船员适任。由于精心安排，安全有效，万无一失，圆满完成了“第九届全国民族运动会”水上安全保畅工作。

（五）抗洪抢险为民排忧实例

1. 解救遇险耕牛

2012 年 5 月 22 日凌晨，遵义县突降暴雨，遵义县茅粟镇人民政府接到群众求助电话，有 4 户村民的 4 头耕牛被山洪冲走。接到县委、县政府紧急电话后，县交通局、海事处会同县消防中队、茅粟镇人民政府、派出所组成施救小组，及时奔赴施救现场，调用了三星牌渡口的机动渡船参与救助，发现 4 头牛被困在乌江河道的一块危石上，经过

4 个多小时紧张施救，4 条耕牛脱险获救，这场及时的救援受到当地群众好评。

2. 设立临时渡口保障群众往来出行

2014 年 7 月中下旬，乌江流域普降暴雨，位于乌江上游沿河县 7 千米的沙沱水电站库容蓄水超过警戒水位，如不及时泄洪将危及水电站大坝安全，水电站及时告知沿岸群众水电站泄洪的警告，后果不堪设想。沿河土家族自治县地方海事处第一时间赶到大坝疏导群众，当水电站泄洪，飞瀑急下，天雨不停，天地弥漫在水泊之中。距水电站不到 1 千米的沙沱大桥被洪水冲毁，桥体钢筋裸露，桥面承重力受到威胁。沙沱大桥位于印江至沿河的省道上，扼守淇滩镇，是沿河土家族自治县经印江到铜仁市的重要交通要道，也是重庆经铜仁到湖南的快捷省道。此时的沙沱大桥变成危桥，当地政府明示禁止通行，来往车辆及人民群众不能通过。位于沙沱库区 1 千米的彭家渡口，因大桥横跨乌江，当地群众出行弃渡改走桥。突发的大洪水，大桥交通受阻，5 万人的出行成了大事，一时间，群众出现焦急和不安。沿河土家族自治县海事处将这一情况及时上报贵州省地方海事局。省地方海事局及时启动应急预案，重启彭家渡口，与思南县船舶修造有限公司联系，调动两艘 30 客位机动客船，因江水超过警戒水位，从思南到沿河夜航不安全。7 月 30 日天刚亮，两艘客船从思南到沿河 93 千米水路，仅用不到 7 小时到达淇滩镇，搭起生命之舟。正在沿河土家族自治县指导救灾的省人民政府副省长刘远坤看到临时渡口秩序井然，对当地政府、海事、航管协作，及时调动客船疏导受灾受困群众安全渡运，解决老百姓出行难之忧的行动，表示赞同。据不完全统计，自开辟临时渡运后，沿河县海事处已成功疏导分流近 6 万人次受灾受困群众，没有发生任何大小安全事故，渡口没有滞留一名游客。

3. 确保在建航电枢纽大坝安全

2016 年 4 月 6 日晚 10 点，从江地区及上游普降大雨，都柳江流域水位猛涨。早上 7 点 30 分，监理单位总监理工程师带领监理人员来到二期施工现场巡视水清及基坑情况，此时上游水位已到 180 米高程，下游围堰接一期纵向围堰处仅 179 米高程，下游围堰其他部位的水位普遍位于 178.5 米高程。根据上游石灰厂水文站 8 点钟通报的 900 立方米 / 秒水量加上区间流量汇入，初步判断洪峰抵达从江航电枢纽施工区域时，洪峰流量将达到 1300 立方米 / 秒，超过设计挡水标准。为确保二期基坑不被淹没，现场果断决策，指示承包人临时加高下游围堰，迎战洪峰来袭。施工单位接到现场指示后，迅速行动，调动 2 台长臂挖机、1 台装载机、2 台自卸车开始填筑下游围堰加高部分的挡水子堰，经过三个多小时的奋战，至中午 12 时，下游围堰子堰已全面填筑到 184 米。中午 12 时 30 分，第一波洪峰通过从江航电枢纽工程，从江航电枢纽二期围堰稳定，基坑暂时安全。下午 3 点 30 分，第二波洪峰也是本次洪水最大洪峰通过从江航电枢纽坝址，此时，上下游围堰设计挡水高程以上部位未做防渗处理而开始渗水，情况比较危险，是破口充水还是继续加高子堰，总监与指挥长通过现场连线上游温寨枢纽，了解水位涨落情况，并据此判断出本次洪水最大洪峰已过，于是要求施工单位维持现状不变，继续观测水位。下午 5 时，水位开始下降，除部分渗水淹没船闸底板外，从江航电枢纽工程二期基坑安全度过本次超标洪水期。此次洪水来势凶猛，超过警戒水位，由于各单位已有防早汛、防大汛的工作安排，验证了 4 月 4 日组织的应急救援与抢险演练模拟真实有效，确保了二期围堰度汛安全，取得了阶段性防洪度汛的胜利。

第四节 水运科研能力的提升及科技成果的应用

一、乌江水运科研取得丰硕成果

（一）乌江构皮滩枢纽通航关键技术研究

2008 年，《乌江构皮滩三级垂直升船机关键技术研究》项目（合同）正式签订。2007 年 6 月，《乌江构皮滩三级垂直升船机关键技术研究工作大纲》评审会在贵阳召开。承担单位南京水利科学研究院介绍：构皮滩水电站最大通航水头 199 米，上游通航水位变幅 45 米，是目前世界上通航水头最高、水位变幅最大的通航建筑物。构皮滩通航建筑物选用三级垂直升船机方案，其中第一、三级垂直升船机采用下水式，各级升船机间通过通航隧洞和渡槽连接，创下七项国内外之最。

◆国内外首座采用三级升船机方案的通航建筑物。

◆最大通航水头 199 米，是目前世界上通航水头最高的通航建筑物。

◆上游通航水位变幅 45 米，是目前世界上水位变幅最大的通航建筑物。

◆第一、三级垂直升船机采用下水式，为国内规模最大的下水式升船机。

◆第二级垂直升船机提升高度 127 米，为世界上提升高度最大的垂直升船机。

◆坝址两岸地形陡峻，通航建筑物布置困难，为减少开挖工程量，采用通航隧洞穿过山体。

◆通航渡槽最大墩高超过 100 米，通航水深 3 米，为国内规模最大的通航渡槽。

研究内容及关键技术包括四个专题：

专题一：下水式升船机运行特性物理模型试验研究

专题二：三级升船机运行安全研究

专题三：中间渠道尺度及航行条件研究

专题四：提高三级升船机通过能力措施研究

到会专家一致同意该研究工作大纲并认为：依托乌江构皮滩升船机工程，研究解决多级升船机及船厢下水式升船机所特有的关键技术，取得创新性的研究成果，部分成果达到国际先进水平。升船机运行安全、船厢下水对接等方面有规律性的成果及经验数据可推荐列入相关规程、规范。

2010 年 12 月 29 日，《乌江构皮滩三级垂直升船机关键技术研究》科研项目和由贵州省航务管理局牵头、交通运输部天津水运工程科学研究所、交通运输部水运科学研究院共同承担的《乌江构皮滩枢纽通航关键技术研究》课题研究验收会在贵阳召开，省内外专家经过认真评审，一致认为，构皮滩三级升船机多项技术指标突破了国内外已建升船机的技术指标，研究成果总体上达到国际先进水平。

（二）乌江航道升级研究报告通过中间审查

乌江航道升级改造是国务院《关于依托黄金水道推动长江经济带发展的指导意见》中的重要工作内容。2016 年 4 月，渝、黔两省市交通主管部门委托中国电建集团贵阳勘测设计研究院有限公司牵头，重庆市交通规划勘察设计院、贵州顺达水运规划勘察设计院配合，按照可行性研究报告深度开展了《乌江航道升级改造论证研究报告》的编制工作。6 月底完成了《乌江（乌江渡—涪陵）段航道升级改造二线 1000 吨级通航设施技术及安全论证研究》（中间成果）。7 月 8 日，为进一步论证项目建设的技术可行性、隧道通航安全性和经济合理性，贵州省交通运输厅和重庆市交委共同组织，并邀请国内知名专家和有关单位对《乌江航道升级改造论证研究报告》（中间成果）进行了咨询审查。此阶段提供的报告主要对乌江（乌江渡—涪陵）段航道升级改造二线 1000 吨级通航设施技术方案进行论证和研究，形成研究成果和结论共有三条。一是乌江航道由四级提高到三级，重点是实施构皮滩、思林、沙沱和彭水四座枢纽的二线 1000 吨级通航设施建设。二是乌江（乌江渡—涪陵）段航道升级改造成二线 1000 吨级通航设施的技术可采用升船机、船闸和升船机 + 船闸三种方案，技术总体可行。三是乌江（乌江渡—涪陵）升级改造二线 1000 吨级通航设施的工程总投资较大，但工程建成后，乌江腹地可通江达海，解决乌江腹地的运输短板问题，能有效降低乌江腹地的物资运输成本，达到低成本环保运输的目的，同时能与长江经济带有机结合，使乌江腹地与长江经济带融为一体，具有较好的社会效益。

与会专家基本同意该研究报告的中间成果，认为建设乌江二线是必要的，技术上是可行的，同时建议论证单位下一阶段做好以下工作。一要通盘科学研究分析。改造二线通航设施工程量大，存在大开挖情况，需对开挖渣料回采利用进行研究，降低环保和水保成本和难度。充分考虑通航隧洞的通风、照明、防火、安全以及船员心理承受力，可参考公路隧道、船员防火标准。二要对建设规模与效益进行论证。在保障一线通航的前提下，深化对货运预测、货运目标、船型标准、通航设施进行尺度分析。三要考虑筹措资金风险。乌江航道升级改造二线通航设施，需建设资金概算达 200 亿。需国家政策支持，吸引社会资本参与，借鉴成功经验，采用市场运作方式，多方筹措资金解决。

（三）“峡谷河流超高水头梯级水运通道开发关键技术研究及应用”获省科技重大科研项目立项

2018 年 11 月，“峡谷河流超高水头梯级水运通道开发关键技术研究及应用”科研项目成功立项贵州省科技重大专项，成为贵州交通在省内获得资助金额最大的科技项目，共计投入 2250 万元（其中贵州省科技厅资助 750 万元）。项目由贵州省航务管理局组织，贵州省航电投资开发公司牵头，贵州省顺达水运规划勘察设计院、交通运输部天津水运工程科学研究所等 10 家单位联合开展，规划五年完成。该科研项目依托乌江 1000 吨级航道工程，针对乌江通航枢纽的升船机尺寸对船型的限制、两座梯级枢纽间回水变动段的存在，导致乌江复航后无法实现上下通达的问题而开展，其研究成果将直接为乌江航道提等扩能工程建设，运营和管理提供全方位技术支撑，该立项共设 5 个研究课题，每一个课题下设置 3—6 个子课题，主要开展工程建设和运营中遇到的枢纽通航设施扩能、航道等级提升、船舶及运行、超大断面通航隧洞设计施工和通航安全等关键技术问题的研究，专门解决高山峡谷地区江河通航问题。其中，多目标联合的有乌江梯级水库群联合调度、乌江千吨级高效能标准船型研发、高山峡谷岩溶区超大断面通航隧洞设计与施工、乌江水运 - 生态保护协调的航道建设、复杂通航环境下多源风险防控等研究。本次立项项目研发的技术团队阵容大、规格高，人员有院士、博士和技术人员等 200 余人。

二、赤水河航运建设工程科研项目获奖水运科技项目顺利验收

（一）荣获国家优质工程银奖

2010 年 12 月 23 日，2010 年度国家优质工程奖颁奖仪式在北京人民大会堂隆重举行，赤水河（岔角—合江）航运建设工程获国家优质工程银奖。

由交通运输部、贵州省共同投资 1.83 亿元，在“十五”期实施的赤水河（岔角—合江）航运建设工程，共整治了航道 158.8 千米，航道设计年通过能力为 350 万吨；改扩建了岔角、土城、东门、鲢鱼溪、合江共 5 个码头，建成 100 吨级泊位 8 个和 300 吨级泊位 6 个，新增港口货物吞吐能力 235 万吨；建设了 158.8 千米航段的航标、通讯、航道管理维护、远程视频监控等航运支持保障系统设施。经过三年的运行，社会效益和经济效益明显，航道的实际通过能力已突破 400 万吨，超过了当初设计通过能力，近 900 艘运输船舶来往穿梭在赤水河上。赤水江成为名副其实的黔北水运出省大通道，也成为西部运输最繁忙的水路之一。继 2009 年荣获交通运输部优质工程奖后，2010 年荣获国家优质工程奖，贵州省水运工程建设办公室、贵州顺达水运规划勘察设计所、贵州兴航水运工程监理事务所、贵州黔航交通工程有限公司和贵州远航交通工程有限公司获此殊荣。

（二）荣获贵州省科技进步二等奖

赤水河是贵州北部地区直通长江的重要水运通道，也是贵州唯一一条无闸坝碍航的出省通道。但由于赤水河航道等级低、滩险多、长江洪水壅水河口淤沙碍航、港口码头简陋等限制了赤水河水运健康发展。自 2001 年以来，交通部分别立项对赤水河口航道治理技术专题和赤水河航运关键技术等研究项目，通过工程技术人员的努力，形成了较为完整的《赤水河航运建设关键技术》成果。

2014 年 5 月 27 日，贵州省科技厅在贵阳主持召开《赤水河航运建设工程关键技术研究》成果鉴定会，对贵州省航务管理局、交通运输部天津水运工程科学研究所、交通运输部水运科学研究所、武汉理工大学、贵州省遵义地方海事局和贵州顺达水运规划勘察设计院共同完成的《赤水河航运建设关键技术研究》项目进行科技成果鉴定，主要内容有：河口淤沙段航道整治技术，河口淤沙段整治建筑物新结构，土工织物沙袋坝的砂卵石填充及沉放工艺技术，混合底质河床滩险航道整治技术，航道数据动态采集及融合处理技术，适用于大水位差码头的起重机设备研发技术，多功能、高效率的浅水航道疏浚技术，山区浅水急流航道货船、客船新船型研发技术等。

应邀到会的有交通运输部、部三峡办、中国水运建设协会、天津大学、海军工程大学、四川省航务管理局和贵州省的专家，他们在认真听取汇报并查阅相关技术资料后，一致认为，赤水河航运建设关键技术研究，取得了 6 项成果：揭示了长江来水顶托及两江不同汇流比对赤水河口段的水位、比降、流速、泥沙运动和河床变化的影响规律，提出了河口段复杂水沙变化下的变整治水位和变整治线宽度的航道整治新技术；揭示了赤水河近河口段边滩一般枯季高、春季首场洪水后低的特点，针对枯季施工，提出了挖基埋坝、加强坝头护底的设计施工新技术，以适应边滩年内大幅冲淤变化特点；针对混合底质浅滩在不同水期存在泥沙淤积碍航或存在航行水流条件恶劣碍航的特点，对典型的柴块滩、灌溪口滩，提出了中低水治理、整治与疏浚相结合的整治方法，解决了水浅、流急的碍航问题；针对山区中小河流大水位差码头，首次研制了可在趸船上移动的双悬臂桥式起重机和起重机防倾翻台车装置，该机型具有结构新、质量轻、造价低、高效安全等特点；结合赤水河航道浅、窄和无泥场的特点，开发了具有边抛和冲吸功能的自航式挖泥船新船型；研发了赤水河的标准化系列货船船型，具有浅吃水、大宽度吃水比、大方形系数的特点，实现了赤水河船舶最大载重吨由 150 吨级提高到 300 吨级的突破。

专家提议，该课题相关研究成果已成功在赤水河水运建设中应用，提高了赤水河航道等级，改善了通航条件，提高了港口装卸效率，降低了船舶运输成本，明显提高了水运安全保障，促进了赤水河水运发展，取得了显著的经济和社会效益，并且相关研究成果亦可在乌江、岷江等山区河流推广应用。综合评定该研究成果总体上达到国际先进水平，其中河口淤沙段航道整治技术达到国际领先水平。

（三）水运节能环保船型科研课题初出成果

2019 年 6 月 14 日，贵州省交通运输厅在贵阳组织召开了“赤水河中上游浅水船舶标准化系列船型研究与应用”和“贵州省生态港航建设评价指标体系研究”两个水运科技项目验收会。“赤水河中上游浅水船舶标准化系列船型研究”项目，提出了赤水河中上游 100 吨级货船船型、40 客位客船船型和 30、40 客位旅游船船型，为提升船舶航道适应能力和船舶通航性能、安全性能、环保性能、经济效益及上滩能力、节能降耗等提供了技术支持。“贵州省生态港航建设评价指标体系研究与应用”项目，构建了一套科学合理又切实可行的贵州省生态港航建设评价指标体系，可全面、客观、准确地反映被评价区域港航系统绿色发展水平，便于准确查找全省生态港航建设及运营管理中的薄弱环节。交通运输部水运科学研究所、武汉理工大学、贵州省航务管理局等单位人员参加会议。

三、南盘江、北盘江、红水河水运科研成果

（一）工程可行性研究报告获奖

《西南水运出海中线通道南盘江、北盘江、红水河航运建设工程可行性研究报告》获中华人民共和国交通部颁发的“2008 年度交通部优秀水运工程咨询成果三等奖”。此前，《西南水运出海中线通道南盘江、北盘江、红水河航运建设工程预可行性研究报告》荣获中国水运建设行业协会颁发的“2007 年度交通部优秀水运工程咨询成果三等奖”和贵州省发展和改革委员会颁发的“贵州省 2007 年度优秀工程咨询成果二等奖”。

（二）能源运输方式及节能环保研究通过部级验收

2012 年 4 月 17 日，由交通运输部水运科学研究院、贵州省航务管理局、武汉理工大学共同研发的，列入交通运输部西部科技重点项目的《红水河能源运输组织方式及节能环保工艺研究》在贵阳通过了部级鉴定验收。《红水河能源运输组织方式及节能环保工艺研究》由“红水河能源水路运输组织方案专题研究”“红水河能源运输船型主尺度系列”“红水河能源水路运输节能环保工艺研究”等专题成果构成。提出了红水河不同航段（库区、过坝）250 吨、300 吨和 500 吨进行直航运输，采用 800 吨级、1000 吨级、1500 吨级货运船舶，即 30 车位至 60 车位级载货汽车滚装船舶进行水路—翻坝—水路运输，可满足贵州水运能源输出的需要。

（三）龙滩库区航运关键技术研究荣获省科技三等奖

2012 年 6 月 14 日，由交通运输部天津水运研究院和贵州省航务管理局共同承担的“红水河龙滩库区航运建设工程关键技术研究”在贵阳通过了交通部西部交通建设科技项目管理中心组织的专家评审。到会专家一致认为，该课题以“西南水运出海中线通道——南盘江、北盘江、红水河（贵州段）航运扩建工程”为依托，采用现场查勘、资料分析、数值模拟计算、物理模型试验等研究手段，开展并完成了对龙滩枢纽变动回水区及脱水段范围内的重点滩险进行整治方法及整治方案研究。揭示了在电站运行初期两坝间回水变动段的泥沙冲淤特点，并提出了“河道自动调整，采用引导性工程，自上游至下游工程强度加大”的变动回水区沙卵石滩的治理技术。针对日水位变幅大的特点，提出了中水整治与枯水整治需统筹考虑的航道整治思路以及复式断面法治理措

施，较好地解决了不同水位条件下急、险滩碍航问题，同时为航道等级由五级提升至四级提供了技术支撑，取得了显著经济和社会效益，因此，在类似山区河流库区水运建设工程具有广阔的推广应用前景。在我国山区河流库区回水变动区研究尚属首创，在世界内河科研中也不多见，该成果总体达到国内先进水平，部分成果处于国际领先地位。在 2013 年度贵州省科技进步奖的评选中，荣获省科技进步三等奖。

在此前已经交通运输部评审通过的“红水河能源水路运输组织方案专题研究”“红水河能源运输船型主尺度系列”“红水河能源水路运输节能环保工艺研究”等与“龙滩库区航运建设工程关键技术”构成姊妹科研课题。该系列成果转化成现实生产力后，将加快贵州开发滚装船运输、翻坝运输和直航运输，为到 2020 年贵州南下珠江水运达到 2100 万吨扩能运输，提供了有力的科学依据和技术支撑。

四、水运科技成果录入国家科技书库和选入部省标准

（一）水运三项科技成果专著丛书录入国家科技图书库

2015 年 12 月，水运三项科技成果编入贵州交通科技系列专著丛书。《乌江航道整治与枢纽通航技术研究》《乌江高效货运组织与船型技术》《赤水河航运建设关键技术》三项科研成果入选《大道出黔——贵州公路水路交通基础设施建设三年会战科技系列专著》。该系列专著由人民交通出版社出版发行，录入国家科技图书库。

在贵州省交通运输厅组织召开的《大道出黔——贵州公路水路交通基础设施建设三年会战科技系列专著》新闻通气会上，人民交通出版社股份有限公司总经理、总编辑韩敏说：“省级交通科技系列专著出版，在全国来说，贵州还是首家。无论在学术研究上、理论研讨上、工作实践上都是具有很高价值的专著。”

（二）船舶专题科研选入部省标准

2015 年 12 月，省航务管理局与武汉理工大学联合承担的“贵州省两江一河主要货运船型标准化研究”“贵州省营运船舶节能环保现状分析与实用技术研究”“乌江多枢纽梯级航道通航环境风险挖掘与运输模式安全评估研究”“乌江高等级航道高效船舶货运关键技术研究”四个科研课题的验收会在贵阳召开，由省交通运输厅主持。其中，“贵州省两江一河主要货运船型标准化研究”课题研究目的是基于贵州省南、北盘江、红水河水运条件，提出适合流域航运特点、技术经济可行的多种运输组织方案，建立综合评价模型；开展各货运预测量下不同运输组织方式的多要素优化论证，推荐出综合效益高

的贵州省南、北盘江、红水河水路货运组织优化方案；主要研究成果已形成贵州省地方标准（DB 52/T 808-2013 和 DB 52/T 809-2013）予以发布，填补了贵州省标准船型研究的空白，成为珠江水系标准船型系列的重要组成部分。“乌江高等级航道高效船舶货运关键技术研究”课题研究目的是基于乌江干线流域经济发展现状和趋势，构建干线主要货种货运量预测模型，得到 2020 年和 2030 年乌江干线主要货种货运量预测值、主要经济腹地分货种货运量预测值以及乌江干线各枢纽翻坝货运量预测值。采用数学理论优化和仿真模拟系统相结合的方法，提出了乌江多梯级枢纽复杂航道的船舶货运组织方案，并对自然环境、通航设施可能出现的非常态条件进行分析，提出了乌江多梯级枢纽复杂航道应急货运组织方案。此项目的主要研究成果已纳入“长江水系过闸运输船舶标准船型主尺度系列”(交通运输部公告 2012 年第 69 号)，并形成贵州省地方标准予以发布（DB 52/T 810-2013 和 DB 52/T 811-2013），不但填补了贵州省乌江标准船型研究的空白，而且成为长江水系标准船型系列的重要组成部分。

“贵州省营运船舶节能环保现状分析与实用技术研究”课题是对贵州省营运船舶节能环保现状进行分析和评价，针对实现国家单位国内生产总值能耗和主要污染物排放总量等约束性指标而提出的相应实施对策；项目的研究成果填补了贵州省节能减排相关研究的空白，为实现贵州省营运船舶节能环保指标提供了技术支撑。“乌江多枢纽梯级航道通航环境风险挖掘与运输模式安全评估研究”课题研究内容是对乌江干流多枢纽航道船舶航行安全风险进行挖掘，采用模糊数学综合评价方法建立乌江干流多枢纽航道船舶航行安全风险评估模型，并对乌江水上交通安全状态进行评估；针对乌江干流多级枢纽的分布和运行特点，对水路运输状态特别是船舶过闸情况进行了仿真分析，评价水路运输模式可能产生的拥堵程度和拥堵缓解措施的效果。

课题承担单位向专家组作项目报告后，专家组针对不同的课题方向提出质询，并提出了项目完善意见，专家组一致同意四项课题通过验收。并认为课题组所提交的验收资料完整、齐全，内容翔实，项目组对国内外多项数据进行的对比分析，以及提出科学的可操作的方法进行了肯定。这些科技成果将对水运发展提供技术支撑，无论是客运还是货运方面都将助推经济社会发展，为百姓提供更多的出行方式。

五、水运信息化建设的不断拓展

2019 年 7 月 15 日，贵州省交通运输厅在贵阳组织了贵州省水运综合管理平台（一期）和乌江数字航道（一期）建设工程竣工验收会议，并成功验收，验收通过填补了贵州水运信息化建设的空白。贵州省水运综合管理平台（一期）建设，根据贵州水运海事管理当前需求，整合部分现有基础数据、业务数据，搭建基础数据库群、业务数据库群和专题数据库群，建设数据资源中心和基础支撑平台，实现贵州水运海事对各系统的统一用户管理、认证、授权，海事部门相关业务办理从手工和半手工到以信息化为主的“一站式”服务的转变，提升了贵州水运海事服务信息化水平和服务能力。乌江数字航道（一期）建设工程，以“贵州省水路交通管理综合信息平台顶层设计方案系统”为基础，依托贵州省交通云、各水运业务系统等基础环境，面向贵州乌江航道水运管理与服务需求，结合长江干线水域以及内河高等级航道网 AIS 系统和水位测报系统建设现状，实现对“四客一危”重点监控船舶全程、全天候监视，并为航行在乌江水域的运输船舶提供助导航服务和水情服务，提高乌江水上交通管理的信息化水平，为“十三五”和今后贵州省水运发展战略目标的实现提供技术支撑和保障。

六、水运船舶新能源的应用和运输方式的尝试

（一）新能源新船试制成功并投入运用

1. LNG 双燃料新型船舶试制投产

随着乌江高等级航道的建成，对乌江水运绿色环保有新需求。由武汉理工大学承担设计的 500 吨级多用途集装箱科研型船舶，船舶尺度 55×10.8×1.6 米（船长 × 宽 × 吃水深度），动力系统采用油气混合双燃料发动机。2014 年 4 月 3 日，通过公开招标投标，选择浙江平湖市华海造船有限公司为施工总承包单位，贵州深能天然气有限公司为协作单位，负责 LNG 系统安装调试及相关认证工作。贵州兴航水运工程监理事务所为监理单位。该船的建造是依托项目，依靠财政投资，打造乌江首艘长江 17 型标准船型，用于检验乌江高等级航道以及各水电枢纽通航设施。为适应货运发展需要，实测水路运输吨千米成本，由设计单位武汉理工大学将原设计船体由散货船更改为多用途集装箱货船，在综合交通各运输方式中进行对比。2015 年 8 月底，该船通过验收并交付使用，命名为“航电一号”。

2015 年 11 月 20 日，首艘 500 吨级 LNG 双燃料多用途集装箱科研型船舶在乌江试航成功。“航电一号”船试航成功后，第二艘 500 吨级多用途集装箱科研型船舶也于 2016 年建成下水。贵州深能天然气有限公司完成了乌江船用 LNG 加气站规划布局，预

测乌江船舶总用气LNG需求为20万吨，拟建设29座水上加气站。

2.“油改电”旅游船在贵阳百花湖获得成功

百花湖位于贵阳市西北郊，距市区22千米。景区总面积83平方千米，其中湖水和岛屿面积14.5平方千米，湖中岛屿108个，是贵州省级风景名胜区。2018年9月至12月，中船重工第七一九研究所在贵阳百花湖对“黔筑0293”号船进行动力系统“油改电”工作。“黔筑0293”船长12.92米，船宽3.6米，型深0.95米，吃水0.496米；额定载客25人，船员2人。“油改电”改造项目主要内容是将原船柴油机、齿轮箱及相关的燃油管路、冷却水管路拆除，舵机、轴系、螺旋桨及日用电系统保留。改装后全船动力用电由锂电池组提供，在岸上安装充电机，为锂电池组充电；推进电机通过高弹、齿轮箱、轴系驱动螺旋桨；该船可在驾控台遥控推进系统，控制船舶的前进及后退。

表8-2　百花湖旅游船动力系统“油改电”改装前后对比

比较项目	改装前	改装后	备注
动力源	柴油机	锂电池组	改造后额定能量53.76千瓦/小时
推进形式	柴油机经过齿轮箱驱动螺旋桨	水冷电机经过齿轮箱驱动螺旋桨	
原动机功率	35千瓦	18千瓦 峰值功率可达到65千瓦	改装后动力系统功率变大，在风浪恶劣天气行驶更安全，容易靠泊码头
机舱噪音	约110分贝	约70分贝	改装后噪音更低，船舶舒适性更好
船舶振动	柴油机振动较大	电机振动较小	改装后振动幅度小，船舶舒适性更好
机舱温升	柴油机运行散发大量热量，机舱温度高	电机采用水冷，机舱温升低	
空气污染	柴油机排放出NOX（氮氧化物）及SOX（硫氧化物），对百花湖空气污染严重	电机无污染气体排放	改装后有效降低大气污染
水污染	柴油机泄露的燃油直接污染百花湖的水资源	无污染	改装后有效降低水污染

续表

比较项目	改装前	改装后	备注
对船体外观影响	柴油机排放的气体将船体熏黑，影响船体外观	无气体排放	电力推进有利于维护百花湖景区形象
营运成本	平均每天消耗柴油费用约 185 元 / 天	平均每天消耗 53 度电，电费合计约 35 元 / 天	改装后每天节省运营成本约 81%
动力系统重量	约 512 千克	约 510 千克	改装后，船体自重基本不变。同时电池组设备分开布置，船舶稳性更好。
机舱空间	柴油机尺寸较大，机舱维修空间小，维修困难	锂电池组及推进电机尺寸小，维护空间大	改装后机舱维护空间更大，维修方便
操纵性	采用软轴操控柴油机油门，操控不灵敏	采用电控手柄操控电机，可方便地控制船舶前进及后退	改装后操控性更好，系统更先进
对游客的吸引力及票价的影响	采用传统推进方式	采用绿色环保的电力推进方式，对游客具有吸引力	改装后增强对游客的吸引力，同样坐船，乘客优先选择电力推进船。可适当提升票价

现场试验船舶的操纵性，船舶的操纵性好，船舶前进至后退切换时间短，操作灵敏，同时操作界面简单，便于船舶驾驶人员使用。现场与船主交流后，船主认为技术实用、先进，“油改电”方案可行，平时充一次电航行 6 小时，航速在 9 千米 / 小时—12 千米 / 小时，改造完成后船速和操作性都比改造前好。

2018 年 12 月 28 日，贵阳市地方海事局为“油改电”的“黔筑 0293”号船颁发了《船舶检验证书》。2019 年 7 月 4 日，广西桂林两江四湖公司慕名派技术人员前来现场观摩考察。贵阳市海事部门表示，“油改电”旅游船的改造成功，使百花湖以及其他水上旅游区得到推广。

（二）电站重大件设备运输的尝试

思林电站位于思南县境，属乌江干流水电开发第八梯级。思林电站大件设备中，单件转轮体重达 220 吨，最宽达 7.7 米，最长达 25 米，最高达 4.5 米，因超限受陆路交通条件制约，只能从水路运抵电站建设工地安装。而且大件设备运输必须抢在思林电站下游在建的沙沱电站截流之前完成。2006 年 10 月，贵州省地方海事局与昆明中远物流有限公司在贵阳签订了《思林电站重大件设备水路运输可行性论证及水路运输方案制作委托合同》，由贵州航海学会牵头，组织了相关单位和 20 多位专业技术人员分组、分批多次赴现场进行实地考察和调研，采集了大量与重大件设备运输相关的情况及数据，最终确定由贵州远航交通工程有限公司承运。贵州远航交通工程有限公司接受任务后，立即选定优秀的船员和新设计建造的专用大件运输船“华电号”轮承担运输任务。

2008 年 7 月至 11 月，由贵州远航交通工程有限公司承运的思林电站大件设备运输，从重庆彭水电站上游码头至思林电站坝下，单边航程 260 余千米。历时 4 个月、8 个航次，安全圆满完成了思林电站急需的 4 台水轮机转轮、4 台主变压器运输工作，确保了思林电站建设的正常进行。思林电站大件发电设备水路运输的成功，不但为电站建设节约了数亿元建设资金，而且实现了乌江航道水运单船承运重型大件新的突破，为乌江水路运输大件物资积累了经验。之后，沙沱电站的大件设备也通过水路成功运达目的地。

2009 年 4 月，贵州远航交通工程有限公司专用大件运输船“华电号”轮被贵州省总工会授予“工人先锋号”荣誉称号。

（三）龙滩电站翻坝运输的尝试

2010 年 3 月，交通运输部珠江航务管理局在进行前期调研和与贵州、广西、云南航务管理局及有关单位协商的基础上，组织召开了“两江一河”复航煤炭翻坝运输协调会。会议通过充分论证，认为红水河航道已基本具备翻越龙滩大坝的水路运输条件。2010 年 9 月，贵州百层港新港港务有限公司组织船舶实施煤炭翻坝试营运成功。

（四）乌江思林、沙沱水电站升船机试运行成功

2017 年 7 月 31 日至 8 月 1 日，由建设业主乌江水电开发有限责任公司主持，在特邀专家和贵州省交通运输厅、贵州省航务管理局等行业主管部门的见证下，分别在乌江思林、沙沱水电站升船机现场实地查看集控室、承船厢，现场观看“航电 1 号”500 吨级标准货船从上、下游通过升船机实船检验。通过鉴定，与会人员一致认为：思林、沙沱升船机单位工程合格率达 100%，优良率达到 90% 以上，工程质量整体达优良水平。专家认为：思林升船机创下了两项全国之最，一是提升高度达到 76.7 米，是目前国内建成的同类型升船机提升高度最高的升船机；二是仅用四年时间，完成了整个设备安装调试工作，创下了国内大型升船机安装调试最快纪录。并实现了多项技术创新：首次提出了“安全平衡重”新理念，首次建立了卷扬提升式升船机船厢“临界失稳水深”判别

标准，攻克了全平衡钢丝绳卷扬提升式升船机船厢失水情况下的安全运行重大关键技术难题。通过实船检验，船舶单向过闸时间由设计 2 小时 20 分缩短为 1 小时 20 分，极大地提高了船舶过闸能力。这些技术创新和突破，不仅节省了工程投资，还大大提高了升船机的运行安全性。

第五节　水运精神文明和文化建设向纵深发展

一、文明创建工作持续深入开展

1982 年，党的十二大提出，推进社会主义物质文明和精神文明的建设任务后，各级水运部门始终坚持“两手抓，两手都要硬”的方针，促进了水运精神文明与物质文明健康协调发展。各单位将开展创建文明行业、文明单位等活动与“文明伴我行、满意在航运”主题活动有机结合起来，以“学先进、树新风、创一流”为抓手，坚持行业和地方条块齐头并进形式共创文明，积极开展争当行业先进、创建地方文明单位活动，促进了全行业精神文明建设长效机制进一步完善。“十一五”时期，水路行业的文明单位有 80 个，其中获得省部级表彰的有 3 个（交通运输部表彰 2 个，贵州省委省政府表彰 1 个）、厅表彰 10 个。省航务管理局被交通部授予“全国交通行业文明单位”等荣誉称号（2008 年）。赤水河荣获省级“文明样板航道”称号（2010 年）。“十二五”期间，以“学先进、树新风、创一流”为载体，积极引导、引领、统筹行业精神文明建设，倡导“爱国、敬业、诚信、友爱”的共同思想道德基础，深入开展航道局（段）文明单位、基层海事处（所）文明执法单位、全省航务系统“树创积极作为航务新形象建设”等创建活动，涌现出一批文明站所、文明船舶、文明班组，为创建文明水运行业奠定了基础。全省水路交通系统有 1 个荣获国家级文明单位——赤水河荣获交通运输部授予的国家级“文明样板航道”称号（2012 年）；4 个单位先后获得省“文明单位”称号，省航务管理局机关被省委、省政府授予“全省文明单位”称号（2014 年）；有两个单位获得交通部授予的“安全畅通文明航区先进单位”称号。

2018 年，“文明在行动 • 满意贵州行”活动持续开展。同年 10 月，省地方海事局相继赴黔东南苗族侗族自治州剑河县清江阁码头、镇远县禹门码头、相见河码头、贵阳市便民码头、黔西南万峰湖巴结2号码头等地检查“文明在行动·满意贵州行”活动。

二、赤水河文明样板航道的创建历程

赤水河是贵州与四川界河，也是黔北地区通向长江的要津，赤水市成为贵州省通向长江的桥头堡，区位优势和交通优势十分明显。赤水河列入西部大开发战略重点水运建设项目，国家加快赤水河建设步伐，投资1.85亿元，于2002年11月开工建设赤水河（岔角—合江）航运工程，工程于2006年全面竣工。工程在建期间和建成后，促进了沿江工业的合理布局，沿岸的煤矿开采企业林立。到2010年，赤水河船运发展迅猛，船舶已发展到3000多艘，成为贵州最繁忙的水运通道。

2006年，贵州省交通厅启动了赤水河狗狮子至合江段78千米文明样板航道创建活动，明确了牵头单位为贵州省航务管理局，创建单位为贵州省赤水河航道处、赤水市交通运输局、赤水市地方海事处、习水县地方海事处、赤水河航运历史展览馆、四川省合江县交通运输局、四川省合江县航务管理处。2010年11月，赤水河狗狮子至合江段航道通过了贵州省文明办、贵州省交通运输厅组织的文明样板航道验收评审，被授予省级“文明样板航道”称号。2011年8月，贵州省交通运输厅向交通运输部申报赤水河国家级文明样板航道评审。2012年5月28日至30日，交通运输部验收组通过实地查看、查阅相关资料、暗访当地群众和船员进行考察评审。赤水河文明样板航道通过交通运输部验收组的验收。

在验收会议上，四川省合江县三江运输公司经理刘文贵感慨地说：“赤水河航运发展今非昔比，发生了翻天覆地的变化。建设前，航行在狗狮子到岔角的最大船舶载重量仅40吨，由于滩多水急，沿岸设有7个绞滩站，赤水河（岔角—合江）航运工程建设完工后，该段航道等级和通航能力提高，消除了绞滩，船舶载重提高到100吨。过去赤水河汇入长江处的合江县港口设施一穷二白，码头都为自然斜坡，货物全靠人背马驮，后来也只有几辆人工手推车。赤水河港口业发展迅速，目前拥有浮吊船30多艘，起重量达30多万吨，输送机械已发展到11架，港口机械化的提高、加速了赤水河沿岸煤矿开采，促进了水运的快速发展。水运运价上的优势，汽车运输是无法竞争的。”他算了一笔账，从岔角满载100吨煤炭到合江全程159千米，煤炭每吨到岸价30元，而汽车运输则要0.7元吨千米，如装载10吨煤炭汽车从岔角到合江需运输费1120元。100吨煤炭运输水路船舶与公路汽车运输相比，减少8200元。贵州省赤水轮船公司经理汪永忠说："现在赤水河航行安全，船舶运输成本降低。过去赤水河受长江洪水顶托，河口淤沙严重，船在沙上走，被迫减载运输，拖轮在前拉牵，航行安全受到挑战，自从赤水河航运工程采用国内先进科技进行整治后，淤沙随水势归槽，彻底消除了河口淤沙顽症，单船载重率增加了 20%，船舶航次周期提高了 1.8 天。水运管理部门服务质量明显提高。航道部门利用航标信号台准确施挂信号、正确设置航标，航道畅通保障能力明显提高。文明行船现象明显增多。由于船员的工作生活环境，以前在船上说脏话粗话，夏天酷热时赤裸上身的现象普遍，而现在说脏话粗话的少了，裸露身体的也少了。"赤水市地方海事处处长徐俊平说："沿岸乡镇船舶都安装了污水废油和垃圾回收容器，严格沿岸厂矿企业节能减排，现在赤水河上已经看不到浮飘污物和白色泡沫了。"

验收组总结认为，过去赤水河被誉为"英雄河""美酒河"。赤水河创建文明样板航道活动丰富了赤水河内涵，在建设环境友好型、资源节约型社会的今天，可以增加"文明河""绿色河"。验收组高度评价赤水河文明样板航道的创建活动，创造了"三个第一"：一是西部地区第一个国家级文明样板航道；二是自"十二五"期以来，全国第一个申报成功的国家级文明样板航道；三是第一个高等级航道以外的国家级山区文明样板航道。

三、水运文化娱乐活动蓬勃开展

水运文化建设的培育成长。2013 年，《当代贵州航运发展史（1991—2010）》（当代长江航运发展丛书之二十）编著出版，传承贵州水运历史脉络。

2017 年 8 月，由贵州省交通运输厅编，新华出版社出版的《筑梦通江达海：贵州省水运建设三年会战新闻作品选编》正式出版，在全国公开发行。该书 13 万余字，分为战略篇、建设篇、成就篇，选编了新华社、人民网等中央媒体和《中国交通报》《中国水运报》行业主流媒体以及《贵州日报》等省级媒体，近年来特别是水运建设三年会战实施以来聚焦贵州水运建设发展的新闻作品、精美图片，成为水运交通精神文明建设、文化建设的好声音、好故事、好书籍。

2018 年，贵州省航务管理局提出了"砥砺江河，默默奉献"的贵州水运行业核心价值观，谱写了《贵州水运之歌》，2019 年 9 月，在省交通运输系统庆祝中华人民共和国成立 70 周年歌咏比赛上唱响。

2009 年，由赤水河航道处编导的《船工魂》，在庆祝新中国成立 60 周年全省交通系统文艺汇演中荣获一等奖，被推举参加“多彩贵州”戏剧小品选拔赛，角逐贵州电视民族歌舞大赛，推选上贵州电视台播放。水运职工踊跃参加、参与省区市西部开发10年成果书画、摄影展览。2012年10月，省航务管理局在贵阳承办“第二届珠江水系‘港航杯’羽毛球比赛”，交通运输部直属机关、交通运输部珠江航务管理局、广东海事局、广东省交通运输厅、广西壮族自治区港航管理局、云南省航务管理局和贵州省航务管理局组队参与比赛。2014年，省航务管理局开展“明礼知耻·崇德向善在水运”“水运人·劳动美·中国梦”巡回宣讲等活动。

2016年5月，贵州省地方海事（航务管理）局组织贵州省水路交通行业庆祝中国共产党成立95周年暨红军长征胜利80周年合唱比赛，贵州省赤水、乌江、南北盘江红水河航道管理局、省航电开发投资公司、省航务管理局机关等代表队参加比赛。6月，省地方海事（航务管理）局组队参加贵州省交通运输厅组织的以“颂党恩·爱祖国·赞交通”为主题的庆祝中国共产党成立95周年暨红军长征胜利80周年合唱比赛，荣获组织奖。

2019年9月25日，贵州省地方海事（航务管理）局代表队在参加“我和我的祖国”贵州省交通运输系统庆祝中华人民共和国成立70周年歌咏比赛中，与11支参赛队比赛，贵州省地方海事（航务管理）局代表队合唱《贵州水运之歌》《我爱你中国》博得现场热烈掌声，取得第三名的好成绩，荣获二等奖。

四、贵州航运历史博物馆扩建开馆

2005年，习水县人民政府决定在土城镇筹建“四渡赤水纪念馆”“赤水河航运历史展览馆”“赤水河盐运文化馆”等各种馆藏文化。2009年9月赤水河航运历史展览馆建成，馆址设于“船帮”旧址内。2013年5月，贵州省秦如培副省长到赤水河水运调研，参观“赤水河航运历史展览馆”时，他提出了将该馆提升扩建为“贵州航运博物馆”的要求，由习水县人民政府、贵州省交通运输厅共同筹建。

2013年6月，贵州省交通运输厅、遵义市人民政府、习水县人民政府在遵义召开建馆专题会议，确定由贵州省交通运输厅、遵义市人民政府、习水县人民政府三方各投资三分之一；筹建工作由习水县人民政府牵头，负责馆址扩建的征地拆迁、建馆、陈列大纲编写、布展、文物收集等工作；贵州省地方海事（航务管理）局负责航运历史资料提供和协助水运文物资料征收。会后，习水县人民政府以“四渡赤水纪念馆”

为主，成立“贵州航运博物馆”筹建组，立即着手馆址的选定、征地拆迁、陈列大纲编写、博物馆房屋设计等工作。贵州省地方海事（航务管理）局发文在全省范围内广泛征集有关水运方面的文物资料。

博物馆房屋设计先后由上海美术设计公司和清华大学清尚建筑设计研究院负责，最后采用清尚建筑设计研究院设计方案。2013 年年底，完成馆址的征地拆迁并正式动工。2014 年，着重馆舍建设和航运史料收集，并开始陈列大纲的编写。2015 年开始进行航运文物实物、资料征集，同年 10 月至 11 月，筹备组人员先后两次到全省各主要河流和 20 多个县市实地收集文物资料，共收集各类参考书籍近百余部、图片 2000 余张，现代航运实物（档案）80 余件，同时开始实物模型制作。12 月 10 日，陈列大纲初稿完成，12 月 11 日，大纲原则通过评审，后按照评审会所提意见对大纲进行补充完善。2016 年 1 月，清尚建筑设计研究院郑文胜高级工程师主持贵州航运博物馆概念设计。同年 3 月 3 日，陈列布展概念设计通过评审，7 月 23 日，北京清尚建筑装饰有限公司进场施工。2017 年 1 月 10 日，博物馆陈列布展及配套工程基本完成。

贵州航运博物馆是以省级航运发展历史而建设的博物馆，在全国范围内尚属第一个。整个博物馆征地面积 3000 平方米，馆址面积 1800 平方米。展线长 600 多米，按乌江、赤水河、沅系河流（清水江、锦江、㵲阳河）、都柳江、两江一河（南、北盘江，红水河）、松坎河、羊磴河顺序设置独立展厅展示，对共性部分的航道、船舶、港口码头、库区水运、航务管理、发展规划则以贵州航运发展专题展示。收集文物 2800 多件，展示文物 128 件，其中珍贵文物 12 件。在展示方式上，采用了雕塑、沙盘、互动体验及声、光、电、多媒体等现代科技手法，图文并茂，引人入胜。整个贵州航运博物馆与古镇融为一体，与其他十多个馆遥相呼应、相得益彰，总投资达 3800 多万元。

2017 年 5 月 9 日，贵州航运博物馆举行简单而隆重的开馆仪式，并向公众免费开放。

五、新闻宣传工作的持续开展

（一）宣传工作外宣和内宣并进

贵州水运宣传队伍大体上有两个：一个是对外宣传。经贵州省新闻出版广电局批准，成立于 1985 年的《中国河运报》后改为《中国水运报》贵州记者站设在贵州省航务管理局。记者站在中国水运报社的指导下，每年利用报刊这个窗口，登载贵州水运最新动态和新闻，让社会各界了解贵州水运发展新动向。一个是对内宣传。水运建设三年大会战开启，贵州省地方海事（航务管理）局党委经请示贵州省交通运输厅党委同意，省新闻出版广电局批准，于2014年创办了《贵州水运》期刊（季刊）。旨在凝聚发展正能量，为供领导及有关部门决策参考，使之成为省内外更多了解关心贵州水运三年大会战实况及发展的窗口，与外省同行业交流共享水运发展资讯。

2010年8月，省航务管理局制定了《贵州省地方海事（航务管理）局新闻宣传工作管理规定》，本规定所指新闻宣传管理，包括省地方海事（航务管理）局内部刊物管理、新闻报道管理、网络媒体建设与管理、对外宣传管理，以及其他相关宣传管理及突发事件新闻宣传管理工作等。旨在更好发挥新闻宣传工作在水运建设、海事监管、航务管理中的重要作用，内聚力量、外树形象，促进新闻宣传工作管理的制度化、科学化、规范化。把握正确的政治方向和舆论导向，弘扬主旋律，使其服从、服务于水运的中心工作和发展目标。省局利用互联网站，不断推送水运、海事即时新闻和图片，成为水运、海事对外宣传的重要窗口。积极与电视、报刊等主流媒体密切合作，先后在《中国交通报》《贵州日报》《经济时报》等报刊登载新水运60周年成果、海事发展历程等专题报道。通过《中国水运报》不断报道贵州水运、海事新闻等。

（二）邀请电视台记者即时记录水运发展影音

为使水运建设和发展“工作有痕”，宣传工作与时俱进，所以邀请了贵州电视台驻交通记者站记者随同，跟踪拍摄水运重点工程和重大事件，特别是将水运重点工程建设始末点滴影像资料制作成纪实专题片，在竣工验收会上播放，得到普遍赞誉，收到了很好的效果。

（三）策划水运建设三年大会战宣传方式

2016年，全省水运建设三年会战圆满收官。根据中共贵州省委、厅领导指示精神，省地方海事（航务管理）局制定了方案。方案成立宣传领导小组，由李程（省交通运输厅党委副书记、厅机关党委书记）任组长、韩剑波（省交通运输厅党委委员、副厅长）任副组长，成员有贵州省交通宣传教育中心、贵州省海事（航务、通航）局的主要负责人。宣传重点：一是中央对贵州省纳入长珠水运黄金水道经济带发展的重视和支持，中共贵州省委、省人民政府对全省水运建设及交通基础设施建设的战略考虑、工作部署和推进举措。二是乌江通航标志着贵州融入长江经济带，加快与长江经济带融合更加便捷。三是尽早建设红水河龙滩电站过船设施，实现珠江中上游与下游融会贯通，打造真正意义上的“西南水运出海中线通道”。四是水运通道、库区航运、渡口码头对推动全省经济社会加快发展和同步小康建设的重要意义，对沿岸地区、产业园区、风景名胜区等的带动作用。五是贵州标志性重点水运建设项目实施情况。六是水运建设过程中涌现出的先进个人、集体以及经验做法，讲述好感人故事。七是水运给沿岸群众生产生活带来的积极影响，全省干部群众对水运的热烈反映和美好展望。组织主流媒体深入水运基层进行采风活动。编辑《水运建设三年会战画册》，举办水运摄影展，制作电视宣传片，召开新闻发布会。在《中国交通报》及《中国水运报》等推出贵州特刊。在人民网、新华网、中国网等中央重点新闻网站开设贵州水运建设专题。2018 年，运用新媒体扩大宣传工作。通过省内外主流媒体、局门户网站、微信公众号，发出水运好声音、好故事，先后有《央视财经频道》《人民日报》《贵州日报》《贵州电视台》《人民网》《新华网》等省内外媒体报道贵州水运新闻信息达 60 多条，水运社会认知度不断提高。

（四）航海日活动持续开展

珠江片区“航海日”活动是全国“航海日”活动的重要组成部分，从 2006 年开始，分别在广东、广西、云南、贵州四省区举行。

1. 积极承办中国航海日珠江片区活动

（1）“2009 年珠江片区航海日纪念大会暨珠江航运发展论坛”于 7 月 3 日至 4 日在贵阳举行，在遵义设立分会场。主办单位是交通运输部珠江航务管理局、广东海事局、贵州省交通运输厅、广东省海员工会。承办单位是贵州省航务管理局、贵州省地方海事局、贵州省海员工会。来自珠江水系航运界的领导共 80 人出席纪念大会。大会介绍了《珠江片区四省（区）航海人才培养计划》。贵州省总工会向共青团省委授“青少年航海交流营”旗。广东省人大领导代表组委会向黔西南布依族苗族自治州兴义市巴结镇初级中学捐赠助学金 10 万元。交通运输部珠江航务管理局、广东海事局代表珠江片区航海日组委会给就读大连海事大学、上海海事大学两位贵州籍大学生颁发“珠江航运奖学金”，向就读大连海事大学和上海海事代表 4 位贵州籍在校大学生颁发“珠江航运助学金”。下午，出席航海日活动的领导、代表乘坐大巴车前往遵义，冒雨参观娄山关战斗旧址，后前往遵义红花岗区深溪镇深溪小学。珠江片区航海日组委会向深溪小学捐赠助学金 10 万元，深溪小学回赠锦旗。参会的各位领导及代表还到电脑教室，参观了捐款购买的 20 台电脑。并按照议程，参观遵义会议会址，到红军山向红军革命烈士敬送花篮。

（2）2013 年珠江片区航海日活动于 7 月 3 日至 5 日在贵州省兴义市举行。活动由交通运输部珠江航务管理局、贵州省交通运输厅、黔西南人民政府主办，贵州省航务管理（地方海事）局、黔西南布依族苗族自治州交通运输局、兴义市人民政府承办。活动主题为“共建黄金水道同享美丽珠江”。活动多而紧凑：主办单位领导代表致辞；资助珠江片区四省（区）就读于大连海事大学、上海海事大学、集美大学等6所航海院校30名学业优秀的贫困学生，并在黔西南布依族苗族自治州筛选3所学校，对其在校贫困学生进行资助；交通运输部珠江航务管理局与贵州省交通运输厅签订共建协议；进行《船工魂》等交通职工自编自演节目表演；在红椿码头各省（区）代表共同种植寓意珠江片区人民携手共建黄金水道的常青树；考察万峰湖（天生桥库区）水运发展；就珠江水运发展主题，媒体现场采访交通运输部珠江航务管理局、贵州省交通运输厅、黔西南布依族苗族自治州人民政府有关领导和专家。

这次珠江片区航海日活动，严格按照中央“八项规定”和全国航海日活动办提出的“规格适当、规模适度、注意节俭、讲求实效”的原则，将本次航海日办得热烈、办得节俭、办出特色，不设宴、不送礼品、不安排游览、不邀请专业礼仪小姐。既营造了热烈的氛围，达到宣传的效果，又严格遵守了有关规定。

（3）2017年珠江片区“中国航海日”活动在贵州省习水县土城镇举行。7月6日，到会的四省（区）交通部门领导代表、受邀企业领导以及习水县领导参加庆祝活动。活动有多项：交通运输部珠江航务管理局和贵州省交通运输厅领导分别做主题发言。观看珠江水运发展专题片和贵州省水运“三年会战”专题片，捐资助学。交通运输部水运科学院谢燮研究员做“水运供给侧结构性改革的总体框架及趋势”的专题讲座。参会领导及代表参观四渡赤水纪念馆和贵州航运博物馆，并向贵州航运博物馆赠送船模。

2. 在北盘江百层码头举行取水仪式

珠江片区2012年“中国航海日”庆祝大会将在南宁召开，开幕式上将举行一个以水为载体的聚水仪式，即将珠江水系（粤桂滇黔）四省区所取之水汇聚一起，寓意“同饮一江水、同心谋发展”。6月8日，贵州省地方海事（航务管理）局、黔西南布依族苗族自治州地方海事局、黔西南布依族苗族自治州航务管理局、贵州百层港新港港务有限公司等单位领导和代表相聚在北盘江百层港，举行庄重、热烈的珠江片区航海日取水仪式，活动持续了近40分钟，吸引不少人在旁观看。

六、拓展文明创建新思路展现精神风貌

（一）向灾区献爱心

2008 年 5 月 12 日 14 时 28 分，四川汶川发生 8.0 级地震，这牵动了贵州省海事（航务管理）局机关全体人员的心。一方有难，八方支援。14 日，省局机关全体干部职工慷慨解囊，省局机关全体党员交纳特殊党费，纷纷献爱心向四川地震灾区捐款，共收到个人捐款 11750 元，局捐款 1 万元，送交省交通厅转交贵州红十字会。2010 年 4 月，青海玉树地区发生地震，省局机关干部职工捐款赈灾。每逢贵州部分地区受灾，省局及直属单位干部职工都会捐款、捐物，表达爱心。另外，结合水运脱困、企业改制和贫困县乡帮扶工作，省局在“双万”结对帮扶、党建扶贫、“金秋助学”等活动中，急人所急，为基层群众排忧解难。

（二）北京奥运火炬传递

2008 年 6 月 12 日，第二十九届奥林匹克运动会北京奥运火炬传递贵阳，贵州省地方海事（航务管理）局局长韩剑波同志任第 173 号奥运火炬手，成为贵州交通系统火炬传递第一人。

（三）“结对子”工作持续深入开展

帮扶“结对子”工作始于 1995 年。1995 年至 2002 年，贵州与广东两省港航监督（船舶检验）局（2000 年更名为“广东海事局”）结成“对子”单位。2003 年至 2008 年，为践行交通部海事局“全国海事一家人，水上监管一盘棋，行政执法一面旗”的理念，贵州省地方海事局继续与广东海事局结成“对子”单位。活动分两个层面进行互动，贵州省地方海事局与广东海事局开展高层面交流，分支机构之间按照业务相近原则对等交流。贵州黔东南、黔南、遵义、贵阳、六盘水、铜仁、毕节海事机构分别与广东江门、河源、佛山、东莞、云浮、中山、肇庆海事机构结成对子单位。为贯彻落实交通运输部海事局《关于印发水网地区与非水网地区海事结对子工作计划的通知》要求，践行“全国海事一家人，水上监管一盘棋，行政执法一面旗”的理念。2009 年，贵州、江苏两省地方海事局“结对子”，在贵阳签订了协议。随后的互访中，双方明确签署了五年“结对子”帮扶协议。2009 年至 2010 年，贵州省 9 个市（州）地方海事局与江苏省 13 个市地方海事局结成“对子”，促进多层次全方位的交流与合作。2018 年 6 月 25 日，按照交通运输部海事局《海事系统“结对子”工作指导意见》，天津海事局与贵州

省地方海事局“结对子”工作协议签署仪式在天津举行。延续海事系统“结对子”工作，巩固海事“结对子”成果。

七、“一史一录”任务的完成和贵州水运简史的编纂

2017年6月9日，交通运输部办公厅下发《交通运输部办公厅关于开展〈中国水运史（1949—2015）〉和〈中国水运工程建设实录〉（1978—2015）编纂工作的通知》（交办政研〔2017〕86号），要求各省、自治区、直辖市充分认识编纂工作的重要意义。交通运输部成立了编审委员会，主任由黄镇东（交通部原部长）、李盛霖（交通运输部原部长）担任，成员由部属厅司局、企事业单位和22个省、自治区、直辖市交通运输厅（局、委）负责同志组成，并对编纂工作提出主要任务和进度要求。按照贵州省交通运输厅要求，贵州省地方海事（航务管理）局组织相关人员，投入必要经费，按编纂大纲要求向部编纂组提供相关史稿和史实。与此同时，省局党委指示编写的同志应势编辑《贵州水运简史》。

2018年6月6日，部编审委员会主任黄镇东率“一史一录”调研组到贵州，听取责任单位——贵州省交通运输厅专题汇报。贵州省交通运输厅副厅长韩剑波、贵州省地方海事（航务管理）局局长许湘华及厅局有关部门负责同志参加会议。在调研会上，黄镇东主任介绍了这次调研的目的并对贵州编写水运史稿提出要求，特邀专家解曼莹（原交通运输部水运局副局长）专门提出，贵州要在碍航闸坝与国家部委邻省区沟通和水电站业主的协调等方面做出认真总结。6月11日，省地方海事（航务管理）局召开专题会议。许湘华局长、吴鹏总工，就落实部“一史一录”调研组的要求和厅的安排，明确责任分工：“水运工程实录”由刘润刚牵头负责；“水运史”由韦世荣负责，鄢启科、刘元方协助，史稿清单务必于6月20日上报部编纂组。第二天，贵州省地方海事（航务管理）局再次召开专题会，吴鹏总工对史稿、工程实录上报重点内容进行细化。随后，贵州省地方海事局编写组按部办〔2017〕87号文的编纂大纲要求，按年序时期完成，共写重大事件史稿15篇，按时上报。

2018年10月24日，贵州省交通运输厅召开水运史编写调度会。韩剑波副厅长、省地方海事（航务管理）局蔡光莲书记、许湘华局长等参加会议，会议对史稿和实录样稿进行了修改讨论。

2018年10月30日，部编纂组再次到贵州。黄镇东主任听取汇报后，对贵州编写

的史稿和实录表示认同。编纂组对贵州工程实录在编写过程中遇到的问题和难点予以解答和技术处理。

2018 年 12 月 4 日，《中国水运史》《中国水运工程建设实录》编纂工作简报（第 16 期）通报："10 月 30 日，编审委主任黄镇东带队赴贵州省交通运输厅调研'一史一录'编纂工作，韩剑波副厅长主持座谈会，省地方海事（航务管理）局局长许湘华汇报了贵州省'一史一录'工作进展情况，就'强化领导、多措收集、着力推进、严格审稿'推进水运史编纂工作、工程项目软件系统录入情况以及如何继续编纂好'一史一录'等做了详细介绍。调研了解到，贵州省厅工作进展顺利，已初步完成《中国水运史（1949—2015）》贵州推荐入史重大事件史稿（送审稿）和《中国水运工程建设实录（1978—2015）》贵州项目内容（送审稿）。"至此，贵州省编写上报部编纂组相关史实史稿材料告一段落，并得到了部编审委的肯定。

盛世修史，传承文化。贵州省在编纂水运史方面已跻身各省区市前列。先后编写有《贵州航运史（古、近代部分）》《贵州航运史（现代部分）》（1949—1990）以及《当代贵州航运发展史（1991—2010）》。局领导要求编纂人员乘势续修，由韦世荣主笔编纂《贵州水运简史（1949—2019）》。

第六节　党的建设和党风廉政建设及水运脱贫攻坚行动的深入开展

一、推进党的建设不断创新

2007 年 10 月，党的十七大提出以改革创新精神全面推进党的建设新的伟大工程。按照中央、中共贵州省委和交通厅党委工作部署，各单位推行基层党建工作责任制，形成责任明确、领导有力、运转有序、保障到位的工作机制，基层党建工作逐步向科学化、制度化和规范化方向发展，基层党组织的创造力、凝聚力和战斗力明显增强。各单位党组织注重广大党员的理论学习，提高广大党员政治理论水平和思想觉悟，发展新党员工作积极推进，基层党组织健全，为水运发展打下了坚实的政治基础。

坚持党管理干部原则。2010 年，经贵州省交通运输厅党委批准决定在贵州省海事

（航运管理）局试行科级干部竞争上岗。5月，贵州省召开科级干部民主推荐会，11月进行正科级职位竞争上岗面试，厅人事处和局领导任考官，纪检部门监督面试全过程。2014年，省局党委根据《党政领导干部选拔任用工作条例》和《公务员法》有关规定，按照省编办对省局内设科室设置及中层领导职数的要求，制定《机关科级干部选拔任用工作实施方案》，对局机关的科级（副科级）干部实行民主推荐，组织考察，公平、公正、公开选拔录用干部，使德才兼备、实绩突出、群众拥护的优秀人才脱颖而出。

2019年5月16日至17日，贵州省纪委、省监委派驻第二十纪检监察组组长舒代贤率调研组到贵州省地方海事局开展管党治党工作调研，并召开调研座谈会。省地方海事局领导班子成员、机关各科室、机关各党支部以及群团组织负责同志参加座谈会。

舒代贤组长在充分肯定贵州省地方海事局管党治党工作成绩的同时，就如何坚定不移地推动从严治党向纵深发展，以更加良好的政治生态为行业的高质量发展提供坚强保障提出具体要求。一要坚持全面从严治党不动摇。坚决做到“两个维护”，始终旗帜鲜明讲政治，党员领导干部率先垂范。二要切实强化责任担当意识。坚决扛起管党治党主体责任，抓好监督首要职责落实监督责任，确保“一岗双责”履行到位。三要持续增强正风反腐力度。着力在日常监督、长期监督上探索创新，锲而不舍擦亮作风建设名片，深化标本兼治抓好反腐败工作，持续净化党内政治生态。

贵州省海事（航务管理）局党委书记蔡光莲从从严治党主体责任落实情况、支持纪委深化“三转”[①]工作情况、纪委落实监督责任情况、上级巡视巡察整改落实情况、廉政风险防控排查梳理情况和重大部署推进落实情况以及存在问题、下步工作打算等方面进行了汇报。

二、建立健全惩治和预防腐败体系

2008年，贵州省海事（航务管理）局制定《〈建立健全惩治和预防腐败体系2008-2012年规划〉实施细则》。2009年，省局按照厅党风廉政建设和反腐败工作要求，从“学习贯彻上级精神，安排部署工作，检查考核落实、深化基层设施建设领域廉政工作、关注民生，切实纠正损害群众利益的不正之风，着力构建权力运行制约监督体系、加强反腐倡廉教育和领导干部廉洁自律工作，严肃查办违纪违法案件”等六个方面认真落

① “三转”即转职能、转方式、转作风。

实，把反腐倡廉的工作任务分解到单位、部门，落实到具体责任人，重点加强了工程建设领域廉政建设，积极推行廉政责任制，建立《交通水运涉农资金预算执行情况报备制度》，在水运建设工程中认真履行《廉政合同》，加强工程项目招投标、施工、监理等环节的监管，推行重点建设工程廉政派驻制、渡口建设廉政巡查制、工程建设竣工决算制、审计制。加强事前的预防，事中的监督，事后的审计公开。这保证了航务、海事干部廉洁优秀，得到了厅党委的赞扬，被推荐为省委检查组专项检查的两个厅属单位之一。2009 年 12 月底，省委惩治和预防腐败体系建设工作第九检查组到省局检查，充分肯定了水运系统惩防体系建设工作。

2011 年，贵州省海事（航务管理）局印发了《关于开展廉政风险防控工作实施方案》，围绕管人、管财、管物等关键环节和水运工程建设等重点领域，认真梳理本部门、本单位的工作内容、岗位职责，查找“风险点”，优化工作流程，制定防范措施，共梳理查找 121 个风险点，制定 122 项风险防控措施，为防范相关领域廉政风险提供了重要制度保障。同时为加强反腐倡廉教育，组织职工观看全国检察机关惩治和预防渎职侵权犯罪展览贵州巡展，以案说法、以案促廉，入心入脑，自觉筑牢拒腐防变的思想道德防线。2012 年，省局建立健全惩治和预防腐败体系各项制度并向各下属单位发放，营造大家学习制度、严格执行制度、自觉维护制度的氛围。将深化廉政风险防控机制建设与业务工作有机结合，并贯穿于反腐倡廉始终，最大限度减少体制障碍和制度漏洞。

2013 年，贵州省地方海事（航务管理）局认真贯彻中央、省委和厅党委对惩防体系建设 2013—2017 年工作规划的安排部署，做好本单位本部门的责任分工和推进落实，加快构建反腐倡廉“三道防线”，全面推进行政管理和行政执法廉政风险防控管理。认真贯彻落实党的十八大和省委十一届二次全会精神，重点围绕“干部清正、政府清廉、政治清明”的目标要求，进一步强化反腐倡廉教育培训，进一步完善权力运行制约监督，切实加强以领导干部和重要岗位人员为重点的教育管理和监督约束，大力推进廉政文化建设。认真贯彻落实交通运输部和厅对工程建设廉政工作的部署要求，继续深化工程建设领域突出问题专项治理，重点加强对招标、投标和工程建设等各关键环节的监管，及时发现并严肃查处围标串标、转包和违法分包等突出问题。严格执行纠风工作责任制，进一步巩固治理公路、水路“三乱”成果，坚决纠正损害群众利益的不正之风，切实转变领导作风和工作作风。高度重视信访举报和网络舆情，及时处理群众投诉举报和上级交办信访件，严肃查办违纪、违法案件。

三、公车管理的规范和治理的深入

在2008年以前，贵州省地方海事（航务管理）局购置小汽车的购车资金由贵州省计委及厅下达的工程专项资金计划批准。2011年6月，贵州省地方海事（航务管理）局遵照《贵州省党政机关公务用车问题专项治理工作实施方案》的工作步骤和厅的要求，及时上报、公示公务车清理登记情况。2013年，贵州省交通运输厅《关于转发〈关于在党的群众路线教育实践活动中开展会员卡清退、巩固深化“小金库”治理和公务用车问题专项治理成果工作的通知〉的通知》（黔交直党〔2013〕21号），贵州省海事（航务管理）局对照通知精神进行了检查，没有发现公务用车超支现象，也没有挪用其他资金。2013年4月，贵州省地方海事（航务管理）局及时公示公务车每辆汽车的品牌型号、车牌号、车架号、排气量、购置时间及价格等情况的一览表，上报专题检查报告说明，贵州省海事（航务管理）局严格按照中央关于党政机关配备使用小汽车的有关规定来配备及使用小汽车。对于工程建设专项购置的车辆，工程结束后，都做了相关技术性处理，且符合规定；对于超标的越野车辆，都有省人民政府的批文，是经批准后购置的，旨在到边远路况差的水运工地和渡口进行安全检查之用，全部纳入局机关车辆编制内管理使用。在车辆购置方面，严格按照中央和省有关规定执行，经局领导和党委会议研究决定，根据实际工作需要，在明确购置资金、车辆型号、经办部门后，按照国家规定进行采购。加强车辆管理，堵塞漏洞。原来车辆公务出差凭途中加油发票报销，改为“一车一卡”加油，加强车辆日常管理台账，一车一台账，详细记录车辆行驶千米数与油料消耗情况，每月结算一次。从制度上堵住公车私用现象。每天下班后要求车辆入库，出差回来也必须做到“人回来，车入库”。严格车辆报修制度，车辆修理事前要填写修理单一式三份报办公室同意，经财务部门审核后方能修理，汽车修理指定专门修理厂家，驾驶员不得擅自在外修理车辆。严禁公车私用，杜绝工作之余公车私用。省局不安排领导专车，也不设上下班接送的服务车，若公务外出，统一由办公室安排。这些都从制度上堵塞了公车私用漏洞。2014年，省局机关经上级核准的公车都贴上了专用标志，接受社会监督。

四、联系实际开展党的群众路线教育实践活动

根据中央统一安排，开展党的群众路线教育实践活动，贵州省海事（航务管理）局列为第一批。2013年11月4日，贵州省海事（航务管理）局召开了群众路线专题民主

生活会。会议按照“照镜子、正衣冠、洗洗澡、治治病”总要求，广泛开展谈心、交心活动，多次修改班子及个人对照检查材料，召开党委会专题学习传达习近平总书记、贵州省委书记赵克志关于开好民主生活会的重要讲话精神，扎实完成各项规定工作和准备工作。厅群众路线教育实践活动第一督导组一行 5 人到会指导。党的群众路线教育实践活动第二批活动于 2014 年 1 月进行。贵州省赤水河航道管理局、省南北盘江红水河航道管理局、省乌江航道管理局是第二批党的群众路线教育的实践单位。各单位围绕水运航道畅通、服务经济社会发展、服务民生的要求，主动到运输企业、个体船主中征求意见和建议。赤水河航道管理局针对赤水河枯水期，滩险水急，船舶航行困难的特点，在水流急的险滩设置助航船，帮助过往船舶通行。乌江航道管理局到船主中征求对航道执法、航标设置、船闸通行、助航导航等方面的意见和建议。南北盘江红水河航道管理局在岩架、蔗香两港向船主进行航道管理问卷调查，对南、北盘江，红水河段航道上非法挖砂采石、养鱼网箱侵占航道现象进行处理。通过这次党的群众路线教育实践活动，改进了工作作风，增进了团结，加强了党风廉政建设，提高了水运服务的能力。

五、水运脱贫攻坚行动的深入开展

（一）开展“四帮四促”活动有声有色

2011 年，省交通运输厅党委安排省地方海事（航务管理）局挂帮联系开阳县花梨乡清江村开展“四帮四促”工作。2012 年，贵州省地方海事（航务管理）局建立帮扶资金投入机制，明确每年拿出 30—35 万元的资金支持清江村加强农村党员队伍建设、制度建设、载体建设以及党员活动室、宣传栏等阵地建设，夯实农村党建工作基础。协助贵州省交通运输厅开展好“部门帮县、处长联乡、干部驻村”活动，及时选派了 4 名同志深入基层，参加驻村帮扶工作。据统计，省局开展“四帮四促”工作以来，共筹集资金 200 余万元，解决 100 户农家饮水工程建设问题，建设 5 千米通组公路建设和码头停靠点。同时还协调省、市财政资金 100 万余元用于乡、村一事一议工作，深得村民赞许。2013 年 6 月 6 日，开阳县花梨镇清江村村支两委领导来到省地方海事局赠送锦旗，感谢多年来省地方海事局为清江村同步小康建设所给予的帮助和支持。

（二）积极落实极贫乡脱贫攻坚行动计划

2016 年，省交通运输厅党委印发《贵州省交通运输厅定点包干从江县加勉乡极贫乡脱贫攻坚行动计划（2016—2020 年）》的通知，从江县加勉乡加坡村、下江镇高仟村、东朗镇关雄村、停洞镇加哨村为贵州省海事（航务管理）局定点包干脱贫攻坚帮扶点。2017年，贵州省海事（航务管理）局党委成立定点包干从江县帮扶点脱贫攻坚工作领导小组，成立了前线工作站，选派人员进驻加坡村等四村。到2019年8月，共帮助各村发展地方产业6个、援建基础设施项目11个、解决就业岗位80个、共完成脱贫出列697人、贫困发生率从41.31%下降至12.57%，提出“帮扶对象不脱贫，我们就绝不脱钩”。贵州省海事（航务管理）局党委表示，要严格按照省委省政府的总体要求，突出精准识贫、精准扶贫，带着责任和感情，分层、分类、分户、分人谋划具体的扶贫规划和帮扶措施，授人以鱼，不如授人以渔，确保精准扶贫有的放矢，富有成效。

（三）在媒体上宣传水运扶贫的筹划和任务

2016年3月，正值全国“两会”召开，《中国交通报》特约记者韦世荣应约采写《精准扶贫补齐水运短板》发表在该报3月15日第3版《水运人眼中的两会热点》上。文章摘要：在2016年全国两会上，“精准扶贫”成为社会各界关注度高热议话题。贵州是扶贫攻坚任务最重的省份，全省48个贫困县就有34个分布在赤水河、乌江、清水江、都柳江、红水河等沿江两岸。精准扶贫将使贵州水运发展找到大有可为、大有所为的空间地域。今年是贵州水运建设三年会战收官之年，水运精准扶贫主攻方向就是要牢牢守住“发展”“生态”两条底线，解决沿江民族地区“坐在金山没饭吃”的问题，以改善当前交通条件落后、交通结构不合理为切入点，补齐水运“短板”，用“线、梯、圆、点”，破解水运“解析几何”难题。“线”——打通贵州“北入长江”乌江水运大通道，建成可通航500吨级船舶的四级航道509千米，相应建设构皮滩翻坝运输、思林、沙沱通航设施，乌江将浴火重生，结束贵阳、遵义两个中心城市无水运的历史，构建乌蒙山区和武陵山区连片集中的少数民族贫困地区水上交通平面图。过去是不足百吨位船舶，而今500吨级新型船走出万重山，进入长江黄金水道，融入长江经济带，通向海上新丝路。“梯”——实施“以航为主”的发展战略，建设都柳江从江、大融、朗洞、温寨四个航电枢纽，清水江平寨、旁海航电枢纽，实施航电一体化，为黔南、黔东南两个民族自治州开拓一条“南下珠江”的水运大通道，打造经济走廊。“圆”——加快乌江渡、索风营、锦江、樟江、桐梓河、芙蓉江、光照、董箐、石垭子等库区航运建设，打造全国生态文明建设的先行区，民族文化旅游和生态旅游重要目的地。“点”——建设200个乡镇渡口、40个城乡便民码头，让更多老百姓享受供给侧结构性改革带来的获得感。到2016年年底，贵州水运交通将有效连接37个产业园区、230个小城镇、42个旅游景区、46个现代

高效农业示范园区、29 个城市综合体，水运精准扶贫成果将逐步显现。（注：有删节）

2017 年 12 月，《中国水运报》《贵州日报》记者深入从江县贵州省海事局挂帮扶贫乡村实地采访，《中国水运报》连续作了三篇系列报道，即《扶贫先扶志，一个都不能少——贵州省地方海事局决胜脱贫攻坚战系列报道之一》《来了好书记，村里变了样——贵州省地方海事局决胜脱贫攻坚战系列报道之二》《扶贫活起来，有底气更硬气——贵州省地方海事局决胜脱贫攻坚战系列报道之三》；12 月 18 日，《贵州日报》在第 12 版整版刊登《共圆月亮山苗乡侗寨同步小康梦——省地方海事局助力从江县脱贫攻坚见闻》。

2017 年 12 月 25 日，第十届贵州省委决策咨询博士高端论坛在贵州饭店国际会议中心召开。省地方海事（航务管理）局局长许湘华应邀参加本次博士高端论坛，并作为第 9 个专题发言的博士之一做了题为《水成玉带，编织精准扶贫新篇章》的专题发言。许湘华围绕“拥抱水运，开启精准扶贫新起点”“立足水运，开辟精准扶贫新空间”“聚力水运，开创经济腾飞新蓝图”三个大方面，谈了自己的意见建议。会议由贵州省委政策研究室副主任林莉同志主持，全省共有 160 名博士及相关单位参加会议。此次会议是经贵州省委常委、省委秘书长、省委全面深化改革委员会副主任刘捷对论坛做出批示而召开的。

六、联系实际开展“不忘初心、牢记使命”主题教育活动

2019 年 6 月，中共中央决定在全党上下分批开展“不忘初心、牢记使命”主题教育。8 月 29 日，贵州省地方海事（航务管理）局召开“不忘初心、牢记使命”主题教育党委理论学习中心组（扩大）学习研讨会。党委书记蔡光莲提出三点要求。一是要旗帜鲜明讲政治，做到深学笃用。学习关键是要紧密联系思想实际和工作实际，做到学用结合，深学笃用，推进工作，狠抓落实。要通过政治理论学习，不断提升党性修养，筑牢“四个意识”、坚定“四个自信”、坚决做到“两个维护”。二要积极担当作为。按照“守初心、担使命、找差距、抓落实”的目标要求，立足于水运交通实际、单位实际，不断压实责任，研究解决发展中遇到的各种困难和问题，聚焦目标任务，积极担当使命，务实推进各项工作，为实现水运交通高质量发展做出积极贡献。三要严肃党内政治生活，高质量开好民主生活会。按照中央、省委和省交通运输厅党委的统筹安排，根据主题教育工作计划，开好“不忘初心、牢记使命”专题民主生活会，确保全面实现全

局系统本次主题教育理论学习有收获、思想政治受洗礼、干事创业敢担当、为民服务解难题、清正廉洁作表率的目标。9月20日，贵州省地方海事局召开“不忘初心、牢记使命”主题教育总结会，蔡光莲代表局党委全面总结了局系统开展“不忘初心、牢记使命”主题教育的成效、做法和经验，要求全局系统不断巩固主题教育工作成果，扎实作好主题教育“后半篇”文章。一要提高站位，不断推进主题教育工作往心里走；二要认真总结，不断推动主题教育工作往深里走；三要狠抓落实，不断推动主题教育成果往实里走。厅党委主题教育第一巡回指导组参加总结，并充分肯定省地方海事局高标准、高质量、严要求推进主题教育各项工作，在理论学习有收获、思想政治受洗礼、干事创业敢担当、为民服务解难题、清正廉洁做表率等方面取得了阶段性成果。要求要坚持不懈强化理论武装，持续深入学习贯彻习近平新时代中国特色社会主义思想；善始善终抓好整改落实特别是专项整治工作，以实际成效取信于民；坚持把不忘初心、牢记使命作为永恒课题、终身课题，以自我革命精神加强党的建设。

现代交通由铁路、公路、水运、航空、管道五种运输方式组成，各种运输方式都有其自身的经济、技术特点。内河水运虽然速度较低，但运输工具载重量大，适宜于大宗货物长途运输、建设投资少、不占或很少占用土地、水运成本低、综合效益好，具有其他运输方式不可取代的优势和发展潜力。

贵州水运的优势在于左右逢源，河流分跨长江、珠江水系且可通江达海（进入长江、珠江，到达东海、南海），国家实施“一带一路”“长江经济带”“珠江－西江经济带”战略，在空间布局、政策指引、资金支持、措施配套等方面，都有利于贵州水运发展搭上机遇快车，为贵州水运跨越式发展提供了机遇和条件。根据国家区域经济规划、河流水资源综合利用规划和长江、珠江水系航运发展规划，贵州水运发展大可作为。在新时代，贵州水运将不忘初心、牢记使命，敢于担当，继续描绘《贵州省水运发展规划（2012—2030年）》蓝图，以供给侧结构性改革为抓手，持续改善有效供给的数量和质量，提升有效供给的效率和效益，坚定落实乌江、红水河国家主通道规划战略，深化与重庆、广西联系合作，共同推动乌江、珠江中上游航道提等升级建设，打造区域“绿色”水运通道，让水运源远流长，继续发挥新的更大的历史作用。

1949 年

10 月 1 日 中华人民共和国中央人民政府在北京成立。

10 月上旬 中国人民解放军第二野战军五兵团党委负责人和西进支队负责人在湖南湘潭召开会议酝酿中共贵州省委领导班子组建问题。11 月 10 日，中共中央决定苏振华任中共贵州省委书记、徐运北任第一副书记、曾固（即陈曾固）任第二副书记。12 月 3 日，中共中央批复中央西南局报告，中共贵州省委由 13 人组成。苏振华、徐运北、曾固、杨勇、赵健民为常委，苏振华任书记，徐运北、曾固任副书记。

10 月 13 日 中共中央主席毛泽东令中国人民解放军第二野战军五兵团直入贵州，速占贵阳。

11 月 15 日 贵阳解放，贵阳军事管制委员会建设接管部接管旧政权所属交通运输机构。

11 月 20 日 中共贵州省委机关进驻贵阳，驻地设于贵阳南明堂。

12 月 26 日 贵州省人民政府成立，全省设置贵阳市及贵阳、遵义、铜仁、安顺、毕节、镇远、独山、兴仁 8 个专区，79 个县。贵州省人民政府主席、副主席经 12 月 2 日中央人民政府委员会第四次会议通过任命杨勇、曾固分别担任。1950 年 7 月 4 日，中央人民政府委员会第八次会议批准，贵州省人民政府委员会由苏振华等 35 人组成。

1950年

1月　贵州省人民政府财政经济委员会（简称“省财委”）成立，负责指导全省财政、工商、交通、农林及税务、粮食、劳动、合作、金融等业务工作。

3月　土匪暴乱。土匪在河道上设置关卡，抢劫民船，航运受到直接破坏。各河实行武装护航。广大船民支持协助解放军完成剿匪任务，历年余平定。

7月21日　贵州省交通厅成立。首任厅长为王伯勋，副厅长为阎海青、李葆善。

10月　锦江铜仁港龙老黑自驾12吨木船首航上海，载运发电机组返航，为贵州木帆船远航先例。

1951年

1月　贵州省交通厅召开首届交通会议，明确通航水道由所属专区分管，专署交通科设航管机构管理船舶运力，汽车运输公司管理运输业务。

3月　贵州省交通厅设立航务科，负责全省航务管理工作。科长为杜月泉、副科长为夏鹤鸣。

4月　航务科对㵲阳河、清水江、赤水河、习水河、松坎河、乌江及都柳江进行航运调查，共千余千米。

5月　镇远专署拟订《㵲阳河航行运输组织管理办法》，在镇远设立航管中心站，下辖航管站或联运社，规定各站职责。

7月31日　贵州省交通厅厅务会议明确各河航管站编制方案，由各专、县交通科长分别兼任航管中心站、航管站站长。由厅培训人员20名，充实各河航管部门。

1952年

4月　全省航管站建站工作全面展开。年末共建12站分布各河系，均属交通厅直接领导。

7月　按《西南区内河养河费征收暂行办法》，各河开征排筏养河费。厅航务科组织勘测㵲阳河诸葛洞和清水江结洞滩。年底诸葛洞兴工，揭开了新中国成立后贵州航道工程建设序幕。

10月　赤水河开始水上民主改革，组成工作团领导运动。其他各河相继开展，运动于次年 5 月基本结束。

10 月　西南交通部颁发《西南区内河木船驾长登记、考评、检验、发证、管理暂行办法》，贵州省交通厅就船舶检丈、勘划吃水线等做出补充规定，下达各航管站执行。为贵州港航安全监督和船舶检验工作的开端。

11 月　思南航管站首建站前码头。开始修整乌江纤道。

12 月　厅航务科派员对赤水河茅台至马桑坪段主要滩险进行检测。

1953 年

3 月　贵州省交通厅会议上，布置了各河航管站开展个体木帆船编组编队工作。拟就《贵州省民营木船编组编队试行办法（草案）》。

3 月 17 日　厅航务科派遣由贵阳马车运送炸药到赤水，试办养护工程。

8 月　贵州省交通厅在都柳江、清水江、㵲阳河、锦江设 4 个工程组，10 月又在赤水河、乌江设两个工程组，负责航道建设和养护工作。勘测整治清水江结洞滩，为新中国成立后贵州航道勘察设计工作的开端。

9 月 6 日　赤水河发生特大洪水，上中游许多滩险发生变化，下游香炉滩右汊航槽全部淤塞，航运中断。赤水县成立抢修委员会，交通厅派出抢修队。1954 年初完成抢修任务。

11 月　为调集粮食，乌江、清水江、锦江分别修复和改建码头。

1954 年

1 月 21 日　交通厅决定将各河联运社与航管站合并为航运管理站。年末全省共建成 21 个航运管理站（组）。

4 月 18 日　交通厅航务科扩编为内河航运管理处。处长为熊飞、副处长为杜月泉、政工室主任为李超。

7 月 17 日　交通厅颁布《贵州省内河短航木船管理办法》。

10 月 8 日　打通赤水河吴公岩断航工程开工，1955 年 3 月 7 日竣工。此举为新中国成立后贵州河系航道工程的开端。

1955 年

1 月　溌阳河镇远港首先组成木船初级运输合作社。

1 月 30 日　赤水河开辟赤水至合江段浅水拖轮航道，首先在香炉滩开工，由赤水县人民政府与省航运处共同组织实施。

3 月 7 日　赤水河吴公岩工程竣工。吴公岩的打通，改变了千百年来赤水河分段通航的历史。

7 月　清水江、赤水河、乌江河道工程组，先后扩充为交通厅一、二、三航道工程队，下设测设和施工分队。

8 月　贵州省交通厅航运处公布《贵州省木船登记给证及检验暂行办法》。

9 月 5 日　贵州省交通厅航运处公布《贵州省长航木船登记给证暂行办法》。

1956 年

1 月　贵州省交通厅航运处决定开辟赤水以上至元厚的机动船航道和清水江锦屏至托口段浅水拖轮航道。

3 月　全省组成木船运输高级社 20 个、初级社 17 个，副业木船分别纳入当地农业生产合作社，基本实现合作化。

3 月　开展全省航道普查，年末提出《贵州省内河水道普查报告》报交通部。

5 月 29 日　内河航运管理处扩编为内河航运管理局，属交通厅二级机构。局长为孙紫芳、副局长为熊飞、杜月泉。

6 月　交通部珠江航运管理局调派广州船员 49 人来赤水河，支援贵州发展拖驳运输。

8 月 21 日　《新黔日报》公布交通厅颁发的全省木船统一运价标准。

1957 年

1 月　贵州省航运局组成 4 个航道测设队，分别开展清水江、赤水河、乌江、都柳江的航道测设工作。

1 月 14 日　赤水河赤水至合江段浅水拖轮航道试航。喷水式拖轮“交通号”驶入赤水港。

4 月　赤水港建成麻柳沱阶梯式码头。

11 月 22 日　赤水航运办事处船舶修造所成立。

12 月 8 日　贵州省人民政府批准铜仁专署成立乌江航道整治委员会，组织拖轮航道开辟工程。

1958 年

年初　赤水航运办事处在丙安以下设置 7 个航标点，是贵州安设航标最早的河流。

1 月 17 日　乌江断航滩—潮砥开工。30 日另一断航滩—新滩开工。

3 月 28 日　贵州省委批准，除赤水河以省管为主外，其他各河下放专市（州）县管理。

4 月　贵州省交通厅会同第一机械工业部工作组赴乌江考察，确定思南建船舶修造厂。7 月 20 日宣布成立贵州省铜仁专区思南造船厂。

5 月 1 日　黔东南苗族侗族自治州清水江最先将 5 个木船运输社并为“清水江五一运输社”。半年内全省 39 个木船社相继并为高级社。

5 月 30 日　贵州省交通厅撤销航运局，改设航运处（职能处）。孙紫芳任处长，熊飞、朱海亭先后任副处长。

1959 年

3 月　贵州省交通厅航运处在榕江县召开全省木帆船技术改造经验交流会。

4 月　贵州省交通厅航运处在贵阳召开全省木帆船选型定级会。从各河中选出 14 个各类，15 个吨级船舶，作为推广船型。

8 月　乌江新滩安装人力铁质绞关机助航。

9 月　贵州省交通厅部署船员培训，以驾驶和轮机为重点。

10 月　贵州省交通厅调公路第三工程处第六工程队并入第一航道工程队，加强清水江拖轮航道开辟工程的施工力量。

10 月　北盘江虎跳石绝险滩开工整治。1960 年 5 月完工。对落差高达 3 米以上的崩岩滩进行开凿，国内无先例，并实现通航，对石滩整治理论有新发展，整治后的河床演变，为地质学、地貌学研究提供了事实依据。

11 月 15 日　乌江位于省界附近的断航滩—龚滩开工整治。

12 月 17 日　经贵州省人民政府批准，撤销航运处，恢复内河航运管理局。局长为魏德坤，副局长由刘进礼、汲殿选、孙圣文、卢朝辅先后任职。

12 月　省航运局制定《贵州省内河长航木船航行安全规则》40 条。

12 月　成立交通厅第四航道工程队，承担都柳榕江至老堡口段机动航道开辟工程。

12 月　贵州省铜仁专区思南造船厂和思南航运中心站改由铜仁专区乌江航运公司领导，船厂承担全省拖驳船修造任务。

1960 年

年初　黔东南州在锦屏县成立清水江航运局，管理河系航运，兼营驻湖南洪江沅水航运办事处运输业务。10 月，沅水办事处改隶省交通厅，由省航运局负责管理。

1 月 20 日　交通厅第二航道工程队由赤水河调往北盘江虎跳石滩施工。

1 月 21 日　贵州省航运局颁发《贵州省渡、副业船安全管理实施细则》。

2 月　铜仁地区交通局组织乌江航运及航道工程检查，乘船在七里滩浪沉，乌江航运公司党总支书记任秉国及木船驾长田井丰遇难。

5 月 6 日　乌江"黔社号"拖轮过新滩，绞关回盘时，乌江航运公司副经理许助之被打入急流殉职。

5 月　㵲阳河镇远航运中心站调船 93 艘、811 载重吨，施秉县航运管理站调船 85 艘，支援湘黔铁路建设。

6 月　赤水航运办事处改为企事业合一的赤水航运公司。

7 月　赤水长征运输人民公社并入赤水航运公司。年内全省各河航运先后实现集体所有制向全民所有制过渡。

12 月　年末统计，全省各河系兴办船厂（社）共计 31 个。后大都撤销或解体。

1961 年

1 月　贵州省铜仁专区思南造船厂收归省交通厅直接领导，更名为"贵州省交通厅思南船舶修造厂"。

6 月　贵州省交通厅召开全省民间运输工作座谈会，对木船运输社所有制过渡问题，开展清理整顿。

7 月 1 日　成立乌江航运分局，经营轮驳运输，直属省交通厅。原铜仁专区乌江航运公司经营木船运输。

7月　赤水航运公司更名为“赤水航运分局”。

8月　全省各河过渡为国营企业的木船运输社，陆续恢复集体所有制。1962年年初共有专业木船运输社22个。

11月　贵州省航运局相继制定《贵州省内河船舶船员职务规则》《船舶航行中操作安全规则》等规则。

本年　经过四年多次整治乌江三大断航滩险——潮砥、新滩、龚滩，达到全线打通预期，实现“千里乌江一船通”的目标。所运用的清炸、凿槽等技术，在当时山区航道整治工程中处于领先地位。

1962年

1月　交通部基建总局、南京水利科学研究所、交通工程设计院的5位专家，来黔指导整治工程技术总结工作。

3月　贵州省航运局组成工作组调查乌江拖驳船队航行情况，提出改拖驳运输为单船运输的设想。

5月30日　撤销第一、第二航道工程队，职工转入公路养护部门。

6月28日　赤水航运分局“遵义号”拖轮拖带“103号”驳船，碰撞重庆长江大桥桥墩，驳船沉没，伤2人，损失2.2万元。

7月　思南船厂改属乌江航运分局领导，实行单独核算，盈亏由分局统筹。

8月31日　撤销铜仁专区乌江航运公司，改设乌江航运管理中心站，下辖思南、德江、沿河航运管理站。

本年　省航运局工程师吴昌遇建议将乌江“黔会号”拖轮改建为货轮，得到省局支持。11月，“黔会号”轮经四川重庆船厂改建后，由涪陵至沿河上水重载试航，获得成功。

1963年

年初　贵州省交通厅颁布《贵州省内河木船驾长考评审验办法》。

5月至7月　乌江新滩左岸连续崩塌（约6000立方米），又造成断航。至1965年疏通。

7月10日　西南局计、经委在宜宾召开云、贵、川三省跨省运输座谈会，川、贵两省交通厅就赤水河航运管理、航道整治、养河费征收、运价及运力调度等达成协议。

1964 年

2 月 1 日　省航运局与涪陵港务局签订石油运输合同，实行汉口、涪陵、沿河的支流干流联运，代办中转，运费包干，铜仁地区石油开始由乌江水运进口。

3 月　四川省合江县水电局修建黔鱼洞电站，船闸未竣工，习水河断航。

5 月　乌江第一艘机动驳“黔机 001 号”建成出厂（后更名为“东风 1 号”）。

1965 年

5 月　贵州省人委批准乌江、赤水河、清水江、都柳江、㵲阳河、锦江 6 河航运收归省航运局管理。

8 月　贵州第一座机动绞关（7 吨）在赤水脱弓滩投入使用。

本年　继赤水河之后，乌江首次在思渠、麻柳湾建信号台导航。㵲阳河施秉县高寨榜建水轮泵站，无过船设施，开贵州省干流闸坝断航之首例。

1966 年

3 月 1 日　思南船厂从乌江航运分局划出，收回交通厅直属。

4 月 22 日　乌江第一艘钢质机动船“黔机 002 号”（后更名为“东风 2 号”），由重庆船厂建成出厂。

6 月　乌江建成龚滩、土沱子两处机动绞滩站。

8 月　航运局机关横扫“牛鬼蛇神”，港监科技术员黄德继受批斗后，自缢身亡。

1967 年

1 月 17 日　贵州省交通厅、水电厅联合通知，要求各地水利建设中切实解决航运过坝问题。

1 月 25 日　“造反派”夺权，厅、局职能被迫中断，工作陷于瘫痪或半瘫痪状态。

6 月　经省革委批准成立贵州省交通厅革命委员会，军代表魏焕斋任主任委员。

8 月 8 日　思南船厂建造的第一艘钢质驳船下水。

8 月 26 日　四川省涪陵地区发生武斗，乌江航运分局“242 号”驳船和囤船遭遇炮击烧毁。

1968 年

3 月　省航运局转发《木帆船技术改造情况》，通报清水江远口航运社木帆船改机动船经验。

5 月　经省革委生产领导小组批准，交通厅革委及公路局、运输局、航运局撤销，另设交通运输办公室，负责人为赵学明。航运局抽 4 人到交通运输办公室，其他人员集中到“五七”干校劳动学习。

7 月 9 日　赤水发生武斗，航运分局人员大量出走，此后赤水至重庆间航运中断两年之久。

8 月　在“三反一粉碎”运动中，乌江航运分局局长祝华被游斗折磨致死。

10 月　乌江航运分局“东风 2 号”“东风 3 号”轮在沿河码头卸货，遭武斗人员射击。“东风 2 号”轮经过川、黔交界的玉和沱时船身中弹 165 发。11 月初，分局宣布停航。

1969 年

1 月 10 日　习水县革委会自行将赤水河习水县境二郎至土城段航道化归县管，成立习水县航管站。

1 月 20 日　贵州省交通勘察设计院三测队 6 人，由乌江渡乘橡皮船漂流，全程勘察乌江航道，行程 593 千米，历时 60 天。

1 月 23 日　乌江航运分局涪陵营业站被当地造反派勒令查封。

8 月 18 日　铜仁锦江航运公司运输船 13 艘，由湖南常德返航，被武斗人员抢走价值 10.2 万元的货物。

9 月　贵州省自制的第一艘钢质客货轮“东风 6 号”，在思南船舶修造厂建成。

1970 年

1 月　贵州省革委明确交通运输办公室改名为“省革委交通局”，主要负责人兼核心组组长为（军代表）孙双印。

5 月至 8 月　乌江新滩左岸壁崩塌再次断航。垮岩共 3.34 万立方米。

夏　“东风 4 号”轮夜间上行涪陵至青溪和冉家滩至沿河航段，开乌江夜航之首。

7 月 13 日　清水江突发特大洪水，沿江村镇房屋遭多处冲毁，航道严重淤塞。

10月　贵州省交通局与邮电局合并，但业务上自成系统。

1971年

1月　贵州省交通局设工程管理处、运输公司及汽车监理组。航道建设养护由工程处管理，港航监督由汽车监理组管理，乌江、赤水航运分局下放地方管理。

8月　松桃河因闸坝断航，县革委决定运输社船只就地处理，船工自谋出路。

8月　乌江、赤水河等6条河航运又下放地（州、市）管理。

10月　思南船舶修造厂为兴义地区建成“盘江1号”“盘江2号”两艘小机船。北盘江、红水河开始发展机动船运输。

10月10日　乌江航运分局“东风1号”轮，由思南上行试航，到达余庆回龙场。

1972年

1月7日　乌江新滩完成清除危岩和疏炸航槽的主要工程，再次恢复通航。

3月　贵州省交通局设立航运组，管理航运业务，负责人为朱海亭。

4月　贵州省交通局召开会议部署船舶普查登记工作。

4月　赤水航运分局造船厂建成第一艘钢质顺耙疏浚船“黔疏1号”。

11月　贵州省交通局与邮电局分开。

1973年

3月23日　贵州省公路工程二队调180人到第三航道工程队，参加乌江航道建设。

4月　贵州省交通勘察设计院三测队详测乌江鱼翅三滩。

7月　北京电视台、新华社、新影厂、省电视台等单位共10余人，赴乌江拍摄反映乌江航运发展和建设纪录片，1974年完成。片名《战乌江》。

10月　贵州选定赤水河右岸马村至鲢鱼溪建“赤水天然气化肥厂”。赤水河下游航道扩建工程和港口、船厂、船队建设列为配套项目。

1974年

1月1日　贵州省交通局、财政局联合发布《贵州省内河养河费征收办法》。

4月　贵州省交通局扩大航运组为航运管理处（职能处）。负责人为汲殿选。

5 月 29 日　贵州省交通局在赤水召开“赤天化”航道建设会议，省交通勘察设计院三队接受赤水至合江段测设任务。

8 月 26 日　赤水、乌江两河收回省管。赤水、乌江航运分局及乌江航道队，由省交通局直接领导。

8 月 29 日　交通部确定“赤天化”大件运输专用驳船由长江船舶设计院设计，宜昌船厂承造。

11 月 15 日　赤水河赤水至合江段整治工程开工。“赤天化”建设指挥部交通工程处在黑蛮滩举行开工典礼。

12 月　省交通学校在乌江、赤水航运分局设分校，培训技工近 400 人。

1975 年

5 月 29 日　乌江航运分局第一艘客轮——“东风 11 号”，由思南船厂建成投产。

9 月 21 日　“赤天化”首批设备（含最重件氨合成塔），经长江进入赤水河，运抵“赤天化”大件码头。

10 月　乌江航运分局改用油囊代替油桶运载石油。

1976 年

2 月 29 日　“赤天化”建设指挥部在赤水河楚滩召开赤水至合江段航道整治工程竣工大会。1977 年由省有关部门正式验收。

3 月　第六机械工业部上海第九设计院承担赤水船厂扩建工程设计。

10 月　铜仁双河升船机动工（1979 年 8 月建成）。

12 月　年末统计，全省永久性碍航闸坝共 83 处，涉及河流 22 条，受其控制和影响的河段共 1581 千米。“文革”期间新建的碍航闸坝占 84%。

1977 年

2 月　省属航运企事业，按省劳动局下达指标在全省招工。先后招收新学工 1339 人。赤水航运分局选送 442 人，委托湖南省航运公司培训。

3 月 25 日　“赤天化”成套设备运输任务完成，省人民政府授予大件运输奖。

10 月　赤水船厂动工扩建（1980 年建成投产）。

1978 年

6 月 24 日　贵州省交通局、重庆铁路分局、港务局和成都化肥农药经管处，商定“赤天化”化肥运输专线及水陆联运方案。

9 月 20 日　“赤天化”正式投产，赤水航运分局组织试运成功。

12 月　乌江百吨货轮“东风 13 号”在思南船舶修造厂建成。

12 月　贵州省交通厅航运处由职能处扩大为全能处。于文会任党委书记（后调曲辰任处长），汲殿选、董福贵、王常信、张敦嘉、曾德新任副处长。

1979 年

1979 年 6 月　贵州省属赤水、乌江航运分局分别更名为“贵州省赤水航运公司”“贵州省乌江航运公司”专营轮运业务，原分局所属航运中心站，改为河系航运管理中心站，统管河系航政、航务工作，由省航运管理处直接领导。其他属地州管理的航运中心站隶属关系不变。

6 月 13 日　贵州省交通局召开会议部署第二次航道普查工作。

9 月 2 日　赤水河元厚渡口，过渡人多，渡工两次拒渡，但正副区委书记坚持开船，于元厚滩翻沉，死亡 53 人。

11 月 20 日　乌江渡电站建成蓄水，坝下断航，贵州省航运处抓住时机，调集千人，突击疏炸乌江。

11 月　国家科委、经委、石油化工、铁道等部和全国供销总社商定“赤天化”化肥国家上调 18 万吨，贵州自用 30 万吨。90% 以上由赤水河运出，日平均运量 1500 吨。

1980 年

1 月 7 日　贵州省革委会颁发《贵州省水库船舶航行安全管理的暂行规定》（黔发〔1980〕04 号）。2012 年，贵州省人民政府（黔府发〔2012〕6 号）决定宣布废止。

6 月 1 日　贵州省交通厅公布《贵州省修船制度、船舶设计建造、船舶产品质量检验试行草案》。

7 月 1 日　贵州省人民政府批准撤销清镇县红枫湖航运管理站，由贵州省交通厅明确赤水航运公司接管，经营轮渡。

10 月 1 日　红枫湖旅游业举行开业典礼。

10 月　交通部召开交通史编写会议，会后，贵州省交通厅成立公路交通史编写委员会，次年 2 月组成编史办公室开展工作。航运史的资料收集也同时开始。

11 月　葛洲坝截流，长江断流，铜仁地区原由乌江水运的石油改道陆运。

1981 年

5 月　铜仁地区交通局在锦江支流谢河桥河口双河电站闸坝建成升船机，同年 9 月投入使用。该升船机为贵州第一座可以运转的斜面升船机。

6 月　交通部水运规划设计院牵头，组织珠江流域各省开展航运规划，下达工作提纲。

8 月　贵州省交通勘察设计院三队踏勘南明河花溪水库至贵阳段，以发展旅游业为主提出踏勘报告。

10 月　贵州航海学会在贵阳成立。首届理事长为赵曙光，副理事长为曲辰、于文会、周光明、张敦嘉、顾增允。

1982 年

5 月 15 日　贵州省交通厅颁布《贵州省航道管理暂行办法》。

5 月　贵州省赤水航运公司被列为省交通系统企业全面整顿试点单位。次年 11 月发给企业整顿合格证书。

11 月　贵州省赤水航运公司拖驳船队“一拖 4 驳”行驶赤水河鲢鱼溪至合江段成功。

12 月　交通部水运规划设计院专家来贵州考察“两江一河”，向省人民政府建议，加速恢复发展“两江一河”航运。

11 月 27 日　省赤水航运公司“501 号”拖轮（480 马力），拖带载重 160 吨的驳船 9 艘，装载煤炭 693.6 吨，木材 986 立方米，从赤水河口合江港起航，并于 12 月 31 日到达江苏江阴港，1983 年 2 月 8 日返回合江。往返航程 4750 千米，历时 74 天。贵州远航船队直航长江中下游，打破了“长江航运条块分割、干流独家经营的僵化体制”，开创了贵州水运新局面。

1983年

1月　贵州省交通厅召开“南盘江、北盘江、红水河近期复航措施讨论会”，部署造船试航，深化前期工作，争取列入“七五”国家建设计划。

5月3日　贵州省交通厅史志编审委员会成立，航运史志编写纳入编审范围。

5月　乌江航运公司和思南船厂列为第二批企业整顿单位。1984年12月发给合格证书。

7月　贵州省赤水航运公司报经省教育主管部门批准，举办贵州广播电视大学经济类工业企业管理专业3年制大专班，报考人员经参加全国电大统考及格后录取。赤水航运公司19人、赤水县属机关企事业单位15人，共计34人被正式录取。全脱产学习，统一使用中央广播电视大学教材、统一参加中央广播电视大学授课和考试。1986年8月，经考试合格，由贵州广播电视大学颁发毕业证书。

9月17日　乌江航运公司“东风16号”货轮，绑推驳船4艘，由涪陵出发，直航至江苏南通。

11月15日　贵州省人民政府批准全省港航监督、船舶检验机构按处、所、站三级设置，省航运局设港航监督处和船舶检验处，地（州、市）、县（市）设所、站。

12月27日　经省编制委员会、省经济委员会批准同意，贵州省内河航运管理处改为贵州省内河航运管理局，为省交通厅属二级机构。张敦嘉任书记，马廷炎任局长，曾德新、李治生任副局长，人员编制不变。原港航监督科改名为“港航监督处和船舶检验处”，属局内设科室。

1984年

2月13日　委托交通部水运科学研究所在赤水河布设超短波无线电接力和船舶移动通讯网，交付使用。

5月　贵州省交通厅成立航运规划领导小组，厅长杨守岳任组长、厅总工程师邓时恩任副组长，由省交通设计院和省内河航运管理局共同组成办公室。年底完成长江水系赤水河和乌江航运规划报告，纳入长江水系航运规划。

7月　贵州航海学会举办航运夏令营，全省各地共有中学生100人参加。

8月14日　德江县中坝公社副业木船，超载下驶，梢桩折断，在乌江擦耳岩触礁，死亡 55 人。

9 月　“两江一河”70 吨货轮试航成功。

10 月　赤水县农民梁根信，自筹资金 1.6 万元，向银行贷款 4 万元，购货轮“致富号”和驳船“致富 1 号”，在赤水河从事个体运输。

12 月　省赤水航运公司当年盈利 154 万元，创历史最高水平。

12 月 31 日　国家计委下达粮棉布实物指标。省人民政府批转计委安排，部分用于航道建设。

1985 年

1 月　经贵州省交通厅批准（〔1985〕黔交办字 4 号文），省属两个航运公司分别更名为“贵州省赤水轮船公司”和“贵州省乌江轮船公司”；川、黔 5 县（古蔺、仁怀、金沙、习水、赤水）政协召开联席会议，建议以航运渠化为主，综合开发赤水河。

2 月　贵州省经委、编委、交通厅、财政厅、劳动局联合发布《贵州省个体或联户船舶及农副渔渡船管理办法》。

3 月　贵州省人民政府批转省计委、交通厅共同拟定的《关于动用国家库存粮、棉、布帮助贫困地区修建道路、整治航道的安排意见》；“两江一河”复航工程开工。为配合试航，先重点疏炸中洪水航道。由黔西南州人民政府组织实施。

4 月　交通部顾问李清一行视察黔西南州，鼓励开发“两江一河”航运。

5 月　黔西南布依族苗族自治州组建盘江轮船公司，以 70 吨货轮和百吨驳船组成拖驳船队，在北盘江百层至红水河安类间再次试航。

6 月　乌江个体户张柄荣，贷款建造客轮 1 艘（108 座、16 铺位），航行于思南县城至文家店间，开乌江上段定班客运的首例。

7 月 4 日　贵州省内河航运管理局直属的赤水、乌江航运管理中心站撤销，分别由遵义地区、铜仁地区交通局成立航运中心站。

10 月 30 日　赤水河中游黄角沱右岸滑坡，造成板桥滩断航。

11 月　交通部计划统计局来函，同意“两江一河”近期复航工程作为地方项目，列入“七五”建设计划，给予资金补助。

12 月 3 日　贵州省人民政府办公厅下发《转发省交通厅关于立即制止客（渡）船违章超载确保旅客安全的意见的通知》《黔府办〔1985〕250 号》。2012 年，贵州省人民政府（黔府发〔2012〕6 号）决定宣布其失效。

1986 年

5 月　按交通部统一部署开展全省港口普查，历时年余，编有《贵州港口》一册上报。

6 月　贵州省交通厅批准长江船队的设计、建造任务，省赤水轮船公司提出 540 马力拖轮配 600 吨舱口驳方案。省计委、交通厅组织对省交通勘察设计院提出的《长江水系赤水河综合利用发展航运初步可行性研究报告》进行审查。

11 月 16 日　贞丰县毛安乡小机船超载航行，船头进水倾覆，死亡 52 人。

1987 年

1 月 29 日　纳雍县过狮河水库，以限载 10 人的工作船作旅游船，离岸翻沉，死亡 59 人。

5 月　以经济学家于光远任顾问，全国政协经济建设组、国家计委咨询组副组长林华任团长，罗西北、何仁仲任副团长的考察团考察乌江。考察后国家科委、计委联合下达《乌江流域经济综合开发战略研究》。

7 月 13 日　贵州省交通厅成立贵州省内河建设办公室，组织内河发展规划，负责内河重点建设项目的管理和实施。张敦嘉、廖国平分别兼任正副主任。

12 月　贵州省属航运企业推行承包经营责任制。次年 5 月结束招标工作。

1988 年

1 月 27 日　贵州省人民政府批转《省经委、交通厅等八部门关于加强贵州省乡镇船舶安全监督管理的意见的通知》（黔府〔1988〕4 号）。2012 年，贵州省人民政府（黔府发〔2012〕6 号）决定宣布失效。

4 月　赤水河中游二郎滩至赤水河段航道工程正式验收。自 1983 年起共整治滩险 53 处，达七级航道标准。

5 月　由国家科委中国科技促进发展中心金履忠任顾问，交通部长江航务管理局局长唐国英任团长组成的考察团，以发展航运为主考察乌江。贵州省交通厅贯彻省人民政府黔府〔1987〕248 号文件精神，完成全省港监、船检体制下放工作。

6 月 贵州省交通厅、黔西南州人民政府对北盘江整治工程项目组织正式验收。共整治滩险 43 处，达六级航道标准。

11 月 交通部会同水利部、能源部及滇、黔、桂、粤 4 省区考察“两江一河”。考察团共 50 人，由交通部部长钱永昌任团长，贵州省副省长刘玉林、广西壮族自治区副主席张春园、水利部珠江水利委员会顾问刘兆伦及交通部珠江航运管理局局长袁明钊任副团长。

1989 年

4 月 《乌江流域经济综合开发战略研究》总课题通过审定，1990 年获国家科技进步一等奖。贵州省、四川省交通厅联合编制的《乌江航运发展战略研究》为其二级子课题。

7 月 25 日 省人民政府办公厅下发《转发省交通厅关于治理整顿道路水路运输市场意见的通知》(黔府办〔1989〕93 号)。2012 年，贵州省人民政府（黔府发〔2012〕6 号）决定宣布失效。

8 月 23 日 罗甸县交通局局长何军伍同志随队考察，前往广西东兰、岩滩、大化等地进行适航考察，26 日上午乘坐机动船逆江而上。当船行至广西天峨县境内的纳相滩时，因滩险水急发生危险，为保护国家财产和船上人员生命安全，何军伍奋不顾身与洪水搏斗，落水以身殉职，年仅 42 岁。黔南州委发出在全州范围内向为发展交通事业以身殉职的优秀共产党员何军伍同志学习的通知。

9 月 19 日 贞丰县三合煤炭，由百层港经北盘江、红水河、黔江、浔江、西江试运，到达广东佛山市南海糖厂。

11 月 编制单位为长江航运规划设计院完成《乌江干流梯级开发航运规划专题研究报告》。编制单位为交通部水运规划设计院和贵州省交通勘察设计院完成《赤水河（赤水—土城）航运工程可行性研究报告》。参加编制的有能源部、水利部直属的北京、贵阳勘测设计院等 7 个单位。省交通厅在玉屏召开乡镇运输船舶安全整顿试点工作总结会议。全省整顿工作于次年 6 月完成。省航运局召开会议，部署水路运输市场治理整顿工作。

1990 年

3 月 23 日　贵州省人民政府办公厅下发《转发省交通厅关于全面开展乡镇运输船舶安全整顿报告的通知》（黔府办〔1990〕25 号）。2012 年，贵州省人民政府（黔府发〔2012〕6 号）决定宣布失效。

3 月　贵州省人民政府分别授予贵州省交通厅和省港监处“实现安全目标管理单位”和“安全监督工作先进单位”称号。

6 月　贵州省航运局按五级航道标准编制《贵州省乌江航道整治工程预可行性报告》，上报项目建议书，要求列入“八五”建设计划。

8 月　赤水东门客货运码头正式验收。

12 月　年末统计，赤水、乌江两轮船公司共有长江船队 9 个，12060 载重吨，年运输能力约 20 万吨；赤水县长征航运公司、仁怀县航运公司、沿河县黑獭航运公司共有 5 个长江船队，4535 载重吨，年运输能力约 4 万吨。

1991 年

1 月 9 日　贵州省赤水轮船公司“遵义 501”轮首次试运 10464 担烤烟安全抵达安徽裕溪口，开贵州水路运载烤烟先河。

1 月 10 日　贵州省交通厅、物价局联合下发《关于调整我省水路货运价格通知》，对全省水路货运价格进行调整。

3 月　由贵州省内河航运管理局与航海学会共同主办的“两江一河”运输方式及船型方案研究课题，获贵州省科技进步三等奖。

5 月 9 日　贵州省属水运企业第二轮承包经营（1991—1993 年）合同签字仪式在贵阳举行。贵州省赤水轮船公司、乌江轮船公司、思南造船厂等企业法人代表在合同上签字。

5 月 23 日　《贵州省水路运输管理费征收、使用、实施办法》颁布实施。

6 月　《贵州航运史》（古近代部分）通过联审会议审定。

7 月至 8 月　乌江、赤水暴发特大洪水，乌江沿河两岸国有、集体、个体航运企业受损严重。

9 月 14 日　贵州省经济委员会批准红枫湖轮船旅游公司从贵州省赤水轮船公司剥离，成为省内河航运管理局直管和独立核算、自主经营的航运企业。

10月21日　赤水市航运公司“赤水304”轮装载10876担烤烟，从赤水麻柳沱首航，于29日抵达湖南常德。

10月31日至11月5日　南盘江、北盘江、红水河（一期）复航整治工程验收，综合评定为优良。

11月　道真县烟叶经汽车装运至涪陵港，由贵州省乌江轮船公司“乌江502”轮运往江苏南通，转海船至福建云霄，成功实施“公水—江海联运”。

13日　由贵州思南船舶修造厂设计、建造的150吨机动驳船，装载70吨货物经澜沧江（湄公河）首航缅甸、老挝、泰国获得成功。为开辟中、泰、缅国际航线奠定了基础，此举开创了贵州设计、建造的船舶走出国门的先例。

12月　《贵州省内河航运发展规划》修订完成，规划修订水平年为1990年至2020年。

1992年

1月1日　贵州省赤水轮船公司研制的贵州省第一艘双体快速客轮“金桫号”，试航赤水—重庆获得成功。

2月　贵州省交通厅、财政厅、物价局联合发布《贵州省港航监督、船舶检验收费项目及标准》。

3月　贵州省乌江轮船公司“乌江411号”轮历时19天，成功实施“江海联运”，将贵阳卷烟厂从津巴布韦进口的3600担烟叶，经江苏南通港转载运往四川涪陵，再进入乌江至思南港转汽运至贵阳。

6月　全省水路运输市场治理整顿工作结束，并通过验收。

7月1日　《贵州省木质船舶检验标准》实施。

7月　贵州省水上安全治理整顿工作通过交通部验收。

8月　商业部统一船用柴油供应价格，从1993年开始，取消对贵州省每年优价供应2000吨直供油计划指标。

8月1日　《贵州省船舶修造行业管理暂行办法》正式实施。

8月27日　仁怀县合马镇陶洪渡木质渡船载客37人，摆渡时翻沉，造成死亡和失踪31人的特大事故。

10月1日　《贵州省交通发展基金征收管理使用实施办法》实施，将水路客货附加费列为交通发展基金。

11月25日　经贵州省人民政府办公厅批准，成立贵州省航运总公司，为厅直属全民所有制企业。2004年，根据中纪委、中组部文件精神要求，局领导不再兼任企业职务，明确企业新的法人代表。

12月28日　省经委批准贵州省航运开发公司成立，成为省内河航运管理局预算外全民所有制企业。（2001年11月撤销）

1993年

1月5日　贵州省南方航运有限公司成立（1996年注销）。

4月1日　贵州省交通厅、物价局联合发布《关于改革全省水路货运价格的通知》，对全省水路货物运输价格实行中准指导价的改革正式实施。

4月　贵州省乌江轮船公司开辟湄潭至上海公（路）水（路）联运烤烟运输。

6月　《贵州航运史》（古近代部分）由人民交通出版社发行。

7月20日　贵州省内河航运管理局决定，从1994年1月1日起，原由省直接对省属航运企业征收的水路运输管理费，改由所在地（州、市）航管部门统一代征。原由地（州、市）航管部门征收的省管赤水河和乌江的航道养护费，分别改由省赤水河航道工程处和省乌江航道工程处征收。

8月11日　贵州省赤水河航道工程处更名为“贵州省赤水河航道处”，贵州省乌江航道工程处更名为“贵州省乌江航道处”。

1994年

1月1日　《贵州省港口管理办法》《贵州省港口管理实施细则》同时颁布实施。

1月1日　实行贵州省国有航运企业法定代表人（企业经营者）国有资产经营目标责任制。

4月30日　乌江边滩（四川武隆县境内）突发巨大岩崩，形成“堰塞湖”，致使乌江航运中断，贵州省交通厅紧急向省人民政府报告。

8月9日　贵州省水运工程质量监督站成立。

12月　南盘江、北盘江、红水河（二期）复航工程开工。

1995 年

4 月 全省航道技术等级评定工作全面展开，1997 年完成。

5 月 20 日 贵州省人民政府与广东省湛江市人民政府签订《在湛江市东海岛建设贵州港协议书》，湛江市在东海岛北面深水海岸线无偿提供 1000 亩土地给贵州建设 5—10 万吨级港口，后因诸多问题协商未果而流产。

7 月 25 日 贵州东方航运有限责任公司成立（1999 年 6 月撤销）。

7 月 11 日 贵州省清理、取缔“三无”船舶工作全面展开。

本年 贵州省思南船舶修造厂试制战备钢桥成功。

1996 年

1 月 由贵州省内河航运管理局设计、思南船舶修造厂建造（改建）的自航式水下钻孔船、抓石船、运石船投产，航道水下整治工程实现了机械化作业。

5 月 6 日 贵州省内河工程建设办公室更名为“贵州省水运工程建设办公室”。

8 月 按照交通部要求，港航监督部门开展省际“结对子”活动。贵阳与肇庆、安顺与中山、遵义与茂名、黔东南与江门等港监部门先后相互结成“对子”。

10 月 1 日至 12 月 31 日 对从事水路运输服务业的企业、单位进行全面清理整顿，重新审查核发《水路运输服务许可证》。

10 月 30 日 贵州省水运工程理事务所成立。

12 月 28 日 贵州省第一条五级航道乌江（大乌江—龚滩）航运建设工程开工。

1997 年

1 月 贵州省内河航运管理局成立“航运企业下岗职工再就业工作指导办公室”，省属各航运企业成立“下岗职工再就业服务中心”。

3 月 贵州航海学会召开第三次换届工作会议，选举产生第三届理事会成员。

4 月 4 日 沿河县彭学尧驾驶“沿河 118 号”船在乌江沿河县淇滩镇猫滩脚沉没，造成死亡和失踪共 49 人的特大水上交通事故。

8 月 11 日 经贵州省编委办公室批准，贵州省内河航运管理局更名为“贵州省航务管理局”，成立“贵州省港航监督局”“贵州省船舶检验局”，实行三块牌子，一套人员。各地（州、市）、县（市）航管、港监部门同时更名，隶属关系不变。

10月1日 贵州水运工程建设实行招投标方式。

12月8日 思南县三道水乡徐家坳村王昌华夫妇，驾驶农用船载客38人，在乌江干流天下渡横渡触礁，造成死亡和失踪共22人的特大水上交通事故。

1998年

1月6日 贵州省水运工程监理事务所更名为“贵州兴航水运监理事务所”。

4月15日至17日 全国地方船检工作会议在贵阳召开。

5月8日 贵州省船舶检验局对船舶和船用产品收费标准进行调整，船舶检验计费的k值按0.45选取，于6月1日起执行。

5月18日 乌江民间运输客船研制工作完成。

8月11日 《贵州省水上漂流旅游活动安全监督管理暂行办法》实施。

9月14日 赤水河香炉滩以下至河口段23千米的航道内出现百年不遇的大量泥沙淤积，经三个多月抢修恢复通航。

10月16日 贵州省航务管理局水运规划勘察设计所更名为“贵州顺达水运规划勘察设计所”。

1999年

7月 《贵州航运史》（现代部分）由人民交通出版社出版发行。

10月1日至12月30日 贵州省航务管理局开展全省水路运输市场情况调查。

11月19日至21日 推进省属国有航运企业改革和发展会议在赤水市召开，明确了改革脱困的近期目标，通过了《关于推进我省国有航运企业改革和发展的意见》。

本年 由贵州省赤水河航道处承担施工的贵（阳）毕（节）高等级公路第12合同段“贵州省航务管理局公路扶贫项目”荣获中国海员工会“全国重点公路优质工程劳动竞赛优秀项目工程”，贵州省交通厅“路基工程质量二等奖”称号。

2000年

3月1日起 贵州省赤水轮船公司经营的赤水至重庆航线终止营运，退出水路客运市场。

6 月 11 日　德江县桶井乡新滩渡口渡船沉没，造成死亡和失踪共 41 人的特大水上交通事故。

9 月 19 日　“全省水上交通安全暨乡镇船舶安全管理现场会”在思南县召开。

12 月 25 日　西南水运出海中线通道起步工程（贵州段）开工。

2001 年

5 月 1 日　贵州水路客货运输价格全面放开，实行市场调节。

6 月　贵州省人民政府“九五”时期扶贫攻坚项目——乌江（大乌江—龚滩）航运建设工程通过贵州省计委组织有关部门进行竣工验收，评为优良工程。

本年　贵州省思南船舶修造厂实现年利润 3.3 万元，一举甩掉十五年亏损帽子。

2002 年

2 月 7 日　由贵州省赤水河航道处控股的“贵州黔航交通工程有限公司”在贵阳注册成立。

4 月 28 日　贵州省赤水河航道处荣获“贵州省‘五一’劳动奖状单位”称号。

7 月 3 日　涪陵港贵州码头复建工程正式开工。

7 月 5 日　贵州省航务管理（港航监督、船舶检验）局更名为“贵州省地方海事局”，与“贵州省航务管理局”实行一套人员、两块牌子。各地（州、市）更名为地方海事局（副处级）、县更名为“地方海事处”（正科级）。

9 月 1 日　贵州省赤水轮船公司获得黄磷货物出省水路运输业务，开创贵州黄磷水运出省先例。

10 月　在全国内河航道养护“双十佳”评选活动中，贵州省赤水河航道处荣获交通部颁发的“航道管理先进单位”称号。

10 月 28 日　“十五”时期，贵州重点建设项目——赤水河（岔角—合江段）航运建设工程正式开工。2006 年 9 月竣工，共投资 17177.93 万元，整治航道 158.8 千米，改扩建、新建码头 5 座。

本年　贵州省赤水河航道处先市航标站工会小组获“全国模范职工之家”称号。

2003 年

1 月 贵州省地方海事（航务管理）局获交通部 2000 年至 2002 年“水上运输安全管理年”活动先进单位。

4 月 贵州省赤水河航道处思南码头项目经理部获贵州省“五一劳动班组”称号。

6 月 7 日 黔东南苗族侗族自治州剑河县南寨乡清水江猴子滩段发生乡镇客船翻沉的特大事故，15 人失踪。

6 月 22 日 由贵州省赤水轮船公司设计改建的贵州省最大机驳船——“遵义 506 号”，载重 1200 吨，在四川省合江县下水并正式投入长江运输。

9 月 全国第二次、贵州第三次内河航道普查工作全面完成。全省通航里程共 3321.92 千米。

本年 贵州省赤水河航道处工会获“全国模范职工之家”称号。

2004 年

4 月 1 至 2 日 贵州省属国有航运企业改革改制工作会议在贵阳召开。

5 月 30 日 涪陵港贵州码头复建工程全面竣工，年底通过验收并交付使用。

6 月 25 日 重庆市彭水县乌江航道右岸滑石子（距乌江河口 149 千米）处发生山体岩崩，造成乌江断航。

10 月 31 日 西南水运出海通道中线起步工程（贵州段）工程竣工通过验收。

11 月 8 日 贵州省思南船舶修造厂“铜仁地区思南汽车综合性能检测站”成立。

2005 年

3 月 14 日 贵州省“船舶工程”大专班开学典礼在贵州建筑工业学校举行。

4 月 23 日 贵州省人民政府批准《贵州省内河航运发展规划（2003—2020）》。

8 月 10 日 贵州省红枫湖轮船旅游公司整体移交贵阳市地方管理。

12 月 由交通部和贵州省共同投资 3508.79 万元建设的天生桥库区建设工程开工。

本年 由贵州省航务管理局和交通部天津水运工程科学研究所合作完成的“赤水河航道整治技术和土工织物导治建筑物护面技术研究”“砂卵石充填物土工织物带灌冲工艺试验滩险导治建筑实施研究”两个项目通过交通部验收。

2006年

1月1日 《贵州省水上交通安全巡航救助一体化建设规划（2005—2006）》实施。

1月9日 贵州省思南船舶修造厂企业改制工作完成，成立“贵州思南兴黔船业有限公司”。

4月 中共贵州省委、省人民政府授予贵州省航务管理局“精神文明工作先进单位”荣誉称号。

6月 由贵州省赤水航道处自行设计、研制的“通行信号标志自动升降系统”在鲢鱼溪信号台安装调试成功。

8月26日 贵州省第一套水上运输安全监控系统通过验收，并在赤水河正式启用。

9月12日 《贵州省地方海事“十一五”工作发展纲要》颁布实施。

9月13日 贵州省地方海事局与广西海事局、云南省地方海事局在兴义万峰湖天生桥库区成功进行水上联合应急反应演练。

10月 赤水河（岔角—合江）航运建设工程，通过贵州省发改委组织的竣工验收。航道整治和码头建设两项主体工程优良率分别达到90.2%和100%。该工程在2009年获部优工程，2010年获国家优质工程银质奖。

2007年

7月19日 贵州省委组织部、贵州省人事厅批准贵州省地方海事（航务管理）局实行参照公务员法管理。于2008年1月1日正式实施。

8月28日至29日 天生桥库区永和、巴结、白云港口建设工程通过验收，并投入使用。

9月24日 贵州省第十届人民代表大会常务委员会第二十九次会议通过《贵州省水路交通管理条例》。于2008年1月1日施行。

12月6日 洪家渡库区航运基础设施工程开工，总投资2999.73万元。

2008年

2月 贵州省地方海事局（贵州省航务管理局）被交通部授予“2006—2007年度全国交通行业文明单位”荣誉称号。

5月12日　四川汶川发生特大地震，贵州省地方海事（航务管理）局机关及局属企事业单位1260人次共赈灾捐款179130元；贵州省赤水河航道处捐赠发光航标2座，并选派优秀航标人员赶赴广元市青川县白龙湖设置航标，确保白龙湖抗震救灾运输生命线昼夜畅通。

5月28日　西南水运出海中线通道（贵州段）航运工程建设（国家规划的高等级航道“十八线”之一）开工建设。这是贵州省第一条开工建设的国家规划的高等级航道，也是中华人民共和国成立以来贵州水运建设史上，首个投资规模最大（总投资4.29亿元）、航道等级最高（国家四级航道标准，可通行500吨级船舶）、建设里程最长（360千米）的水运建设工程。

6月12日　2008年北京奥运会火炬在贵阳传递，贵州省地方海事（航务管理）局局长韩剑波任第173号奥运火炬手。

7月11日　贵州省地方海事局与赤水市人民政府、遵义市交通局在赤水市联合举行主题为“奥运反恐、人命救助”的水上交通应急演练。

9月1日　《贵州航运史（1991—2010）》续修工作全面启动。

11月11日　贵州省渡口渡船专项整治活动通过国家联合督查组的督查验收。

12月7日　由贵州远航交通工程有限公司“华电号”轮承运的思林电站净重达165吨的水轮机转轮安全运抵思林水电站吊装码头。

12月　贵州省地方海事（航务管理）局再次荣获中共贵州省委、省政府授予的“精神文明建设工作先进单位”称号。贵州省赤水河航道处荣获中共贵州省委、省人民政府授予的“精神文明建设工作先进单位”称号。

2009年

1月1日　成品油价格税费改革实施，随即贵州省内河航道养护费、水路运输管理费、水运客货附加费停止征收。

1月　历时六个月的第三次全国港口普查工作通过交通部审查验收。

4月　贵州远航交通工程有限公司“华电号”大件运输船被贵州省总工会授予“工人先锋号”荣誉称号。

5月　受贵州省人民政府领导委托，省交通厅副厅长刘扬率队参加长江水运高层论坛，并在会上提出贵州水运发展方案和意见。

5 月 13 日 省人民政府关于机构设置的通知（黔府发〔2009〕19 号）“省交通运输厅”列入省政府组成部门之一。

6 月 11 日 贵州省地方海事局修编的《贵州省水上交通安全监管救助一体化建设规划（2009—2020）》获省人民政府批准。

6 月 9 日 贵州省首家海事（航务）系统农民工工作委员会——贵州黔航交通工程有限公司农民工工作委员会，在红水河蔗香码头成立。

6 月 16 日 贵州省赤水轮船公司 5 艘拖轮、29 艘驳船，在赤水河四川省合江县先市镇码头处一字排开，将河面阻断，航运中断 3 天。

7 月 3 日至 4 日 珠江片区航海日活动在贵阳和遵义举行。参加航海日活动的有交通部珠江航务管理局，黔、粤、桂、云四省区交通运输厅和航务管理部门以及部分部属海港企业单位领导和代表参加。

7 月 贵州省地方海事（航务管理）局党委被中共贵州省直属机关工作委员会授予“省直属机关‘五好’基层党组织”称号 。

9 月 1 日 《贵州省大中型水库库区水域安全生产管理办法》实施。

9 月 14 日 贵州省人民政府办公厅印发《贵州省大中型水库库区水域全管理办法》（黔府办发〔2009〕87 号）。

9 月 26 日 贵州省首家航运历史展览馆——赤水河航运历史展览馆在习水县土城镇建成开馆。

10 月 12 日 两艘广西籍机动船满载 1000 吨煤炭从贵州北盘江百层港起航，当天安全抵达广西天峨县龙滩水电站上坝码头，航距 226 千米，实船试航达到预期效果。标志着贵州第一条国家高等级航道建成并正式投入使用。

11 月 10 日 赤水河遭遇五十年一遇的枯水期，赤水东门水位 221.00 米，低于正常航行水位 0.53 米，严重影响船舶安全航行。

11 月 10 日至 11 日 由全国政协提案委员会牵头，提案委王显政副主任担任组长，部分政协委员及国家发改委、财政部、水利部、交通运输部、国务院法制办的相关负责同志参加，组成联合调研组，赴广西、贵州等地进行了调研。调研组一行到贵州考察北盘江百层港调研，乘船考察天生桥库区航道。贵州省政协副主席刘鸿庥陪同调研考察。

11 月 19 日 全国政协提案委员会形成《关于内河航运资源的综合利用与开发调研报告》，对贵州省继贵广快速铁路、高速公路通道建设后，规划航运北入长江、南下珠江战略，开工建设第一条国家规划的高等级航道——南盘江、北盘江、红水河航道，形成贵州到广州交通运输水陆并进的格局予以肯定。

11月24日 江苏省地方海事局与贵州省地方海事局结成“对子”帮扶单位。

12月18日 乌江（乌江渡—龚滩）航运建设工程，在余庆开工。项目总投资5.69亿元。这是贵州省第二条开工建设的国家规划的高等级航道，2014年年底竣工通航。

本年 黔西南布依族苗族自治州成立了9个水上应急搜救中心，黔东南、铜仁等水上救助机构，赤水河水上专业打捞队伍相继建立；水路运输受金融危机的影响波动增长，在全国水路运输量普遍下降情况下，贵州水路运输量逆势上升，完成客运量1732.55万人次，同比增长14.97%。完成客运周转量4.09亿人千米，同比增长19%。货运量完成816.1万吨，同比增长10.73%。货运周转量完成11.37亿吨千米，同比增长6.69%。

2010年

1月25日 贵州省乌江轮船公司改革组建国有独资企业，注册更名为“贵州沿河乌江轮船有限公司”。

8月15日 贵州省地方海事（航务管理）局机关干部、职工向甘肃舟曲地震灾区捐款献爱心，共筹集善款7200元。

8月29日 贵州省第一个数字航道智能控制平台在黔西南州建成。

8月31日 贵州省赤水轮船公司经营活动终止，国有资产退出。9月1日起，进入改制程序。

9月13日 贵州省赤水河航道处被交通部授予“全国交通运输行业文明单位”称号。

10月18日 贵州省编制委员会办公室批复，贵州省赤水河航道处、贵州省乌江航道处为贵州省地方海事局管理的副县级事业单位，事业编制，由财政全额预算管理。

11月11日 赤水河（狗狮子—合江）创建文明航道，通过贵州省文明办、省交通厅验收。成为贵州省首条省级文明样板航道。

11月12日 洪家渡库区航运建设工程通过竣工验收，成为贵州省首个库区绿色航运经济圈。

11月17日 贵州省人民政府第35次常务会议通过了《贵州省乡镇自用船舶安全管理办法》（以下简称《办法》），自2011年3月1日起实施。《办法》明确了全省乡镇自用船舶的管理主体、管理职责、检丈标准等。

12 月　贵州省地方海事（航务管理）局被交通部海事局精神文明竞赛指导委员会授予“全国海事系统‘文明单位’”称号 。

12 月 16 日　赤水河航道及水运安全监管视频监控系统建设项目通过验收。

12 月 29 日　“乌江构皮滩枢纽通航关键技术研究”通过验收。该课题首次建立了三维数学模型对透水导航堤内停泊段三维水流结构进行研究，确定了构皮滩通航枢纽按三级垂直升船机方案。到会的省内外专家一致认为，该研究成果总体上达到国际先进水平。

12 月 31 日　贵州省航道达 3563 千米。其中四级航道 271 千米，五级航道 336 千米，六级航道 1024 千米，七级航道 670 千米，等外级航道 1262 千米。

2011 年

1 月 4 日　受寒冷空气影响，贵州省遭受较大范围的低温雨雪寒冷天气，贵州大部分地区出现凝冻，交通运输受到很大影响。贵州省地方海事局（贵州省航务管理局）启动防范低温雨雪冰冻灾害应急预案。要求各级海事、航务管理部门迅速行动，确保人民群众出行安全、通畅，最大限度地减少因寒冷天气给人民群众造成的损失。

1 月 21 日　国务院出台《国务院关于加快长江等内河水运发展的意见》（国发 2 号），明确将内河水运发展上升为国家战略，提出利用十年左右时间，建设畅通、高效、平安、绿色的内河水运体系。

4 月 28 日　在北盘江白层码头，贵州第一艘千吨级机动船“金州一号”正式下水。改写贵州高等级航道无贵州自己建造的千吨级船舶的历史。年内有 4 艘同类船下水，这批船由贵州最大的民营水运企业——贵州金州港船舶运输有限公司投资建造。

5 月初　广西港航投资建设总公司前来贵州进行“两江一河”复航调研并实地考察码头、航道情况，着手启动龙滩水电站翻坝运输意向，广西方将在龙滩大坝上下各建一座专用码头。

5 月 4 日　《乌江（乌江—龚滩）航运建设工程开阳洛旺河码头及瓮安江界河码头及施工图设计》审查会在贵阳通过省内外专家审查。

6 月 6 日　望谟县发生特大水灾，海事部门接警后紧急出动投入抢险救灾中，截至 6 月 22 日，累计出动海事船 57 艘，巡航达 3568 千米，调集社会船舶 300 艘次，航行 2150 千米，搜救水域 89.5 平方千米，打捞尸体 20 具，受到当地政府肯定和人民群众的赞扬。

6 月 17 日　贵州省地方海事（航务管理）局机关合唱队在贵州省交通运输厅举办的庆祝建党 90 周年合唱比赛中荣获三等奖。据悉，此次是贵州省地方海事（航务管理）局参加历次省交通系统合唱比赛取得的最好成绩。

6 月 20 日　由贵州文学艺术界联合会主办、贵州省摄影家协会承办的“在光辉的旗帜下”贵州省纪念中国共产党成立 90 周年大型图片展览在贵阳市人民广场隆重举行。贵州省地方海事（航务管理）局参加了此次图片展览。展板用简洁的文字、遴选出的 20 多张照片，展示了在党的领导下，特别是在改革开放以来，贵州水运发生的沧桑巨变；西部大开发十年，贵州水运建设实现历史性跨越。用新旧照片对比，让观众直观地看到贵州水运的深刻变化。

1 月至 8 月　贵州省地方海事局共派出海事人员 150 余人次参加部局及相关部门组织的各类业务培训。9 月，派出 30 名海事执法人员参加滇、黔、桂共管库区水上交通安全管理业务培训。

5 月至 9 月　持续干旱，贵州大部分县（市）田土龟裂，庄稼颗粒无收，发生人畜饮水困难。9 月 7 日，贵州省地方海事（航务管理）局党委响应厅党委的倡议，举行捐款献爱心仪式，动员机关广大干部自愿向干旱受灾地区捐款献爱心，所捐款交由厅转到干旱受灾地区。

7 月 8 日　贵州省人民政府参事调研组一行 10 人，在贵阳与省地方海事（航务管理）局领导及有关部门负责人就乌江航运发展情况进行座谈。贵州省人民政府参事室调研组认为，构皮滩电站过船设施一定要按 500 吨级，标准不能降低。建议由省发改委牵头建立省交通运输部门与乌江开发公司协调联系机制，使过船设施建设方案及建设进度更加透明。贵州省人民政府参事室调研组将深入到乌江沿岸实地考察，与水电站进行座谈寻求双方都能接受的解决办法，向省人民政府建言献策。

10 月 28 日　由交通运输部珠江航务管理局主办、广西港航管理局承办的首届珠江水系“港航杯”羽毛球赛，在广西南宁市举行。交通运输部机关、珠江航务管理局、广东省交通运输厅港航管理局、广西壮族自治区港航管理局、云南省航务管理局、贵州省航务管理局共 6 支代表队参赛。经过两天的激烈角逐，贵州省航务管理局羽毛球代表队取得了第三名的好成绩。

11 月 28 日　贵州省人民政府办公厅下发《省人民政府办公厅关于成立贵州省内河航运通航领导小组的通知》（黔府办发〔2011〕125 号）。王晓东（省委常委、常务副省长）任组长，慕德贵（省长助理）、刘远坤（省发展改革委主任）等任副组长。领导小组下设办公室，办公室设在省发改委，由刘远坤兼任办公室主任。

11 月 30 日　珠江水系航运规划领导小组会议暨港航工作座谈会在贵阳召开，交通运输部综合规划司、水运局以及云南、贵州、广西、广东四省区交通运输厅、港航管理部门等有关领导参加会议。会议提出：珠江水运十年后将全面实现“通上游、畅中游、优下游、连支流”建设目标，基本实现水运现代化。

12 月 28 日　北盘江举行水路交通战备应急演练。13 时，停靠在北盘江白层码头的 5 艘 1000 吨级船舶，在海事巡航艇的引航下，依次徐徐起锚，驶离白层港。5 月以来，北盘江流域遭遇百年罕见的特大干旱。交通运输部珠江航务管理局与广州军区协调，在北盘江举行水路交通战备应急演练，得到了南方电网董箐电站的支持响应，于 12 月 28 日 10 时至 15 时增加发电量下闸放水。经过 3 个半小时的航行，5 艘 1000 吨级船舶首航成功安全到达岩架港。从此，这 5 艘千吨级船舶不再受枯水位影响。

12 月 29 日　受贵州省省长赵克志委托，省长助理慕德贵实地考察了乌江构皮滩水电站。

本年　在国家和省的关心重视下，内河水运基础设施投资建设力度加大，主要投向国家规划的我省北入长江、南下珠江的两条高等级水运大通道（即：南盘江、北盘江、红水河及乌江）和关乎民生的乡镇渡口建设等工程。全年完成水运建设交通固定资产投资 2.83 元。

2012 年

1 月 12 日　国务院下发了《关于进一步促进贵州经济社会又好又快发展的若干意见》（国发〔2012〕2 号）（以下简称《意见》），《意见》明确指出：“积极发展水路运输，规划研究打通西南地区连接长三角、珠三角地区水运通道，重点推进红水河龙滩、乌江构皮滩等水电枢纽过船设施建设，支持都柳江干流航电结合梯级开发，因地制宜发展库区航运特别是旅游客运。”

1 月 14 日　贵州省人民政府下发《省人民政府印发国务院关于进一步促进贵州经济社会又好又快发展的若干意见的通知》（黔府发〔2012〕3 号）。

3 月 21 日　贵州省交通运输厅（黔交人〔2012〕12 号）批准成立“贵州省航电开发投资公司”，该公司是在贵州省航运总公司的基础上组建的。

4 月 17 日　由交通运输部水运科学研究院、贵州省航务管理局、武汉理工大学共同研发的，列入交通运输部西部科技重点项目的《红水河能源运输组织方式及节能环保工艺研究》在贵阳通过了部级鉴定验收。

4 月 26 日　清水江三板溪库区航运建设工程在黔东南剑河县柳川镇开工。该工程是继天生桥库区、洪家渡库区后我省的又一个重点库区航运工程，也是“十二五”期第一个开工建设的重点水运基础设施项目。该建设项目总投资 9658 万元，由交通运输部和贵州省共同投资，建设工期为 3 年。

4 月 27 日　贵州省赤水轮船公司改制工作签订仪式在贵阳举行。贵州省航务管理局局长韩剑波与赤水市国投公司总经理徐光勇在协议书上签字。至此，四户省属国有水运企业——省赤水轮船公司、乌江轮船公司、思南船舶修造厂和红枫湖轮船旅游公司的改革改制工作全部结束。

5 月 4 日　孙国强副省长、慕德贵副省长在省交通运输厅主持召开了“加快内河水运发展专题会”。在会议上，明确了水运发展一揽子工作计划。

6 月 14 日　由交通运输部天津水运科学研究院承担的“红水河龙滩库区航运建设工程关键技术研究”在贵阳通过了交通部西部交通建设科技项目管理中心组织的专家评审。到会专家一致认为，该成果总体达到了国内先进水平，部分成果处于国际领先地位。

6 月 14 日至 16 日　中共贵州省委书记栗战书深入铜仁市西部地区印江土家族苗族自治县、沿河土家族自治县、德江县、思南县、石阡县调研。在调研中，他要求要大力推进乌江航道建设，并尽快形成 500 吨级通航能力。

6 月 20 日　贵州省庆祝 2012 年中国航海日暨迎接世界海事日的活动在册亨县北盘江岩架港举行，由贵州省地方海事（航务管理）局与黔西南布依族苗族自治州交通运输局联合举办。这是自 2005 年国务院批准航海日为法定节日以来，我省第一次单独举行庆祝航海日活动。

6 月 28 日　省编委办同意省赤水河航道处更名为“贵州省赤水河航道管理局”，省乌江航道处更名为“贵州省乌江航道管理局”，两局均为省航务管理局管理的正县级事业单位，所需经费由财政全部预算管理。同日，贵州省编委办《关于同意设立贵州省南盘江北盘江红水河航道管理局的批复》（省编办发〔2012〕170 号），同意设立贵州省南盘江北盘江红水河航道管理局，为贵州省航务管理局管理的正县级事业单位，核定事业编制 120 人，所需经费由财政全额预算管理。

7 月 29 日　重庆交通委与贵州省交通运输厅在重庆进行座谈，达成修编乌江航运规划意见，把乌江水运规划纳入长江黄金水道的重要组成部分和武陵山区交通扶贫规划里，争取中央支持。

7 月 26 日至 28 日　贵州省交通运输厅党委书记、副厅长陈志刚及以省交通运输厅副厅长兼省航务局局长韩剑波邀请中国工程院院士梁应辰，南京水利科学研究院所长、博士胡亚安，湖南湘江航电枢纽开发公司总工程师杨锡安、交通运输部天津水运科学研究院研究员马殿光等组成专家组，先后赴乌江构皮滩、思林、沙沱、彭水、银盘等水电枢纽通航设施扩能建设现场考察调研。专家组到重庆后，与重庆市交委领导、市港航局及有关部门负责人进行座谈。

8 月 16 日　红水河航道提级和扩能调研座谈会在广西南宁召开。研究红水河全线通航 1000 吨级船舶的条件、制约因素和相关问题，提出初步解决方案。座谈会由贵州省交通运输厅副厅长韩剑波主持，交通运输部珠江航务管理局、广西壮族自治区交通运输厅、贵州省交通运输厅，广西壮族自治区港航局、贵州省航务管理局有关部门领导和代表参加。

8 月　贵州省交通运输厅与重庆市交通委员会签订了《共同推进乌江水运通道扩能建设合作协议》。

9 月 10 日　交通运输部（交水发〔2012〕425 号）决定，授予赤水河狗狮子至合江段“全国文明样板航道”称号。

11 月 7 日　贵州省民政厅组织有关专家评估，贵州航海学会荣获全省社会组织评估四 A 等级单位。

11 月 14 日　贵州省人民政府致函交通运输厅《省人民政府关于贵州省水运发展规划（2012—2030 年）批复》（黔府函〔2012〕270 号），原则同意《贵州省水运发展规划（2012—2030 年）》。

12 月 8 日　贵州省人民政府印发《省人民政府关于加快水运发展的意见》（黔府发〔2012〕44 号）。提出了指导思想、基本原则、发展目标、主要任务、政策措施、保障措施等二十一条意见。

12 月 8 日　都柳江大融航电枢纽工程正式开工建设。都柳江航电一体化建设被列入国发〔2012〕2 号文明确支持的建设项目，列入交通运输部“十二五”规划建设项目。该项目的开工建设填补了贵州无航电枢纽的空白。通过招投标，由中国葛洲坝集团公司和中国水利水电第五工程局承建。首台机组于2015年10月28日开始发电。

2013年

1月18日　贵州省交通运输工作暨水运发展动员电视电话会议召开。中共贵州省委常委、副省长秦如培在主会场出席会议并作重要讲话，厅党委书记、厅长陈志刚安排部署交通运输工作。这次会议转变会风，采用电视电话会议方式，设主会场和各分会场将全省交通运输工作会、水运发展动员会、安全生产工作会和党风廉政会“四会合一”，全部会议议程被控制在3小时以内。

1月24日　贵州省交通运输厅副厅长韩剑波，厅综合规划处、省航务局有关人员专程赴渝与重庆市交通运输委员会副主任梁雄耀及港航处、规划处、港航局、航投司等单位领导进行座谈。就两省市共同加快推进乌江航道规划等级提升论证，及下一步审查和申报方案进行座谈研究，并达成一致意见。同时，还针对乌江高等级航道规划和在建的水电站通航设施建设进展情况，交换了意见。

4月3日　乌江构皮滩水电站翻坝运输系统建设工程资金筹措专题会议在贵阳召开。由贵州省交通运输厅主持，贵州省发改委、贵州省航务管理局、贵州乌江水电开发公司、贵州省航电开发投资公司负责人参加。会议达成该项目总投资资金筹措方案，项目由贵州省航电开发投资公司负责实施，资金由三个部分组成：一是乌江水电开发公司承担工程总投资的三分之一，二是申请交通运输部补助，三是由省交通运输厅补助。建设周期为三年。

4月10日　贵州省赤水河航道管理局、赤水市交通运输局、赤水市地方海事处、习水县地方海事处、赤水河航运历史展览馆、四川省合江县交通运输局、四川省合江县航务管理处等单位签订川、黔两省交通部门签订巩固和保持赤水河全国文明样板航道创建成果公约。贵州省交通运输厅党委副书记李程出席会议。赤水市人民政府副市长黄强到会并致辞。

4月26日　交通运输部长江航务管理局与贵州共建协议签字仪式在武汉举行。贵州省交通运输厅副厅长韩剑波与长江航务管理局副局长朱汝明在协议书上签字。

6月3日　由交通运输部规划研究院、广西电力工业勘察设计院、贵州顺达水运规划勘察设计所共同编制的《北盘江—红水河航道规划等级研究报告》论证会在贵阳召开。贵州省交通运输厅主持论证会，来自全国的水运、水利专家和有关单位的领导及代表对研究报告进行认真审查论证认为，研究单位提交的报告，基础资料比较全面，研究成果基本可信，可以作为推进北盘江—红水河航道规划等级提升的工作基础。

6 月 28 日　乌江构皮滩水电站翻坝运输系统建设项目开工。该工程是贵州省人民政府列入 2013 年重点建设项目名单的工程，也是西部地区最大的、贵州首个翻坝运输工程。起点选定余庆县樱桃井建设坝上港区，终点在沙湾建设坝下港区。工程总投资 7.1 亿元，其中码头工程 5.7 亿元、公路工程 1.4 亿元。该工程项目于 2015 年 9 月 28 日顺利交工验收。

7 月 4 日　2013 年珠江片区“中国航海日”活动，在黔西南州兴义市隆重举行。来自珠江流域四省（区）交通水运部门、企业的领导及代表共 150 人参加了活动。由珠江航运发展基金会颁发珠江航运助学金，资助珠江片区四省（区）就读于大连海事大学、上海海事大学、集美大学以及广西、云南等省区的 6 所院校航海水运专业的 30 名优秀学生。对黔西南布依族苗族自治州册亨县岩架镇荣庆小学、望谟县蔗香乡九年制学校、兴义市万洛小学进行资助。在庆祝活动上，交通运输部珠江航务管理局党委副书记朱论发、贵州省交通运输厅副厅长韩剑波在《加快贵州水运发展的共建协议》上签字。

9 月 12 日　贵州省交通运输厅党委书记、厅长陈志刚和厅党委委员、副厅长韩剑波及省地方海事（航务管理）局局长徐仕江等有关人员，赴交通运输部长江航务管理局就贵州水运加快融入长江黄金水道进行了座谈。座谈旨在推进贵州水运加快发展，谋求流域航运主管部门的关心、支持。

9 月 14 日　交通运输部在武汉召开长江水运发展协调领导小组第四次会议。贵州省作为特邀省份参加会议，省人民政府副秘书长吴强，省交通运输厅党委书记、厅长陈志刚，副厅长韩剑波，省地方海事（航务管理）局局长徐仕江参加会议。受中共贵州省委常委、省委政法委书记、副省长秦如培委托，省人民政府副秘书长吴强代表省人民政府作了交流发言。

9 月 20 日　贵州省人民政府印发《省人民政府关于印发贵州省水运建设三年会战实施方案的通知》（黔府发〔2013〕25 号）。方案从 2014 年 1 月 1 日起施行，用三年时间，在全省范围内开展水运建设大会战。

11 月　广西壮族自治区交通运输厅和贵州省交通运输厅协商，共同加强水运交通建设发展合作，共同加快建设衔接两省区的西南水运出海中线通道和北线通道水运基础设施，努力解决闸坝碍航问题。

11月20日　交通运输部珠江航务管理局云贵办事处在贵阳市观山湖区的省黔航公司办公楼挂牌成立。交通运输部珠江航务管理局副局长祁军辉和贵州省交通运输厅副厅长韩剑波为云贵办事处成立揭牌。

11月18日　“清水江（锦屏—白市）高等级航道建设工程初步设计审查会”召开。

12月17日　贵州省交通运输厅党委书记、厅长陈志刚带领副厅长韩剑波及以省地方海事（航务管理）局有关人员，与贵州乌江水电开发有限公司董事长王文琦、副总经理杨宝银、副总工程师邹建国一行就如何共建乌江水运通道进行了座谈。

12月19日至20日　由贵州省交通运输厅组织的西南水运出海中线通道扩建工程项目通过专家正式验收。来自省内外的领导专家于19日上午从北盘江百层港乘船考察沿江、沿河航道及港口码头建设情况。同意综合评定工程质量等级为合格并通过竣工验收。

2014年

1月16日　贵州省交通运输厅成立水运建设三年会战领导小组及办公室。由陈志刚厅长任领导小组组长，韩剑波副厅长、潘海总工程师、邱祯国总规划师任副组长。成员有省地方海事（航务管理）局、厅规划处、厅财务处、厅基建处的领导和负责人。领导小组下设办公室，设在省地方海事（航务管理）局。

3月5日　全省水运建设三年会战第一次调度会在贵阳召开。中共贵州省委常委、政法书记、副省长秦如培出席并讲话。水运建设调度会由省人民政府副秘书长、铁建办主任吴强主持，省政府督查室、省编办、省发改委、省财政厅、省国土厅、省交通运输厅、省航务管理局，贵阳市人民政府、遵义市人民政府、铜仁市人民政府、黔南布依族苗族自治州人民政府及交通运输局、乌江水电开发有限公司、省航电开发投资公司、省水利投资（集团）能源公司、省黔源电力有限公司、湖南五凌电力贵州清水江水电公司、省开磷（集团）公司的领导和代表参加并作简要汇报。此后，领导小组每季度召开一次调度会议，已形成制度化和常态化。

5月27日　贵州省科技厅在贵阳主持召开“贵州省赤水河航运建设工程关键技术研究成果鉴定会”，对贵州省航务管理局、交通运输部天津水运工程科学研究所、交通运输部水运科学研究所、武汉理工大学、贵州省遵义地方海事局、贵州顺达水运规划勘察设计院共同完成的“赤水河航运建设关键技术研究”项目进行科技成果鉴定。来自交通运输部、部三峡办、中国水运建设协会、天津大学、海军工程大学、四川省航务管理局以及贵州省的专家一致认为，赤水河航运建设关键技术研究取得了六项成果，综合评定该研究成果总体上达到国际先进水平，其中河口淤沙段航道整治技术达到国际领先水平。

6 月 20 日 贵州省机构编制委员会办公室批准设立贵州省通航管理机构，在贵州省地方海事（航务管理）局加挂“贵州省通航管理局”牌子，增设通航管理科。同意在贵州省乌江航道管理局加挂“贵州省乌江通航管理局”牌子，设立沙沱通航管理处、思林通航管理处、构皮滩通航管理处等均为省乌江航道管理局（贵州省乌江通航管理局）管理的副县级事业单位，由财政全额预算管理。

6 月 清水江（锦屏—白市）高等级航道工程开工建设，这是国家规划在我省的第三条高等级航道。按四级航道标准整治锦屏至白市电站段航道 49.81 千米，建设 5 处大型停靠点、33 处小型停靠点。工程投资 1.26 亿元，总工期 24 个月。2016 年 12 月交工验收。

7 月 北盘江光照电站库区航运建设工程开工建设。建设内容按四级航道标准建设库区航道 73.2 千米；配套建设大型停靠点 4 处，小型停靠点 19 处；配置航标共计 91 座；建设支持保障系统及信息化工程。工程项目总投资 13642 万元。到 2019 年仍在建设中。

8 月 7 日 贵州省人大常委会检查组赴黔西南、黔南两自治州检查《贵州省水路交通管理条例》（以下简称《条例》）贯彻落实情况。并表示，贵州省人大将在下半年继续开展《条例》贯彻执行情况检查工作，并将根据检查情况适时对《条例》进行修改完善，为贵州水运发展提供有力的法律支撑。

9 月 国务院印发《国务院关于依托黄金水道推动长江经济带发展的指导意见》（国发〔2014〕39 号）。贵州被列入长江经济带，加快乌江等 8 条支流高等级航道建设也在其中。

11 月 4 日 都柳江的郎洞、温寨两级航电枢纽项目开工建设。开工现场没有设立典礼台，不搞奠基仪式，也未请领导剪彩。至此，都柳江航电枢纽建设已达 4 个。中央驻黔媒体和省主要媒体记者集中到现场采访报道开工实况。

11 月 贵州省航务管理局与重庆市港航管理局签署备忘录。备忘录显示，双方将加强乌江航道建设，力争使乌江航道在 2015 年年底前按四级标准全线复航；鼓励两省市港口与运输企业加强合作，支持涪陵港贵州码头建设，纳入重庆市港口规划，解决贵州物流运输周转需求。备忘录提出，按照国家三级航道标准加快乌江通道建设，彭水电站按照三级航道标准通过1000吨级船舶增建第二线船闸。

12月24日　重庆市涪陵区人民政府召开共同推进乌江航运发展暨建设长乌两江航运枢纽研讨会，贵州省交通运输厅厅长陈志刚、副厅长韩剑波，省航务管理局局长徐仕江、总工程师李作良到重庆市涪陵区参加研讨会。交通运输部赵久冲总工程师、交通运输部长江航务管理局副局长朱汝明、交通运输部天津水运科学研究院院长张华勤、涪陵区人民政府区长李洪义以及涪陵区相关单位领导、国内知名水运专家参加了会议。研讨会后，在有关领导及专家的见证下，陈志刚厅长与李洪义区长签订了《战略合作协议》。

2015年

1月5日　都柳江从江航电枢纽一期工程主体提前3天全面封顶。

5月29日　贵州省交通运输厅党委书记、厅长王秉清在厅党委委员、副厅长韩剑波的陪同下，到省地方海事（航务管理、省通航管理）局调研并指导工作。

7月16日　由中交水运规划设计院有限公司编制《乌江三级航道升级改造方案研究》（以下简称《研究》），审查会在贵州贵阳通过初审。在审查会上，交通运输部、长江水利部水利委员会长江勘测规划设计院等专家一致认为，该《研究》可视为当前乌江航道升级改造的最新研究成果。

9月　贵州省交通运输厅与湖南省交通运输厅在贵阳召开了座谈会，达成共同推进清水江——沅水通道互联互通的共识。

10月　湄江旅游航运建设项目开工建设。整治航道里程7.8千米，停靠点22个。建成七级船闸1座，可同时容纳2艘船舶过闸。该项目首次采取“建设—经营—移交”的PPP模式建设，2016年6月竣工并通过验收。

10月28日　都柳江从江航电枢纽首台机组启动发电。

11月19日　由贵州飞尚能源有限公司（民营）投资2000万元，建成乌江库区竹林湾岩岗皮带传输一体化码头。

11月20日　贵州首艘500吨级LNG双燃料多用途集装箱科研型船舶在乌江试航成功，该船型是交通运输行业推行的节能环保型船舶（长江17型标准船型）。

12月　《乌江航道整治与枢纽通航技术研究》《乌江高效货运组织与船型技术》《赤水河航运建设关键技术》三项科研成果入选《大道出黔——贵州公路水路交通基础设施建设三年会战科技系列专著》，由人民交通出版社出版发行，录入国家科技图书库。贵州省地方海事（航务管理）局与武汉理工大学联合开展的“贵州省‘两江一河’主要货运船型标准化研究”“乌江高等级航道高效船舶货运关键技术研究”两个科研成果通过验收，并纳入贵州省地方标准（DB 52/T 808-2013 和 DB 52/T 809-2013）。其中，“乌江高等级航道高效船舶货运关键技术研究”成果已纳入“长江水系过闸运输船舶标准船型主尺度系列”（交通运输部公告 2012 年第 69 号）。

2016 年

2 月 乌江渡库区航运建设工程开工建设。按四级标准建设乌江渡电站库区 113 千米航道。建设三沙 1 个大型停靠点、28 个小型停靠点；并配备助导航、支持保障系统等设施。工程概算投资 1.4597 亿元，总工期 36 个月。2019 年 6 月，工程总体形象进度达 93%。北盘江董箐电站库区航运建设工程开工建设。按四级航道标准整治航道 62 千米，配套建设大型停靠点 3 处、小型停靠点 22 处，并建设支持保障系统及信息化工程。项目总投资 7252.08 万元，总工期 24 个月。2019 年 6 月工程总体形象进度达 96%。

4 月 15 日 渝、黔两省市港航管理部门第二次联席会议在贵阳召开，重点就两省市共同加快推进乌江航道规划等级提升论证及下一步审查和申报方案进行座谈研究，并达成一致意见。

7 月 8 日 贵州省交通运输厅和重庆市交通委在贵阳共同组织对《乌江航道升级改造论证研究报告》（中间成果）进行评审。与会专家基本同意该研究报告的中间成果，认为建设乌江二线是必要的，技术上是可行的。

8 月 19 日 《贵州省通航设施管理办法（草案）》首次论证会在贵阳召开。会议特邀了交通运输部长江航务管理局三峡办、湖南省水运管理局、广西壮族自治区港航管理局、贵州省人民政府法制办有关同志组成专家组进行论证。贵州乌江水电开发有限责任公司、贵州省交通运输厅相关处室、省乌江航道（通航）管理局、国浩律师（贵阳）事务所等 14 家单位共计 40 人参会。

9 月 贵州省乌江航道管理局所属的贵州远航交通工程有限公司划转贵州省航电开发投资公司，省赤水河航道管理局所属的贵州黔航交通工程有限公司划转贵州路桥集团有限公司，标志着我省推进省航道管理局所属国有企业改革工作完成。荔波樟江航运建设工程开工建设。工程概算投资 25527 万元。荔波樟江风景名胜区位于贵州省黔南布依族苗族自治州荔波县境内，是贵州首个世界自然遗产地。因环评未通过，2018 年停工。

10月9日 贵州省2016年水上交通事故应急救援演练在乌江思南港口举行。本次演练由贵州省人民政府主办，省交通运输厅和铜仁市人民政府共同承办。演练设立远程应急指挥部（贵阳）和现场（思南）救援指挥部，贵州交通应急特种技术专用车开到现场，使用数字化传输信号，实现远程应急指挥和现场救援处置同步。这是贵州水上交通应急演习的第一次。

11月29日至30日 贵州沿河乌江轮船有限责任公司"航电2号""航电1号"两艘500吨级标船先后分别顺利驶出沙沱升船机下游引航道、思林升船机上游引航道，标志着乌江沙沱、思林水电站升船机500吨标船试航成功。

12月9日 贵州沿河乌江轮船有限责任公司"航电2号"从沿河东风码头出发，前往重庆市涪陵的贵州码头，告别乌江航道13年断航的历史。

12月11日至13日 乌江（乌江渡—龚滩）航运建设工程竣工验收会议在思南县举行。验收人员分别乘船现场检查了航道、码头及相关设施，认为该项目经历了一个水文年以上试运行，达到了设计要求和预期目标。同意综合评定乌江（乌江渡—龚滩）航运建设工程竣工验收质量等级为合格。

2017年

3月31日 贵州省水运建设三年会战新闻发布会在贵州饭店国际会议中心第五会议室召开，新闻发布会由贵州省委外宣办（省人民政府新闻办）新闻发布处主持。在会上，贵州省交通运输厅党委委员、副厅长韩剑波，贵州省地方海事（航务管理）局党委委员、副局长黄强参加发布会，并解答媒体记者提问。

5月9日 贵州航运博物馆举行简单而隆重的开馆仪式，并向公众免费开放。

7月6日 2017年珠江片区"中国航海日"活动在贵州省习水县土城镇举行。交通运输部珠江航务管理局局长、党组书记王建华，贵州省交通运输厅党委书记、厅长高卫东等以及来自珠江流域、琼州海峡两岸的交通、港航、海事部门，海员工会、科研院所、港航企业、航运院校、行业协会的代表和新闻媒体记者等参加了活动。资助了来自广东海洋大学、广西区交通运输学校、贵州交通职业技术学院、习水县同维小学等7所院校的110名家庭困难学生。活动期间，主办方向贵州航运博物馆赠送辽宁舰、海巡31、南海救101、德跃轮、华阳礁灯塔、海特191、海事直升机、救助直升机等模型。

7月31日至8月1日 由建设业主乌江水电开发有限责任公司主持，在各项目参建单位参加及特邀专家和贵州省交通运输厅、贵州省航务管理局等行业主管部门的见证下，分别在乌江思林、沙沱水电站升船机现场，开展了鉴定工作。与会人员一致认为，思林、沙沱升船机单位工程合格率达 100%，优良率达到 90% 以上，工程质量整体达优良水平。思林升船机提升高度达到 76.7 米，是目前国内建成的同类型升船机提升高度最高的升船机。

10 月 11 日　贵州省交通运输厅与中国水利水电第九工程局有限公司签署合作框架协议，将在贵州省水运通道项目建设、港口设施、航电项目、通航建筑物、旅游航道等领域加强合作。

12 月 25 日　第十届贵州省委决策咨询博士高端论坛在贵州饭店国际会议中心召开。贵州省地方海事局局长许湘华应邀参加本次博士高端论坛，并作为 9 个专题发言的博士之一，作了题为“水成玉带，编织精准扶贫新篇章”的专题发言。

2018 年

1 月 10 日　贵州省代省长谌贻琴签发《贵州省通航设施管理办法》(省政府令第 182 号，2017 年 12 月 15 日省人民政府第 111 次常务会议通过，自 2018 年 3 月 1 日起施行)。该“办法”是根据《中华人民共和国航道法》《贵州省水路交通管理条例》等法律、法规的规定，结合本省实际而制定的，共三十六条。

2 月 26 日　贵州省人民政府新闻办公室召开《贵州省通航设施管理办法》新闻发布会。会议由中共贵州省委宣传部、省委外宣办（省人民政府新闻办）主持。贵州省交通运输厅、省法制办、省人民政府行政复议办公室、省地方海事局等单位领导出席并回答记者问题。

3 月 7 日至 9 日　四川省人大法工委杨筠副主任、四川省交通运输厅张晓燕副厅长等一行 7 人到我省就《贵州省通航设施管理办法》立法、通航设施运行、航道管养等情况进行调研，并赴构皮滩升船机现场进行实地考察。 3 月 8 日上午，在省人大法工委杜胜军副主任的主持下，调研座谈会在省人大 904 会议室召开。川、黔两省就航道管养、通航设施管理、机构改革以及有关立法情况进行了详细交流座谈。3 月 8 日下午，省法工委办公室主任周全胜、省航务管理局党委书记蔡光莲、副局长李作良等陪同调研组一行赴构皮滩升船机现场进行实地考察。

3 月 7 日　贵州省交通运输厅会同大唐集团广西分公司在贵阳组织召开《红水河

龙滩水电站通航建筑物由通航 500 吨级船舶调整为 1000 吨级建设方案可行性研究大纲》评审会议。会议形成了《红水河龙滩水电站通航建筑物由通航 500 吨级船舶调整为 1000 吨级建设方案可行性研究大纲评审意见》。此举是为落实国家发改委办公厅《关于加快推进龙滩枢纽通航建筑物建设方案调整前期工作的通知》的要求而进行的。

5 月 23 日 由黑龙江海事局副局长许彦春、黑龙江省人大常委会法工委、黑龙江省人民政府法制办等相关负责人组成的调研组一行到我省调研水上交通安全法规建设情况。

6 月 25 日 按照交通运输部海事局部署，天津海事局与贵州省地方海事局“结对子”工作协议签署仪式在天津举行。天津海事局局长李国祥、贵州省交通运输厅党委委员、副厅长韩剑波、贵州省地方海事局党委书记蔡光莲、局长许湘华等出席会议。天津海事局副局长李国祥和贵州省地方海事局局长许湘华签署了“结对子”工作协议。

7 月 9 日 贵州省交通运输厅和大唐集团广西分公司在贵阳组织召开了《红水河龙滩水电站通航建筑物由通航 500 吨级船舶调整为 1000 吨级建设方案工程可行性研究报告》内部审查会议。此次会议特邀了南京水利科学研究院胡亚安，水电水利规划设计总院党林才、陈敬之、王惠明、殷许生 5 名资深专家。会议形成了《红水河龙滩水电站通航建筑物由通航 500 吨级船舶调整为 1000 吨级建设方案工程可行性研究报告审查意见》。

2019 年

1 月 29 日 乌江索风营、引子渡库区、小兴浪库区、阿珠库区航运建设工程开工。工程内容包括航道整治 198.5 千米，零星整治各水电站库区变动回水段及支流 29 千米，配套工程建设大型停靠点 3 处、小型停靠点 40 处，总计建设停靠点 43 处。项目投资 10853.25 万元，建设期为三年，属公益性的基础设施项目，预计 2022 年 1 月完工。

3 月 贵州省交通运输厅、贵州省农业农村厅印发《关于贵州省渔船检验和监督管理工作的指导意见》（黔交航〔2019〕3 号），将渔船检验机构及人员划入交通运输主管部门。渔船登记、进出港签证及渔船船员管理仍由农业农村部管理。渔船在航道上航行，由双方共同管理。

5 月 10 日 乌江通航管理体制协商讨论会在贵阳组织召开，由贵州省交通运输厅主持，省发改委、国资委、财政厅、能源局等有关省直单位，贵州乌江水电开发有限责任公司、交通运输厅有关处室、省航务管理局以及省乌江航道（通航）管理局相关负责人参加会议。这次商讨会是为贯彻落实省人民政府领导关于乌江构皮滩等通航设施运营管理问题的批示精神而召开的。

6 月 14 日 贵州省交通运输厅在贵阳组织召开了“赤水河中上游浅水船舶标准化系列船型研究与应用”及“贵州省生态港航建设评价指标体系研究”验收会。交通运输部水运科学研究所、武汉理工大学、贵州省航务管理局等单位人员参加会议。

7 月 15 日 贵州省水运综合管理平台（一期）和乌江数字航道（一期）建设工程竣工通过验收，填补了贵州水运信息化建设的空白。

8 月 贵州省交通运输厅组织召开《贵州省水路交通管理条例》立法调研座谈会。对《贵州省水路交通管理条例》执行过程中存在的职责划分、水污染防治、水上漂流游乐活动、岸线审批、农林生产自用船管理、法律责任等问题提出了修改和补充意见。

9 月 20 日 贵州省地方海事局召开“不忘初心、牢记使命”主题教育总结会，蔡光莲书记做总结报告。厅党委主题教育第一巡回指导组参加总结会并充分肯定贵州省地方海事局取得了阶段性成果。

9 月 25 日 贵州省地方海事局代表队在参加“我和我的祖国”贵州省交通运输系统庆祝中华人民共和国成立 70 周年歌咏比赛中，与 11 支参赛队比赛，贵州省地方海事局代表队合唱《贵州水运之歌》《我爱你中国》，取得第三名的好成绩，荣获二等奖。

10 月 10 日 贵州省交通运输厅党委书记、厅长高卫东到乌江构皮滩水电站调研水运发展，重点针对乌江通航设施、航道、码头建设情况进行调研，要求强力推进“四个水运”建设：一是推进“黄金水运”，二是打造“绿色水运”，三是发展“智慧水运”，四是抓好“安全水运”。

12 月 11 日 经贵州省交通运输厅同意，贵州省航电开发投资公司改制组建为“贵州省航电开发投资有限公司（国有独资）”，获准办理企业登记注册。

贵州省海事（航务、通航）机构变更与历届领导人名录

机构	职务	姓名	任职时间
交通厅航务科	科长	杜月泉	1951年4月—1954年4月
	副科长	夏鹤鸣	1951年10月—1954年4月
交通厅内河航运管理处	处长	熊飞	1954年4月—1956年6月
	副处长	杜月泉	1954年6月—1956年6月
	政工室主任	李超	1954年4月—1956年6月
贵州省内河航运管理局	局长	孙紫芳	1956年7月—1958年5月
	副局长	熊飞	1956年7月—1958年5月
	副局长	杜月泉	1956年7月—1958年12月
交通厅内河航运管理处	处长	孙紫芳	1958年6月—1960年4月
	副处长	熊飞	1958年6月—1959年4月
	副处长	朱海亭	1959年7月—1959年12月
贵州省内河航运管理局	局长	魏德坤	1960年4月—1962年7月
	副局长	汲殿选	1960年4月—1968年5月
	副局长	刘进礼	1960年4月—1962年5月
	副局长	孙圣文	1962年3月—1962年9月
	副局长	卢朝辅	1963年3月—1968年5月

续表

机构	职务	姓名	任职时间
省革委会交通局航运组	负责人	朱海亭	1972 年 3 月—1973 年 12 月
省革委会交通局航运处	负责人	汲殿选	1974 年 4 月—1977 年 3 月
贵州省交通局航运处	处长	于文会	1977 年 3 月—1979 年 1 月
	副处长	汲殿选	1977 年 3 月—1979 年 4 月
	副处长	朱海亭	1977 年 3 月—1978 年 12 月
贵州省内河航运管理处	处长兼党委书记	于文会	1979 年 1 月—1982 年 11 月
	副处长	汲殿选	1979 年 5 月—1979 年 6 月
	副处长	董福贵	1979 年 5 月—1983 年 6 月
	副处长	王常信	1979 年 5 月—1983 年 6 月
	副处长	张敦嘉	1979 年 5 月—1983 年 6 月
	副处长	曾德新	1980 年 10 月—1983 年 7 月
贵州省内河航运管理处	党委书记	于文会	1982 年 12 月—1983 年 7 月
	处长兼党委副书记	曲辰	1982 年 12 月—1983 年 7 月
贵州省内河航运管理处	党委书记	张敦嘉	1983 年 7 月—1983 年 11 月
	处长	马廷炎	1983 年 7 月—1983 年 11 月
	副处长	曾德新	1983 年 7 月—1983 年 11 月
贵州省内河航运管理局	党委书记	张敦嘉	1983 年 11 月—1989 年 4 月
	局长	马廷炎	1983 年 11 月—1989 年 10 月
	副局长	曾德新	1983 年 11 月—1984 年 10 月
	副局长	李治生	1984 年 10 月—1996 年 4 月
贵州省内河航运管理局	局长兼党委书记	张敦嘉	1989 年 5 月—1996 年 4 月
	副局长兼党委副书记	刘永凯	1987 年 5 月—1996 年 4 月
	总工程师	廖国平	1987 年 5 月—1989 年 6 月
	副局长兼总工程师	廖国平	1989 年 6 月—1996 年 4 月
	副局长	李治生	1984 年 10 月—1996 年 4 月

续表

机构	职务	姓名	任职时间
贵州省内河航运管理局	局长兼党委书记	刘永凯	1996 年 4 月—1997 年 8 月
	党委副书记	唐金安	1996 年 4 月—1997 年 8 月
	副局长	刘浩	1996 年 4 月—1997 年 8 月
贵州省航务管理局 贵州省港航监督局 贵州省船舶检验局	局长兼党委书记	刘永凯	1997 年 8 月—2002 年 6 月
	党委副书记	唐金安	1997 年 8 月—2002 年 6 月
	副局长	刘浩	1997 年 8 月—2002 年 6 月
贵州省地方海事局 贵州省航务管理局	局长兼党委书记	刘永凯	2002 年 6 月—2006 年 6 月
	党委副书记	唐金安	2002 年 6 月—2006 年 6 月
	副局长	刘浩	2002 年 6 月—2002 年 6 月
	副局长	乔晓贤	2002 年 11 月—2010 年 10 月
贵州省地方海事局 贵州省航务管理局	党委书记	唐金安	2006 年 6 月—2010 年 10 月
	局长	韩剑波	2006 年 4 月—2013 年 4 月
	纪委书记	陈英之	2008 年 8 月—2013 年 4 月
	副局长	李万松	2010 年 10 月—2013 年 10 月
	副局长	欧汗谣	2010 年 10 月—2014 年 6 月
	调研员	乔晓贤	2010 年 3 月—2014 年 6 月
	副调研员	曲海鹏	2010 年 10 月—2012 年 3 月
	副调研员	甘定明	2010 年 10 月—2014 年 6 月
贵州省地方海事局 贵州省航务管理局	党委书记	陈英之	2013 年 4 月—2014 年 6 月
	局长	徐仕江	2013 年 5 月—2014 年 6 月
	副局长	欧汗谣	2013 年 4 月—2014 年 6 月
	副局长	黄强	2013 年 12 月—2014 年 6 月
	总工程师	李作良	2013 年 12 月—2014 年 6 月

续表

机构	职务	姓名	任职时间
贵州省地方海事局 贵州省航务管理局	调研员	乔晓贤	2013 年 4 月—2014 年 6 月
	副调研员	甘定明	2013 年 4 月—2014 年 6 月
	副调研员	韦世荣	2013 年 12 月—2014 年 6 月
贵州省地方海事局 贵州省航务管理局 贵州省通航管理局	党委书记	陈英之	2014 年 6 月—2017 年 3 月
	局长	徐仕江	2014 年 6 月—2017 年 3 月
	纪委书记	徐斌	2016 年 10 月—2017 年 8 月
	副局长	欧汗谣	2014 年 6 月—2017 年 11 月
	副局长	黄强	2014 年 6 月—2017 年 9 月
	总工程师	李作良	2014 年 6 月—2016 年 3 月
	调研员	乔晓贤	2014 年 6 月—2017 年 11 月
	调研员	李军	2014 年 11 月
	副调研员	甘定明	2014 年 6 月—2015 年 11 月
	副调研员	韦世荣	2014 年 6 月—2016 年 10 月
	副调研员	宋和	2016 年 4 月—2016 年 5 月
贵州省地方海事局 贵州省航务管理局 贵州省通航管理局	党委书记	蔡光莲	2017 年 3 月
	局长	许湘华	2017 年 3 月—2019 年 3 月
	纪委书记	张启建	2017 年 8 月
	副局长	李作良	2016 年 3 月
	副局长	李云峰	2017 年 12 月
	总工程师	吴鹏	2017 年 12 月
	调研员	陈英之	2017 年 3 月—2018 年 8 月
	调研员	李军	2014 年 11 月—2019 年 8 月
	调研员	欧汗谣	2017 年 11 月—2018 年 4 月
	副调研员	张明武	2017 年 10 月

续表

<table>
<tr><th>机构</th><th>职务</th><th>姓名</th><th>任职时间</th></tr>
<tr><td rowspan="9">贵州省地方海事局
贵州省航务管理局
贵州省通航管理局</td><td>党委书记（一级调研员）</td><td>蔡光莲</td><td>2019 年 7 月—2019 年 11 月</td></tr>
<tr><td>党委书记（二级巡视员）</td><td>蔡光莲</td><td>2019 年 11 月</td></tr>
<tr><td>纪委书记（三级调研员）</td><td>张启建</td><td>2019 年 7 月</td></tr>
<tr><td>副局长（三级调研员）</td><td>李作良</td><td>2019 年 8 月—2019 年 10 月</td></tr>
<tr><td>副局长（二级调研员）</td><td>李作良</td><td>2019 年 10 月</td></tr>
<tr><td>副局长</td><td>李云峰</td><td>2017 年 12 月</td></tr>
<tr><td>总工程师</td><td>吴鹏</td><td>2017 年 12 月</td></tr>
<tr><td>调研员（一级调研员）</td><td>李军</td><td>2019 年 8 月</td></tr>
<tr><td>副调研员（三级调研员）</td><td>张明武</td><td>2019 年 8 月</td></tr>
</table>

后 记

贵州省交通运输厅历来重视史志的编纂工作。1983年，贵州省航运局成立编史办，组织人员对贵州航运史进行资料征集、编写工作，经过10多年编纂人员的辛勤耕耘，《贵州航运史（古、近代部分）》于1993年6月出版发行，《贵州航运史（现代部分）》于1999年10月出版发行，均编入《中国水运史》丛书。2008年9月，根据贵州省人民政府和交通厅的要求，启动了贵州航运史第二轮续修工作，以《贵州省志》（交通志）和篇目纲要搜集相关资料，2011年完成《当代贵州航运发展史（1991—2010）》的编纂和出版，并于2013年作为《当代长江航运发展史》丛书之一。至此，贵州航运史完成了古代、近代、现代、当代的编纂，为中国水运史以及贵州地方史志的研究提供了准确翔实的史料。

2017年6月，按照交通运输部办公厅关于《中国水运史（1949—2015）》和《中国水运工程建设实录（1978—2015）》（以下简称“一史一录”）编纂工作的安排部署，贵州省地方海事（航务管理）局根据贵州省交通运输厅的工作安排，成立了“一史一录”编纂工作领导小组，抽调韦世荣、刘元方、刘润刚等同志搜集史料，编纂《中国水运史（1949—2015）》和《中国水运工程实录（1978—2015）》贵州部分的史稿。贵州水运建设发展在党的十八大之后发生了巨大变化，特别是实施了史无前例的水运建设三年大会战，一些标志性工程开创了贵州水运建设发展的多项第一。为系统总结贵州水运发展的新变化、新成绩，讲好贵州水运交通新故事，在完成交通运输部《中国水运史（1949—2015）》和《中国水运工程实录（1978—2015）》贵州部分史稿的同时，决定编纂《贵州水运简史（1949—2019）》。

本书共分8章、43节、34万字，参考交通运输部《中国水运史（1949—2015）》

编纂大纲设计篇目章节，以之前出版的贵州航运史书为基础，对1949—2010年遗编或不详的史实做了增补，对冗长的史实做了删减。它的付梓问世，凝结了无数人辛勤劳动的汗水，是集体智慧的结晶。全书由韦世荣主笔，相关单位（科室）提供资料，历经2年多时间，先后组织召开行业内专家进行多次审稿，同时送交通运输部“一史一录”编审组专家帮助审查把关，最终顺利交付出版。本书的编纂，得到了各级领导、专家的关心、支持和帮助，特别是原交通部部长黄镇东先生两次到贵州对“一史一录”编纂推进情况进行调研指导，对本书内容专门请《中国水运史（1949—2015）》总统稿人汤震宇先生进行审读，为我们编纂好《贵州水运简史（1949—2019）》进一步增强了信心；贵州省交通运输厅和贵州省地方海事（航务管理）局党委领导高度重视和关心“一史一录”贵州史稿和本书的编纂工作，多次召开调度会、评审会，研究解决编纂过程中遇到的困难和问题；原贵州省航运局党委书记、局长张敦嘉先生以及相关科室负责人对本书的内容提出了很多宝贵的意见和建议，在此一并致以衷心的感谢和深深的敬意。

由于水平有限，错谬之处，在所难免，还请各位方家和读者批评指正。

编　者